Efficiently Inefficient

How Smart Money Invests and Market Prices Are Determined

高效的无效

行家如何投资与市场如何定价

拉瑟·海耶·佩德森（Lasse Heje Pedersen）◎著

卢旸　余方◎译　　年四伍◎校

中国人民大学出版社

·北京·

图书在版编目（CIP）数据

高效的无效：行家如何投资与市场如何定价 /（ ）拉瑟·海耶·佩德森著；卢旸，余方译. --北京：中国人民大学出版社，2021.5
ISBN 978-7-300-24942-1

Ⅰ.①高… Ⅱ.①拉… ②卢… ③余… Ⅲ.①对冲基金-投资 Ⅳ.①F830.59

中国版本图书馆 CIP 数据核字（2017）第 221310 号

高效的无效：行家如何投资与市场如何定价
拉瑟·海耶·佩德森　著
卢旸　余方　译
年四伍　校
Gaoxiao de Wuxiao：Hangjia Ruhe Touzi yu Shichang Ruhe Dingjia

出版发行	中国人民大学出版社		
社　　址	北京中关村大街 31 号	**邮政编码**	100080
电　　话	010－62511242（总编室）		010－62511770（质管部）
	010－82501766（邮购部）		010－62514148（门市部）
	010－62515195（发行公司）		010－62515275（盗版举报）
网　　址	http://www.crup.com.cn		
经　　销	新华书店		
印　　刷	北京联兴盛业印刷股份有限公司		
规　　格	155 mm×230 mm　16 开本	**版　　次**	2021 年 5 月第 1 版
印　　张	27.25 插页 2	**印　　次**	2021 年 8 月第 3 次印刷
字　　数	339 000	**定　　价**	108.00 元

证金催缴机制实际上怎样运转时，经常会遇到困难。作为置身交易大厅之外的学者，我很难了解市场究竟是如何运作的。与此同时，熟知市场细节的交易员也没有时间和心思去系统分析市场运行机理。于是，我逐渐萌生将严谨的学术建模方法与现实市场理解结合起来的念头。

2006 年，AQR 公司联系了我，它是一家全球领先的资产管理公司，使用科学的投资方法来管理对冲基金和多头基金。经过短暂的接触和熟悉之后，我感到非常振奋，开始为 AQR 公司提供咨询服务。在 AQR 公司兼职让我走进了一个全新的世界。我开始成为资产管理行业的“圈内人”，可以通过与 AQR 公司同事的交流，或者经由他们与整条华尔街的交流，了解如何买卖证券、如何使用杠杆融资、如何执行交易策略。最让我兴奋不已的事情是我的研究成果终于可以用于实战！

一年后，AQR 公司邀请我加盟，于是我从纽约大学暂时离职。2007 年 7 月 1 日，我正式全职加入这家公司，也从纽约市的格林尼治村搬到了康涅狄格州的格林尼治镇。让我吃惊的是，相比曼哈顿始终萦绕耳边的嗡嗡声，这里的夜晚漆黑而安静。不过，一件更让我吃惊的事即将发生。

当时，我在 AQR 公司全球资产配置小组工作，负责研发系统性交易策略，主要跟踪全球股票指数、债券、商品和外汇市场，同时我还可以把研究建议提供给全球股票投资小组和套利小组使用。但是，我全职加盟这家公司的时候，恰好赶上了次贷危机的爆发。

2007 年 7 月我入职时，AQR 公司通过做空次级贷款市场获利颇丰，但是遇到了一种股票市场的反常现象。由于次贷危机的连锁反应，市场上其他的股票量化投资者已经开始变现，抛售手中的部分股票多头和空头头寸，非常微妙地改变了股票价格。这使便宜的股票更便宜，昂贵的股票更昂贵，但是股市的整体价格相对稳定。对于只关注市场

序　言

我作为对冲基金经理的初体验就是眼睁睁地看着数亿美元打了水漂。而接下来的连续亏损更是让人叹为观止。我紧盯着屏幕看了好几天，上面跳动着活生生的盈亏数字，每过 10 分钟就新增百万美元的亏损——它清楚地否定着有效市场假说中的随机游走理论，而且讽刺的是，却很好地印证了我自己关于市场有效性的理论。

让我从头说起吧。作为一名金融从业者，我的职业生涯始于 2001 年，当时我刚刚从斯坦福大学商学院毕业，获得博士学位。我的第一份工作是在纽约大学斯特恩商学院金融系任教，我的博士论文研究的是在存在巨大流动性风险的市场中证券如何定价。我希望借助这所学校的卓越名声及其位于纽约市且靠近华尔街的地理优势来了解象牙塔内外所发生的事。

我继续研究投资者如何通过承担更高的流动性风险——投资正处于流动性困境中的证券——来获取更高的收益。随着研究不断深入，我发现：当杠杆投资者陷入融资困境时，每个人都会争相变现，这时就会出现流动性旋涡，最终导致市场出现自我增强的暴跌以及随后的反弹行情。

我竭尽所能地开展相关研究，一有机会就向投资银行家和对冲基金交易员请教市场运作的细节，向中央银行展示我的研究成果，并尽力听取他们的意见。然而，我在尝试弄清如何在现实中执行交易、保总体走势，或者只研究一些个股的人来说，这种影响几乎是无法察觉的。但是对于持有分散化股票多空组合的量化经理来说，这一影响日益显著。

8 月初，一些股票量化投资经理开始清盘。8 月 6 日这一周，形势开始急剧恶化。我放下手头所有长期性研究工作，死死盯住盈亏屏幕，开始思索该如何应对。在我面前显示盈亏的屏幕上，数字几乎每秒钟都在跳动，亏损金额越来越大。这就是活生生的流动性旋涡，简直和我的理论模型所描述的一模一样！我无法表达自己面对巨额亏损时的感受，但是真的非常痛心。尽管我自己的投资策略并不受影响，而且我还有纽约大学的终身教职可以随时回去，但亏损还是让我非常沮丧。正如人们所说的那样，如果没有见识过炮弹从头顶上飞过，你就不能说自己亲历了战争。我想这些道理也同样适用于金融危机。就在这一刻，我开始领悟到我访谈过的那些成功的基金经理所强调的自律的重要性。

那时，有个问题一直在我的脑海中挥之不去：我们该怎么办？是否要立即减仓来降低风险？那样做会进一步加剧危机，而且当股票反弹时也会错过很高的潜在收益。或许我们应该坚持到底？或者进一步加仓来博取价格反弹的高收益？再或者调整投资组合，更偏向那些不太受影响的比较独特的因子？虽然我长期研究这一现象，对这种学术上的流动性旋涡市场模式娴熟于心，但我得承认当时自己主要是作为一名学者参与研究讨论，而不是具体操作。我想可能大家觉得我当时还是过于学术化，不算真正的“圈内人”。类似于《教父》（*The Godfather*）一片中罗伯特·杜瓦尔（Robert Duvall）饰演的汤姆·哈根（Tom Hagen），他在骨子里更多的是一名律师，并不是西西里人的“战时军师”。

为了回答这些问题，我们首先要确定的是自己是否正处于流动性旋涡中，或者是否走出了有效市场随机游走时“不幸运的一步”。有效市场理论认为，未来的市场价格应该是随机波动的。而流动性旋涡理论则认为，当市场面临被迫抛售时，价格被打压之后会出现反弹。对于如何调整我们的组合来说，显然这两种理论给出的指导建议截然相反。在那个周一，我们完全确信我们所面临的正是流动性旋涡。市场中所有的举动和现象都确切无疑地指向流动性问题，并且否定了随机游走理论（因为根据随机游走理论，连续几天每 10 分钟都亏损是几乎不可能的）。

清楚自己处于流动性旋涡中且价格最终会反弹是一回事，但要知道反弹什么时候会发生和怎样去应对是另一回事。答案极其复杂。虽然本书将会讲述这次量化危机的细节，以及在高效运行的无效市场中进行风险管理的一般性原则，但是在此之前，我将简单地告诉你最后危机是怎样结束的。在杠杆率较低的基金中，我们成功地坚守仓位，在周五早上股价反弹时，扭转了绝大部分的亏损；在杠杆率较高的对冲基金中，我们降低仓位来控制被迫抛售的风险，而当市场完成筑底开始回升时，迅速重建了头寸组合。当开始盈利的时候，我们的获利速度十分惊人，甚至超过之前亏损的速度。

我又重新回到了“和平时期”，努力开发新的交易策略，开展其他长期性研究。通过边操盘边研究，我开始理解每种不同类型的交易策略及其收益来源的驱动力量。我有幸与 AQR 公司优秀的投资团队共事，并使用本书即将介绍的投资策略来管理对冲基金。这八大策略分别为：主观型股票投资策略、专注股票做空策略、股票量化投资策略、全球宏观投资策略、管理期货策略、固定收益套利策略、可转换债券套利策略和事件驱动型投资策略。

由于热衷于将理论和实践结合，我决定在 AQR 公司和学术界同时发展。起初我在纽约大学工作，在美国生活 14 年后，现在我已经回到故乡丹麦，并在哥本哈根商学院任教。我开设了一门全新的课程——对冲基金的投资策略，课程建立在我的学术研究成果、投资经验和访谈的基础上，受访嘉宾均是全球知名的对冲基金经理。该课程的讲义慢慢演变形成了你现在所见到的这本书。

本书适用读者

任何对金融市场感兴趣的人都可以阅读本书。本书可以供不同层次的读者阅读，既适合想要关注细节的读者，也适合想要跳过公式直接阅读解释和访谈录的读者。因此，本书既可以作为金融从业者的工作查阅资料，也可以作为学生的教材。首先，我希望本书对在对冲基金、养老基金、捐赠基金、共同基金、保险公司、商业银行、中央银行等部门工作的金融从业者有用，并且对任何想了解行家如何投资与市场如何定价的人有用。

其次，本书可以用作教材。我已经将本书用作纽约大学 MBA 学生和哥本哈根商学院硕士研究生的课程教材，来讲授投资和对冲基金策略。本书可被广泛应用，无论是作为主要的教材（如在我的课程中），还是作为补充阅读材料。本书的学生受众范围很广，可以从高年级本科生到博士生，其中一些学生通过本书思考高效运行的无效市场，启发了自己的研究思路。欢迎登录我的网站：www. lhpedersen. com，上面有每个章节的相关问题集和其他教学资源。

拉瑟·海耶·佩德森

致 谢

我要对我在 AQR 公司、纽约大学和哥本哈根商学院的同事致以深深的谢意，是他们启发了我在书中的无数个想法。说到 AQR 公司，我要特别感谢 John Liew，在我对实际市场交易几乎一无所知的时候，教给我很多关于资产管理的内容；还有 Cliff Asness，每当我走进他的办公室，他总会和我分享他的卓越见解（虽然经常是以笑话的形式）；还有 David Kabiller，感谢他关于如何创建商业帝国的构想（和试图让我变成一个企业家的努力）；感谢与 Andrea Frazzini 的杰出合作，他是我见过的最高效的量化研究者；感谢 Toby Moskowitz 和我分享了从学术界到 AQR 公司的经验，并在刚开始共用一间办公室——他是一个非常好的“室友”；感谢 Yao Hua Ooi 在许多项目上的精诚合作；还要感谢所有对本书提供有益帮助的 AQR 公司的其他同事，其中包括 Aaron Brown，Brian Hurst，Ari Levine，Mike Mendelson，Scott Metchick，Mark Mitchell，Lars Nielsen，Todd Pulvino，Scott Richardson，Mark Stein，Rodney Sullivan，尤其是 Antti Ilmanen 和 Ronen Israel，他们提供了许多深刻的见解。

我也非常感谢纽约大学斯特恩商学院和哥本哈根商学院的同事和学生。对于本书，我在与他们的讨论中获益良多，他们分别是纽约大学斯特恩商学院的 Viral Acharya，Yakov Amihud，Xavier Gabaix，Thomas Philippon，Matt Richardson，William Silber，Marti Subrahmanyam，Stijn

Van Nieuwerburgh，Jeff Wurgler，以及哥本哈根商学院的 David Lando（是他在我本科阶段激发了我对金融学的浓厚兴趣），Søren Hvidkjær，Niklas Kohl，Jesper Lund 和 Kristian Miltersen。我还要向所有的合作伙伴表示由衷的感谢，除了上面已经提到的，还有伯克利的 Nicolae Gârleanu，普林斯顿大学的 Markus Brunnermeier，以及我在斯坦福大学的博士生导师 Darrell Duffie 和 Ken Singleton，他们都对我帮助很大。

最后，我要感谢我的妻子和孩子们，他们的支持让我可以追求多种职业，并且正是他们提醒了我，在高效运转的人生旅途中什么才是真正重要的。

作者介绍

拉瑟·海耶·佩德森既是一位杰出的学者，又是一名成功的基金经理。作为哥本哈根商学院金融学系和纽约大学斯特恩商学院的教授，他发表了一些影响力极大的学术论文，研究领域涵盖流动性风险、资产定价和交易策略。其研究成果被广泛引用，包括美国联邦储备系统前主席伯南克和其他国家的中央银行行长、顶级资产管理公司，以及上千篇学术和行业论文。他曾获多项殊荣，其中最著名的是贝纳塞尔奖（Bernácer Prize，颁发给欧洲40岁以下优秀的经济学家）、法兰西银行-TSE奖（Banque de France-TSE Prize）、法玛-DFA奖（Fama-DFA Price）和迈克尔·布伦南奖（Michael Brennan Award）。

作为合伙人，拉瑟将其研究成果应用于AQR公司，这是一家管理规模超过1 000亿美元的全球知名资产管理公司，业务包括对冲基金和多头投资。他帮助AQR公司创立了新的基金，开发了包括股票投资策略、宏观投资策略以及套利策略在内的多种投资策略，并在投资组合优化、交易执行、风控建模等方面做了大量的应用研究。①

除了AQR公司和在学术界的经历以外，拉瑟还参加了纽约联邦储备银行在金融危机期间为解决全球流动性问题而组建的流动性问题工作组。同时，他也是纽约联邦储备银行货币政策委员会及纳斯达克和

① 此处所表达的观点仅为作者个人观点，不代表AQR公司及其附属机构或员工的观点。

富时集团经济咨询委员会的成员、美国金融协会的董事、多家知名期刊的编委，如《金融杂志》（*The Journal of Finance*）和《经济学季刊》（*The Quarterly Journal of Economics*）。拉瑟毕业于哥本哈根大学，取得学士和硕士学位，并在斯坦福大学商学院取得博士学位。

目　录

导　论 ………………………………………………………………………… 1

第一部分　主动型投资

第1章　了解对冲基金和其他精明的投资者 ……………………… 27
1.1　业绩目标和费用 ……………………………………………… 29
1.2　业绩表现 ……………………………………………………… 31
1.3　对冲基金的组织结构 ………………………………………… 33
1.4　对冲基金在经济中的角色 …………………………………… 36
第2章　评估交易策略：业绩衡量 ………………………………… 38
2.1　阿尔法和贝塔 ………………………………………………… 38
2.2　风险回报比率 ………………………………………………… 41
2.3　衡量投资业绩 ………………………………………………… 45
2.4　时间维度和计算年化收益率 ………………………………… 46
2.5　最高业绩水准 ………………………………………………… 49
2.6　基金回撤率 …………………………………………………… 49
2.7　调整流动性和滞后价格对业绩的影响 ……………………… 50
2.8　业绩归因分析 ………………………………………………… 52
2.9　历史回测与业绩记录 ………………………………………… 52

第 3 章　开发和回测交易策略：在高效的无效市场中获利 …………… 54
3.1　价格足够有效，但又无法完全有效地反映信息 ………… 55
3.2　对流动性风险足够高效又不完全有效的补偿 …………… 58
3.3　如何回测检验投资策略 ………………………………… 64
3.4　构建投资组合和回归分析的等同性 …………………… 68
第 4 章　构建投资组合和风险管理 ………………………………… 74
4.1　构建投资组合 …………………………………………… 75
4.2　风险管理 ………………………………………………… 79
4.3　回撤管理 ………………………………………………… 82
第 5 章　策略的交易与融资：市场流动性和融资流动性 ………… 85
5.1　考虑交易成本的最优交易策略 ………………………… 86
5.2　交易成本的度量 ………………………………………… 90
5.3　估算预期交易成本 ……………………………………… 92
5.4　执行落差：交易的成本和不交易的成本 ……………… 94
5.5　交易策略或资产管理人的容积 ………………………… 96
5.6　为交易策略融资：杠杆的定义 ………………………… 98
5.7　杠杆的来源：对冲基金的资产负债表 ………………… 99
5.8　使用杠杆的限制：保证金要求 ………………………… 102
5.9　融资流动性风险和赌徒破产 …………………………… 107
5.10　流动性旋涡：当所有人竞相出逃时 ………………… 108
5.11　捕食交易策略 ………………………………………… 111

第二部分　股票投资策略

第 6 章　股票估值与股票投资简介 ……………………………… 115
6.1　高效运行的无效股票市场 ……………………………… 117
6.2　内在价值和股利贴现模型 ……………………………… 117

6.3 盈利、账面价值和剩余收益模型 …… 121
6.4 其他股票估值方法 …… 122
第 7 章 主观型股票投资策略 …… 125
7.1 价值投资 …… 126
7.2 质量投资和以合理价格投资优质股 …… 131
7.3 沃伦·巴菲特：顶尖的价值及质量投资大师 …… 136
7.4 持仓期和催化剂 …… 138
7.5 行动主义投资 …… 139
7.6 基于报单和情绪的交易 …… 140
7.7 马弗里克资本公司李·安斯利三世的访谈录 …… 141
第 8 章 专注股票做空策略 …… 150
8.1 做空交易的运作流程及其困难 …… 151
8.2 卖空摩擦可能导致股价被高估 …… 155
8.3 管理层与卖空者的博弈：卖空对社会有益还是有害 …… 158
8.4 案例分析：安然事件 …… 161
8.5 尼克斯联合基金公司詹姆斯·查诺斯访谈录 …… 165
第 9 章 股票量化投资策略 …… 173
9.1 基本面量化策略 …… 176
9.2 统计套利策略 …… 192
9.3 高频交易策略：足够高效又不完全有效的股票做市 …… 197
9.4 AQR 公司克利夫·阿斯尼斯访谈录 …… 202

第三部分 资产配置和宏观投资策略

第 10 章 资产配置概述——主要资产类别的收益 …… 215
10.1 战略性资产配置 …… 216
10.2 市场择时和战术性资产配置 …… 221

10.3　了解主要资产类别的收益 …… 226
第 11 章　全球宏观投资策略 …… 236
11.1　套息交易 …… 237
11.2　关注中央银行的举动 …… 241
11.3　基于经济发展的交易 …… 244
11.4　国家选择和其他宏观投资 …… 250
11.5　主题型全球宏观投资 …… 254
11.6　乔治·索罗斯的繁荣-衰退循环和反射理论 …… 255
11.7　索罗斯基金管理公司乔治·索罗斯访谈录 …… 259
第 12 章　管理期货策略——趋势跟踪投资 …… 265
12.1　趋势的生命周期 …… 267
12.2　趋势交易 …… 270
12.3　多元时间序列动量策略 …… 271
12.4　多元化：有益的趋势 …… 277
12.5　管理期货基金实际收益源于时间序列动量 …… 278
12.6　实盘操作：如何经营管理期货基金 …… 282
12.7　元盛资本管理公司戴维·哈丁访谈录 …… 284

第四部分　套利策略

第 13 章　套利定价理论和套利交易概述 …… 293
13.1　套利定价和交易：总体框架 …… 294
13.2　期权套利 …… 296
13.3　基于需求的期权定价 …… 301
第 14 章　固定收益套利 …… 303
14.1　固定收益基本要素 …… 304
14.2　谁决定收益率？宏观经济和中央银行 …… 311

14.3 利用期限结构的水平、斜率和曲率进行交易 …… 313
14.4 债券息差与套息交易 …… 319
14.5 新券与旧券 …… 321
14.6 互换与互换价差 …… 323
14.7 信用风险与信用交易 …… 325
14.8 抵押贷款交易 …… 326
14.9 利率波动率交易及其他固定收益套利 …… 327
14.10 诺贝尔经济学奖得主迈伦·斯科尔斯访谈录 …… 327
第15章 可转换债券套利 …… 337
15.1 什么是可转换债券 …… 337
15.2 可转债的套利交易流程 …… 338
15.3 可转债的估值 …… 340
15.4 对冲可转债 …… 343
15.5 可转债何时转股 …… 344
15.6 可转债套利的利润和亏损 …… 345
15.7 可转债的类型 …… 350
15.8 可转债投资组合的可对冲与不可对冲风险 …… 351
15.9 城堡投资集团肯·格里芬访谈录 …… 355
第16章 事件驱动型投资 …… 361
16.1 并购套利 …… 363
16.2 公司分立、换股拆分、分拆上市 …… 379
16.3 不良资产投资和其他事件驱动型投资 …… 384
16.4 保尔森公司约翰·A.保尔森访谈录 …… 386

参考文献 …… 399

导 论

本书聚焦于专业投资者（比如对冲基金）所使用的交易策略，介绍了如何开发和执行关键的交易策略，也解释了为什么策略有时奏效，有时却失灵。[1] 同时，书中收入了一些与知名对冲基金经理的访谈录，正是这些人成功研发并实践了这些交易策略。最后，希望读者通过这些交易策略可以窥见金融市场的运行规律，以及证券如何在高效运行的无效市场上定价，具体如表 0-1 所示。

表 0-1 高效运行的无效市场

市场有效性	对投资的指导意义
有效市场假说（Efficient Market Hypothesis） 核心观点是一切市场价格无论何时都反映所有相关信息。	被动型投资（passive investing） 如果价格反映了所有信息，那么尝试打败市场的想法是无用的。为主动型投资付费的投资者的预期收益可能低于所付费用。 然而，如果没有人尝试去打败市场，那么又是谁在使市场有效运行呢？
无效市场假说（Inefficient Market Hypothesis） 核心观点是市场价格受到投资者非理性情绪和行为偏差的显著影响。	主动型投资（active investing） 如果投资者的不成熟行为导致市场价格波动和基本面关系不大，那么就可以轻而易举地打败市场。 然而，市场极富竞争性，大多数专业投资者并不能打败市场。
高效运行的无效市场假说（Efficiently Inefficient Markets） 核心观点是市场处于相对高效运行的无效状态。专业投资者之间的竞争使市场近乎有效，但市场始终保持无效，因此专业投资者付出的成本和承担的风险才会得到补偿。	具有比较优势的主动型投资（active investment by those with a comparative advantage） 可以将有限的资金托付给主动型投资者管理，因为他们能够利用基于经济学原理构建的投资方法来打败市场。 这一贯穿全书的观点提供了一种框架，帮助读者理解为什么特定的投资策略能奏效，以及证券是如何定价的。

长期以来，对冲基金始终神秘莫测，对外它们往往三缄其口，以至于它们自己的投资者对基金使用的策略只有模糊的概念。策略的私密性决定了收取高费用的正当性，也让人们减少了对该行业的涉足。本书介绍了披着神秘面纱的主要交易策略，以此揭秘对冲基金的投资运作模式，解读其是怎样评价交易策略的，又是如何交易、如何做好风险管理的，还介绍了对冲基金怎样构思设计出新的交易策略。

为了真正理解每种对冲基金策略并结合实际运作，我采访了每个领域中世界顶级的对冲基金经理，并将访谈录附在本书中，具体如表0-2所示。我们可以学习明星基金经理李·安斯利三世在为老虎基金传奇人物朱利安·罗伯逊（Julian Robertson）工作时磨炼出的选股方法。著名的卖空投资人詹姆斯·查诺斯解释了他如何做空商业计划存在瑕疵和存在管理层欺诈问题的公司的股票，以及如何成功预测到安然公司会破产。量化行业先锋人物克利夫·阿斯尼斯介绍了如何借助计算机模型同时交易成千上万只证券，以及如何把他的学术成果——动量效应应用到现实世界中，以此作为价值投资和其他投资因子的补充。曾"打败英格兰银行"的乔治·索罗斯谈到了他押注宏观经济及市场发展形势的一些观点。戴维·哈丁阐释了他如何研发出一套完整的趋势监测系统，以及市场趋势如何背离传统的有效市场理念。迈伦·斯科尔斯亲自解读了如何在固定收益市场中应用自己曾荣获诺贝尔奖的学术观点。肯·格里芬讲述了他如何在哈佛大学学生宿舍里开始交易可转换债券，以及怎么从神奇小子成长起来，创建并管理自己的公司。在最后一章中，约翰·A. 保尔森阐述了自己的并购套利策略和事件驱动型投资方法，其中包括他做空次级贷款市场这一知名的"有史以来最伟大的交易"。

表 0-2 对冲基金投资策略和投资大师名录

经典对冲基金投资策略 （主动型投资获利的来源）	本书采访的投资大师 （经典投资策略代表人物）
主观型股票投资策略（discretionary equity investing） 通过对每家公司商业运营的基本面分析来选择个股。	李·安斯利三世（Lee Ainslie Ⅲ） 老虎基金出身的明星基金经理著名选股专家。
专注股票做空策略（dedicated short bias） 披露过度粉饰收入或者商业计划存在瑕疵的上市公司。	詹姆斯·查诺斯（James Chanos） 在安然公司倒闭前极力做空该公司股票的尽职调查型传奇金融投资人。
股票量化投资策略（quantitative equity） 使用科学方法和计算机模型来买卖成千上万只股票。	克利夫·阿斯尼斯（Cliff Asness） 量化投资专家、动量投资策略先行者。
全球宏观投资策略（global macro investing） 在全球债券、外汇、信用和股票市场押注宏观经济发展方向。	乔治·索罗斯（George Soros） “打败英格兰银行”的宏观对冲大师级人物。
管理期货策略（managed futures strategies） 针对全球期货和远期交易的趋势跟踪策略。	戴维·哈丁（David Harding） 发明市场趋势跟踪系统。
固定收益套利策略（fixed-income arbitrage） 类似证券之间相对价值策略，即利用债券、债券期货和掉期产品中的估值偏差来套利。	迈伦·斯科尔斯（Myron Scholes） 利用其获得诺贝尔奖的开创性学术成果来进行交易。
可转换债券套利策略（convertible bond arbitrage） 买入被市场低估的低流动性可转换债券，并用普通股票来对冲风险。	肯·格里芬（Ken Griffin） 在哈佛大学读书期间就开始在宿舍做投资交易并成功创业的神奇小子。
事件驱动型投资策略（event-driven arbitrage） 针对特定事件进行交易，如并购、拆分或者财务困境。	约翰·A. 保尔森（John A. Paulson） 事件驱动型投资高手，在美国次贷危机时完成了“有史以来最伟大的交易”。

我所采访的每一位基金经理都才华横溢。人们常常会视对冲基金为神秘领域，这些天才基金经理像使用魔法一样创造了超额回报。然而，与其说是魔法，我认为对冲基金的高回报可以由一些行之有效的经典投资策略来解释。在对冲基金行业，基金的数目远远多于独一无二的对冲基金策略的数目。如果对冲基金的收益不是魔法作用的结果，人们就可以广泛学习并掌握具有代表性的对冲基金策略。在这本书中，我只讲授普适性原理。要想获得长期的成功，一只对冲基金需要可重复的过程，而且这一过程盈利的时间多于亏损的时间。本书通过顶级基金经理的经验和教训来解释很多这样的过程。当然，要把这些知识转化为利润，需要投入大量的工作，以及更多的训练、资金、智力和交易的基础设施。只有掌握所有必要技能的人，才能从高效运行的无效市场中真正获利。

尽管不同的对冲基金大师会在不同市场投资不同资产，利用不同的投资工具，使用截然不同的投资策略，但其中有着相似的首要原则，我把它称作投资风格。在本书中，我将探讨主要的投资风格，并介绍有多少投资策略和对冲基金大师是倚重价值投资、趋势跟踪投资、提供流动性投资等我在表 0－3 中介绍的投资风格的。尽管这些交易策略对于不同市场和投资者可能会有不同的内涵和指导建议，但它们可以普遍应用在不同的市场和资产类别中。

表 0－3　投资风格概述及其收益来源分析

投资风格 （交易策略中普遍使用的方法）	收益来源 （这些方法在高效运行的 无效市场中奏效的原因）
价值投资（value investing） 买入当前市场价格较其基本面价值被低估的证券，比如低市净率或低市盈率的股票，如有可能，同时做空估值过高的证券。	风险溢价和过度反应（risk premiums and overreaction） 具有较高风险溢价或不是主流资金追捧热点的证券都会变得便宜，尤其是在投资者对于数年来的坏消息反应过度的情况下。

续表

投资风格 （交易策略中普遍使用的方法）	收益来源 （这些方法在高效运行的 无效市场中奏效的原因）
趋势跟踪投资（trend-following investing） 买入处于上升趋势的证券，同时做空处于下降趋势的证券，比如动量策略或者时间序列动量策略。	初始反应不足和滞后的过度反应（initial underreaction and delayed overreaction） 行为偏差、羊群效应和资本流动会带来这样的趋势：价格对信息的初始反应往往不足，随着时间的推移会逐渐做出反应，以至最终反应过度。
提供流动性投资（liquidity provision） 买入流动性风险高的证券或正被其他有流动性需求的投资者抛售的证券。	流动性风险溢价（liquidity risk premium） 投资者天然偏好持有交易成本和流动性风险较低的证券，因此流动性较差的证券必须给投资人提供一定的风险溢价收益。
套息交易（carry trading） 买入高“息”证券，即在市场条件不变的情况下（例如价格没有发生改变）能提供高收益的证券。	风险溢价和市场摩擦成本（risk premiums and frictions） 股息或利息是预期收益比较及时且可观察的度量指标，因为风险溢价往往反映在股息或利息上。
低风险投资（low-risk investing） 使用杠杆买入安全型证券，同时做空高风险证券，也称为反 β 策略。	杠杆约束（leverage constraints） 当其他投资者为规避使用杠杆而买入高风险的“彩票”资产时，低风险投资者的盈利来源于杠杆风险溢价。
质量投资（quality investing） 买入高质量的证券（特征是盈利能力强、运营稳定、持续增长和公司治理良好），同时卖出低质量的证券。	市场渐进式调整（slow adjustment） 具有高质量特征的证券必定有高市值，但如果市场调整比较缓慢，那么这些证券将能带来较高的收益率。

同样，本书将研究证券如何定价以及市场的运作模式，但我并不会像传统的金融学教材那样讲解。传统教材总是用各种公式对债券和股票定价，声称在理论上应当如此。而本书会认真分析市场价格偏离理论价值的可能性以及投资者将如何应对。通常，对于市场价格和理论价值的差异有两种解释：(1) 这意味着存在某种交易机会，可以在市场价格低于理论价值的时候买入，反之则卖出。如果这种机会反复多

次出现（具体原因将另行详述），那么就形成了一种交易策略。（2）这种差异可能表明理论价值本身就是错误的。我们该如何判断这两种解释中哪一个才是真相呢？当你通过实盘交易或者模拟一揽子组合执行这种交易策略时，如果盈利了，就说明第一种解释是正确的；如果亏损了，就表明第二种解释是正确的。

换句话说，本书默认交易策略是对资产定价理论的天然评估测试手段。反过来看，遵循资产定价理论自然就会形成相应的交易策略。本书也表明金融学理论可以用来指导投资实战，同时，成功的投资活动也可以转化为金融学理论。

1. 高效运行的无效市场

想要设计出能够长期盈利的交易策略，我们有必要好好认识一下证券交易市场。市场是否有效是金融市场的核心问题，时至今日依然是人们争论最为激烈的话题。例如，2013 年诺贝尔经济学奖同时授予三位学者：有效市场假说的创始人和捍卫者尤金·法玛（Eugene Fama）、行为经济学鼻祖罗伯特·席勒（Robert Shiller）以及检验市场效率理论的学者拉斯·汉森（Lars Hansen）。[2] 如表 0－1 所示，在尤金·法玛所定义的完全有效市场中，市场价格已经充分反映了所有相关信息。换言之，市场价格总是等于内在价值，一旦新的消息出现，价格会立即反映新的信息。如果市场完全有效，主动型投资者就不会存在，因为价格不再具有任何投资指示意义，已经反映了你所期望收集的尽可能多的信息。可是如果没有主动型投资者，是谁让市场变得更有效呢？此外，鉴于市场上的投资者每年向主动型基金经理支付数十亿美元的管理费，要么证券市场本身就是无效市场（这样主动型基金经理才能获得超额回报），要么资产管理市场是无效市场（因为投资者付费却一无所获），因此所谓所有市场都完全有效的假说在逻辑上显然是行不通的。[3]

与尤金·法玛的观点截然相反，在行为经济学家罗伯特·席勒看来，人们总会犯错误，所以投资很容易受到各种常见的偏差影响，而这些偏差不能完全抵消，这会导致证券市场价格背离基本面的内在价值。人们常常犯各种错误：恐慌、盲从和贪婪。但是，如果多数投资者都很不成熟，市场价格和内在价值没有任何联系，那么我们岂不是很容易就能战胜市场？在实战操作中，想要战胜市场并不那么容易。大多数的专业投资者，例如不少的共同基金都很难做到战胜市场。那些手握大笔资金的老练的基金经理积极参加竞争，希望获得最好的投资业绩。当他们在市场中交易时，其低买高卖的活动往往会使市场更加有效。

我相信，真理就存在于这两个极端之间的某个地方，但并不是在某个任意的中间地带。本书中，我这样明确定义市场，即事实上市场是一个处于相对高效运行状态的无效市场。

受各种投资需求的驱动以及市场摩擦的影响，市场价格会偏离基本价值。但是，基金经理之间的激烈竞争又会不断地修正这些偏离。这两方面的作用力导致市场处于高效运行的无效状态：足够无效，基金经理才可以获得超额回报来补偿他们的成本和风险；又足够有效，在扣除所有的成本以后，基金经理得到的奖励并未高到足以激励新的基金经理或额外的资金进入这个市场。

在高效运行的无效市场中，基金经理由于向市场提供流动性服务而获得报酬，就像汉堡包店，由于组合了肉、沙拉和面包，并且在便利地段开店为人们提供汉堡包而获得报酬。汉堡包店的利润反映了它扣除成本后处在无效市场中的有效竞争状态，正如基金经理的超额业绩反映了其扣除成本和风险后的流动性价格。而且，基金经理在扣除费用后给投资人创造的超额业绩，同样反映了资产管理市场是一个相对高效运行的无效市场。

流动性是指快速交易变现的能力，所以基金经理提供流动性意味着他们可以作为对手方，帮助其他投资者顺利达成自己的交易。基金经理能获利，是因为有流动性需求的交易方愿意以不完全等于基本面价值的价格来交易（正如你愿意以超过所有配料成本的价格购买汉堡包）。例如，有些投资者是因为需要降低风险而交易（比如大宗商品生产者（农民）或者大宗商品消费者（如航空公司）的对冲交易）；还有一些投资者是由于需要筹集资金或投资而交易（例如，你卖出债券来筹集现金办婚礼，之后将收到的结婚礼金用于投资；或由于新的资金流入或流出，共同基金需要重新调整其投资组合）；许多投资者会急于卖出正处于并购之中的股票以避免并购事件风险；养老基金会为了符合监管要求而交易；银行可能由于监管机构对资本充足率要求的差异，偏好某些证券而排斥其他证券；许多投资者不愿意持有流动性差的证券，因为它们很难买卖变现；而有些投资者偏好可能有更高回报的投机性证券。基金经理会因为提供流动性得到补偿。虽然他们的激烈竞争可能导致补偿接近于零，但竞争并不会将流动性的价格压低为零，因为这些交易始终包含着流动性风险。流动性风险是一个重要的概念，它意味着被迫在最坏时点以高额交易成本抛售证券的风险。

交易成本的存在往往会导致基金经理的投资收益下降。此外，基金经理还要为自身的努力、技能和内部的运营成本（如交易员薪酬、电脑费用、场地租金、律师顾问费和审计费用）向投资者收费。只要利润能超过所支付的费用和成本支出，投资者都可以接受。当然，前提是基金经理能够从高效运行的无效市场中获利。

在高效运行的无效市场中，价格和收益距离有效市场假说中的理论值有多近呢？由于市场竞争，要做到始终如一打败市场非常困难，从这个意义上看，证券的净收益——扣除所有市场摩擦成本（交易成本、流动性风险、融资成本）后的收益——是非常接近完全有效市场水平的。然而，尽管收益率几乎是有效的，但价格可能会大幅偏离未来现金流折现后所得的现值。要理解这个明显的悖论，请注意买入廉价股票的收益率既取决于今天的价格，也取决于明天的价格。如果这一股票明天的价格进一步偏离其有效水平（即变得更低），并且其流动性成本很高，那么其预期收益率可能就不是很有吸引力，尽管它现在的价格显著偏离它的理论内在价值。

就像自然界在按照达尔文提出的物竞天择、适者生存的原则进化一样，金融市场也在不断演化，不断地提高有效性。传统经济学理论中关于市场完全有效的观点就相当于说自然界达到了一种只存在“完美适应”物种的均衡状态而停止了进化。然而，在自然界中，并不存在某种最适应的单一生命体，也不是每一种存活至今的生命体都已经做到“完美适应”。同样，在金融市场中，也存在多种类型的投资者和策略，当市场的内在驱动力推动价格稳步走向有效水平时，新的信息推动市场情况不断演化，供给和需求的冲击也会持续影响价格的波动。

与自然界的运行规律非常相似，金融市场内外部发生的许多社会活动都意味着足够高效又不完全有效的状态。例如，政治体系的运作可能是低效的，但政治家有动力对外展示他们比竞争对手更高效。然而，单靠政治体系内部的竞争力量并不足以使该体系运作变得完全有效，这是因为选民监督其所选代表的能力不足（相当于金融市场的摩擦成本）。同样，交通运输也处于足够高效又不完全有效的状态。设想一下，驾车行驶在一条繁忙的高速公路上是什么样子？每条车道上的车都以大致相同的速度行进，因为总有人会频繁变换车道，这样保证了每条车道上的汽车都可以做到数量相当。然而，并不是每条车道上汽车的运行速度都完全一样，这是因为变换车道会有“成本”，交通状况也在不断变化。行车速度可能倾向于达到一个足够高效又不完全有效的水平，使得变换车道几乎没有什么实质性的帮助。但是对于在变换车道方面具有比较优势的人来说，尽管频繁变道和高速驾驶都会增加危险性，变道还是值得的；正如金融市场上频繁交易及高杠杆会增加风险，但还是有人做，这是同一个道理。

如表 0-4 所示，对于一个高效运行的无效市场而言，其内在的经济原理与新古典经济学截然不同。全世界的大学普遍将新古典经济学的基本原理作为教材来讲解，这构成了我们对经济学理解的基本支柱。虽然人们的经济思维总是会参考这些新古典主义理论，并且始终坚信这些原理构成了准确描述现实世界的理论支柱，但是那场始于 2007 年的全球金融危机和之前的流动性危机，以及过去几十年的研究都让人们的这种信念开始动摇。与莫迪利亚尼-米勒定理相反，企业在决定资本结构时，往往会在债务带来的好处和陷入财务困境的成本之间进行权衡，而且在发生流动性危机的环境中，资金紧张、急于获得现金的企业必须改变它们的投资政策。尽管两基金分离定理认为所有投资者都应该持有市场投资组合（加现金或杠杆），但现实世界中的投资者所持的投资组合大相径庭：有些会避免使用杠杆，同时却集中持有高风险证券，而其他人（如沃伦·巴菲特（Warren Buffett））会对持有的相对安全的证券加杠杆。事实上，资产收益率并不像资本资产定价模型（CAPM）所说的那样只受市场风险的影响，在实践中还受到市场和融资需求的流动性风险影响，因为对于持有的不受资本青睐或者交易成本高的证券，投资者希望获取相应的风险补偿。在现实中，一价定律并不奏效，因为在货币市场（违背了抛补利率平价）、信贷市场（信用违约互换-债券基差）、可转换债券市场、股票市场（孪生股票价差）和期权市场都存在套利机会。当投资者需要腾出现金或者面临较高的卖空成本时，他们会违背默顿定理，在到期日和股息兑付前行使看涨期权，或将可转换债券转股。金融市场的摩擦成本也会影响到实体经济，而一些非常规货币政策，比如中央银行的借贷工具，可能会在对抗市场流动性紧张中发挥至关重要的作用。[4]

表 0-4 新古典经济金融学原理和高效运行的无效市场中的经济金融理论对比

新古典经济学	高效运行的无效市场
莫迪利亚尼-米勒定理（Modigliani-Miller） 资本结构不相关理论	资本结构是有影响的 由于融资存在摩擦成本
两基金分离定理（Two-Fund Separation） 每个人都只会投资市场组合和现金	投资者会选择不同的投资组合 取决于其个人的融资约束条件
资本资产定价模型（Capital Asset Pricing Model） 预期收益率水平与所承担的市场风险成比例	流动性风险和融资约束的存在 会影响预期收益率水平
一价定律和布莱克-斯科尔斯定理（Law of One Price and Black-Scholes） 没有套利机会，也决定了衍生品的价格	套利机会 因需求压力影响衍生品价格而出现
默顿定理（Merton's Rule） 除非到期或者在派发股利时，否则绝不对看涨期权行权，也绝不转换可转换债券	最优的提前行权和换股策略 释放现金、节约卖空成本，同时控制交易成本
实际经济周期理论和李嘉图等价定理（Real Business Cycles and Ricardian Equivalence） 宏观经济运行与金融市场和管理政策无关	信用周期和流动性旋涡 由宏观形势、资产价格和融资约束的交互作用导致
泰勒规则（Taylor Rule） 货币政策主要关注利率政策	两种货币工具 即利率政策（贷款的成本）和抵押政策（贷款的规模）

2. 全球交易策略：本书框架概览

在高效运行的无效市场中，想要利用市场失灵来获利是一项极具挑战性的工作，需要进行艰苦的工作、细致深入的分析、构建交易基础设施的成本和雇用专业人才的机会成本。因此，要成为一个成功的主动型投资者，需要专业化和规模化。所以资金管理通常交由管理资金池的专门机构或人员来做，如由共同基金、对冲基金、养老基金、自营交易员和保险公司的投资经理来执行。本书第一部分介绍了主动型投资使用的主要工具。正如图 0－1 所示，我们需要学会怎样评估、发现、优化并执行交易策略。

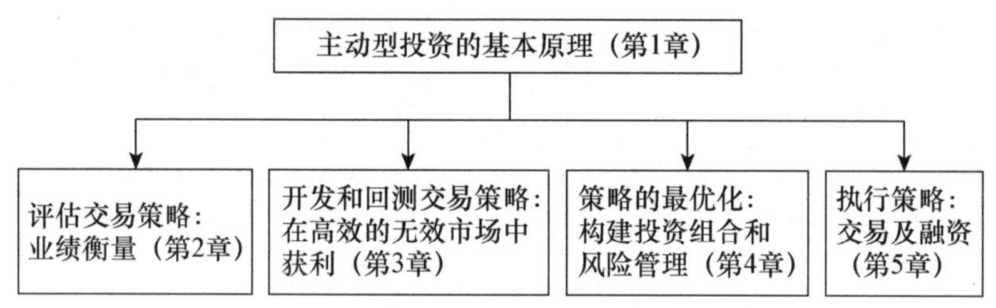

图 0－1　本书介绍的主动型投资的基本工具

由于对冲基金往往是受约束最少和最为老练的专业投资者，因此本书专注于分析对冲基金的策略，但本书中的策略也是其他大部分主动型投资者所使用的核心策略。一个重要的区别是，对冲基金可以同时既做多（即押注证券价值提升）又卖空（即押注证券价值降低），而大多数投资者常常只是单一地做多。不过，这种差异远比我们想象的要小得多。一个做多 IBM 公司股票同时做空思科公司股票的对冲基金策略就对应着一只（相对市场基准而言）超配 IBM 公司股票同时低配思科公司股票的共同基金。

在广义层面上，我把对冲基金策略分为股票投资策略、宏观投资策略和套利策略。它们各有不同：股票对冲基金主要投资于股票，宏观对冲基金主要投资于各种市场大盘（如外汇、债券、股票指数和大宗商品），套利对冲基金则主要押注于关联性高的证券之间的相对价值变化。如图 0－2 所示，我对这三种有广泛代表性的交易策略类型进一步细分，也向大家展示了本书的其余章节结构。[5] 本书每个章节的内容都是相对完整的，均可以独立学习。例如，对事件驱动型投资感兴趣的读者可以直接阅读第 16 章（并以第 1～5 章的基础知识作为参考）。

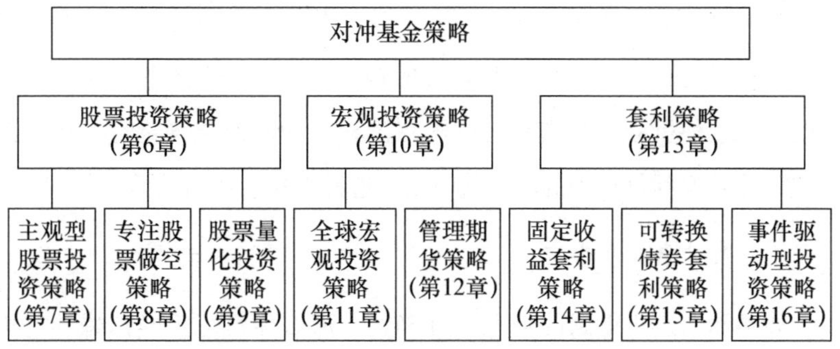

图 0－2　本书介绍的对冲基金经典投资策略

股票投资策略

我把股票投资策略（equity strategies）又细分为：主观型股票投资策略、专注股票做空策略和股票量化投资策略。主观型股票投资策略是相机开展多头或者空头操作，通常建立在对公司价值的基本面分析的基础上，包括比较公司的盈利与估值，分析公司的成长前景。基金经理还会研究公司的管理质量，拜访公司的管理层，并实地考察其商业经营状况。另外，他们会分析公司的财务数据，尝试评估其可靠性，并预测公司未来的现金流。虽然主观型基金经理往往投资于个股，但是他们也可以进行行业投资。

一些基金经理（又称为价值投资者）重点关注购买价值被低估的公司，并长期持有这些股票。沃伦・巴菲特就是价值投资者的代表人物。实际执行这种策略经常需要逆市操作，因为公司股票只有在其他投资者不看好并抛售时才会变得便宜。因此，便宜的股票往往是不受资金追捧的股票，或是在别人恐慌抛售时买入的股票。逆市操作做起来要比说起来难得多，正如交易员所说：

> 逆市操作很容易，除了在它赚钱的时候。

另一种方法是尝试挖掘相对更短期的机会，例如，努力比市场上的其他人更准确地预测公司的下一个盈利公告。如果你认为盈利会比别人预期得高，则可以在盈利公告前购买，在公告后出售。更普遍的情况是，这种机会主义交易者试图在消息广为知晓之前建仓，当信息被披露并反映到价格中的时候就清仓。这种操作的座右铭是：

买消息，卖事实。

如果你知道所得到的消息是准确的，那么你可能已经涉嫌参与内幕交易（就像电影《华尔街》（*Wall Street*）中由迈克尔·道格拉斯（Michael Douglas）扮演的戈登·盖柯（Gordon Gekko）那样，根据获取的内幕信息做交易）。

然而，主观型基金经理所持有的多头头寸往往要多于空头头寸，相反，采用专注股票做空策略的基金经理持有的空头头寸则相对较多。他们使用与主观型基金经理类似的技巧，但专注于寻找值得做空的标的公司。做空股票意味着押注股价会下跌。就像买入股票时，一旦股票价格上涨就可以获利一样，当做空股票时，如果股价下跌就能获利。在实际交易中，做空是指借入一定数量股份，并以其当前市价出售。假如现在股票价格是每股 100 美元，在稍晚的时候，比如第二天，必须买回股票并偿还给股票借出方。如果股价跌至每股 90 美元，买回股票的花费比卖出的时候少，在这个例子中每股就赚了 10 美元。但如果股价上涨，就会亏损。

专注股票做空的基金经理会挖掘处于下跌趋势的公司，例如房间入住率为零的酒店，或者所生产的药物无人问津（或有新的风险）的制药公司，再或者存在欺诈或伪造财务数据的公司。通常来看，由于股市上涨的概率比下跌的概率高（称为股票风险溢价），专注股票做空的基金经理往往在和市场的上升大势做斗争。也许正是因为这个原因，在对冲基金行业中，其人数并不多（往往由悲观派的基金经理构成）。

几乎所有的主观型股票投资基金和专注做空的股票基金（及大多

数对冲基金）都会从事主观型投资，这意味着基金经理在做出买入或卖出决策时主要依据他们自己的判断，而这些判断是综合其自身的经验、各类市场信息和市场直觉做出的。这种传统的投资方式与量化基金经理采用的方式不同。量化基金经理会明确定义他们的交易规则，并建立技术系统来系统化地执行其策略。他们构建了由大量分散化交易组成的投资组合，并试图从每一笔小的交易都获得盈利优势。这些优势是通过对投资创意进行复杂的处理来实现的，而这些投资创意很难用传统的非量化方式处理。要做到这一点，量化基金经理会使用多门学科的工具和理念（经济学、金融学、统计学、数学、计算机科学和工程学），并结合大量的数据分析找到市场其他参与者可能还没有发现且反映在价格上的信息和内在关联。基于这些关联，量化投资者会构建数理模型来生成交易信号，执行考虑交易成本的资产优化组合，并使用每几秒钟就能发出数百个交易指令的自动化程序执行交易计划。换句话说，交易是通过将数据输入计算机系统完成的，这些计算机会在人为监督下运行各种程序。

有些量化投资者专注于高频交易，他们会在买入后的几毫秒或几分钟内就立即卖出；有些专注于统计套利，即每天根据股票的统计特征来交易；还有些则专注于频率更低的交易，即所谓的基本面量化投资（或股票市场中性投资）。基本面量化投资会考虑很多与主观型投资相同的投资因素，比如试图买入便宜的股票、卖空昂贵的股票，但不同的是，基本面量化投资是借助计算机系统来系统化实现的。

尽管主观型投资有很多优点，如每笔交易可以做到对个股的定制式分析，而且可以使用软信息（例如通过私人交谈得到的信息），但这种投资是劳动密集型的，投入的精力多、耗时长，这意味着只能对有限数量的证券做深度研究，并且主观决策容易受投资者的心理偏差影响。而量化投资具有可以把某个投资理念应用于世界各地成千上万只证券的优势，能够从高度分散化中获利。此外，量化投资者可以用机器人一般的纪律性来严格贯彻自己的交易理念。纪律性对所有的交易都很重要，不过正如俗话所说：

> 必须建立自己的投资纪律，并且始终遵循这一纪律，但你还需要知道在什么时候必须打破它。

即使是坚定的量化投资者，在一些情况下也必须“打破信条”，比如当他们意识到数据录入有问题，或者在模型之外的领域出现了类似2008年投资银行雷曼兄弟破产的突发性重大事件。

量化投资还具有另外两个优势：可以高效地构建投资组合和进行历史回测，这意味着我们可以模拟某个策略过往的投资业绩表现。当然，过去的成功并不能保证未来的成功，但至少可以帮助我们排除那些历史上从未奏效的策略。此外，至少在一定程度上，系统性投资可以降低主观心理偏差对投资的影响。不过，量化投资的缺点是其对于“硬”数据的过度依赖，以及计算机程序实时加入人的主观判断的能力有限。

无论是使用主观型投资策略，还是量化投资方法，掌握定量分析工具都是非常有用的，而本书的目的正是提供这样的工具。给大家交个底：我是一名量化投资者。话虽如此，在我看来，本书介绍的方法是所有资产管理人员都必不可少的，无论是主观型基金经理还是量化基金经理。事实上，许多严谨的主观型基金经理在大范围实战使用某一交易策略之前，也会对该策略的历史业绩表现进行回测。例如，在我采访李·安斯利三世时，他告诉我他的马弗里克资本管理公司就建有一个量化分析系统，该系统会为其基本面的分析提供数据和信息，并帮助管理风险。

宏观投资策略

如果电影《华尔街》中戈登·盖柯是一名股票操盘手，那么电影

《颠倒乾坤》（*Trading Places*）中的公爵兄弟（Duke brothers）和埃迪·墨菲（Eddie Murphy）就是宏观投资交易员，他们利用期货市场押注橙汁价格的变化方向。我把宏观投资策略（macro strategies）划分为两类，即全球宏观投资策略和管理期货策略。全球宏观投资基金经理会押注世界各国经济领域的现象，比如股市整体趋势是上涨还是下跌，通货膨胀是否会使黄金价格暴涨，或者新兴市场货币将会升值还是贬值。有些全球宏观投资基金经理会建巨大的仓位，正如斯坦利·德鲁肯米勒（Stanley Druckenmiller）所说的那样，当然这也是从乔治·索罗斯那里学来的（Schwager，2008）：

> 一旦对某笔交易极有信心，就应该敢于扼住机会的咽喉不松手。这需要有做头“猪”的勇气，敢于抓住盈利不放。

另一些全球宏观投资基金经理致力于寻找更分散、风险更受控制的投资方法，提出不同的观点：

> 做牛可以致富，做熊也可以致富，但是作为一头猪却只有被屠宰的命运。

根据这个说法，买入股票（做牛）可以获利，做空股票（做熊）也可以获利。但是如果像猪一样没有做好风险控制，最终会输得一无所有。在采访乔治·索罗斯的时候，他解释说自己同样把风险管理放在非常重要的位置，但同时也指出，当遇到获利空间巨大而亏损极为有限的罕见机会时，一定要敢于死死地抓住机会不松手。

这两句话之间的差别也反映了全球宏观投资基金经理之间的巨大差异。他们拥有不同的背景，有的是交易员出身，几乎没有受过任何正规经济学训练，有的则是中央银行前经济学家出身。因此他们会使用完全不同的投资方法，有的人主要依靠数据分析，有的人紧盯中央银行的一举一动，而其他人则是在全世界到处出差，寻找全球交易的灵感。一些全球宏观投资基金是主题交易者，即专注于有限的几个主题，并通过不同的交易来表达每个主题。例如，一个主题可能是中国将保持爆发性增长速度，此类全球宏观投资基金经理可能就会通过买入中国企业的股票、中国进口商品或向中国出售商品与服务的公司或产业来表达这种观点。

尽管全球宏观投资基金经理的方法各不相同，但也有很多相似之处。举例来说，全球宏观投资基金经理往往喜欢通过套息交易来表达看法，这意味着即使市场没有发生任何变化，他们也可以获利。因此，不管这样做是有意为之，还是无心插柳，他们往往都会在套息交易上有敞口，尤其是货币套息交易。货币套息交易主要是指投资于较高利率的货币，同时做空较低利率的货币。这一策略赚取利率差，本质上是借入一种低利率的货币，并投资于另一种更高利率的货币，但也存在风险，因为不同货币间的相对价值（汇率）会发生变化。

管理期货投资者（又称商品交易顾问，CTA）的很多投资标的与全球宏观投资策略的投资标的相同，包括债券期货、股票指数期货、货币远期和商品期货。管理期货投资基金经理往往将目光集中在寻找价格变化的趋势上，购买价格呈上升趋势的投资品种，卖空价格呈下降趋势的投资品种。举例来说，如果黄金价格一直在上涨，一只管理期货对冲基金可能就会买入黄金期货，押注金价会继续上涨。正如有句投资名言所说：

> 与趋势为伍。

管理期货对冲基金专注于对价格数据的分析，或者采用统计方法（管理期货量化策略），或者使用经验规则（技术分析流派），而很少看基本面数据。管理期货投资基金经理会尝试识别正在形成趋势的市场，或是已经被过度延伸的趋势，再或是反趋势造成的反转。其原理是趋势始于人们对新闻的反应不足。当价格真正赶上基本面的时候，它们已经沿着同一个方向运行了好一阵子，这时其他投资者可能会开始跟风建仓，造成延迟的股价过度反应，并伴随着最终的彻底反转。管理期货投资基金经理绝对不愿做新闻消息的后知后觉者，他们重点分析价格，并遵循以下投资理念：

给我看看图表，我会告诉你其中有什么样的消息。

风险管理是管理期货投资基金经理的根本，其投资哲学非常独特，并不同于前面所提到的乔治·索罗斯的全球宏观投资流派。当管理期货投资基金经理亏损的时候，往往是因为趋势正在转变方向，在这种情况下，他们会逆转仓位，做好抓住新趋势的准备。

套利策略

套利策略（arbitrage strategies）大致可以分为固定收益套利策略、可转换债券套利策略和事件驱动型投资策略三类。固定收益套利建立在若干所谓趋同交易的基础之上。在趋同交易中，找出价格不同的相似证券，然后买进价格较低者，卖出价格较高者，并希望从两者价格之间的趋同中获利。由于固定收益证券通常都有确切的到期日，价格趋同最终必然发生，但其发生得越早，交易就越有利可图。趋同交易存在的最大风险是，交易员可能必须在价差不断拉大、套利策略亏损的时候被迫平仓。经济学家（也是成功的投资大师）约翰·梅纳德·凯恩斯（John Maynard Keynes）曾经很好地描述了这种风险：

市场保持非理性的时间比你保持偿付能力的时间更长。

典型的固定收益套利交易包括新券与旧券交易、收益率曲线交易、投注互换利差交易、抵押贷款交易、期货-债券基差交易以及债券和信用违约互换之间的基差交易。

另一种经典的套利交易是可转换债券套利。可转换债券是指可以按预先约定的转股比例转化为股票的公司债券。可转换债券可以看作普通公司债券和对公司股票的看涨期权的组合。如果使用期权定价方法，可转换债券的价值是公司的股票价格及其波动率的函数。可转换债券的市场价格往往低于其理论价值，这是因为要在短时间内快速变现可转换债券可能会比较困难，所以持有人要求为内含的流动性风险获得补偿。可转换债券套利包括购买便宜的可转换债券，并通过做空标的公司的股票来对冲风险，此外还可能会使用额外的对冲手段。

最后，事件驱动型对冲基金努力挖掘企业重大事件中潜在的投资机会。经典的交易策略是并购套利（又称风险套利）。在企业并购活动中，收购方对并购目标发出的要约股价通常会高于当时的市价，激励持有人出售他们的股票。在信息发布后，股价往往会暴涨，但通常并不会一直上涨到收购方的要约价格。这种价差反映了并购失败风险的存在，但也反映了很多投资者在消息公布后不久就出售了股份。并购套利的基金经理购买目标公司的时机通常是在并购消息发布后，或者价格最初暴涨以后（除非他们有极其敏锐的洞察力，能提前发现潜在的并购目标），希望获得标的股票价格与并购要约价格之间的价差收益。在公司重大事件中，与并购相反的是企业分拆或裂股，即一家公司变成两家。此类事件也为事件驱动型套利者提供了好机会。事件驱动型投资基金经理有时会同时买卖同一家公司的各类证券，不只是股票，例如，也有企业债券和贷款。这种在由同一家公司发行的不同证券的相对价值之间进行套利的策略，也称为资本结构套利。此外，也有一些事件驱动型投资基金经理更专注于陷入困境的公司，积极参与到公司的债权人委员会中，并发挥积极的公司治理作用，努力把公司救活。

3. 投资风格和因子投资

虽然不同的基金经理会使用不同的投资策略，并投资于不同的资产类别，但我仍然认为存在一些超越这些界限而普遍存在的投资风格。我把投资风格定义为一种可以广泛应用于跨资产类别和跨市场的买卖交易决策的方法，如表 0-3 所示。

投资风格的广泛适用性意味着它能够被系统地组织实施，这也被称为因子投资。例如，我们研究各种投资因子，如价值因子和动量因子。尽管基于某种风格的投资很适合因子投资，但实际上有很多实现方法，包括基于因子或主观型的方法。

举个经典的例子，本书中我采访的大多数基金经理都沿用了一些价值投资策略（购买便宜的证券，卖出昂贵的证券）和动量投资策略（购买价格具有上升趋势的证券，做空价格在下跌的证券）。表 0-5 收录了我采访的每一位对冲基金大师关于价值投资和动量投资的简短引文，尽管他们自己可能对这些投资风格有不同的称呼。正如 AQR 公司的阿斯尼斯所说，价值投资和动量投资在他的投资策略中处于显著核心地位。在他眼中，价值投资和动量投资策略是放之四海而皆准的，对于任何资产种类，都要购买处于上升趋势的廉价资产，同时做空处于下降趋势的昂贵资产。[6] 而索罗斯关注的是繁荣-衰退周期，但当他遇到资产价格泡沫并跟着买进时，这实际上就是动量交易，而当他意识到由于经济正在回归均衡状态，泡沫正在破裂时，他就是一个价值投资者。斯科尔斯谈到，固定收益套利往往是负反馈型的交易，因为投资者押注的是均值回归，这也是价值投资的一种形式，同时配合以正反馈型的交易，押注当前趋势会延续，这就是动量投资。安斯利三世和查诺斯专注于基本面的价值投资，同时考虑通常基于动量的短期市场波动。哈丁是期货市场中最早的系统化趋势跟随者之一，而格里芬和保尔森则专注于寻找相对价值的机会。

表 0-5 广泛适用的价值投资和动量投资策略

本书采访的专家	与价值投资和动量投资相关的语录
李·安斯利三世	在马弗里克资本公司，最常用的估值变量是把企业的可持续自由现金流和企业价值进行对比……毫无疑问，关注短期预期也十分重要。

续表

本书采访的专家	与价值投资和动量投资相关的语录
詹姆斯·查诺斯	我们专注于卖空交易，这是一种能够找到基本面估值偏高而价格马上会下跌的证券的投资方法……即便是我们很喜欢的仓位，一旦趋势变得不对，我们也会减仓。
克利夫·阿斯尼斯	根据学术界关于价值和动量的观点，我们在寻找当前价值被低估但不断走强的股票，同时卖空相反情况的，即正变得越来越糟的估值高的股票。
乔治·索罗斯	我提出了繁荣-衰退理论……泡沫就是从近似均衡状态向远离均衡状态的转化。因此有两个奇怪的吸引因素，整个过程就是认知和真实情形之间的相互作用。
戴维·哈丁	趋势正是你所要追求的东西。
迈伦·斯科尔斯	大多数固定收益套利是一个负反馈型的交易，除非你是定向的、正反馈型的，或是趋势跟随型的。
肯·格里芬	我通过相对价值交易的视角来分析市场。
约翰·A. 保尔森	标的股票会上涨而接近要约价格，但是在某种程度上，市场价格会在要约价格上打折扣，这是因为存在并购失败的风险。

资料来源：Interviews in this book and statement by Chanos to the SEC，May 15，2003.

另一种投资风格（见表0－3）是提供流动性，意思是买入那些具有高流动性风险的证券，或其他需要流动性的投资者急于出售的证券。这种投资方式形式多样，比如，格里芬会购买流动性差的可转换债券，以获取流动性风险溢价；保尔森会收购因担心事件风险而需要流动性的投资者抛售的并购目标公司的股票；索罗斯喜欢驾驭信贷周期；阿斯尼斯则截然不同，他通过统计套利交易提供流动性。

套息交易是购买高息证券的投资风格，即购买在市场状况不变（例如价格不改变）的情况下可以获得较高回报的证券。例如，全球宏观投资基金多以货币套息交易闻名，它们投资于高利率的货币；债券交易员往往喜欢高收益债券；股票投资者喜欢高股息的股票；大宗商品交易商喜欢正展期收益的商品期货。

低风险投资是指获得安全证券在风险调整后的高收益的投资风格。

在不同的市场中，这种投资风格有几种不同的方式。低风险投资可以是一种股票多空对冲策略，在买入安全股票的同时，做空高风险的股票，也称为反β策略；低风险投资也可以作为单边多头的股票策略，即买入一揽子相对安全的被称为防御资产组合的股票；低风险投资还可以作为一种名为风险平价投资的资产配置策略，曾应用于固定收益市场。

最后，质量投资是指购买质量优良的证券的投资风格，例如买入高盈利、经营稳定、成长性强和管理良好的公司的证券，同时做空低质量的证券。很显然，相比低质量的证券而言，质量优良的证券平均价格会相应更高。所以，当投资者寻求相对便宜的高质量股票时，质量投资和价值投资是相辅相成的。

注释

[1] 本书对投资做了学术上的分析，而不是给出投资建议。当我说一种交易策略奏效的时候，我使用的是金融学术界和资产管理经理的语言，即意味着这一策略的历史平均收益率为正，而且未来有机会获得超出平均的收益，但并不是说始终都奏效，更不是说没有风险，因为世界会变化。正如克利夫·阿斯尼斯所说："如果你的汽车修理师说车子能用，是指在十年中可以开六七年，你可能会因此解雇修理师。但这恰恰就是资产管理行业所指的'有用'的含义。"

[2] 大多数检验必须依靠某个特定的资产定价模型，所以检验市场是否有效非常困难。观察到市场异象是对联合假说的否定，即要么市场是无效的，要么资产定价模型是错误的，但两者不一定都成立。然而，如果观察到现金流完全相同的两只证券有着不同的交易价格（套利），那么就可以认定不存在无摩擦的完全有效市场。

[3] Grossman and Stiglitz（1980）的研究表明，有效市场假说内含一个悖论，因为投资者必须有收集信息的动机。他们的结论是，证券市场必须处于“非均衡的均衡水平”。投资者向主动型基金支付大额费用的事实也进一步证实了他们的观点。Berk and Green（2004）认为资产管理市场是有效市场，而证券市场是无效的。我认为，证券市场和资产管理市场都是足够高效又不完全有效的市场。

[4] 从 Baker and Wurgler（2012）一文及其参考文献可以看出，财务危机成本、税收和行为的影响打破了莫迪利亚尼-米勒定理。Calvet，Campbell and Sodini（2007）以及 Frazzini and Pedersen（2014）研究了两基金分离定理系统的偏离，他们发现，有限制的个人投资者和共同基金会持有风险较高的股票，而杠杆收购（LBO）公司和沃伦·巴菲特会在较安全的股票上加杠杆。理论和证据都表明，要求的回报会受到交易成本（Amihud and Mendelson，1986）、市场流动性风险（Acharya and Pedersen，2005）和资金流动性约束（Gârleanu and Pedersen，2011）的影响。套利约束条件的存在带来套利机会（Shleifer and Vishny，1997），本书引用了很多具体的例子。Jensen and Pedersen（2012）记录了默顿定理执行上的偏离。由于资金杠杆和融资摩擦的存在，会出现信贷周期（Kiyotaki and Moore，1997；Geanakoplos，2010）和流动性旋涡（Brunnermeier and Pedersen，2009）。Ashcraft，Gârleanu and Pedersen（2010）一文及其参考文献从理论和实证上考察了两种货币工具。

[5] 对冲基金的分类方法有很多，不同的对冲基金指数和数据库各不相同。我对子策略的分类方法与瑞士信贷对冲基金指数比较相似，同时也与其他分类方法有很多相似之处。

[6] 参见 Asness，Moskowitz and Pedersen（2013）。

第一部分

主动型投资

第 1 章　了解对冲基金和其他精明的投资者

市场上有很多类型的主动型投资者，正是他们的存在，使市场能够足够高效又非完全有效。这些投资者包括庞大且复杂的有内部交易业务的养老基金、捐赠基金、交易商、投资银行的自营交易部、大宗商品生产企业的交易部门、共同基金、自营交易公司和对冲基金。在这些不同类型的机构中，交易员或基金经理与公司签订的合同或盈利共享协议大同小异，但面对的办公室政治、压力和顾虑各有不同。鉴于本书关注的重点是交易策略而非参与主体，如果详细讨论每种机构设置的细节，则可能有点跑题。然而，为了使这些交易策略更加贴近现实中的投资者，了解一下最纯粹以击败市场为目标的机构——对冲基金——还是值得的。

众所周知，很难准确地定义对冲基金。简单地说，对冲基金是追求用各种复杂的交易策略来盈利的投资工具。“对冲”一词是指通过建立多头和空头头寸来降低市场风险，而“基金”一词是指基金经理和投资者投资建立的资金池。关于对冲基金，AQR 公司的阿斯尼斯曾经做了一个半开玩笑的定义：

> 对冲基金就是那种想怎么投资就怎么投资，并且不怎么受约束的资金池。其受到的监管（至少目前）相对较松，收费很高，但是当你需要现金的时候，对冲基金并不一定能把钱还给你，而且通常也不会告诉你它们在做什么。人们默认对冲基金时时刻刻都在赚钱，一旦做不到这一点，投资者就会赎回资金，并投资到最近盈利的其他产品中。每隔三四年，对冲基金就会遇到其他行

业百年一遇的行业洗牌。其通常由美国康涅狄格州格林尼治的有钱人管理，为瑞士日内瓦的有钱人服务。

——克利夫·阿斯尼斯（2004）

对冲基金并不像其他投资公司（比如共同基金）那样受到严格的监管。对冲基金在怎样投资方面具有很大的自由度，对外信息披露的要求也很低。但是，作为这些宽松政策的交换条件，对冲基金在如何融资方面有严格的规定。在自由度方面，对冲基金可以使用杠杆、卖空、投资衍生品，还可以收取业绩提成；而在约束方面，对冲基金的投资者必须是“合格投资者”，即投资者需要有一定的财力基础和（或）金融专业知识才可以投资（这是为了保护资产比较少、相对不太专业的投资者，让其远离自己可能无法理解的复杂对冲基金策略和无法承受的风险）。同时，一直以来，对冲基金产品都是禁止公开推介的，即不能公开打广告，也不能主动接触可能的投资者（尽管在美国《创业企业融资法案》（Jumpstart Our Business Startups Act）发布后，有些管制放松了，但有些监管加强了）。

主动型投资出现的年头和金融市场一样长，而对冲基金的存在超过了半个世纪。1949 年，阿尔弗雷德·温斯洛·琼斯（Alfred Winslow Jones）创立了第一只公认的、正式的对冲基金。据报道，1955—1965 年期间，琼斯通过持有股票的多头和空头头寸实现了高达 670%的收益率。其实在琼斯之前，人们就开始广泛使用卖空策略，但他洞察到通过平衡多头和空头头寸，可以相对较好地规避整个市场的波动风险，同时又可以从多头相对于空头的超额收益中获利。1966 年，《财富》杂志公开报道了琼斯的投资业绩，人们开始注意到对冲基金。1968 年，美国证券交易委员会统计有 140 家对冲基金公司在册。到 20 世纪 90 年代，由于机构投资者的认同，对冲基金行业开始爆发式增长。到了 21 世纪，管理数十亿美元的单只对冲基金已经很普遍。在金融危机前，整个对冲基金行业管理资产规模达到顶峰，超过 2 万亿美元，危机后规模缩小，但接着又再创新高。

由于使用了杠杆，对冲基金的仓位规模通常远远高于基金经理所管理的资产。如果考虑较高的换手率，对冲基金的实际交易规模将会远远超过其持有头寸所对应的总交易量，因而对冲基金的交易量在整个市场中的占比举足轻重。在高效运行的无效市场中，投入对冲基金的资金总量不可能始终不断地增长。假定流动性需求有限，那么市场上存在的获利空间也是有限的，对于主动型投资的需求也必然是有限的。[1]

1.1　业绩目标和费用

基金经理的目标是为他们的客户赚取基准收益之上的超额收益。共同基金通常会使用市场指数作为基准，努力跑赢大盘。而对冲基金通常设定现金作为基准（又称为绝对收益基准）。对冲基金不是在尝试打败市场，而是要争取在任何市场环境下都能盈利——这就是使用“对冲”一词的原因。相比之下，共同基金的收益率通常以股票指数（比如标准普尔 500 指数）或债券指数作为基准。因此，如果标准普尔 500 指数下跌 10%，而共同基金的净值只下跌了 8%，那么它就成功跑赢了基准，基金投资者会满意；而如果对冲基金的净值下跌了 8%，客户就会因为出现亏损而惩罚基金经理，这是因为对冲基金的收益不应该受到市场指数波动的影响。反之，如果标准普尔 500 指数上涨 20%，而共同基金的净值只提升了 16%，基金投资者就会抱怨基金经理购买了表现差劲的股票。真正市场中性的对冲基金（很多都不是）的投资者关注的是对冲组合的绝对回报。那些收益与市场不相关的对冲基金可以很好地成为投资者的分散化工具。

基金经理会对他们提供的投资服务收取费用。共同基金是根据其管理的规模收取固定比例的管理费用，而对冲基金通常还要另外收取业绩提成。管理费用用来支付基金经理的固定开支，而业绩提成则用来激励基金经理有更多动力提高业绩，这也使对冲基金能够给员工发放基于业绩提成的奖金。[2]

对冲基金收取的费用差别很大。典型的收费结构是“2 和 20 法则”，即不管收益如何，都要收取 2%的固定管理费，此外收取 20%的业绩提成。比如，某只对冲基金的年化收益率达到 12%，那么扣掉 2%的固定管理费后，还有 10%的收益。业绩提成部分则是 10%年化收益率的 20%（即 2%），所以最终投资者获得的回报是 8%。有时，业绩提成也会被设定为基准回报率，比如以国债利率为门槛。这就是说，对冲基金只有在获利超过基准回报率的时候，才能提取业绩提成。不过，通常业绩提成并不取决于基金能否跑赢大盘。

对冲基金的业绩提成通常取决于最高业绩水准（high water mark，HWM）。这就是说，如果对冲基金亏损，则必须先补回亏损部分，才能收取业绩提成。正如站在码头上通过观察柱子上的印迹可以获知水位线曾经达到过多高，对冲基金也要跟踪累积业绩，只有在业绩达到新高的时候才提取业绩提成。值得注意的是，最高业绩水准对不同的投资者来说是不同的。如果对冲基金在刚刚遭遇亏损后就有新客户来投资，那么一旦对冲基金开始盈利，就可以立即向新客户收取业绩提成，因为新客户并不需要补上之前的亏损。

费用对于基金经理来说是收入，但对于投资者来说是成本。投资者应该清楚地知道其支付的费用是多少，因为无论是绝对金额，还是相对于基金经理带来的增值的比例，或者是对长期投资业绩的影响，基金收取的费用都是比较高的。有些基金经理明里暗里地跟踪市场指数，却收取高额的费用，导致客户投资收益每年都比市场收益低，差距大小基本与所付费用相同，从而显著降低长期收益率。

费用应该与基金经理实际提供有效资产管理的数量和质量相挂钩。有效资产管理的数量可以用“积极风险”的大小来度量，即偏离基准水平的波动幅度，或者跟踪误差的大小。因此，如果一名基金经理没有偏离基准水平，那么收取的费用应该非常少。同样，在同一对冲基金公司中，对冲基金经理可能同时管理高风险和低风险的对冲基金，通常对高风险基金的收费更高。这种度量有效资产管理的方法有助于解释为什么对冲基金比共同基金收取的费用更高，因为对冲基金能提供更多的有效资产管理服务（大部分共同基金只提供基准收益率）。

为了更好地理解以上成本在金融市场中的重要性，我们来考虑一个家庭为退休进行储蓄所需支付的成本。退休储蓄由养老基金打理，养老基金需要向其员工支付工资费用，这是第一层费用。养老基金可能会聘请投资顾问，向其支付费用，让其帮忙挑选基金经理，同时选取的基金经理还会收取另一层费用。如果养老基金投资的是母基金，那么会再增加一层费用。最后一层成本是由主动管理所产生的交易费用，通常是被券商和银行赚取的佣金。除非主动管理的每一层费用都比被动管理的成本更具竞争力，否则主动型基金的经理必须通过其投资创造大量的附加价值。对于终端的投资者来说，要战胜市场，必须存在“双层失效”：第一，证券市场必须是无效的，足以使主动型基金经理能够跑赢市场；第二，资产管理市场必须是无效的，足以使终端投资者找到一名收费金额低于预期业绩回报的基金经理。

1.2　业绩表现

一些知名的对冲基金经理创造了惊人的收益率，不过这些基金经理只是顶级代表，并不能反映所有对冲基金的业绩表现。那么，有没有更为严谨的证据来证明基金经理具有打败市场的资产管理能力呢?

由于多方面的原因，要回答这个问题很难，尤其说到对冲基金就更难了。原因在于对冲基金收益率的数据质量很差，往往样本期很短，而且存在一些显著的偏差。这不难理解，因为对冲基金数据库只收录了那些愿意主动提供收益数据的对冲基金。对冲基金通常非常隐秘，而且只对其投资者负有报告义务，因而市场上没有全面的对冲基金收益率数据源。对冲基金不能公开地用广告宣传推介，只有在数据库中披露可以查询到的业绩表现，才可以让投资者更多地了解和投资自己，因而其有动力对外披露自身的业绩情况。但是，在这种情况下，数据库就会出现各种与真实情况不一致的偏差。其一，当对冲基金主动对外披露业绩的时候，其往往把历史业绩情况一同报告，因此数据库会出现回填现象。基金经理更倾向于在业绩好的时候才披露，从而导致回填偏差。也就是说，那些自成立以来业绩就很差的基金根本不会进入数据库，而业绩好的基金更可能会披露。为了修正这一偏差，一些数据库和研究人员只保留基金开始披露业绩以后的数据，而不考虑回填数据。其二是幸存者偏差。这是指当基金业绩开始变差的时候，就不再对外公开披露。与之相反的一种偏差是顶级基金经理几乎从不披露业绩。这些顶级基金经理考虑更多的是自身隐私，不需要提供额外披露，事实上他们往往由于策略容积的限制，不再接受新的资金。因此，在业绩表现数据库中根本就找不到最优异的对冲基金，比如文艺复兴科技基金（Renaissance Technologies）。

把所有这些偏差都考虑在内时，有证据表明，顶级的共同基金和对冲基金确实具有高超的投资能力，尤其是从扣除费用之前的业绩表现数据得到的结论更为明显。此外，有研究证实，基金业绩的确存在可持续性，这就意味着，顶级基金经理通常会一直排名靠前。不过，这种可持续性并没有那么强，因而在配置资金时，人们应该更多地关注基金经理的长期业绩表现、投资过程和团队，而不是过于追逐业绩表现，以至于在业绩表现最差的时候抽出资金，在业绩表现最好的时候投入资金。[3]

证据也表明，上述偏差对于对冲基金业绩的估算影响巨大。人们必须清楚地认识到，这些偏差并不是单纯“四舍五入”产生的，而是可以高达几个百分点，会真正影响到人们对于基金未来平均收益的估算。此外，对冲基金的平均收益根本达不到市场中性。对冲基金指数和股票指数具有较强的相关性，而且这种相关性越来越高。同时，对冲基金的收益通常会有负偏态和尖峰现象，这意味着有时收益率会出现极端情形，尤其是在下跌时。事实上，对冲基金——特别是小型对冲基金的淘汰率很高，这一行业也出现过一些大型基金破产的标志性事件，包括美国长期资本管理公司（LTCM）、贝尔斯登公司（Bear Stearns）的信用基金以及美国最大的能源对冲基金不凋花（Amaranth）。

本书不对实际对冲基金的业绩表现进行分析，而是直入主题，分析对冲基金使用的实际交易策略。我们会看到，在较长时期中，本书提到的核心交易策略在大多数时间都奏效，这正是由于无效市场高效运行的内在经济原因所产生的结果。

1.3　对冲基金的组织结构

根据不同的合同约定，对冲基金有着各种组织结构，但最典型的是主从基金（又叫目标基金-连接基金）结构，如图 1－1 所示。

其实，现实中的结构并不像图 1－1 那么复杂。重点是从合同上看，图 1－1 有助于区分基金（投资者的资金池）和基金管理公司（交易员和其他员工研究和交易的地方），尽管这一整体结构（或相关部分）经常被简称为对冲基金。

对冲基金的投资者实际投资的是连接基金（或从基金）。连接基金存在的唯一价值就是投资主基金或目标基金，而真正的操作交易都由主基金完成（在一些规模较小的对冲基金中，投资者直接投资主基金）。主从基金结构非常有用，因为它可以让基金经理专注管理主基金，与此同时，还可以根据各类投资者的不同需求发行不同的产品

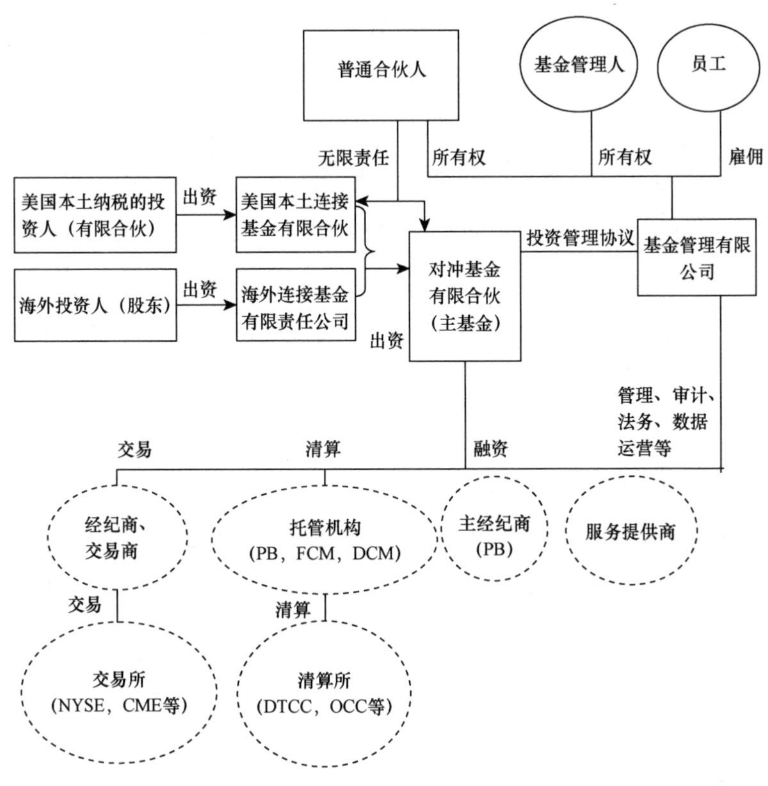

图 1-1　主从基金的对冲基金结构

(即不同的连接基金)。最典型的代表是，需要在美国纳税的投资者会选择注册在美国的连接基金，而外国投资者和免缴美国税的投资者通常会选择离岸连接基金，这些连接基金一般在诸如开曼群岛的国际金融中心注册。连接基金除了其注册地可以影响税负水平之外，还能够帮助调节基金结构，以适应不同客户群体的业绩需求特点。比如，尽管投资标的完全相同，但投资者可以投资以不同货币计价的连接基金。在这种情况下，以外国货币计价的连接基金会对主基金的投资再添加汇率对冲交易。此外，在这种主从结构中，连接基金可以拥有差异化的风险水平。如果主基金的年化波动率达到 20%，有的连接基金波动率可能相当，有的则只有一半（低风险的连接基金会将一半资金投资到主基金，将另一半投资到货币市场中，这样一来，投资者就只有10%的波动风险）。

主基金有自己的资金池，所有的投资交易都在这个资金池里完成。主基金与基金管理公司签有投资管理协议，后者为主基金提供投资服务，涵盖策略开发、执行和具体交易活动。因此，基金管理公司是所有员工工作的地方，交易员、分析师、运维团队、商业运营团队、合规人员和律师都在其中并肩协作，当然也包括基金经理，只不过他们是基金管理公司真正的老板。基金管理公司代表基金进行操作，而基金（实际上是所有投资者）拥有投资资产的所有权，基金经理自身往往也是投资者。主基金通常采用合伙制，其中，连接基金是有限合伙人，而普通合伙人是一家基金管理公司所拥有的公司。

对冲基金也会与提供交易、托管、清算、融资及其他服务的机构签署合作协议。对冲基金交易通过经纪商或者交易商执行。对于在交易所内交易的证券，经纪商通常只提供进入交易所的通道和设施；而对于场外交易市场，交易商则作为中间人，介入这些交易。托管是指保管对冲基金持有的证券、收取红利、行使投票权等服务。

清算是指从交易员在电话里喊完“成交”到交易真正被结算期间所做的事情，也就是说，清算用来确保收到或者交出股票，对应的是付出或者收到现金。托管和清算一般由托管银行、主经纪商（prime brokers，PB）、期货经纪商（futures commission merchants，FCM）和衍生品清算服务商（derivatives clearing merchants，DCM）来执行。主经纪商还会给对冲基金提供融资服务，即提供杠杆，用对冲基金名下的证券作为质押，借款给对冲基金，让基金可以买到超过自有资金购买水平的证券。

最后，对冲基金也会与一些其他服务供应商合作。作为独立的第三方，对冲基金管理商负责评估基金头寸、核算基金的官方净值，审计机构对基金的资产和运行进行审核，法律顾问协助起草协议，而数据供应商负责提供相关数据。

1.4 对冲基金在经济中的角色

对冲基金这一类的投资者经常会受到媒体的批评和指责。例如，上市公司不愿意看到有人卖空自己的股票，因为这等于对外释放公司股价会下跌的信号。包括对冲基金在内的卖空者有时会被指责为上市公司出问题的根源，尽管其股价下跌是由于公司自身经营状况不佳，而不是其他任何原因。

从更广义的层面看，对冲基金在经济中扮演了非常有用的角色。首先，对冲基金收集公司信息，并通过交易让价格反映这些信息，从而使市场变得更加有效。资本市场是分配经济资源的重要工具，所以更有效的资本市场可以提高实体经济的最终产出。当市场有效的时候，有良好成长前景的公司股价会上涨，它们可以筹集到资金，为新项目融资。而对于产品和服务不再被市场看好的公司，其股价会下跌，这会推动其转型，使其更好地利用企业的生产资源或被并购。此外，当股价反映了更多的信息时，公司管理层的决策会更有效；公司受到主动型投资者的监督时，其决策也会更谨慎。其次，对冲基金另一个有用的角色是，当其他投资者需要购买或出售证券（如为了平滑消费）时，或是需要对冲或购买保险时，再或是简单地喜欢某些类型的证券时，对冲基金为其提供了流动性。最后，对冲基金为投资者提供了另一种收益多样化的来源。总之，对冲基金和其他精明的投资者是高效运行的无效市场的有机组成部分。

注释

[1] Pastor and Stambaugh (2012) 估算出了一个数值很大但有上限的主

动管理行业的有效规模。

[2] Goetzmann，Ingersoll and Ross (2003)，Agarwal，Daniel and Naik (2009)，Aragon and Nanda (2012) 以及 Buraschi，Kosowski and Sritrakul (2014) 等研究了对冲基金激励机制的作用。

[3] 参见对冲基金业绩表现的相关研究文章，如 Fung and Hsieh (1999)，Malkiel and Saha (2005)，Kosowski，Naik and Teo (2007)，Griffin and Xu (2009)，Jagannathan，Malakhov and Novikov (2010)，以及共同基金业绩表现的相关研究，如 Kosowski，Timmermann，Wermers and White (2006)，Fama and French (2010)，Berk and van Binsbergen (2013)。Berk and Green (2004) 解释了为什么资产管理技能的显著和持久的差异并不一定会带来净收益的显著和持久的差异，即优秀的基金经理获得大量资金流入，规模报酬效应会递减。

第 2 章　评估交易策略：业绩衡量

在这一章中，我们先介绍一些简单的业绩指标，来评估对冲基金的整体投资表现，或对冲基金使用的某种特定交易策略。另外，这些业绩指标也可以用来评估对冲基金正在考虑并已经通过回测进行模拟的交易策略（在下一章中讨论）。

2.1　阿尔法和贝塔

最基本的投资业绩衡量指标是在一段时期内的收益率 R_t，t 表示投资期限。通常，收益可以分为阿尔法（alpha，α）和贝塔（beta，β）两部分。β 是交易策略的市场风险敞口，而 α 是考虑市场波动后的超额收益。α 和 β 可以通过对策略的超额收益率进行回归分析获得。$R_t^e=R_t-R^f$，其中 R^f 表示无风险利率，$R_t^{M,e}$ 表示市场总体的超额收益率，M 表示市场指数，e 表示超额收益水平。公式为：

$$R_t^e=\alpha+\beta R_t^{M,e}+\varepsilon_t$$

这里，β 衡量的是交易策略跟随市场整体走势而变动的程度。例如，假设 $\beta=0.5$，这意味着在其他条件不变的情况下，如果市场指数上涨 10%，那么这种策略的收益率平均上涨 0.5×10%=5%。再比如，如果你把一半的资金投资到股市中，另一半留作现金，那么整个投资组合的 β 值为 0.5。在这种情况下，当股票指数的上涨幅度为 10%时，你的超额收益率将是 5%。更广泛地说，投资的业绩表现同样取决于你承担的非系统风险，这里用 ε_t 来衡量。举例来说，如果你只投资生物科技股而非整个市场，则 ε_t 就是生物科技股相对于大盘走势的业绩表现。非系统风险可以为正，也可以为负，其平均值为零，并且不受市场总体走势波动的影响。

理解投资策略的 β 值非常有用，原因有很多。比如，当你把一只对冲基金和其他投资组合在一起，在很大程度上，非系统性风险被分散，但是贝塔风险并没有。此外，获得市场敞口（“贝塔风险”）只需要支付很低的费用，例如，通过购买指数基金、交易所交易基金（ETF）或期货合约即可实现。因此，你不应该为市场风险敞口支付过高的费用。

许多对冲基金是（或声称自己是）市场中性的。这一重要的概念意味着，这只对冲基金的业绩表现并不取决于股市是上涨还是下跌。也就是说，不管是牛市还是熊市，对冲基金都有很好的盈利前景，因为它的策略并不是简单地就市场的单边走势押注。从数学角度讲，市场中性意味着 β 值为零。

β 的另一个用处是告诉我们该怎样让交易策略真正达到市场中性。事实上，即使一种策略不是市场中性的，由于 β 值的大小能够反映所需要的对冲比率，我们也可以通过对冲掉市场风险敞口，使其变成市场中性。具体来说，对于对冲基金策略中每一美元的投资，我们需要相应地卖空价值为 β 美元的市场指数。那么，市场中性策略投资的业绩表现就可以按照如下方式计算：

$$\text{市场中性策略的预期超额收益率} = R_t^e - \beta R_t^{M,e} = \alpha + \varepsilon_t$$

由于非系统风险 ε_t 的均值为零，市场中性策略的预期超额收益率即为：

$$E(\text{市场中性策略的预期超额收益率}) = \alpha$$

可以看到，扣除无风险利率和考虑市场风险敞口后的预期超额收益率就是阿尔法 α。显然，α 是整个回归公式中最显眼的一项，是所有主动型基金经理所追求的目标。α 代表了交易策略在市场敞口之外的附加价值，凭借的或许是对冲基金的实际投资能力，或许仅仅是好运气(毕竟它是用已经实现的收益估算所得)。

如果某只对冲基金的 β 值为 0（即市场中性），并且每年的 α 为 6%，则意味着该对冲基金能够做到每年的平均收益是无风险利率再加 6%。举例来说，如果年化无风险利率为 2%，那么该对冲基金有望实现平均 8%的年化收益率。不过，真实的收益率水平可能远远高于或低于 8%，这取决于现实中非系统风险的影响程度。

经典的资本资产定价模型指出，任何证券或任何投资组合的预期收益率仅仅是由系统性风险（即 β）决定的。换句话说，资本资产定价模型预测任何投资策略的 α 值都等于零。因此，对冲基金积极地寻找 α，试图获得比系统性风险溢价更高的回报，这是在公然挑战资本资产定价模型。

对冲基金真正的 α 和 β 的估计值往往存在显著误差，因此，如果一只对冲基金的 α 值估计为 6%，我们该怎么判断这是因为运气好还是投资能力强呢？为了解决这个问题，研究人员经常看 t 统计值，即 α 值除以其估计值的标准差（所有回归分析工具的输出值中都含有这一项）。t 统计值高表示 α 值较大，并且估计值是可靠的，特别是当你的业绩历史很长时。具体来说，超过 2 的 t 统计值意味着 α 在统计上显著大于 0，这可以证明基金经理有高超的投资能力，也否定了资本资产定价模型(尽管仍有可能存在误报和偏差，比如基金经理只对外披露其管理业绩表现最好的基金)；而低于 2 的 t 统计值则表明 α 的统计估计存在很大的干扰，获得收益有可能只是靠运气。

我们也可以计算一种策略扣除不同的风险敞口后的超额收益，而不仅仅是扣除市场风险敞口。比如，学术界常常考虑基于 Fama and French (1993) 的三因子回归模型，具体公式为：

$$R_t^e = \alpha + \beta^M R_t^{M,e} + \beta^{HML} R_t^{HML} + \beta^{SMB} R_t^{SMB} + \varepsilon_t$$

式中，R_t^{HML} 是基于价值策略的收益率；R_t^{SMB} 是基于规模策略的收益率。具体来说，价值因子（HML）是指做多账面市值比（book-to-market ratio，B/M）高的股票，同时做空账面市值比低的股票。与此类似，规模因子（SMB）是指做多市值低的股票，同时做空市值高的股票。因此，β^{HML} 衡量的是策略向账面市值比高的股票（即被市场低估的股票）倾斜的幅度，而 β^{SMB} 度量的是策略向市值低的股票倾斜的幅度。所以，在三因子模型中，α 是经过市场风险、价值风险和规模风险调整后的超额收益率。换句话说，α 衡量的是对冲基金在单纯承担市场风险和向低市值股票倾斜（这些股票平均来看可以跑赢其他股票）之外的投资能力和技巧。

2.2　风险回报比率

正如我们所看到的，投资策略的好坏在于能否获得正的 α 值。然而，是不是高的 α 值就必然好过低的 α 值呢？并不尽然。首先，虽然 α 可以说明一种投资策略与市场不相关的收益规模，但它并不能指明这种投资策略面临的风险有多高；其次，α 取决于投资策略使用的杠杆大小。比如，相较于没有使用杠杆的策略来说，一种加了两倍杠杆的策略对应的 α 也将翻一倍。但策略的质量是一样的，所以在这两种情况下，业绩衡量指标也应该是一样的。

使用风险回报比率可以解决上述问题。一般情况下，对冲基金的潜在客户想要知道的是相对于所承担的风险，基金未来的预期超额收益率 $E(R-R^f)$。夏普比率（Sharpe ratio，SR）就是这种衡量指标，也称作调整风险后的收益率。它衡量的是每单位风险带来的投资收益。具体定义公式为：

$$SR=\frac{E(R-R^f)}{\sigma(R-R^f)}$$

式中，$E(R-R^f)$ 表示投资组合的预期超额收益率；R^f 表示无风险利率；$\sigma(R-R^f)$ 表示投资组合超额收益率的标准差。

投资组合的回报是超过市场无风险利率的预期超额收益率，也就是说，投资业绩的好坏是与把钱存在银行里所获得的利息相比较的。风险水平用超额收益的标准差 σ（即波动率）来衡量。后面将讨论应如何计算。毫无疑问，投资者都偏好高的夏普比率，因为大家都喜欢高收益和低风险。但是，当对冲基金的收益率服从偏态分布①和存在崩盘风险时，投资者的真实偏好可能要比我们用夏普比率描述的复杂得多。

夏普比率这一指标把所有超出利息的收益都归功于对冲基金，但正如我们前面讨论的，α 收益与纯粹的市场风险敞口溢价之间是存在差异的。信息比率（IR）指标考虑了这一差异，它强调调整风险后的超额收益率，换句话说，它是风险调整后的 α，即

$$IR=\frac{\alpha}{\sigma(\varepsilon)}$$

α 和非系统性风险（ε）来自对冲基金的超额收益对市场超额收益（$R_t^{b,e}$）的回归分析。

$$R_t^e=\alpha+\beta R_t^{b,e}+\varepsilon_t$$

如果对冲基金以跑赢某一基准收益为任务，通常不需要借助回归分析就可以计算信息比率。在这种情况下，可以用超过基准收益率的预期收益率除以超额业绩的波动率来简化计算信息比率。具体公式为[1]：

---

① 偏态分布是统计学概念，即统计数据峰值与平均值不相等的频率分布。根据峰值小于或大于平均值可分为正偏函数和负偏函数，其偏离的程度可用偏态系数表示。偏态分布是与正态分布相对而言的分布，其有两个特点：一是左右不对称（即所谓偏态）；二是当样本增多时，趋向正态分布。——译者

$$IR=\frac{E(R-R^{b})}{\sigma(R-R^{b})}$$

因此，信息比率可以用来衡量相对于每单位跟踪误差风险，投资策略跑赢基准收益的程度。跟踪误差是指投资策略收益率与基准收益率之间的差值，跟踪误差风险是这种差值的标准差。许多对冲基金把基准收益率设定为某种现金类产品的收益率（比如藏在床垫下的钞票，即 $R^{b}=0$），所以其对外披露的信息比率非常简单，即

$$IR=\frac{E(R)}{\sigma(R)}$$

这一数值总是高于夏普比率，因为计算时并没有减去无风险利率。尽管很多对冲基金都在使用这一指标，但我个人仍然认为它不太合理，因为它假定对冲基金可以赚取无风险利率（具体利率取决于市场利率水平）。信息比率几乎总是用年化数字来披露，下面将进一步讨论这一问题。

夏普比率和信息比率都是计量风险调整后的收益率的方法，但正如有些交易员和投资者常说的：

> 风险调整后的收益率并不是实际获得的收益率。

举例来说，假设某只对冲基金的收益高出无风险利率 3%，但是波动率很低，只有 2%，这样就实现了一个漂亮的夏普比率，即 1.5。有些投资者可能说："好吧，仅仅是 3%，我希望得到更多的收益。"这一批评是否公允，取决于以下几点：首先，这取决于这一策略的风险从长期来看是否真的这么低，还是仅仅因为这段时间运气好，没有出现暴跌（比如，卖出价外期权[①]的对冲基金可以一直收取数额较小的保险溢价，直到大的市场波动导致暴跌）。其次，假设风险真的很低，那么

---

① 价外期权又称为虚值期权，是指不具有内涵价值的期权，即行权价高于当前市场价格的看涨期权，或行权价低于当前市场价格的看跌期权。反之，则称为价内期权或实值期权。——译者

问题是能否给这一策略加杠杆，以实现更高的收益率和风险。如果可以加杠杆，就能享受到风险调整后的收益率。一种加杠杆的方法是让投资者把更多的钱投入这只对冲基金，但许多投资者并不喜欢持有大的风险敞口，他们需要可随时使用的现金。因此，问题在于对冲基金是否可以在内部使用杠杆。这一问题的答案取决于 AM 比率（Gârleanu and Pedersen（2011）建议使用此比率）。

$$AM=\frac{\alpha}{\text{保证金比例}}$$

这一比率背后的理念是计算一种市场中性策略最大限度地使用杠杆所能获得的收益。理解 AM 比率需要注意的是，尽管对冲基金可以把杠杆应用于任何策略，但由于保证金比例的要求，能用的杠杆是有限的，这在 5.8 节将进一步讨论。投资策略可用的最大杠杆率是“1/保证金比例”。例如，保证金比例要求是 10%，那么对冲基金最多可以获得 10∶1 的杠杆，在这种情况下，AM 比率将是市场中性条件下预期回报的 10 倍。更具体来说，如果 α 值是每年 3%，那么 AM 比率为 30%。这意味着，如果一只对冲基金有 100 美元的初始资金，采用 10 倍杠杆，就可以投资 1 000 美元的组合，那么其超额收益为 30 美元（3%×1 000），相当于 100 美元的 30%。对冲基金可能偏好这一交易策略，而不是 α 值为 7%，但根本不能使用杠杆（保证金比例为 100%）的低流动性证券投资策略。这种备选的投资策略尽管 α 值较高，但 AM 比率只有 7%。在资产管理行业，使用 AM 比率就相当于在企业财务分析中使用净资产收益率（ROE）。

AM 比率与信息比率关系密切。AM 比率是每单位风险的收益回报（即信息比率）乘以该策略可以利用的杠杆比例（即每单位保证金权益的风险）的结果。

$$AM=IR\times\frac{\sigma(\varepsilon)}{\text{保证金比例}}$$

如果某种对冲基金策略明显有崩盘风险，那么波动率或许就不是最好的风险计量方法。为了准确描述崩盘风险，有必要对回报风险比率的分母进行修正，比如使用风险调整后的资本收益率（RAROC）。

$$RAROC=\frac{E(R-R^f)}{\text{经济资本}}$$

在这一公式中，经济资本是你有信心可以抵补投资策略中最大损失的资本数额。因此，分母代表的是崩盘风险，而不再是日常的波动。经济资本可以使用在险价值（VaR）或压力测试来估计，这一概念将在 4.2 节（关于风险管理）中详细讨论。而索提诺比率（S）则使用下行风险作为分母，即

$$S=\frac{E(R-R^f)}{\sigma^{\text{下行}}}$$

下行风险（或下行偏差）通常使用低于可接受的最小收益率（MAR）的那部分收益的标准差表示。

$$\sigma^{\text{下行}}=\sigma(R1_{\{R<MAR\}})$$

MAR 通常设置为无风险利率或零。下行风险的运算式 $1_{\{R<MAR\}}$ 为指示函数，如果收益率低于 MAR，则为 1，否则为 0。因此，当收益率高于 MAR 时，下行风险不受收益率变化的影响。这一计算方法实际上基于一个假设前提，即投资者只（或大部分时候）关心下行风险。因此，索提诺比率假定，投资者不关心其是两年分别可以获得 5%的年化收益率，还是第一年获得 1%、第二年获得 9%。相比之下，夏普比率则基于另一个假设，即投资者更偏好前者。

2.3　衡量投资业绩

我们可以使用标准方法来估计预期收益率、标准差和回归系数。

预期收益率可以用 T 时间段内实现的平均收益率来计算。对此，有的人使用几何平均数[2]，具体如下：

$$几何平均收益率=[(1+R_1)\times(1+R_2)\times\cdots\times(1+R_T)]^{1/T}-1$$

与此同时，也有人使用算术平均数，具体如下：

$$算术平均收益率=(R_1+R_2+\cdots+R_T)/T$$

几何平均收益率的计算方法适用于买入持有策略，即在对冲基金运营期间，客户既不抽回资金，也不追加投资资金。而从统计角度来看，算术平均收益率往往是最优的估计方法，这一方法更贴近客户的投资经验，因为在特定情形下，他们往往为了保持对冲基金中的固定投资额而追加和赎回资金。无论是使用几何平均还是算术平均来计算收益率，投资者要谨记，任何对未来预期收益率的估计都存在很多干扰因素。估值的精确度随样本时间长度的增加而提高，但即使用了多年数据，也很难估计预期收益率的水平。①

标准差 σ 的估计通常可以更精确，即方差 σ 的平方根。根据算术平均收益率的偏差程度，可以得到

$$方差的估计值=[(R_1-\bar{R})^2+(R_2-\bar{R})^2+\cdots+(R_T-\bar{R})^2]/(T-1)$$

2.4　时间维度和计算年化收益率

对冲基金的业绩计算取决于计算的时间维度。例如，表 2-1 显示，年度夏普比率为 1 的投资策略在其他时间维度下衡量，该比率将变得非常不同。如果以 4 年为 1 个周期，则夏普比率为 2，而以 1 个交易日为 1 个周期，则仅为 0.06。

---

① 数据越多，干扰越小，但平均值还是很难估计。——译者

表 2-1　业绩计算和时间维度

计算时间维度	夏普比率	损失概率（%）
每四年	2	2.3
每年	1	16.0
每季度	0.5	31.0
每月	0.3	39.0
每个交易日	0.06	47.5
每分钟	0.003	49.9

因此，当我们讨论业绩指标时，一定要说清楚时间维度。此外，当我们比较两个不同的策略或对冲基金的业绩表现时，必须确保业绩指标是在同一时间维度内计算的。所以，有必要设定标准的业绩度量时间维度，通常用年化指标。这意味着业绩通常使用年度数据计算，或者更常见的是使用更高频率的数据，然后转化为对应的年化数据。

要计算预期年化收益率，可以简单地用每期预期收益率（ER）乘以每年的期数 n。

$$\text{预期年化收益率}(ER^{\text{年度}})=ER\times n$$

例如，如果已知月收益率，则乘以 12 得到年化收益率；如果是周收益率，则乘以 52；如果是日收益率，则乘以 260（或更少，取决于假期天数）。如果平均收益率是使用算术平均法计算的，则这种方法很自然，但是对于用几何平均法得到的收益，以复利形式计算年化收益率更自然。

$$\text{预期年化收益率}(ER^{\text{年度}})=(1+ER)^{n}-1$$

由于收益率在时间序列上是完全（或者说接近）独立的，其方差（variance）与时间长度成正比。例如，年化方差就是月方差的 12 倍。概括来说，年化方差可以由每年的期数 n 乘以该期内测得的方差计算得出。

$$年化方差(var^{年度})=var\times n$$

以此推论，标准差与时间长度的平方根成正比。

$$年化标准差(\sigma^{年度})=\sigma\times\sqrt{n}$$

一旦我们年化风险回报度量的每个单一部分，就可以计算出整体的年化风险回报指标。例如，年化 n 期夏普比率时，可以得到

$$SR^{年度}=ER^{年度}/\sigma^{年度}=SR\times\sqrt{n}$$

这一公式可以解释表 2-1 所显示的夏普比率的数值：假设年化夏普比率为常数 1，由于时间维度 n 不同，不同时间维度的夏普比率也因此有所不同，每期的夏普比率$=SR^{年度}/\sqrt{n}$。（比如月夏普比率就是 $1/\sqrt{12}$）。当不断提高计算的频率 n 时，得到的每期的夏普比率也将因此变小。

计算盈利和损失及其相应的夏普比率的频率，将影响你对风险的直观感受。如果你非常频繁地查看盈亏状态（比如你是一名可以看到实时盈亏数据的对冲基金经理），那么在两次查看实时盈亏之间的这段时间，夏普比率较低，但风险将让你加倍痛苦。有一种方法可以让你理解，为什么在更高频时间维度里感受到的交易策略的风险将更大，即计算在一段给定时间内看到损失的概率大小。要做到这一点，可以简单地假设收益率是服从正态分布的（尽管在现实世界中显然并非如此）。因此，可以使用如下方法计算损失的概率，其中 N 是一个正态分布的随机变量，其均值为 0，标准差为 1。

$$Pr(R^e<0)=Pr(E(R^e)+\sigma N<0)=Pr(N<-SR)$$

可以看到，亏损的概率大小取决于夏普比率的大小。表 2-1 给出了年化夏普比率为 1 的投资策略在各周期的损失概率。即使是这么好的策略，每分钟查看，损失的概率也接近 50%。因此，即使全年获利丰

厚，只要你盯盘的周期是以分钟为频率的，很可能每隔一分钟就看到亏损。无怪乎它让人感到很痛苦。

2.5　最高业绩水准

对冲基金的最高业绩水准（HWM）是指其在历史上曾达到的最高净值（或最高累积收益率），即

$$HWM_t = \max_{s \leqslant t} P_s$$

对冲基金通常只有当其收益率高于最高业绩水准时才收取业绩提成。因此，如果出现亏损，则必须先把损失填平，并且只能对高于最高业绩水准的利润部分收取业绩提成。

2.6　基金回撤率

衡量对冲基金策略风险的一个重要指标是基金回撤率（DD），它代表从出现亏损至今的累积亏损幅度。基金回撤率是指从对冲基金的最高业绩水准开始的回撤水平，即

$$DD_t = (HWM_t - P_t)/HWM_t$$

式中，P_t 是 t 时刻的累积收益率（或股价）。[3] 换句话说，基金回撤率表示从最高业绩水准开始计算的损失金额。如果对冲基金目前处于峰值，则回撤率是零，反之则为正。回撤率也可以相对于其他时间点来计算，例如年初。如果策略出现高的回撤率，则损失非常大，而且非常危险。除了直接的亏损以外，回撤率高往往导致投资者赎回资金，基金合作方也将十分关注。例如，主经纪商要求提高保证金比例，或彻底地收回对冲基金的融资。在评价一种投资策略时，人们有时会考察过去某段时间内基金的最大回撤率（MDD）。

$$MDD_T = \max_{t \leqslant T} DD_t$$

图 2-1 描述了一种对冲基金策略的最高业绩水准和最大回撤率。

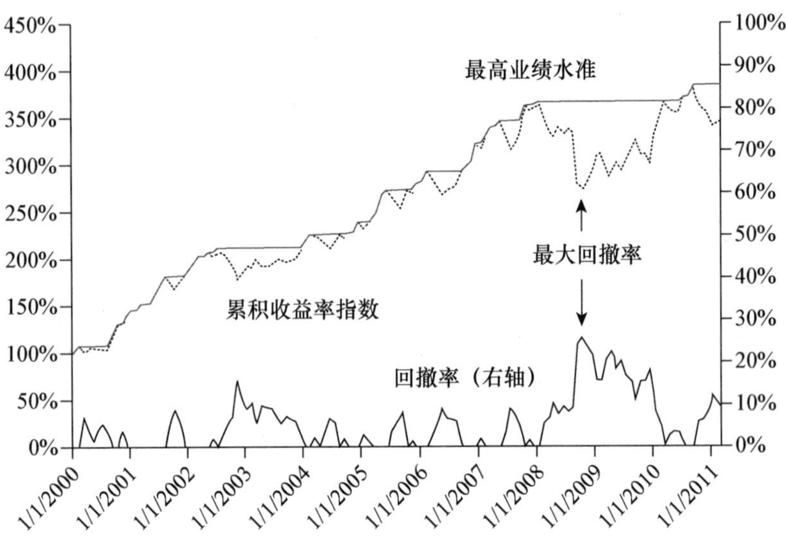

图 2-1　对冲基金最高业绩水准和最大回撤率

2.7　调整流动性和滞后价格对业绩的影响

有些对冲基金对冲的程度可能并没有表面看上去那么高。要想知道为什么，让我们一起来看下面的例子。假设 LCM 公司把 100%的资金投入股票市场，但总是以晚于市场 1 个月的价格来计算净值。例如，如果 1 月份股市上涨了 3%，则 LCM 公司将披露其 2 月份获得 3%的收益率。在这种情况下，LCM 公司的股市 β 值是多少呢？β 将接近于 0，因为 β 取决于与市场收益的协方差，而收益的测量时间不一致。

$$\operatorname{cov}(R_t^{LCM,e}, R_t^{M,e}) = \operatorname{cov}(R_{t-1}^{M,e}, R_t^{M,e}) \cong 0$$

换句话说，由于 LCM 公司的当月收益是市场上个月的收益，而不同时期的市场收益几乎不相关，LCM 公司在下列标准回归公式中的 β

值为 0。

$$R_t^{LCM,e}=\alpha+\beta R_t^{M,e}+\varepsilon_t$$

由于 β 的估计值是 0，α 的估计值就是股票市场的平均收益率，(从长期来看）为正值。因此，从标准估计的角度来看，LCM 公司似乎创造了 α，但是以晚于市场的价格来计算净值，会为投资者真正创造价值吗？投资 LCM 公司的产品是对冲市场风险的优选吗？显然不是。如果你当月在市场上投资失败，下个月也同样会对 LCM 公司的产品投资失败。

虽然这个例子并不现实，但它给我们的启示要比想象中更现实。许多对冲基金投资于低流动性的证券，这些证券往往在很多个交易日都没有任何交易，因此月末的价格可能滞后。这一问题在缺乏公开透明价格的场外交易证券中尤为突出，流动性较差的交易所挂牌证券也是如此。因此，对冲基金的收益率可能是基于滞后价格计算的，并未反映真正的市场波动。这种信息滞后意味着与市场联动的 β 值将被错误估计，以致估计的 α 值变高。我们可以通过对不止同一期的市场收益率进行回归分析来修正，也就是在回归里既包括当期的市场收益，也包括过去几期的市场收益[4]，即

$$R_t^e=\alpha^{\text{调整后}}+\beta^0 R_t^{M,e}+\beta^1 R_{t-1}^{M,e}+\cdots+\beta^L R_{t-L}^{M,e}+\varepsilon_t$$

在这一多元回归分析中，α 值已经考虑了滞后市场的风险敞口，所以真正地度量了对冲基金超出其当前和过去的市场波动风险敞口后为投资者增加的价值。我们也可以估计得到“真实”（全部）的 β 值，即

$$\beta^{\text{全部}}=\beta^0+\beta^1+\cdots+\beta^L$$

在 LCM 公司的例子中，这种方法将得到 $\beta^{\text{全部}}=1$ 和 $\alpha^{\text{调整后}}=0$，从而反映了这只假想的对冲基金并没有为客户真正提供更多的价值。同样，这一调整也让许多现实中的对冲基金和对冲基金指数业绩产生很

大的变化。当然，我们还可以修正其他业绩指标来考虑滞后价格的影响。比如，为了计算调整后的信息比率，可以用扣除所有过去市场敞口后的收益率 $R_t^e-(\beta^0 R_t^{M,e}+\beta^1 R_{t-1}^{M,e}+\cdots+\beta^L R_{t-L}^{M,e})$ 来计算夏普比率。

$$IR^{调整后}=\frac{\alpha^{调整后}}{\sigma(\varepsilon)}$$

2.8 业绩归因分析

对冲基金经常回顾哪些因素为其带来了回报，这一过程称为业绩归因分析。比如，对冲基金对上一季度进行回顾，分析哪些交易是正收益的主要贡献源泉，而哪些交易导致了亏损。这既有助于对冲基金与客户沟通，也对其内部投资计划和业绩评价很有帮助。从对冲基金投资者的角度来看，业绩归因分析是很有用的，因为它提供了对投资过程、收益驱动因素和所承担风险的洞察分析。在对冲基金公司内部，业绩归因分析可以用来确定哪些投资策略似乎奏效，以及哪些基金经理做了成功的投资。

2.9 历史回测与业绩记录

区分毛收益和扣除交易成本后的净收益，以及区分扣除管理费前和扣除管理费后的收益，这些都很重要。是否考虑在收益中扣除交易成本和管理费，取决于业绩指标的用途。投资者当然关心扣除交易成本和管理费后的收益，毕竟这是他们能拿到手的回报。对冲基金的业绩记录是在基金存续期间扣除所有业绩提成和费用后所实现的业绩。有些对冲基金设置不同的收费结构（例如，一种选择是管理费很高，但不提取业绩提成；另一种选择是管理费很低，但业绩提成比例很高），在这种情况下，该对冲基金必须披露用最保守的收费结构计算的业绩记录。

对冲基金也对其策略进行历史回测，即在一定的假设前提下，对策略的历史业绩进行模拟。尽管投资者最终只对净收益感兴趣，但是对冲基金可能会在内部探讨交易理念时先看历史回测的总收益。事实上，对冲基金也许要先确定一种策略是否有价值，为此它们将检视总收益是否确定为正。如果策略看起来可以盈利，那么对冲基金将会接着评估策略收益是否高于交易成本。最后，考虑该策略是否为投资者增加价值。基金实现的收益自然已经扣除交易成本，但如何在历史回测中扣除交易成本并不是很简单。接下来将更详细地讨论如何构建历史回测，怎样计算交易成本，以及如何考虑交易的杠杆及融资问题。

注释

[1] 如果我们在基准回归分析中把 β 设置为 1，那么信息比率的第二个定义等同于第一个定义。

[2] 比如在美国，共同基金应报告几何平均收益率。

[3] 这一回撤公式建立在复利计算所得累积收益率指数 P_t 的基础上，也就是说，$P_t=P_{t-1}\times(1+R_t)$。如果累积收益率是使用收益率或者对数收益率简单相加的方法得到的，即 $P_t=P_{t-1}+R_t$，那么回撤率也可以用其他方式定义，如 $DD_t=HWM_t-P_t$。同时，有些投资者认为回撤率为负值，因此可能在定义中加上负号。

[4] Asness，Krail and Liew（2001）指出了这一问题，他们根据 Scholes and Williams（1977）以及 Dimson（1979）的研究，建议使用滞后的 β 值。

第 3 章　开发和回测交易策略：在高效的无效市场中获利

能保证一直盈利的交易策略是不存在的，但在相当长的时间内盈利比亏损次数多的策略的确存在。重点是弄明白，为什么这些交易策略可以盈利。当然，其中一个原因就是好运气。然而，我们感兴趣的是那些预期在未来能够持续盈利的交易策略，即可复制的创造 α 的过程。要找到这样一个可复制的过程，必须理解盈利背后的经济原理，否则就像俗话所说的：

如果你搞不清楚谁是笨蛋，那么你就是那个笨蛋。

尽管理解交易策略背后的经济原理很重要，但并不意味着在这个投资游戏里一定有真正的“笨蛋”。而且即使碰巧找到了一个，这个过程也很可能不可重复。所以，应该把前面那句话理解为：你需要知道你的交易对手是谁，他为什么和你交易。如果你经常赚得多、亏得少，那么是什么促使你的交易对手来和你交易？今后他们还将继续这样做吗？要记住，有买家就有卖家，所以你的交易总有对手方。即使你不理解交易背后的经济原理，他们也可能理解。如图 3 - 1 所示，在我看来，可复制的交易盈利主要有两个来源——流动性风险补偿和信息优势。正如后面所要讨论的，图 3 - 1 还显示了如何进一步分解流动性风险补偿和信息优势。在理解了交易盈利的来源之后，我们还将讨论如何回测新的交易理念。

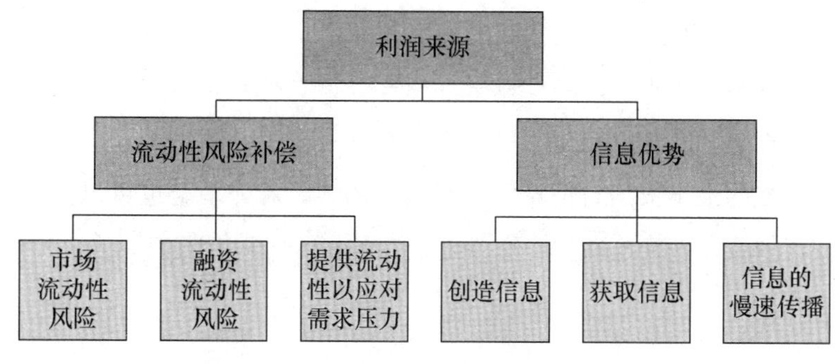

图 3－1　对冲基金策略的主要利润来源

3.1　价格足够有效，但又无法完全有效地反映信息

要想让市场价格有效反映经济基本面的信息，必须有人负责收集信息，并据此进行交易。对冲基金经常扮演信息生产商的角色。要理解为什么信息收集和处理可以作为可复制的盈利来源，首先需要强调的是，市场并不能完全有效地反映全部信息。如果市场完全有效，人们就没有任何动力去收集信息并进行交易。那么市场怎么会在第一时间有效呢？同样的道理，市场也不可能无效到让赚钱变得非常容易，因为在这种情况下，对冲基金和其他主动型投资者会有很大的动力去大量交易，从而减轻市场的无效性。市场价格中所包含的信息必须恰好达到足够高效又不完全有效的水平：一方面，它反映了足够的信息，使得人们难以盈利；另一方面，它也不是完全有效，不至于没人愿意收集信息和交易（Grossman and Stiglitz，1980）。

创造信息

对冲基金有许多种创造信息的方法。当对冲基金对公司及其未来的盈利前景做大量分析时，就会创造信息，这就是信息的收集和处理过程，称为基本面分析。此外，对冲基金会寻找和购买那些被低估的、有较强商业前景的公司，同时会对消费者需求和行业动态做广泛的研究。对冲基金有时会揭露并做空那些存在欺诈或粉饰收入的企业。正如优秀的记者总是试图做第一个揭开真相并报道故事的人，交易员也总试图成为最早根据新信息和观点交易的人。对冲基金也可以向管理层提供建议，帮助改进公司管理或降低成本，创造更多的信息。

获取信息

另一个盈利的来源是拥有获取信息的好渠道。最极端的例子是违法的内幕交易，即对冲基金基于内幕信息进行投资。例如，一家公司的雇员或管理人员可能会提供有关该公司利润或即将发生的并购的内部信息。投资者应该远离处于灰色地带的非法内幕交易。因为金融行业是建立在信用基础上的，所以内幕交易对其他市场参与者是不公平的，并且一旦东窗事发，就会导致对冲基金或其他金融机构迅速垮台。然而，在一些情况下，对冲基金是可以合法获得独家数据或信息的。例如，打电话给医生询问其开出的处方药有什么，然后依据这种信息买卖医药类股票，这是合法的。

行为金融学与套利限制

第三个盈利的渠道利用了新闻和其他公开信息无法立即充分体现在价格上这一现象。尽管市场价格确实反映了很多相关信息，但并不总是能完美地汇集全部信息。举例来说，当一家公司发布盈利公告时，好消息会使价格上涨，坏消息则会使价格下跌，但平均来看，价格变动的幅度还是太小了。因此，总体来说，继好消息之后，价格会在公告发布后的数周内持续上涨，而在坏消息发布后持续下跌一段时间，这种效应也称为盈利公告后漂移效应。广而言之，存在一个普遍的趋势：初始反应不足和延迟反应过度。在第 9 章股票量化投资策略和第 12 章管理期货策略中，将进一步讨论这种趋势和动量。

为什么会出现这些现象呢？一种解释是，一些投资者（噪声交易者）出现行为偏差，犯同样的错误，从而推动价格偏离基本面。市场上聪明的投资者为什么不能修正这些错误呢？在一定程度上，错误可以修正，但因为存在套利限制，因此只能是部分修正（Shleifer and Vishny，1997；Shleifer，2000）。虽然从理论上讲，教科书式的套利交易能消除所有的错误定价，但在现实世界中所有套利交易都有风险，所以套利只能发生在有限的范围内。由于成本和风险的限制，套利交易并不能完全消除一切错误定价，市场价格长期处于足够高效又不完全有效的状态。

那么，现实世界中的套利限制因素有哪些呢？首先，套利往往存在基本面风险，这意味着，即使对冲基金购买的是便宜的证券，比如一家被低估的石油公司的股票，也存在着偶然事件的出现（比如 CEO 死于一场车祸，或者石油钻井平台发生爆炸）导致股价下跌的风险。其次，套利还面临噪声交易者风险，这意味着，如果对冲基金购买了便宜的证券，可能还是会出现在价格回归到基本面价值之前持续下跌变得更便宜的情况（De Long，Shleifer，Summers and Waldmann，1993）。这种情况将造成对冲基金的短期亏损（即使事前看这笔交易是正确的），从而导致资金赎回流出，以致对冲基金可能根本无法存活到证券价格回升的时候。最后，对冲基金可能会尝试去“拥抱”泡沫而非对着干，正如互联网泡沫期间索罗斯所做的那样，尤其是当对冲基金认为其他资深的投资者不急于修正错误定价和戳破泡沫的时候（Abreu and Brunnermeier，2003；Brunnermeier and Nagel，2004）。由于以上风险和后面将讨论的流动性风险的存在，对冲基金将控制自己的头寸规模，因此套利者并不能完全消除市场上的错误定价。

综上所述，当你在寻找新的很棒的交易策略时，想想是否有什么信息是大多数投资者忽视的，是否存在综合各种渠道信息的新方法，是否有更聪明的、能快速获取信息的方式，或者由于套利的限制，哪种类型的信息还没有充分反映在价格上。

3.2 对流动性风险足够高效又不完全有效的补偿

主动型投资者可以盈利的另一个原因是其承担风险，从而获得补偿。举例来说，对冲基金通常是做多市场的，由于股价一般会上涨（称为股权溢价），对冲基金就会因为承担市场风险而获得补偿。然而，投资者很容易参与到股市中，所以这是 β，而不是 α（正如上一章所讨论的）。我们想知道的是，对冲基金如何赚取作为风险补偿的 α 收益，尤其是对流动性风险等的风险补偿，而并不单单是赚取承受市场风险敞口的那部分收益。

流动性风险包括：交易成本上升的风险（市场流动性风险）；现金耗尽的风险——尤其是使用杠杆的对冲基金存在的风险（融资流动性风险）；应对市场需求压力的风险。与前面所讨论的其他套利限制类似，流动性风险是套利的重要限制，它制约了交易者修正市场错误定价的能力。

然而，流动性风险不仅限制了套利，还直接影响了市场价格，因为它带来了流动性风险溢价。换句话说，对流动性风险的定价是高效运行的无效市场的天然组成部分（只有在噪声交易者先把价格推离基本面时，其他套利限制条件才会产生作用）。下面，让我们来看看流动性风险是如何影响价格的。

市场流动性风险

很多证券极度缺乏流动性，交易成本很高。当真正需要卖出这类证券时，流动性往往更差。这证实了以下格言：

> 它们会把你圈进来，但绝不会放你出去。

没办法退出的风险或者为了退出不得不支付巨额交易费用的风险，称为市场流动性风险（market liquidity risk）。例如，2008 年秋季，可转换债券等流动性欠缺的证券的买卖报价价差一度从不到 1%上升到 5%以上，并且在很多情况下，券商根本不提供报价，这意味着他们只有在找到愿意接盘的对家时才交易。

投资者自然想对市场流动性风险收取补偿，因此流动性差的证券价格往往更便宜，可以获得的平均收益也更高。例如，可转换债券的价格往往低于其理论值（理论值可以通过股价来推断，因为可转换债券是衍生品），这是因为存在市场流动性风险溢价。有人询问哈佛大学捐赠基金需要获得多少额外收益，才会在私募股权产品上锁定 5～10 年的投资。该基金首席执行官是这样回答的：

> 我们应该对较差的流动性收取额外收益——流动性溢价——至少应该超过我们期望的公开市场交易的股票收益，每年平均在 300 个基点以上才算合理。
>
> ——简・门迪洛（Jane Mendillo），哈佛管理公司首席执行官（*Barron's* Feb. 8，2014）

正是由于流动性风险的存在，标准的资本资产定价模型在现实中不太适用。而更贴近现实金融市场的是调整流动性后的资本资产定价模型。[1] 这个模型认为：投资者更关注的是证券扣除交易成本 TC^i 之后的净收益率。因此，资本资产定价模型应该基于净收益率 R^i-TC^i 得出：

$$E(R^i-TC^i)=R^f+\beta^i\lambda$$

这里用 λ 表示风险溢价，β^i 表示证券与整个市场净收益的协方差与市场净收益方差的比值，即

$$\beta^i=\frac{\mathrm{cov}(R^i-TC^i,R^M-TC^M)}{\mathrm{var}(R^M-TC^M)}$$

这样一来，投资的总收益取决于：

$$E(R^i)=R^f+E(TC^i)+(\beta^{R^i,R^M}+\beta^{TC^i,TC^M}-\beta^{TC^i,R^M}-\beta^{R^i,TC^M})\lambda$$

公式表明，投资者要求的总收益率 $E(R^i)$ 是无风险利率加上预期的交易成本 $E(TC^i)$，外加对应的四种风险与风险溢价 λ 的乘积。显然，预期交易成本较高时，必然会索求更高的收益率，而风险溢价也同样很直观。第一种风险 β^{R^i,R^M} 是标准的市场 β，其取决于证券自身的收益率 R^i 与市场收益率 R^M 之间的协方差。第二种风险 β^{TC^i,TC^M} 则表示，投资者会对具有相同流动性的证券索取更高的收益率，也就是说，这些证券的交易成本 TC^i 与市场交易成本 TC^M 有联动性。换句话说，人们不愿意持有当其他证券难以交易时其流动性也随之降低的证券。第三种风险 β^{TC^i,R^M} 意味着，对于在整体市场下跌时丧失流动性的证券，持有人将要求额外补偿，因为这种时刻往往也是最需要现金的时刻。第四种风险 β^{R^i,TC^M} 是指投资者因持有在流动性危机期间价格下跌的证券而要求补偿。

在实践中，所有这些形式的市场流动性风险都是密切相关的。主要的观点是，投资者只有得到足够的补偿，才会购买有市场流动性风险的证券，而他们得到补偿的方式就是以较低的价格买进，即拥有较高的期望收益率。因此，愿意承担流动性风险的对冲基金会赚取流动性风险溢价。此外，持仓时间长和交易成本较低的对冲基金，也可以获得较高的净收益。确实，假如某只对冲基金因为流动性风险溢价的存在，可以低价买入证券，同时，交易频率不高，但方法先进，出现危机时，又可以避免被强制清盘，那么它将获得高收益。当然，这样做存在风险，这就是对冲基金得到补偿的原因。在流动性旋涡中，当其他人大量抛售股票时，买入价格不断下跌的证券通常会很危险，因为不可能知道何时真正见底。正如交易员所说的那样：

> 不要去接往下掉的刀。

上述流动性-风险理论较好地解释了从事固定收益套利的对冲基金所赚取的溢价。正如后面将具体讨论的，这些对冲基金往往同时买卖几乎完全相似的证券：在买入一只便宜的、流动性差的证券的同时，卖空对应的流动性高的证券。所赚取的差价就是对市场流动性的风险补偿。

调整流动性后的资本资产定价模型较好地描述了当流动性危机发生时（交易成本增加，流动性风险上升）会发生什么。面对市场流动性风险的增加，投资者所要求的收益也会提高，因此，证券价格将急剧下降。这种流动性危机经常发生在个别市场中，而会影响整个市场的全局性危机大约每十年会发生两次。

买卖流动性差的证券是获取市场流动性风险溢价的一种方式，而做市业务是另一种方式。这里先做一个背景提示：我们知道，其实许多投资者都非常希望报单能即时成交，但是在市场中，买家和卖家并非总能在同一时间出现。因此，报单流是碎片式分散的，价格会围绕内在价值波动。做市商就利用这一点（也可以说是提供流动性服务，这取决于你怎样理解），通过成为这些交易的对手方来平滑市场价格的波动。这里说的是一般意义上的做市商。例如，高频交易者往往有效地发挥着这种市场作用，即使并没有人授权他们去做。做市商取得的利润就是与这种流动性服务相关的风险补偿，而这来源于买卖报价的价差或市场冲击。

融资流动性风险

对冲基金所承受的另一种重要风险是融资流动性风险（funding liquidity risk），即在整个交易过程中，无法及时为所持头寸融到资金的风险。换句话说，它是指遇到保证金约束或者被迫清盘的时候，基金被迫平仓或减仓的风险。有些证券很难获得融资，因为它们有很高的保证金比例要求，而融资受约束的投资者自然希望得到补偿，以激励其持有这种资本消耗型证券。因此，根据保证金资本资产定价模型（Gârleanu and Pedersen，2011），随着保证金要求的提高，要求的收益率也将提升。

$$E(R^i)=R^f+\beta^i\lambda+m^i\varphi$$

式中，m^i 表示对证券 i 的保证金要求；φ 表示对资金被“锁住”的补偿。融资约束和杠杆限制的另一个影响是，许多投资者偏好持有高风险证券，而不是在更安全的证券上使用杠杆。这可以解释为什么在每个资产类别里，高风险证券所提供的风险调整后的收益都要低于更安全的证券：（1）由高风险证券组成的投资组合的业绩表现往往还不如加了杠杆的安全股票的投资组合；（2）长期国债的投资组合往往比加了杠杆的短期国债的投资组合表现得差；（3）同样的现象在信贷市场中也会出现（Frazzini and Pedersen，2014）。类似的效果也出现在跨资产类别上，从而产生了所谓的风险平价投资策略（Asness，Frazzini and Pedersen，2012）。

当然，市场流动性风险和融资流动性风险的影响是相互交叉的，并且共同影响收益率。

$$E(R^i)=R^f+\beta^i\lambda+\text{市场流动性风险补偿}+\text{融资流动性风险补偿}$$

通常来说，买卖交易成本高和市场流动性风险高的证券往往很难获得融资，反之亦然。此外，这些风险相互强化并自我加强，可能会产生流动性旋涡，这将在 5.10 节讨论。

提供流动性以应对需求压力

最后一种 α 的来源是对冲基金提供流动性以应对需求压力（providing liquidity to demand pressure），从而获利。例如，如果某只证券出现了不同寻常的买盘压力，其价格就会上涨，意味着未来预期收益率将变得异常低。而其他证券可能会被抛售，从而导致价格下跌、预期收益率上升。在这种情况下，逆势而为的交易策略就变得有利可图，低买和高卖可以有效地提供流动性。[2]

需求压力产生的原因有许多。例如，许多事件驱动型对冲基金经理所利用的公司重大事件就与需求压力有关。并购事项公告后，标的股票价格随之跳升，但如果并购交易失败，价格将回落。由于存在这样的事件风险，许多共同基金和其他投资者会卖出标的股票，从而造成股价下跌的压力。在这种情况下，并购套利型对冲基金就会买入一揽子并购标的股票，构建多元化投资组合，以提供流动性。因此，这类对冲基金就好比针对并购失败的风险卖出一份保险。正如保险公司的利润来自对房屋意外烧毁所提供的保障，并购套利型对冲基金的利润来自针对并购失败所卖出的保险。

需求压力产生的另一个原因是，一些投资者希望对冲各种各样的风险。例如，购买指数期权，尤其是看跌期权时，存在大量避险需求，这会推高期权的价格。同样，如果企业需要对冲生产或产出风险，往往也会在大宗商品市场上产生需求压力。

一些市场的制度性摩擦也可能形成需求压力。例如，某些投资者不能持有非投资级债券，这将导致他们在债券评级下调时卖出非投资级债券。另一个例子是，在大宗商品市场中，被动型投资者根据传统持有临近到期日的期货合约。这些合约在每只期货接近到期日时，将根据标准普尔 GSCI 指数（原高盛商品指数）规定的周期，滚入下一期限的主力期货合约，这也创造了需求压力，使投资者必须卖出近期合约，买入远期合约。

最后，行为偏差也会产生需求压力。有的股票可能会抓住一部分投资者的想象力，创造出对该股票的需求，而其他股票投资者可能视而不见。例如，与客户直接互动的公司可能更受追捧，如 Krispy Kreme 公司股票数年来所表现的那样。而在此之前，互联网公司股票也受到青睐。

总之，在流动性差的证券的交易和融资方面获得优势，或者为消除需求压力而交易，都可以构建一些交易策略。

3.3 如何回测检验投资策略

一旦有了交易策略的思路，回测检验将是一种强大的工具。回测检验投资策略就是模拟这个策略的历史业绩表现。当然，历史业绩不一定能预测未来的表现，但回测检验还是非常有用的工具。例如，许多交易思路本来就不可行，这可以通过回测检验来发现。假设你有一个投资的想法，通过模拟它在过去 20 年中的投资表现，会发现该策略完全没有用处。你想在开始交易前就知道这一信息吗？答案当然是肯定的。因为一旦知道，你很可能就不会去交易了，可以节省很多资金。回测检验有助于识别出交易策略的风险，并找到改进的方法。

执行回测检验：交易规则及其他

执行回测检验，需要以下各个要素：

- **投资对象池**。可以投资的标的证券范围。
- **信号**。输入的数据、数据的来源，以及数据分析方法。
- **交易规则**。如何根据信号进行交易，包括监测信号和调整仓位的频率，以及仓位规模的大小。
- **时间滞后**。要想实际操作策略，输入的数据必须是使用时可以获得的。举例来说，如果使用任何一年的国内生产总值（GDP），就必须考虑到，这一数据是无法在次年 1 月 1 日取得的，因为数据发布的时间有所滞后。另外，如果用收盘价作为信号，那么，假设可以用同样的收盘价来交易，也是不现实的（虽然学术研究经常这样做）。更为审慎合理的假设是加上一个时间差，例如，用延迟 1～2 天的收盘价来交易。

在泛泛讨论时，回测检验的构成要素看起来相当抽象，但当我们在交易策略的相关章节通过具体例子来讨论时，回测检验的概念就生动起来了。市场上存在许多类型的交易法则，但在这里主要介绍两大类，分别为投资组合再平衡法则和进场-退出法则。前者从投资组合的宏观层面入手，后者从微观层面入手考虑每笔交易。

● **投资组合再平衡法则**。这种交易法则着眼于整个证券投资组合，并定义它是如何重新平衡的。这种交易法则的回测检验如下。在每一个时间段内：

第一，确定证券的最优投资组合；

第二，为再平衡到这一最优投资组合而进行（纸上）交易。

举一个这种类型的交易法则的例子。假设在每月最后一个交易日，按照账面市值比找出排名在前 10%的最便宜的股票，然后等比例买入这些股票，并持有这一投资组合 1 个月。到了下个月，还是按照这一标准，重新调整买入当时排名在前 10%的最便宜的股票，以此类推。这样，你一直在投资，而且投资组合中的证券数量总是稳定的（只有当投资对象池的大小变化时，数量才会随之变化）。还有一个例子：每个月测算投资对象池内所有证券的风险和期望收益，再平衡到夏普比率最高的投资组合。在本例中，你对每只证券都总是持有仓位，但每只证券仓位的大小随时间推移发生变化，并且可以在多头和空头之间进行转换。注意，在这些例子中，很难讲某一特定的交易奏效与否，因为你不是先买入 IBM 股票，然后卖出，而是总对 IBM 股票持有仓位（多头或空头），仓位也随着时间变动。

● **进场-退出法则**。另一种方法是考虑单个交易：

第一，决定组合里的每一种资产何时建仓，以及初始仓位的大小；

第二，根据情形决定如何调整仓位；

第三，决定何时清空仓位离场。

例如，如果黄金价格超过过去 20 天内的最高值（即商品交易顾问

（CTA）和管理期货基金经理所称的突破），就买入黄金期货。持有这个仓位，直到黄金价格跌破其 10 天内的最低值。如果采用这种进场-退出法则，在任一时点，你可能对黄金持有仓位，也可能没有。此外，如果对多只证券使用这种类型的交易法则，你可能会在任一时点持有很多的仓位，也可能只有很少的仓位，因此在不同时间的风险是不同的。

对于上述所有类型的回测检验和交易法则，尤其要关注偏差和交易成本，接下来将进行讨论。

数据挖掘和偏差

投资策略在回测检验中的表现往往要比实盘操作的业绩好很多。这一现象不难理解，原因如下。首先，市场处于不断变化之中，过去奏效的交易策略可能在未来不再适用。这有可能是因为越来越多的人采用了这种策略，市场基于竞争压力，会调整价格，并降低盈利。[3]

其次，也许一个更重要的原因是，所有历史回测都会受到数据挖掘偏差的影响。当我说所有历史回测都存在这一问题时，是指有些偏差是无法避免的。例如，在分析一种交易策略时，你会尝试很多不同的实现方法，最后选用过去表现好的方法。因此，现在你（有意识或无意识地）会因为一种方法在过去表现得很好，而选择它来实现你的交易设想，尽管你当时并不知道这一点。此外，一些方法也许只是碰巧在过去表现得最好，但如果仅仅是碰巧，那么可能在今后实盘交易时就不太奏效。或者，你听到有人通过该交易获利，因此尝试做这一回测检验。在这种情况下，即使只是纯属偶然，回测检验的结果也将偏向于理想（因为朋友已经告诉你结论）。这些不可避免的偏差意味着我们应该对回测检验形成的收益率打个折，并把更大的权重放在已经实现的收益上。另外，如果有更多的输入变量，并进行了更多的调整或优化，那么我们应该对这样的回测检验的结论打更大折扣。

虽然有些偏差无法避免，将影响我们如何看待回测检验的结果，但还有很多偏差完全可以避免，因此经验丰富的交易员和研究人员会努力消除这些偏差。首先，设定不带偏差的投资对象池非常重要。举例来说，如果只考虑当前在标准普尔 500 指数中所含的股票，那么这是一个有偏差的样本。在 15 年前，你无法预知哪些股票今天会被纳入指数。股票常常因为表现不错而被纳入股指，但你不可能在 15 年前就知道，哪些股票将表现良好并被纳入股指。如果你想使用标准普尔 500 指数中的股票，就应该选择做回测检验时就包含在指数中的股票，就好像当初实际交易时做的那样。

其次，选取不带偏差的交易信号和交易法则同样至关重要。如前面所讨论的，历史回测需要一个适当的时间滞后期。例如，许多公告的发布都迟于其所描述事件的时间段（第一季度盈利报告往往在第二季度的某一时间发布，宏观经济数据如 GDP 和通货膨胀率也会延迟发布），而这些数字的修正甚至更迟。

当我们对参数进行优化或估计时，自然就会产生偏差。例如，如果预期收益率是对 1990—2010 年数据进行回归分析得到的，而在同一时段用这些参数来进行交易策略的回测检验，那么回测业绩就将有偏差，看起来好得不真实。估计得到的参数是最佳的，但事先你不可能知道这些参数，同样，也无法知道这些参数在未来会是最佳的。这种作弊的方法称为样本内测试。相比之下，样本外测试得到的参数是使用模拟交易时间段之前的数据估计得到的。样本外测试有几种方式：一种是将样本一分为二，用第一段样本来估计参数，并使用第二段数据来进行模拟交易；另一种是使用滚动窗口——在每个时间周期（例如每个月），基于旧数据估计得到参数，接下来模拟下个月的交易，到了下个月，再基于更长窗口的旧数据得到新的参数，然后模拟再下个月的交易，以此类推。当然，避免样本内偏差最简单的方法就是找到一种足够简单且不需要依赖特定参数值的投资策略。

应该始终牢记，我们的目标是找到在未来可以奏效的策略，而不是找到回测检验结果最好的策略。因此，应该尽力探索更为稳健的、不受小幅参数调整影响的策略。

修正回测检验中的交易成本

交易成本的存在降低了交易策略的收益率水平。因此，如果能充分考虑交易成本，那么回测检验就会更加贴合现实。为了修正回测检验，我们需要先估算出所有证券在不同的交易规模下预期的交易成本。通常，可以从券商获得这些估计值，也可以如 5.3 节中所讨论的那样，自己测算预期交易成本。基于这些预期交易成本，可以用后面所述的简单方法来修正回测检验。对于回测检验中的每一次交易，都可以计算出预期交易成本，然后从回测收益中扣减。例如，如果我们有月度投资组合再平衡法则，就可以按照如下流程来做每个月的回测检验：

- 计算投资组合的收益率；
- 计算新的证券仓位和对应的交易量；
- 计算每一只证券的预期交易成本，并将其加总；
- 从投资组合收益率中减去总的预期交易成本。

交易策略的换手率越高，考虑回测检验中的交易成本就越重要。此外，交易成本的存在将改变你构建最佳交易法则的方式，并且如 5.1 节中所讨论的，还有其他重要的影响。

3.4　构建投资组合和回归分析的等同性

通过严谨的回测检验来模拟交易策略非常接近现实，然而，回归分析是另一种实用的工具。既然成功的交易策略最终都基于可以预测收益的交易信号，那么另一种测试信号的方式就是预测回归分析，即以未来的收益为因变量，以事前可以知道的信号为自变量。

将证券进行排序，再构建投资组合，并比较投资组合的相对表现，几乎等同于检查回归系数。

定理：任何预测回归都可以看成排序组合，同样，任何排序组合都可以表示为一种预测回归，例如：

- 时间序列回归对应的是市场择时策略。
- 横截面回归对应的是证券选择策略（也称为选股策略）。
- 单变量回归对应的是基于一个信号对证券进行的排序组合；二元回归对应的是基于两个信号进行的双重排序组合，这就允许你决定某个信号是否可以在另一个信号的基础上增加价值；而多元回归对应的是基于多个信号进行的排序组合。

分别叙述如下：

(1) 时间序列回归对应的是市场择时策略。要明白这一点，可以先考虑一只证券（比如市场大盘）的超额收益对一个预测变量 F（比如股息价格比）进行的时间序列回归。

$$R_{t+1}^{e}=a+bF_{t}+\varepsilon_{t+1}$$

请注意，预测变量的时间下标是当前时间 t，等号左边的收益的时间下标是未来的时间 $t+1$，这是因为我们正在尝试使用事先知道的信号来预测未来收益。用普通最小二乘法（OLS）估计所得的回归系数 b 可以通过下列公式得出：

$$\hat{b}=\frac{\sum_{t}(F_{t}-\overline{F})R_{t+1}}{\sum_{t}(F_{t}-\overline{F})^{2}}=\sum_{t=1}^{T}x_{t}R_{t+1}$$

这可以看作一种多空择时策略的累积收益率，其中交易仓位 x 由下式决定：

$$x_{t}=k(F_{t}-\overline{F})$$

此处的缩放因子 $k=1/\sum_{t}(F_{t}-\overline{F})^{2}$ 并不影响择时交易的夏普比

率。可以看到，择时交易通常在信号 F_t 高于其平均值 $\bar{F}$ 时做多，低于其平均值时做空。当回归系数为正时，择时策略是盈利的，否则无利可图。这一结果表明，回归分析和择时策略关系密切。事实上，回归系数就是择时策略的平均利润。（此外，该策略风险调整后的收益与回归系数的 t 统计量密切相关。）

尽管回归方程对应着某种特定的择时交易策略，但我们可以使用很多其他方式来判断信号的择时能力。比如，可以把历史样本拆分为 3 组，其中：1/3 的样本取自信号 F 最低的时候，1/3 的样本取自信号 F 处于中位数的时候，另外 1/3 的样本则取自信号 F 最高的时候。根据以上 3 个子样本可以看出，是否平均来说，在 F 较高的市场收益率较高，在 F 较低的市场收益率较低。

（2）横截面回归对应的是证券选择策略（也称为选股策略）。正如择时策略对应时间序列回归，证券选择策略同样也有对应的回归方程，即横截面回归。这里，对于每一只证券 i，都有一个预测变量 F_t^i：

$$R_{t+1}^i = a + bF_t^i + \varepsilon_{t+1}^i$$

我们可以在任何时点 t 对所有证券进行横截面回归。这种回归在每个时间点都可以生成一个回归系数 $\hat{b}_t$：

$$\hat{b}_t = \frac{\sum_i (F_t^i - \bar{F}_t) R_{t+1}^i}{\sum_i (F_t^i - \bar{F}_t)^2} = \sum_i x_t^i R_{t+1}^i$$

与前面有所不同的是，在这里我们要对证券 i 进行回归，而不是对时间 t。这一回归系数就是在 $t \sim t+1$ 期间实现的一种多空证券选择策略的利润。证券 i 的头寸为：

$$x_t^i = k_t (F_t^i - \bar{F}_t)$$

式中，$k_t = 1/\sum_i (F_t^i - \bar{F}_t)^2$。因此，这种策略将做多信号值高于当时平均水平的证券，做空信号值低于平均水平的证券。

用 Fama-MacBeth（1973）的方法对回归系数 $\hat{b}$ 的整体估计，就是每期估计的简单平均值：

$$\hat{b}=\frac{1}{T}\sum_{t=1}^{T}\hat{b}_t$$

这表示的是这段时间内该多空对冲策略的平均利润。策略的风险水平是利润的波动率，也是回归系数的波动率：

$$\hat{\sigma}=\sqrt{\frac{1}{T-1}\sum_{t=1}^{T}(\hat{b}_t-\hat{b})^2}$$

因此，证券选择策略的夏普比率是

$$SR=\frac{\hat{b}}{\hat{\sigma}}$$

夏普比率与回归估值的 t 统计量紧密相关：

$$t\text{ 统计量}=\sqrt{T}\frac{\hat{b}}{\hat{\sigma}}$$

回顾一下，如果 t 统计量的绝对值大于 2，回归系数就可以认为是统计显著。可以看出，统计显著意味着在很长的时间段 T 内有较高的夏普比率。这比较好理解：如果一种策略长期表现良好，那么很有可能靠的不是运气。

（3）我们也可以用几个交易信号（比如 F 和 G）对收益率进行回归：

$$R_{t+1}^{i}=a+b^{F}F_t^{i}+b^{G}G_t^{i}+\varepsilon_{t+1}^{i}$$

在这种情况下，回归系数 b^F 对应基于信号 G 交易时，使用信号 F 交易所获得的利润。例如，某对冲基金已经基于信号 G 交易，同时在考虑是否使用信号 F，那么对于信号 F 而言，平均水平的盈利是不够的。要想增加一种基于 F 的策略，新增的信号需要通过增加信号 G 中不包含的新信息来完善整个投资组合，并且不能增加过多的风险。多元回归中的系数可以衡量这种边际效应。对投资组合进行简单研究，也能分析出新的信号是否增加价值。特别是，如果我们在每一期通过信号 F 和信号 G 对证券进行双重排序，就会弄清楚在 G 价值几乎一致的情况下，F 价值高的证券是否比 F 价值低的证券收益更高。多元回归的一个优点是可以随意在公式右边添加许多变量，而对证券进行四重排序已经变得难以实现。

最后强调一下，择时策略比证券选择策略更容易出现偏差。事实上，时间序列回归对应着有一定欺骗性的样本内回测，因为头寸水平依赖于一段时期内的平均预测变量，但这一平均值在样本期初是未知的。与此类似，考虑某一信号的高、中、低也具有欺骗性，因为这也不能提前知道。一种更合理的回测是，在任一时点研究投资信号相比在这之前看到的信号是高、中还是低（也称为样本外预测法）。

证券选择策略（或选股策略）不存在这样的问题。这种策略只对某一证券的信号与同一时刻其他证券的平均信号简单比较，因此不需要知道从时间上看哪种信号高、哪种信号低，而只需要找出特性优于其他的证券即可。例如，你可能会做多账面市值比高的股票，并卖空账面市值比低的股票。要做到这一点，你不需要知道账面市值比的合理水平如何，只需要根据这一特征进行排序就可以了。

总之，在金融经济领域，回归分析和交易策略联系密切。换句话说，统计与经济联系密切。对从业者而言，交易策略可以赚取利润；对学者而言，交易策略则是一种检验资产定价理论的方式。

注释

[1] 调整流动性后的资本资产定价模型是由 Acharya and Pedersen (2005) 提出的，关于股票的进一步的证据是由 Pastor and

Stambaugh（2003）提供的，Lin，Wang and Wu（2011）做了公司债券方面的研究，Sadka（2010）做了对冲基金收益方面的研究。Amihud and Mendelson（1986）记录了流动性水平的影响。

[2] 人们已经发现，需求压力与股票价格有关。例如，需求压力与股票指数的增加（Shleifer，1986；Wurgler and Zhuravskaya，2002）、期权价格（Gârleanu，Pedersen and Poteshman，2009）、债券收益率（Krishnamurthy and Vissing-Jorgensen，2012；Greenwood and Vayanos，2014）、期货价格（Keynes，1923；de Roon，Nijman and Veld，2000）、抵押贷款支持证券（Gabaix，Krishnamurthy and Vigneron，2007）、可转换债券的价格，以及由与对冲基金和其他智能货币相关的资本变化引起的兼并价差（Mitchell，Pedersen and Pulvino，2007）等有关。

[3] 参见 Harvey and Liu（2013），Harvey，Liu and Zhu（2013），以及 Mclean and Pontiff（2013）关于这些影响的重要性的度量与测试。

第 4 章　构建投资组合和风险管理

对冲基金的职责是在风险调整后实现最大收益。要做到这一点，对冲基金必须先找到前面所述的预期可以盈利的交易策略。某些交易策略一旦确定，基金经理就必须将其构建成一个投资组合。构建投资组合是指：(1) 估计每一笔交易带来的风险；(2) 选择每个仓位的大小，并决定如何不断地调整仓位，以达到风险与预期收益之间的最佳平衡。

主动型投资者必须特别重视风险管理。风险管理应该成为投资组合构建中不可或缺的一部分。此外，对冲基金应该设有独立的风险管理团队，并独立自主地运行。对冲基金投资组合的风险会随着时间的推移而变化。第一，投资机会在变化，时机更好的时候，人们往往要投入更多的资金。第二，市场风险在变化，因此同一仓位的风险随着市场环境变化时高时低。第三，在不同的时间，对冲基金投资组合内部的相关性不同。第四，使用杠杆意味着对冲基金不可能始终都经受得住回撤风险，它必须时刻准备好，在债权人停止融资或投资者撤回资金之前做出反应。

投资组合的构建必须基于不断更新的对风险的衡量，并应确保投资组合所承担的风险相对于投资机会而言是合适的。风险管理必须同时确保投资风险不会超过设定的限额，管理好下行尾端风险，并能控制大幅回撤的风险。

4.1 构建投资组合

不同的主动型投资者在构建自己的投资组合方面有很大差别。有些人依赖规则和直觉，而有些人使用计算机算法来优化投资组合。但是，有些基本原则是大多数成功的对冲基金都会坚持的。

（1）构建投资组合的第一个原则是分散化。事实上，正如俗话所说的，在金融领域，唯一免费的午餐就是投资分散化。

（2）第二个原则是仓位控制，即控制单只证券的市值敞口和（或）其风险贡献程度。例如，我在讲授关于对冲基金策略的课程时，经常会向 MBA 学生提出一些好的交易思路，比如像负自有价值交易这样的纯套利交易（在第 16 章事件驱动型投资中将进一步讨论）。一旦学生理解了交易思路，我就要求他们确定仓位的大小，大多数学生会把至少 40%的资金投入其中。在接下来的一周时间内，几乎每个学生都爆仓了（除了一两个根本就没交易的学生）。事实上，从模拟盘的股票保证金来看，他们无法满足保证金要求，因而被迫变卖大部分仓位。所以，尽管交易想法是正确的，他们最终还是以亏损或彻底爆仓告终。要想降低由于某一只证券而爆仓的风险，并确保风险尽可能更加分散化，一种简单而有效的方法就是设定仓位限制。例如，詹姆斯·查诺斯会确保其投资组合中所有的仓位都低于净资产值（NAV）的 5%，一旦接近这一极限值，就削减仓位。

（3）构建投资组合的第三个原则是，如果你对一笔投资越确信，你的投入就应该越多。你需要考虑的是什么样的交易才真正有潜力，并确保这是你投入最高风险的交易。

（4）第四个原则是从风险方面来考虑投资的仓位大小。一个仓位的风险取决于两个因素：仓位的市值规模和标的证券的风险。

（5）第五个原则是，相关性很关键。多头持仓如果与其他多头相关性高就不好，而与空仓的相关性高就很好。例如，李·安斯利三世偏好在每个行业内同时持有多头和空头头寸，通过对相似的证券同时做多和做空来降低风险。此外，他的多头也会在不同行业中分散，从而通过多头头寸的低相关性来降低风险。

（6）最后一条原则是按照风险和确定性程度不断调整头寸。尽管这很重要，但很多人觉得不好理解。正如我课堂上的一名学生在其模拟交易开始亏损时所说的，“我的双脚都踏进了这个交易，不可能有任何回转的余地”。结果，两个模拟交易日后，他出局了。成功的对冲基金经理既不会抱着自己的仓位不放，也不会任由其在不经意间随意变大。例如，李·安斯利三世会持续分析每个交易的风险与收益，然后决定增加还是减少各个交易的头寸，而非选择持仓不动。交易圈有句话说得好：

> 交易员不能有任何记忆，却又什么都不能忘。

交易员不能有任何记忆，指的是其应该做对未来最有利的事，而非计较当前仓位形成的过程。交易员什么都不能忘，指的是其所有的经验和数据应该有助于更好地预测未来的风险和预期收益。

像克利夫·阿斯尼斯这样的量化投资者，会使用正式的投资组合优化模型来实现这些目标。事实上，当你在全球市场上交易成千上万只证券时，必须有一定的计算能力来有效地落实这些投资组合构建原则。要做到这一点，最简单的方法是均值-方差方法：目标是选择一个投资组合 $x=(x^1, \cdots, x^S)$，其中 x^S 是投资于每只证券 S 的资金金额。如果初始财富为 W，并且选择投资组合 x，那么在下一期，财富终值为：

$$\begin{aligned}\text{财富终值} &= x^1(1+R^1)+\cdots+x^S(1+R^S)\\ &\quad +(W-x^1-\cdots-x^S)(1+R^f)\end{aligned}$$

式中，R^1，…，R^S 表示不同风险资产的投资收益率，而最后一项表示

以收益率 R^f 投资于无风险货币市场的金额（或者当投资的总和大于初始财富 W 时，借来进行杠杆投资的金额）。未来财富终值可以用超额收益率 $R^{e,S}$ 来重新描述，其中 $R^{e,S}=R^S-R^f$。

$$\text{财富终值}=W(1+R^f)+x^1R^{e,1}+\cdots+x^SR^{e,S}$$

换句话说，财富终值是当前财富 W 以无风险利率增加后的财富与投资于有风险的资产获得的超额收益之和。目标是在扣除一定的（用方差代表的）风险补偿后，使预期的财富终值最大化。投资组合优化问题可以用向量符号（忽略不依赖于 x 的第一项）来表示，即

$$\max_x E(x'R^e)-\frac{\gamma}{2}\operatorname{var}(x'R^e)$$

式中，γ 为风险规避系数。如果用 $E(R^e)$ 表示股票预期超额收益率，用 Ωx 表示方差协方差矩阵，那么这一投资组合问题可以重新表述为：

$$\max_x x'E(R^e)-\frac{\gamma}{2}x'\Omega x$$

要解决这一问题，可以通过对 x 进行差分来考察一阶微分情形，并且令下式为 0：

$$0=E(R^e)-\gamma\Omega x$$

得出最优投资组合为：

$$x=\gamma^{-1}\Omega^{-1}E(R^e)$$

这一最优投资组合的特征是：如果有些证券具有较高的预期收益率、较低的方差，并且与其他仓位之间没有很强的相关性，那么应该为这些证券建立较大的仓位。

尽管这一投资组合在理论上实现了最优，但是在实践中还存在很多问题（Black and Litterman，1992）。第一个问题是，理论上最优的

组合在现实中往往表现很差。这是由于风险和预期收益率的估计有误，并且它们通常使用的是不同的估计方法。使用这些来源不同、可能存在干扰因素的风险和预期收益率估计，常常会导致最优化程序建议极端的多头和空头仓位，而这些仓位样本外的业绩往往不佳。因此，量化投资者试图让优化程序更稳健，使投资组合对干扰因素或估计偏差不太敏感。为了获得这种稳健性，他们会收缩对风险和预期收益率的估计，使用投资组合约束，并应用稳健优化的技术。第二个问题是，现实世界中的投资组合往往受到限制，如仓位规模和交易量的控制。尽管可以把这些约束限制纳入优化问题，但除非小心处理好，否则它们往往会扭曲最后的投资方案。第三个问题是，没有考虑到投资者在不断地交易，而且交易过程中将产生交易成本，不过，这些问题可以通过更复杂的动态模型来处理（Gârleanu and Pedersen，2013—2014）。

尽管面临这些挑战，投资组合优化依然是非常有效的工具，但要全面、完整地介绍这一课题，已经超出本书的范畴。合理进行投资组合优化，不仅可以得到充分获得分散化投资好处的工具，而且可以有效地挖掘高确信度的交易策略，又不至于过度集中，同时可以基于不断变化的风险和预期收益率来动态调整仓位，并最大限度地减少投资组合选择的主观性。

总之，好的投资组合构建技术可以为大量的交易策略实现风险与收益较好的匹配。系统性的方法有助于减少交易员的个人行为偏差，也就是说，减少犯错误的倾向。例如，人们往往喜欢守着已经亏损的仓位，即便他们原先偏好该证券的理由已经不复存在。又比如，即使继续持有会取得更好的业绩，他们也喜欢卖出获利组合来锁定收益。

4.2　风险管理

风险的度量

风险既可以也应该用不同的方法来度量。其中一种常见的也是最直观的风险度量方法，就是波动率（即收益的标准差）。不少人认为波动率仅仅适用于正态分布，这是不正确的。但有一点是对的——对于非正态的分布，波动率并不能很好地刻画崩盘的风险。在正态分布中，出现两个标准差收益的情况很少见，出现五个标准差收益更是几乎不可能。但由于现实世界中对冲基金的收益并不服从正态分布，这种情况并不适用。就对冲基金的策略而言，两个标准差收益是普遍现象，五个标准差收益更有可能发生。如果充分考虑这一点，那么只要收益率的分布是相对对称的，也没有过于极端的崩盘风险，波动率指标就仍然是非常好用的风险度量指标。然而，对于存在极端崩盘风险的策略，波动率就不再是度量风险的合适指标。比如，对于卖出虚值期权这一策略，波动率就不能很好地度量风险，因为这一策略在多数时候能获得小的正收益，但也可能偶尔出现大的崩盘事件。为了计算大型投资组合的波动率，对冲基金必须考虑到不同资产间的相关性，这可以通过模拟整个组合来得到，也可以通过使用因子模型等统计模型来计算。

另一种度量风险的方法是在险价值（VaR），它试图捕捉尾部风险（在非正态分布中）。如图 4－1 所示，在险价值度量的是在一定的置信水平下可能出现的最大损失金额。比如，在险价值是在 95%或 99%的置信区间内可能遭受的最大亏损金额。

例如，一只对冲基金单日 95%的置信水平的在险价值是 1 000 万美元，是指在某一天中，有 95%的概率使最大损失低于 1 000 万美元，用

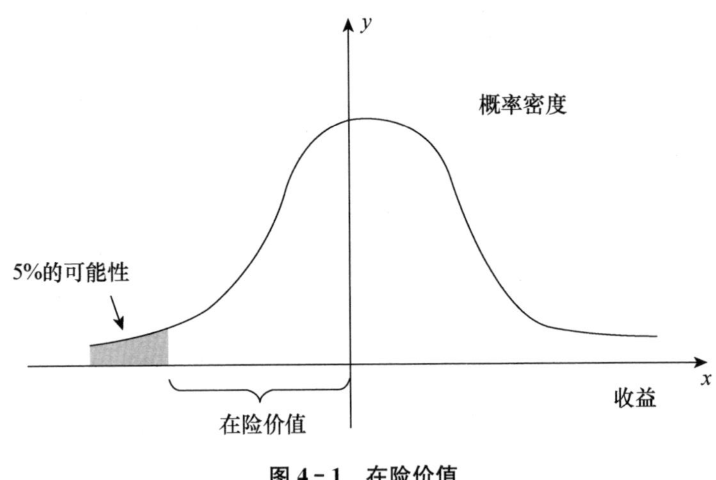

图 4－1　在险价值

注：x 轴表示收益率的可能结果，y 轴表示与之对应的概率密度。

公式表示即为：

$$Pr(\text{损失金额} \leqslant 1\,000\text{ 万美元}) = 95\%$$

这里介绍一种简单的在险价值估计方法，即对历史收益由大到小进行排序，然后找到这样一个收益值，使得 5%的天数中收益低于该值，95%的天数中收益高于该值。这一收益值就是 95%的置信水平的在险价值，因为如果历史重现，有 95%的把握使亏损低于这一数值。可以通过历史数据来估计在险价值，但如果仓位已经有很大的变化，就有可能受到很大的误导。在这种情况下，要查看当前的仓位，并模拟这些投资在如过去 3 年中的收益情况，这样得到的在险价值可能更为准确。

使用在险价值存在一个问题，就是如果实际亏损金额大于在险价值，在险价值就不再取决于实际亏损大小。这种尾部风险带来的极端情况下的亏损金额，可以用另一个风险指标来度量，称为预期亏损（ES）。预期亏损是指当你的实际损失已经超出在险价值时预期的损失金额：

$$ES = E(\text{损失金额} \mid \text{损失金额} > VaR)$$

还有一种度量风险的方法是压力测试损失。这种方法是通过采用不同的压力测试来计算损失，也就是说，通过设定不同的情景来模拟组合收益，然后考虑在这些情景中的最大损失金额。这些压力情景可以包括重大历史事件，比如美国长期资本管理公司爆仓引起的 1998 年的价格冲击，也可以是“9·11”事件、雷曼兄弟倒闭事件，当然还可以是假想的未来事件，例如某个主权国家破产（如希腊问题）、利率大幅波动、股价突然崩盘、波动率跳升，或者突然提高保证金要求等。

波动率及在某种程度上的在险价值度量的是在固定时间区间内、在相对正常的市场中存在的风险，而压力测试会告诉你在极端事件发生时的风险。事实上，波动率和在险价值是单日风险的统计指标，往往需要足够多的数据来做统计。而压力测试侧重挖掘的是一些无法获取足够数据来准确估计风险的特定情况，以及一些会在几天内逐渐演变的事件的风险。正如前面所讨论的那样，一种波动率无法捕捉到的重要风险就是流动性旋涡的风险。压力测试的要点是确保仓位不能太大，不会让对冲基金在某一压力事件中出现爆仓。此外，对于未来将要发生的事件，即使无法预测损失或做出概率估计，也能提前做好计划。当然，在危机中，实际发生的事情永远不会完全符合压力测试的预期，但我们总是希望对可预见的事件做好准备，为将来提供应对程序，当危机真正发生时，可以借此脱身。

风险管理：前瞻性风险控制

无论如何精确地度量风险，都应该做好风险管理。风险管理应该既有前瞻性（即在坏事件发生前控制风险），又有应对性（制定在危机中如何应对的专门计划）。应对性风险管理通常是回撤控制的一种形式（后面章节将详细讨论），也是一种止损机制。

在你对损失做出应对之前，可以做好前瞻性风险管理。前瞻性风险管理有多种形式，包括分散化、风险限额、流动性管理以及通过期权和其他工具进行尾端对冲等。

为了控制风险，对冲基金往往会设置风险限额，这意味着预先设定对冲基金可接受的最大风险极限值。风险限额既可以针对基金整体水平设置，也可以按各类资产或策略更细化的水平来设置。对冲基金往往也设有头寸限制，用来限制市值敞口（无论所估计的风险有多低）。

另外，一些对冲基金会设定战略风险目标，即基金公司打算长期承担的平均风险水平。例如，战略风险目标可以用基金的波动率来衡量，往往涵盖从债券类资产的波动率到股权类资产的波动率，也就是说，年化波动率范围在5%～25%之间。在特定时间段内，对冲基金的期望风险有时称为战术风险目标。根据投资机会、市场状况和近期业绩表现，战术风险目标围绕战略风险目标变动。特别是重大亏损，往往会促使对冲基金降低仓位和风险，这就是后面所要讨论的应对性风险管理。

4.3　回撤管理

前瞻性风险管理旨在损失发生之前做好投资组合的风险管理，而回撤管理是一种应对机制，争取在损失发生时控制损失的金额。对于使用杠杆的对冲基金，回撤管理尤为重要，因为对冲基金不能总是指望什么都不做就能扛过危机。对冲基金会尽量减少回撤程度超过预先设定的限定值的可能性，这一预设值又称为最大可接受回撤程度（maximum acceptable drawdown，MADD），比如25%。[1] 用 DD_t 表示当前的回撤程度，那么明智的回撤管理策略就是做到：

$$VaR_t \leqslant MADD - DD_t$$

这一不等式的右边是最大可接受回撤程度与当前回撤程度之间的差额，即在当前损失金额既定的情况下，可接受的最大额外损失。不等式的左边是在险价值，即在特定置信水平下，考虑当前的市场风险和持仓水平，可能损失的最大金额。因此，回撤管理政策要求风险必须足够低，从而在特定置信水平下，损失金额才不会使回撤程度高于最大可接受回撤程度。

如果不等式不成立，对冲基金就应该降低风险，即降低持仓水平，以使在险价值降至能满足不等式成立的水平。一旦交易策略恢复盈利，回撤程度降低，就可以再把风险加回来。

为了保证这种回撤管理机制的运行，必须选择一个最大可接受回撤程度，以及在公式左边使用的在险价值类型，比如度量时间区间和置信水平。这些选择取决于对冲基金的风险和流动性。对于风险低的基金来说，其投资者和交易对手方对于回撤的容忍度比较低，因此必须设定更严格的限制。对于风险高的基金来说则恰恰相反，应该设定更为宽松的限额，确保不会经常触发回撤系统，以此来控制总的交易成本。毕竟如果选择承担较高的风险，也就意味着将始终与较大的回撤相伴。

回撤控制之所以非常有用，是因为它为应对市场逆境提供了确切的计划路线图：当出现亏损的时候，需要降低多少风险，以及应该在什么时候去做。如果没有回撤管理的明确路线图，那么在出现回撤时，基金经理可能不容易控制好自己的情绪。事实上，在出现损失之后减仓是很痛苦的。基金经理会认为，一旦减仓或平仓，损失就注定了，所以往往更倾向于按兵不动，希望能熬过去——直至损失越来越大，最终演变成灾难。然而，风险管理并非总是亏本生意，实际上，它可以为投资者节省巨额的资金，因为俗话说得好：

> 第一笔损失总是最小的。

正如在 5.10 节中将讨论的，在出现流动性旋涡时，股价将下跌然后反弹。而在这个过程中，不少投资者被迫平仓。当价格开始下跌时，基金经理往往坚持不卖出，但最终由于资金链断裂或者自身恐慌，不得不在接近底部的位置抛售。为什么大部分交易员会在接近底部时卖出呢？这恰恰就是底部形成的原因。当卖盘接近枯竭的时候，价格也就开始反转。这一逻辑可能就是人们常说的：

> 作为交易员，绝不要恐慌。但一旦恐慌，最好的方法就是第一个恐慌。

同样，这也是扑克牌桌上那句格言背后的道理：

> 最强的手摸到臭牌，将造成最大的损失。

我们用打扑克牌来做个类比。打牌的人可以分为强手和弱手。对于强手来说，他们拥有可以坚守仓位，甚至在低价格时还可以补仓的一切资源，雄厚的经济实力和坚毅的情感力量有助于他们渡过危机。相反，对于弱手来说，一旦产生巨额损失，他们就必须平掉仓位。例如，在某种意义上，杠杆型对冲基金就属于弱手，它们可能因触及保证金的限制条款而被强制清盘，其主经纪商甚至会在限制条款被触发之前就对其强制平仓。弱手往往最先恐慌，并几乎立即减仓或退出，但他们的损失将比被迫在市场底部抛售的拿到臭牌的最强手少。当然，基金经理永远不会提前知道自己能否渡过危机，是否会被强制清盘。但无论如何，事先设定合理的回撤管理政策来消除思想压力是一个好主意。

预先设定好的回撤管理政策不仅有助于及时降低风险，也有助于投资者及时地重新进入市场来弥补（部分）亏损。那些被迫降低风险的交易员可能会“一朝被蛇咬，十年怕井绳”，不敢大规模地重建头寸。但当仓位已经充分恢复、风险有所下降时，系统性的回撤管理系统就会提示你及时重新入市。

注释

[1] 这部分内容引自 Grossman and Zhou（1993）。

第 5 章　策略的交易与融资：市场流动性和融资流动性

在实践中执行投资策略往往成本较高，这主要有两大原因：一是按照投资策略交易时会产生交易成本；二是对投资策略加杠杆时会有融资成本。

要理解交易成本的来源，首先必须说的是：大多数投资者对每一笔交易都要支付佣金和其他直接成本。更重要的是，还存在几种非直接交易成本，例如买卖价差和市场冲击成本。下面我们来具体了解这些成本。先来看买卖价差，要注意，买价是指可以出售股票的价格（因为潜在的买家以此为买入价），同理，卖价是指可以买入股票的价格（因为这是股票当前持有人的要价）。所以，买卖价差的存在是由于买价低于卖价。因此，如果买入一股股票之后立即卖出，就损失了等同于买卖价差数额的现金。再来看市场冲击成本，它产生于大批量的股票交易中，因为一次性大批量地买进股票会推动股价上涨，而大批量地卖出股票会相应地造成股价下跌。

有些证券的交易成本较高，有些则较低。交易成本高的证券往往流动性较差，相反，交易成本低的证券则流动性较好。有些证券的交易成本会偶然性暴涨，人们往往认为这类证券存在极大的市场流动性风险。

如果投资者加杠杆做投资，融资的利率又高于投资者持有现金和做空所得的利率，融资成本就产生了。此外，杠杆与融资流动性风险紧密相关，融资流动性风险指的是投资者无法为仓位持续提供资金，面临被迫清盘并且贱卖资产的风险。

对于主动型投资者来说，这些执行成本（包括市场流动性和融资流动性成本）都很重要，因为这些成本将直接侵蚀所有交易策略的利润。对于不使用杠杆、采用买入并持有策略的被动型投资者来说，他们的执行成本很低。主动型投资者往往频繁交易，而交易越频繁，投资者就越要考虑交易成本的影响。此外，投资者的持仓规模越大、杠杆率越高，对他们来说，投资策略的执行成本就越重要。执行成本会产生以下几个方面的影响：

（1）影响某种交易策略最终是否有利可图；

（2）决定哪种交易规则是最优的；

（3）影响最终选择买卖哪些证券；

（4）影响投资规模的大小。

高换手率的交易策略（即交易频繁或者交易量很大的交易策略），在没有考虑到交易成本时，也许在理论上是最优的，但在实践中可能会失败。换句话说，即使名义上总收益率很高，扣除交易成本后，净收益率也可能变得很低。由于交易成本的存在，怎样才能最好地调整交易策略呢？这是本章要讨论的第一个问题。接下来，还将讨论在执行交易的过程中该如何计量交易成本，怎样在下达交易决策之前估算交易成本的大小，以及从更广义的角度来看，交易成本对交易策略或对冲基金的容量的影响程度。在本章最后，将探讨怎样为交易策略融资，保证金要求导致的杠杆限制，以及赌徒破产和捕食交易策略所引发的风险问题。

5.1　考虑交易成本的最优交易策略

在具有完美流动性的市场中，你可能想要尝试运用所有的投资理念，并且频繁买进和卖出大额头寸。然而，在现实世界中，由于交易成本的存在，这样无限量的交易并不是最优的。最优的交易策略取决于你所面对的市场结构和交易成本。具体来说，最优的交易策略取决于交易中是否存在规模经济效应，也就是看将一笔交易拆分成许多小报单来完成与直接以大报单来执行，究竟哪种方式的成本更低。换句话说，要弄清楚，当交易规模增加时，交易成本会提高、不变还是降低。我们将讨论三种比较典型的交易成本，并分别解释它们所对应的市场结构。[1]

（1）**递增型交易成本**（作为交易规模的函数）：**市场冲击成本**。在最小报价单位很小、流动性很好的电子化交易市场中（比如现在的股票市场和期货市场），买卖价差和佣金对于专业的投资者来说非常低。然而，相比对冲基金实际需要的交易量，能以当前买价或卖价成交的量实在太小。因此，对于交易量大的投资者来说，他们面临的主要交易成本是市场冲击成本。交易的规模越大，价格变动就越大，因此这种交易成本会随着交易规模的扩大而递增。降低此类交易成本的方法是：将一笔交易拆分为许多小的报单，然后耐心地执行这些小报单（后面将详细讲解）。

（2）**固定型交易成本：买卖价差**（也称为比例型交易成本，因为当平均成本不变时，总的交易成本与交易规模成比例）。这种情况介于另外两种情况之间：交易成本并不随交易规模的变化而变高或变低，平均成本大致保持不变。这种情况主要发生在交易成本主要来自买卖价差和交易佣金的时候。举例来说，如果交易员的全部仓位都可以以买价或卖价顺利成交，那么也就没必要担心市场冲击成本。这种情况往往发生在最小报价单位比较大的市场中，在这些市场中，做市商可以从买卖价差中获得丰厚的利润，导致有很多做市商参与竞争报价，争相在这种价格水平上满足大单交易。

（3）**递减型交易成本**。在场外交易市场（OTC），你经常需要打电话给券商进行交易。而对券商来说，处理散户发来的小报单与机构投资者发来的大报单，花费的时间大致是相同的。对于每一单，券商都要花时间在电话中议价，寻找交易对手方或自己对冲等。如果券商按照成交金额的一个固定比例来收费，小的报单可能就不值得花时间处理了。因此，在这种市场中，对小报单来说，券商收取的交易成本相对交易金额的比例将高于大报单。因此你应该不会再想拆分报单，而是直接做大单交易，这样才对得起券商付出的时间成本。所以，你会尽量保持仓位不动，直到其严重偏离最佳水平，才一次性地做一笔大单交易来达到最佳仓位。为了顺利达成交易，对冲基金通常会向很多家券商同时询价，获取最有竞争力的报价。（注意，规模非常大的交易可能冲击市场价格，所以场外交易市场的交易成本最终也会变高。因此，你不应该等到手中需要交易的报单规模过大时再去执行。如果交易金额已经过大，则可能还是应该拆分为合适的大单，而非执行超大报单。）

图 5-1 列举了这三种交易成本类型下的最优交易策略。在每一种情形中，横轴表示时间，纵轴表示股票数量。深灰色实线表示在不含交易成本的市场中的最佳持仓水平，很显然，对这三种不同的成本类型而言，其理论上的最优组合都是相同的。点状虚线表示考虑交易成本后的最佳持仓水平，由于是三种不同成本类型的市场，这一指标在三幅图中完全不同。

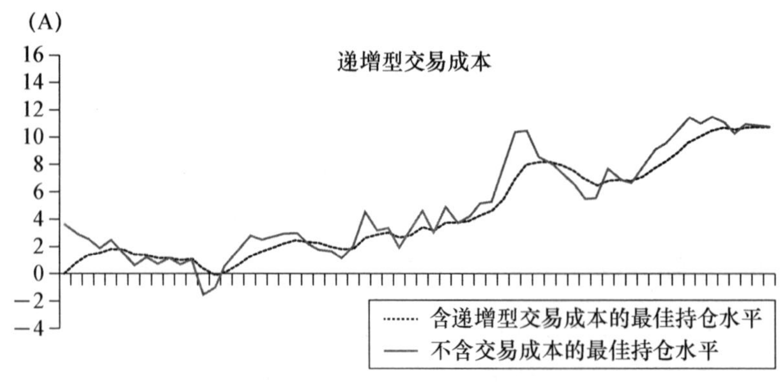

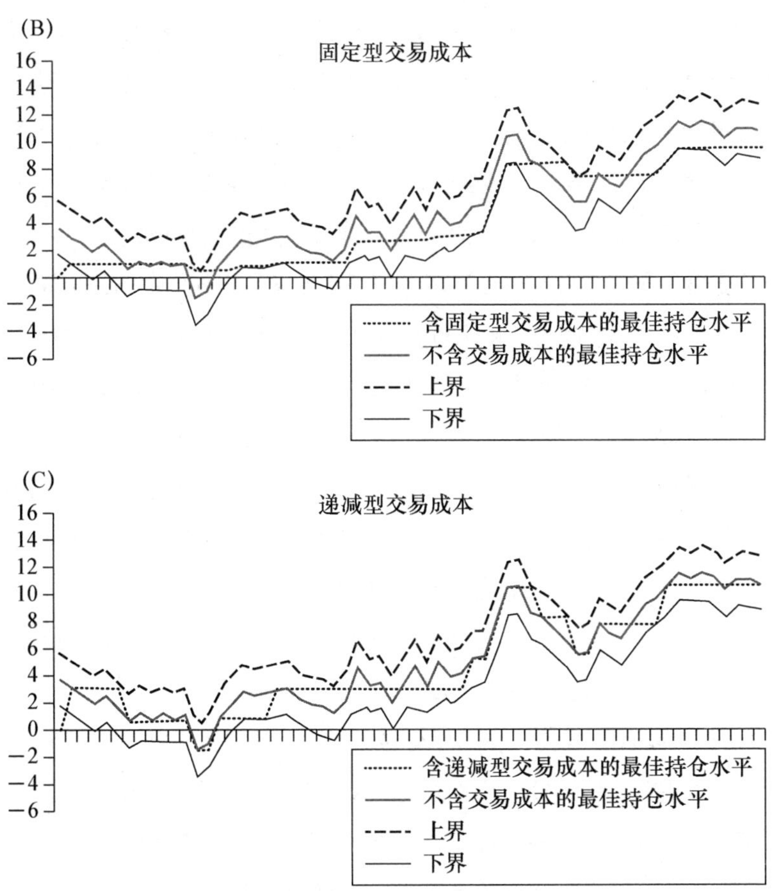

图 5－1　三种成本类型下的最优交易策略

注：图（A）展示了在流动性很好的电子化市场中的最优交易策略，在这一市场中，交易成本会随着交易规模的扩大而增加（由于受市场冲击成本的影响）；图（B）展示了固定型交易成本（即单位交易成本不随交易规模的变化而改变）市场中的最优交易策略；图（C）展示了递减型交易成本（具体来说，无论交易规模大小，总交易成本不变）在场外交易市场中的最优交易策略。

图 5－1（A）显示了在流动性充裕的电子化市场中的最佳持仓水平，也就是说，在交易成本递增的市场中，运用 Gârleanu－Pedersen（2013）策略的最佳持仓水平。这一策略采取小额报单、频繁买卖的方法，以贴近理论上的最优组合曲线。[2] 具体来说，图 5－1（A）策略执

行的交易总是包含达到理论最优组合所需交易量的 30%。换句话说，在任何时点，新的投资组合都是 30%的理论最优组合加上 70%的现有投资组合。这样的最佳持仓水平通过尽可能接近理论上的最优组合来获得大部分的 α，同时又能通过以下两种方法来降低交易成本：(1) 交易频率比理论上的最优组合低很多，这可以通过仓位规模的变动曲线更为平滑看出来；(2) 进行许多金额很小的交易，降低市场冲击成本。

图 5-1 (B) 描述了在交易成本固定的市场中的最优交易策略。在这一情况下，理论上的最优组合附近有一个零交易带，即图中细实线与带状虚线之间。只要仓位在这个区间内，就不会发生任何买卖，此时仓位保持不变，从而形成水平的点状虚线。如果在没有交易的情况下，仓位移动到这一区间之外，那么最优交易策略就会使仓位移动到零交易带边缘。因此，最优交易策略会在零交易带边缘进行很多小的交易，这就意味着，最优交易策略确保了投资组合并不会偏离理论最优组合太远。而零交易带的宽度取决于买卖价差的大小。

图 5-1 (C) 描述了在场外交易市场中的情况。在这一市场中，每股交易成本以一种比较极端的方式下降，即无论交易多少股，总交易成本都保持不变。在这种情况下，只要交易，总是能实现理论上的最优组合。然而，只有当仓位移动到理论上的最优组合区间之外时，才进行交易，以降低交易成本。

5.2 交易成本的度量

交易成本（transaction cost，TC）的度量方法有很多，主要的三种是：有效成本、已实现成本，以及相对于成交量加权平均价格的成本。下面依次探讨。

有效成本是实际成交价格与开始交易之前的市场价格的差额（加上所支付的所有佣金费用）。对于买单来说，每股有效成本 $TC^{\$}$ 被定义为：

$$TC^{\$}=P^{成交}-P^{执行前}$$

式中，$P^{成交}$是指购买所有股票所支付的平均价格；$P^{执行前}$是指开始交易之前的中间报价（买价和卖价的平均值）。类似地，对于卖单，交易成本可以这样计算：

$$TC^{\$}=-(P^{成交}-P^{执行前})$$

交易成本通常以交易金额的百分比来表示，所以可以简单地表示为：

$$TC=TC^{\$}/P^{执行前}$$

这里需要简单地评价一下这种交易成本的计算方法。第一，无论交际成本来自买卖价差还是市场冲击，这种计算方法都是有效的。它仅仅是交易的实际成交价格与开始交易时最初的期望交易价格之间的差额（即在回测中可能采用的价格）。如果只是以卖价买入，那么交易成本就是买卖价差的一半；如果改变了市场报价，交易成本也包括这一改变。第二，如果交易的时间比较长，那么交易成本中就包含很多干扰因素。这是因为在较长的时间内交易时，价格的变动受到很多与交易无关的因素影响，这样就会给成交价加入干扰因素。

第二种交易成本的计算方法称为已实现成本。当买入股票时，可以这样计算已实现成本：

$$TC^{\$,已实现}=P^{成交}-P^{执行后}$$

当出售股票时，度量方法相同，只是符号相反。$P^{执行后}$是指在停止交易后的某个时点的中间价，比方说在 5 分钟之后，价格再次稳定下来。从直观的层面来讲，这种交易成本的度量方法反映了这样一个事实：购买交易成交之后，价格往往会下跌。之所以会发生这种情况，是因为买入价格是虚高的，它是由买单带来的价格压力引起的（或者只是因为你在卖价位置上买入）。有效成本衡量的是相比你进入市场前的价格你多付了多少，而已实现成本衡量的则是相比你离开市场后的价格你多付了多少。一个考虑的是价格冲击，另一个考虑的是之后的价格反转。如果报单具有长期的价格冲击，那么有效成本就会比已实现成本高（因为价格只会往原来的水平部分反转）。由于市场冲击也是一种成本，有效成本准确地衡量了在真实世界中与在假设不存在交易成本的市场中交易的差异。

最后一种交易成本的计算方法是比较实际成交价格与所谓的成交量加权平均价格（volume-weighted average price，VWAP）。对买单来说，这种方法意味着：

$$TC^{\$,VWAP}=P^{成交}-P^{VWAP}$$

这种方法背后的理念是：将你的成交价格与同一天别人的平均成交价格进行比较。没有哪种方法是完美的，$TC^{\$,VWAP}$ 同样可能有估计偏差和误导性。假设一整天中你是市场上唯一的买方，你的持续买入活动将促使别人以更高的价位来出售。由于你一个人参与了所有的交易，你的平均成交价格就与成交量加权平均价格相等。因此，在这种情况下，尽管你确实产生了大量的交易成本，但是 $TC^{\$,VWAP}=0$。而在这一例子中，有效成本 $TC^{\$}$ 则会显示出很高的交易成本，即高的成交价格与当日早晨的低价之间的差额。同样，已实现成本 $TC^{\$,已实现}$ 也会显示出很高的交易成本，体现为当日高的成交价格与次日可能出现反转时的低价之间的差额。

5.3 估算预期交易成本

假设已经计算出每一笔交易的交易成本 TC_i，其中 $i=1,\cdots,I$。这些都是充满干扰因素的预期交易成本观察值。假设所有交易的预期交易成本都相同，就可以用观察到的成本平均值作为预期交易成本：

$$\hat{E}(TC)=\frac{1}{I}\sum_{i}TC_{i}$$

这一预期交易成本在决定交易策略和交易频率等事宜时很有价值。此外，预期交易成本的估计值还有助于在历史回测中调整交易成本。

当然，不同证券的交易成本是不一样的。例如，交易量低的小盘股的交易成本往往要比大盘股更高。此外，就像上面所讨论的，交易成本还取决于交易的规模大小。因此，总的来说，我们希望能把预期交易成本作为交易规模、证券特征及市场条件的函数来估计。

如果要考虑很多股票（例如美国的股票市场），人们一般就不会独立估算每只股票的交易成本，而是假设交易成本将取决于波动性、日交易量（daily trading volume，DTV）、已发行股票数量及流通股数量之类的证券特征。交易成本也随着时间的推移而不断变化，受市场总体波动性、流动性提供者的资本和风险偏好以及股票是否会有盈利公告等市场条件的影响。对冲基金在交易前，会试图估算预期交易成本，并且权衡交易收益和交易成本的大小。要做到这一点，对冲基金也会观察市场情况，比如当前的买卖价差和限价指令簿的厚度。

尽管大型对冲基金通常使用其内部开发的交易系统和交易成本估计模型，但不少投资银行和专业化交易机构还是会提供优质的交易服务，以及有关预期交易成本的建议。

让我们大概了解一下专业机构的交易成本大小。Engle，Ferstenberg and Russell（2012）基于 2004 年摩根士丹利的交易数据，估计出纽约证券交易所挂牌股票的平均交易成本约为 8.8 个基点（bps），而纳斯达克证券交易所挂牌股票的平均交易成本为 13.8 个基点。这就是说，如果一名投资者买入价值为 10 000 美元的纽约证券交易所挂牌股票，那么预期交易成本就是 8.8 美元。这一成本相对较低，清晰地反映出美国大盘股的流动性非常强。但即使在这种情况下，交易员也需要关注交易成本，尤其是当他们需要频繁调整投资组合时。

小单交易的预期交易成本会低一些，大概只有 4 个基点。而那些超过股票日均交易量约 1%的大报单，其平均预期交易成本则为 27 个基点。此外，急切完成交易的报单比耐心交易的报单交易成本更高。

Frazzini，Israel and Moskowitz（2012）根据从大型机构投资者获得的 1998—2011 年真实成交数据估算了交易成本，与前面提到的水平大体类似。在 2011 年的美国股票样本中，他们发现，交易成本的中位数是 4.9 个基点，根据成交金额加权后的平均成本（对大单交易赋予更大的权重）为 9.5 个基点。从全球范围来看，预期交易成本要更高一些，其中位数是 5.9 个基点，根据成交金额加权后的平均值为 12.9 个基点。小额交易的预期交易成本比大单交易更低。对于那些占日均交易量 10%左右的成交单，平均交易成本大概是 40 个基点。

当交易金额超过日均交易量的 10%时，交易成本会显著提高。因此，交易员通常都会尽量避免这样的超大单交易。这一经验法则适用于任何时间周期：如果一只股票的交易量通常是每天 1 亿股，那么，想要避免交易量超过其 10%，就可以在一天内交易 1 000 万股，在两天内交易 2 000 万股，在三天内交易 3 000 万股，以此类推。因此，你越有耐心，可以成交的股票就越多，而且无须承担高额的市场冲击成本。

5.4 执行落差：交易的成本和不交易的成本

前面讨论了在考虑交易成本的情况下，如何使交易最优化。我们看到，由于交易成本的存在，现实市场中的最优交易量要比在零交易成本的完美市场中小。因此，实际市场中的交易业绩与完美市场中的业绩有所不同，原因有以下两点：（1）在实际市场中，需要支付交易成本；（2）在实际市场中，你会为了降低交易成本改变交易模式，从而错过一些投资机会。执行落差（IS）就同时衡量了这两种成本。[3] 它是交易成本（TC）与交易模式改变导致的机会成本（OC）之和：

$$IS=TC+OC$$

执行落差是通过对比现实的投资业绩和理论投资组合的业绩来计算的：

$$IS=\text{理论投资组合的业绩表现}-\text{现实投资组合的业绩表现}$$

在这里，理论投资组合的业绩表现就是假设交易成本为零的情况下理想中的投资组合收益。所以，要计算理论投资组合的业绩表现，可以假想你能以中间报价成交任意数量的股票，从而不断地调整投资组合，这样得到的投资组合回报就是理论收益。

机会成本是一个抽象的概念，很难直接计算。然而，既然知道怎样计算交易成本，也知道怎样计算执行落差，就可以推断出，由于错失交易而产生的机会成本就是两者的差额，即 $OC=IS-TC$。

执行落差是非常有用的概念。追踪和检查交易策略是否成功运用到实践中是很重要的。对冲基金对于在理论上是否盈利并不感兴趣，它在意的是实盘业绩。执行落差就会造成实际与理论之间较大的差别。研究执行落差有助于决定是应该集中精力改善策略执行情况，还是应该关注策略的 α 信号。如果执行落差较小，就应该专注于改善策略，并开发新的交易策略。相反，如果理论投资组合收益良好，但现实投资组合由于较大的执行落差而表现不佳，就应该把精力放在策略的执行上。

如何减小执行落差呢？是靠更快地交易、在行情走远前成为进入市场的第一人，还是靠耐心交易、最小化价格冲击成本和其他交易成本？要回答这些问题，必须将执行落差拆分成交易成本和机会成本。这样的拆分能让你发现交易到底是太快还是太慢：如果更快地交易，交易成本就会上升，同时机会成本将降低；相反，如果更加耐心地买卖，为市场提供流动性，交易成本就会下降，但机会成本将会上升。因此，交易的快慢取决于交易成本和机会成本的相对重要性：在流动性差的市场中，策略往往有较高的交易成本，这意味着最好慢些交易；而那些 α 衰减速度快（即交易机会消失得快）的策略，机会成本往往很高，这意味着最好快些交易。假设决定加快交易来降低执行落差，怎么确定这是个正确的决定呢？可以看交易成本的增长幅度是否小于机会成本的降低幅度，以保证总执行落差将减小。

5.5 交易策略或资产管理人的容积

由于交易成本最终会随交易规模的增大而上升，大多数交易策略的容积都是有限的（Pastor，Stambaugh and Taylor，2014）。如图 5－2 所示，某种交易策略的投资规模越大，推动价格的幅度就越大，最终将导致交易不再有利可图。图 5－2 的横轴表示该策略投入的资本量。水平线表示在不考虑交易成本情况下的预期收益，即理论投资组合的预期收益。这条线之所以是水平的，是因为不管投资多少，理论收益都是相同的。图中上升的曲线代表的是你在这一策略中增加单位投资额的执行落差，其随着已投入资本的增加而变大。理论收益与边际执行落差的差额就是投资的最后一美元的净收益。如果把这些收益汇总，就能得到策略的总收益，如图 5－2 中的驼峰曲线所示。只要预期理论收益高于执行落差，预期总收益就会上升，但当边际净利润为负时，预期总收益就会开始下降。因此，这条曲线的峰值就是预期可以从这个策略中获得的最大利润。当然，投资越少，这一策略净收益的夏普比率就越高，因此投资组合的最佳规模很可能在峰值的左侧。

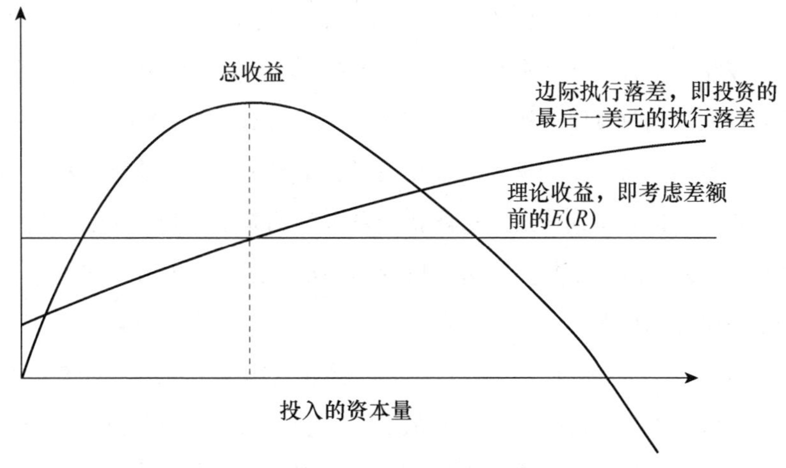

图 5－2　交易策略的容积

注：水平线表示交易策略总的预期收益，上升的曲线表示执行落差随着投资总量变化而相应增长的情况。驼峰曲线表明总收益的增长率等于前面两条曲线的差额。

尽管单个策略的容积有限，但一只对冲基金可以有很大的容积，因为它可以投资于不同的策略和不同的市场。然而，如图 5－3 所示，即使是一只多元化的对冲基金，也会存在容积限制。其中，图（A）和

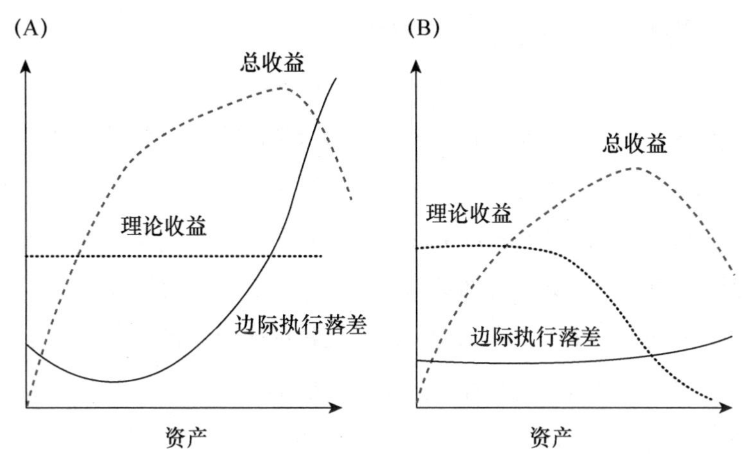

图 5－3　对冲基金的容积

注：图（A）显示了当对冲基金将新的资产投资于相同的交易策略时，总收益作为资产管理规模的函数的变化情况。图（B）显示了当对冲基金将交易策略扩展应用于自己并不专业的领域时（称作风格漂移），总收益随着资产管理规模变化的情况。

图（B）分别展示了当资产管理规模（横轴）增加时，对冲基金的总收益将发生的两种变化。在图（A）中，新资产投资使用原来的投资策略，因此理论收益保持不变。因为对冲基金可以雇用更优秀的交易员，使用更好的交易系统，进入更多交易所和交易渠道，以及能从券商处拿到更多的优惠待遇，所以边际执行落差最初是下降的。然而，随着资产管理规模进一步扩大，边际执行落差最终还是会上升，使得这一交易策略无利可图。

图 5－3（B）展示了当对冲基金随着资产规模的增长而不断叠加不同策略时将发生的情况。在这种情况下，边际执行落差只会小幅增长，因为对冲基金在越来越多的市场中交易合理的仓位规模。然而，在这种情况下，预期理论收益可能会下降，因为对冲基金开始扩展至不专业的市场和投资策略，这种行为称作风格漂移。因此，如果某只对冲基金想要扩大资产管理规模，它必须确保自身的专业水平也在持续提高。

5.6　为交易策略融资：杠杆的定义

在历史回测检验中，管理一个理论投资组合与在大型对冲基金公司中实盘管理真正的投资组合，有两个最大的区别：（1）在现实世界中，投资组合是存在交易成本的；（2）现实世界中的投资组合是需要融资的。前面已经详细介绍第（1）点，现在来讨论第（2）点。我们需要了解对冲基金的资金来源、获得杠杆的途径、保证金要求带来的杠杆限制，以及融资流动性风险这些重要的概念。我们先来定义一些度量杠杆的简单方法。

正如物理杠杆可以使力量加倍提起重物一样，融资杠杆可以让投资业绩翻倍，从而提升对冲基金的盈利。当然，杠杆不仅会让盈利翻倍，也会让损失翻倍。所以，杠杆自然会增加市场风险，也会带来一些额外的风险，比如被迫去杠杆的成本。

简单来说，使用杠杆就是借钱来投资超过投资者自有权益资本的资产（或者用衍生品来达到同样的效果）。对冲基金的杠杆率可以用投资金额与净资产价值（net asset value，NAV）的比率来衡量：

$$杠杆率=多头头寸/NAV$$

但这种计算方法忽略了空头头寸的影响。在计算总杠杆率时，要把空头头寸加进来，即

$$总杠杆率=(多头头寸+空头头寸)/NAV$$

尽管事实上空头一般都是用来对冲的，总杠杆率这一概念的隐含假设是空头头寸会增加风险。与之相反，净杠杆率的计算要减去空头头寸（或者有时只是减去对冲的空头头寸）：

$$净杠杆率=(多头头寸-空头头寸)/NAV$$

举个例子：一只净资产价值为 1 亿美元的对冲基金的多头头寸价值为 3 亿美元，空头头寸价值为 2 亿美元。那么，其杠杆率为 3，总杠杆率为 5，净杠杆率为 1。人们通常称此时的杠杆率为 3∶1，或者说每 1 美元的净资产价值对应的多头头寸价值为 3 美元，对应的空头头寸价值为 2 美元。

5.7　杠杆的来源：对冲基金的资产负债表

对冲基金的资产负债表中，最重要的部分是权益资本。权益资本自然来自对冲基金的投资者，包括运营基金的合伙人。一只对冲基金的权益资本称为净资产价值，或者资产管理规模（assets under management，AUM），尽管后者通常代表的是基金公司的全部总资产。对冲基金的权益资本并不是恒定不变的，这是因为与普通公司不同，对冲基金的投

资者可以撤回其投资。因此，从这个角度来讲，对冲基金更像是开放式基金，而不是封闭式基金。然而，对冲基金的赎回通常受到最初的锁定条款和赎回通知期的限制。如果一只对冲基金有锁定条款，那么资金投入后，必须经过一段时间才能赎回，比如1年。赎回通知期是指如果投资者想赎回资金，必须提前一段时间告知对冲基金，比如，季度性45天赎回通知期意味着只可以在每季度末赎回资金，而且必须提前45天发出赎回通知指令。规定赎回通知期对于对冲基金来说很重要，因为其往往会投资流动性差的资产，因此需要慢慢平仓来降低交易成本。另外，赎回通知期也能让对冲基金比较容易地平衡资金赎回和新增投资，这样就无须过多地增减持仓头寸。

对冲基金真正想要避免的是被迫贱卖资产，本节将进行更深入的讨论。赎回通知期显然有助于降低这种风险，但是，有些对冲基金合同甚至允许基金暂停赎回，或引入所谓的阀门机制或侧袋账户机制。阀门意味着在任何一个赎回期内，对冲基金只有一部分的资金可以被赎回。比如，规定在某个季度末最多只允许20%的资金退出。这种限制有助于对冲基金避免贱卖资产，但负面作用是，由于阀门的存在，一些投资者反而可能会提前撤走他们的资金，从而引发类似于银行挤兑的对冲基金挤兑。所以，对冲基金有了阀门机制，反而会让阀门机制更容易被触发。采用阀门机制的对冲基金通常投资于流动性差但可交易的资产，而采用侧袋账户机制的对冲基金拥有的证券中，绝大部分是具有流动性的，但有一小部分流动性极差。比如，一只对冲基金可能将90%的资金投资于高流动性证券组成的“主袋”，而将10%的资金保留在缺乏流动性的“侧袋”中。投资者可以赎回“主袋”中的投资，而对于“侧袋”中的资金，只有当对冲基金可以有序出售资产时，投资者才有可能赎回。

表5-1给出了一只对冲基金的资产负债表。对冲基金的资产栏包括证券多头头寸，比如基金持有的股票、债券以及不同形式的现金资

产。负债栏包括保证金贷款、股本以及证券空头头寸。表 5－1 已经将现金和股本进行分组，这样不同的负债就能与不同的资产一一对应。证券多头头寸是由保证金贷款和对冲基金的一部分股本来提供资金的（可以从资产负债表中看到，这些内容是对应的）。保证金贷款意味着，对冲基金的资产规模可以（也通常）比基金的股本大——这就是杠杆的概念。为了构建多头的杠杆，对冲基金用证券资产做抵押。这些以多头头寸换取的贷款是由主经纪商或回购贷款方提供的，作为“保证金贷款（多头头寸）”出现在表 5－1 所示的资产负债表的负债栏中。然而，对冲基金不可能全部用借来的资金构建多头头寸，因此，它必须将一部分自有资本用作“支持多头头寸的额定保证金要求”。保证金要求的相关内容将在后面的章节详细讲解。

表 5－1　对冲基金的资产负债表

资产	负债
证券多头头寸	保证金贷款（多头头寸）
	股本（净资产价值） ——支持多头头寸的额定保证金要求
现金 ——货币市场工具中的超额现金	——额外股本
——空头头寸的保证金贷款	——支持空头头寸的额定保证金要求
——出售空头证券获得的现金	空头证券仓位

对冲基金卖空的证券是负债（因为最终对冲基金需要归还这些证券）。做空证券获得的现金是资产，但是资产被证券的出借方作为抵押品扣留了。此外，证券的出借方还会要求对冲基金提供额外的现金作为保证金，因此，对冲基金必须使用自身股本来“支持空头头寸的额定保证金要求”。

最后，如资产负债表所呈现的那样，对冲基金会有额外的股本投资于现金产品（包括货币市场基金、国债或者超过主经纪商要求的额外保证金等)。正是这些额外股本使对冲基金能够经受住亏损，而不必立即清仓。

对冲基金也使用衍生工具来获得融资杠杆，尽管这种杠杆可能不会以某种形式出现在资产负债表中，但当我们估计杠杆率时，也要考虑其资金敞口。一小部分对冲基金还尝试获得无担保的银行贷款或者信用额度，但这些贷款通常都会受到重大不利变动条款的限制，几乎从来不会作为对冲基金杠杆的主要来源。

5.8 使用杠杆的限制：保证金要求

在现实世界中，如何获得杠杆呢？也就是说，如何才能买到大于现有现金价值的资产呢？如何构建空头头寸——实际上拥有负数量的股票呢？在深入研究这些操作细节之前，让我们先从更高层面考察一下杠杆的经济学原理。[4]

(1) **多头仓位的杠杆融资**。假如想以每张 100 美元的价位买入 100 万张债券，可以用这些债券做抵押，并借入相应价值的资金。但是，只能借到全部价值的一部分，比如每张债券可以借到 90 美元，而不可能是全额的 100 美元。在这个例子中，10%的差额称为垫头或者保证金要求。保证金能够给予资金借出方额外的安全保证，以应对在债券价值突然下跌，而借入方又不想偿还贷款时所面临的风险。在出现这种情况时，只要每张债券的价值不低于 90 美元，也就是说只要跌幅小于保证金，资金借出方（贷款方）就可以直接卖出债券来抵扣贷款。因此，要买入 1 亿美元的债券，并不需要全额支付，可以通过杠杆获得部分资金。现实中，你只需要有 1 000 万美元即可，也就是 1 亿美元乘以 10%的保证金要求。

(2) **空头仓位的融券**。如果反过来，想做空 100 万张债券，则需要不同的操作。在这种情况下，需要先融券（借入证券），再卖掉它们。

接着，比如第二天，再回购这些证券，并还给证券的借出方。当然，你会期待债券价格下跌，这样就可以用比出售价更低的价格买回。通过这种方式，实际上，你持有了一个负的债券头寸，因为你卖掉了借来的东西。当对冲基金做空证券时，主经纪商会扣下出售证券所获得的资金，而且会要求对冲基金支付额外的保证金（主经纪商自身可能也需要借入证券，而且要用价值102%的资产抵押，不过它向对冲基金收取的额外保证金可能会高于2%）。

（3）**如何设定保证金要求**。设立保证金主要是为了控制贷款方的风险。因此，保证金要求必须足够高，贷款方才有一定的信心，确保保证金可以满足最糟情况下的价格变动风险。而要估计出最糟情况下的价格变动，经纪商往往采用在第4章中深入讨论过的两种方法：在险价值法和压力测试法。对于多头头寸来说，要求价格 P_t 下降的幅度大于保证金比例 m 的概率必须足够小，比如要低于1%：

$$Pr\left(-\frac{P_{t+1}-P_t}{P_t}>m\right)=1\%$$

保证金是基金总资产的一部分，因此 m 会介于0～100%之间。对冲基金用来支持仓位的资金，等于保证金要求 m 乘以价格 P_t，再乘以对冲基金购买的股票数量。

如果对冲基金做空证券，则经纪商会担心当股价上升时，对冲基金可能将遭遇亏损。如果对冲基金未能购回借来的股票，那么经纪商需要自己购回。由于经纪商持有出售股票得到的资金和额外的保证金，因此，只要当前价格 P_{t+1} 不高于股票出售价和保证金之和（$P_t+m\times P_t$），经纪商不需要动用自己的资金，就能购回证券。保证金要求会设定在某一水平，使得一段时间内（比如1天或者5天）该事件发生的概率很小。例如：

$$Pr\left(\frac{P_{t+1}-P_t}{P_t}>m\right)=1\%$$

(4) **整个投资组合的融资**。所有的多头仓位和空头仓位都需要融资，因此，对冲基金必须拥有足够的资本来为全部的头寸融资：

$$\sum_i m_i \times P_t^i \times 头寸规模^i \leqslant 权益资本$$

一些著名的对冲基金之所以倒闭，就是因为无法满足这一条件。事实上，任何金融机构都必须能够为头寸提供资金保证。美国国际集团（AIG）、雷曼兄弟、贝尔斯登失败的原因，就是没有满足这一要求。也就是说，这些公司未能为仓位提供足够的融资资金。

(5) **盯市损益**。在每个交易日，对冲基金都会根据市价做盯市调整，即重估各证券价值。由于价格的变化，人们会对保证金账户做借记或者贷记，借入资本的利息支出及现金资产的利息收入也是如此。因此，基金的损益等于多头头寸的损益减去空头头寸的损益，再加上融资损益，即

$$损益 = R_t^{多头} \times 多头规模 - R_t^{空头} \times 空头规模 + 融资损益$$

融资损益等于向主经纪商支付的、支撑多头头寸的现金贷款成本，加上证券借出方持有的现金抵押品利息收入，以及货币市场工具的额外现金投资利息收入：

$$\begin{aligned}融资损益 = &-向主经纪商支付的成本 + 现金抵押品的收益\\&+ 货币市场收益\end{aligned}$$

总的盯市损益也体现在对冲基金股本的变化上，表 5-1 所示的资产负债表可以清楚地表明这一点。

(6) **利率和融资利差**。显然，对冲基金要支付加杠杆借入资金的贷款利息，与此同时，提供资金贷款的主经纪商也需要赚取利润。这就导致了融资利差，即对冲基金支付的贷款利息与从货币市场赚得的利息之间的差额。此外，证券借出方通过出借股票会赚得一些溢价，这意味着，对冲基金从（留在主经纪商的）融券资金中获得的利息

（称作返点利率）将低于货币市场的无风险利率水平：

主经纪商融资利率＞货币市场的无风险利率＞融券的返点利率

假设某对冲基金买入 1 亿美元的股票，同时做空市值 1 亿美元的股票，并且拥有 5 000 万美元的保证金资产。做空得到的 1 亿美元资金再加上 2%的额外保证金，将留在主经纪商。对冲基金可以从这些现金中获得利息（即融券的返点利率）。返点利率通常比联邦基金利率低 25 个基点。对于难以融券的股票来说，返点利率可能比联邦基金利率低几个百分点，有时甚至是负值（也就是说，对冲基金不仅得不到利息，还必须支付一定的费用）。

接着来看投资组合的多头方：扣除 2%的（融券）额外保证金，对冲基金的保证金账户还有 4 800 万美元。这些资金可以用来购买多头头寸，并由主经纪商提供另外所需的 5 200 万美元贷款。一般来说，贷款利率要高于联邦基金利率，通常高出 30 个基点（为了控制交易对手的违约风险，对冲基金在主经纪商那里保留的现金资产可能会少一些，因而所需要的贷款额度将更高，增加了融资成本）。一言以蔽之，对冲基金从空头融券资金中获得的利率要低于为多头融资所付的贷款利率。

（7）**保证金催缴通知**。在执行杠杆交易或者卖空交易时，无法像不使用杠杆的长期投资者那样悠闲。你需要不停地监测仓位和现金水平，确保现金水平高于最低保证金要求。如果某只对冲基金的保证金账户中没有充足的资金（例如由于投资亏损），就会收到主经纪商的保证金催缴通知，要求要么增加账户中的现金，要么降低仓位。如果对冲基金不这样做，主经纪商就会清算其头寸。收到保证金催缴通知并不是好消息。即使对冲基金成功地补缴了现金，如果反复收到保证金催缴通知，也往往表示对冲基金有出现问题的迹象，终将导致主经纪商终止贷款安排，或者进一步提高保证金要求。因此，对冲基金会尽力保有超过保证金要求的资金（一些对冲基金把所有资金放在保证金账户中，另一些则用大部分现金资产做货币市场基金投资，需要的时候才打进保证金账户）。

为投资组合融资的经济学原理很笼统，具体的操作取决于证券的类别。下面，简要回顾一下杠杆的几种主要形式，即把前面讨论的经济法则应用到实践中的主要方法。

（1）**回购**。政府债券和其他固定收益证券的杠杆通常是利用所谓的回购协议（简称回购）实现的。在经济含义上，正如前面所讨论的，回购就是让你能用债券作为抵押品来借款。比如，如果要购买价值100美元的债券，就可以用这只债券做抵押，借到95美元。贷款方持有债券（包括5%的垫头），就不用担心你不还款。回购这一说法的起源是你正式把债券出售给贷款方，同时承诺在未来某个时间再将债券买回来的行为，你的借款利率就叫作回购利率。

（2）**非衍生品的主经纪商（prime brokerage，PB）业务**。股票的杠杆同样也可以利用抵押贷款来实现。通常，对冲基金都会使用投资银行的主经纪商（PB）业务，来构建股票投资组合的杠杆。主经纪商根据对冲基金整体的证券投资组合，确定对冲基金要缴纳的资金数额，即所谓的保证金，再把剩余的资金借给对冲基金。对冲基金往往与主经纪商保持着长期持续的合作关系，同时，一只对冲基金的投资组合可能由一家或者几家主经纪商提供资金。与此相反，每只债券都有单独的回购协议，对冲基金经常有很多不同的回购交易对手。其他证券加杠杆也会使用主经纪商业务，比如可转换债券。一般来说，保证金要求由资产类别决定，但主经纪商对保证金的设定有时取决于总体投资组合（即所谓的交叉保证金）。

（3）**场外（OTC）衍生品市场的主经纪商业务**。另一种获得杠杆的方法是购买带有嵌入式杠杆的衍生品。例如，按照设计，掉期合同初始市场价值为零，因为掉期合同是免费的，你可能会认为可以无限量购买。然而事实并非如此：如果构建了巨额的掉期合同，就会有巨大的利率风险，交易对手会担心，你要么盈利，要么亏损、违约，甚至无法为亏损买单。因此，对冲基金在签署衍生品合约时，必须缴纳保证金。主经纪商可以帮助对冲基金处理场外衍生品合约，把对冲基金与不同交易对手之间签订的衍生品合同互相冲抵掉。

(4) **交易所交易的衍生品**。最后，对冲基金还可以通过在交易所买卖期货和期权获得杠杆。对冲基金通过经纪商（所谓的期货经纪公司，futures commission merchant，FCM）进场交易，经纪商向其收取保证金，同时交易所向经纪商收取保证金。一般来说，对冲基金适用的保证金比例与交易所设定的保证金比例相同，不过在理论上，这一比例可以更高一点，或者更低一点。

5.9 融资流动性风险和赌徒破产

在赌场和统计学教材中，常常会讨论一种典型的风险，就是赌徒破产：尽管存在对你有利的机会，但最终还是会破产。比如，假设你玩“21 点”会算牌，这一技能将使你比庄家多一点优势，但你的资金是有限的。尽管拥有更大的胜面，但你运气很差，发牌人拿到了王牌，你还是输光了全部的钱。为什么说这个结果特别糟糕呢？当然一方面是因为输光了钱，另一方面是因为现在你无法再利用优势了（失去了利用算牌来盈利的机会）。赌徒破产的问题最早可以追溯到克里斯蒂安·惠更斯（Christiaan Huygens）时期。惠更斯是荷兰的数学家、天文学家、物理学家和作家，他发明了摆钟，发现了土星的卫星泰坦，还做出了其他一些具有开创性的贡献。

在资产管理领域，赌徒破产也是一种至关重要的风险。投资者希望拥有投资优势（α），但资本金有限，而杠杆又受限于保证金要求。在投资中，这种风险通常称为融资流动性风险。市场流动性风险指的是你没有办法在不承担大额交易成本的情况下出售证券，而融资流动性风险则是指你不得不出售证券。换句话说，就是存在被迫减少仓位的风险，以及在极端情况下被迫清盘的风险。在投资管理中，融资危机的代价甚至比赌博的成本还要大，因为当对冲基金被迫清盘的时候，往往也是投资机会特别好的时候。这是因为对冲基金的抛售会压低证券价格，并且更重要的是，被迫清盘不是偶然发生的。当一只对冲基金被迫清盘时，其他对冲基金很可能也面临同样的困境，也就是说，它们可能也在抛售类似的证券，资金充足的买方自然也就更少。由于存在所谓的流动性旋涡这样的逆向反馈循环，这一问题将更加严重。

5.10　流动性旋涡：当所有人竞相出逃时

流动性旋涡是一种逆向反馈循环，会造成价格下跌、流动性枯竭、资本消失，并且这些事件会互相增强。[5] 图 5-4 展示了旋涡式的崩溃过程。

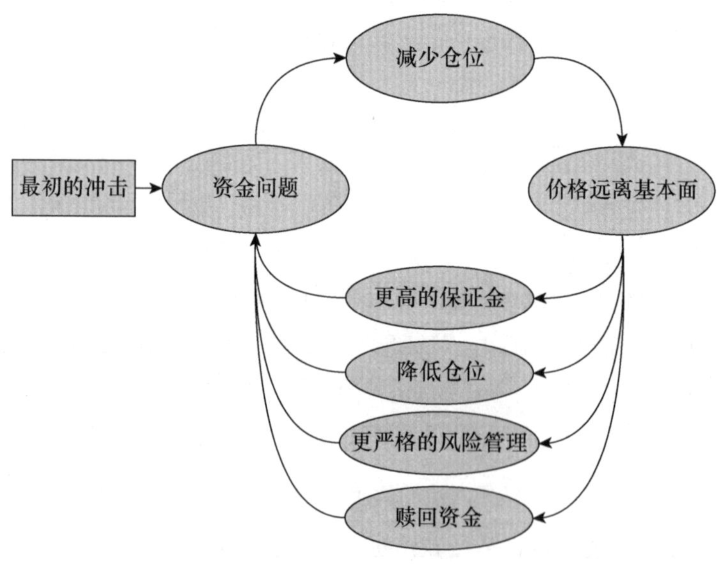

图 5-4　流动性旋涡

某种市场冲击导致加了杠杆的投资者亏损，流动性旋涡由此开始。这种冲击导致部分交易商出现资金问题，并开始减少仓位。由此引发的抛售压力将带动价格下跌，从而导致拥有类似仓位的所有交易商遭受更大的损失。此外，由于买卖订单的失衡（因为在正常时期，这些交易商是流动性的提供者），市场将更加动荡和缺乏流动性。而更大的市场波动和更差的流动性会触发主经纪商提高保证金要求，从而迫使交易商减少杠杆头寸。另外，出于风险管理的考虑，交易商将倾向于降低仓位，而投资者（或管理层）的资金赎回又会加重资金危机。由于以上四个原因，资金问题持续放大，导致新一轮的抛售。这个过程会一直反复，持续至抛售结束，市场才会开始反弹。

图 5－5 展示了低价抛售时的价格演变路径。随着交易商抛售，价格急剧下跌，在去杠杆化结束时，价格将触底。当一些交易商重新建立杠杆，并且其他投资者重新回到市场时，价格重新回归基本面，并开始反弹。最后，价格在新的均衡水平企稳。但是，由于交易商、资本和融资的出逃，新的均衡价格将暂时低于前期的均衡价格。

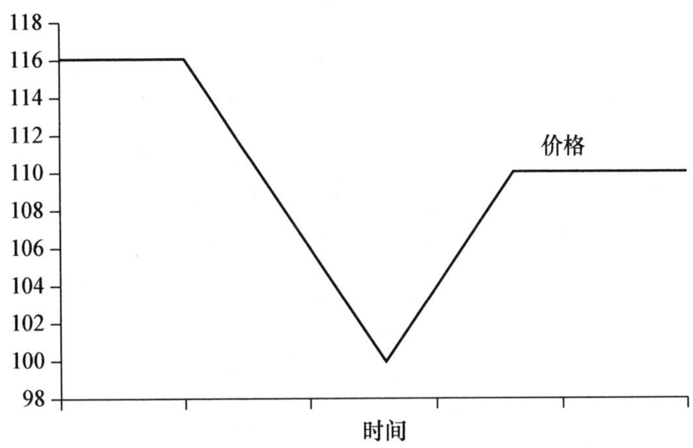

图 5－5　当所有人竞相出逃时流动性旋涡中的价格走势

资料来源：Pedersen（2009）using the model of Brunnermeier and Pedersen（2005）.

流动性旋涡的存在意味着，在正常交易日中潜藏着难以发现的崩盘风险。换句话说，从本质上讲收益率的分布从来不是正态的。大多数时候，价格变动是由基本面消息驱动的，而在流动性旋涡中，价格变动是受被迫抛售驱动的。流动性旋涡同样改变了证券之间的相关性，因为在流动性事件中，资金有问题的交易商所持有的证券即使与基本面毫不相关，价格也会同时开始波动。事实上，流动性危机是有传染性的，因为一个市场中的损失会导致另一个市场发生贱卖，从而伤害更多的交易商，并且加剧危机。如果一个市场中的流动性旋涡侵蚀了主要交易商和对冲基金的资金，那么这些交易商所活跃的其他市场的流动性也将开始枯竭。例如，2007—2009 年的全球金融危机就是通过这种方式从次级抵押贷款市场蔓延至其他抵押贷款市场的，之后危机更广泛地蔓延至信贷市场、股票量化策略，接着扩大到所有的股票市场、货币市场、可转换债券市场、短期资本市场，再之后进入新兴市场、大宗商品市场等，如图 5-6 所示。

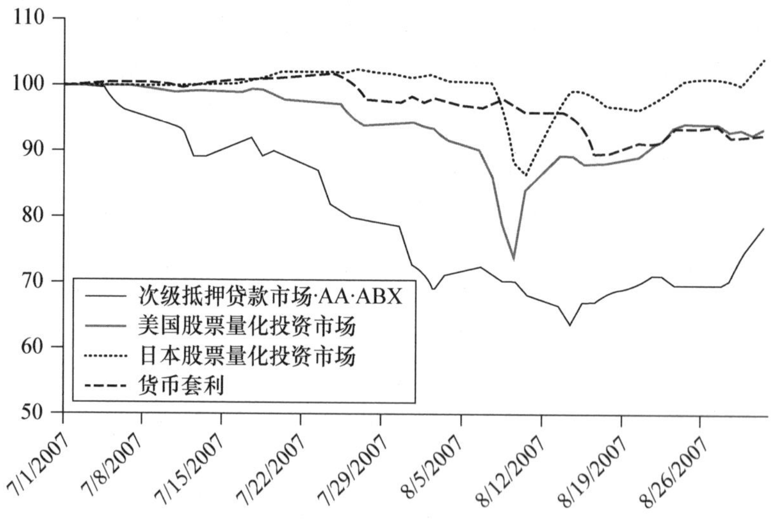

图 5-6　全球金融危机爆发初期的风险溢出情况（2007 年 7—8 月）

资料来源：Pedersen (2009).

注：图 5-6 展示了危机是如何从次级贷款市场开始的。2007 年 7 月，美国基于价值和动量的量化多空选股策略开始出现亏损，随后蔓延至日本采取类似策略的基金中。8 月中旬，外汇套利交易开始平仓。图 5-6 以 7 月初为基点，对价格走势序列数据和累积收益率均做了标准化处理。

5.11　捕食交易策略

流动性旋涡意味着强制清盘的成本高昂，而导致强制清盘成本很高的另一个原因就是捕食交易策略的存在，即利用（或实际上是诱导）其他投资者减仓需求的交易。[6] 就像 Cramer（2002，p. 182）所说的：

> 当你闻到水中的血腥味时，你变成了一条鲨鱼……当你知道数据出现了麻烦时……要努力弄清楚别人持有什么，并立即做空那些股票。

案例： 假设股票 X 当前的价格为 100 美元，每买进或者卖出 100 万股的股票，其价格就会上涨或者下跌 1 美元。如果交易商 Y 发现 OUCH 公司需要出售 1 000 万股股票，它将采取什么行动？另外，假设只有每股价格达到 99 美元时，OUCH 公司才需要出售，那么其他交易商又会采取什么行动？

捕食交易以各种不同的形式出现。例如，如果交易商采用止损订单等呆板的交易规则，或者在所谓的空头平仓期间，就会出现捕食交易。主经纪商非常清楚对冲基金的仓位和资金情况，所以有时它们会被指控利用了这些信息：

> 如果贷款人知道某只对冲基金需要快速出售某些证券，他们就会先出售同样的资产——使其价格加速下跌。高盛资产管理公司和美国长期资本管理公司的其他交易对手在 1998 年就是这样做的。
>
> ——*Business Week*，Feb. 26，2001

许多时候，一些看似捕食交易的活动其实只是反映了其他投资者正在试图保护他们自己的现象。他们由于拥有相同的头寸，担心自己将是下一个被强制清盘的人。因此，损失刚开始发生时的抛售行为可能仅仅是风险管理策略的一部分。

注释

[1] 这一部分基于 Gârleanu and Pedersen（2013）（他们推导出了存在递增型二次交易成本和不同衰变速度信号情况下的最优交易策略）；Constantinides（1986）（他考虑了恒定比例的成本）；Liu（2004）（他着眼于研究固定成本）；Duffie，Gârleanu and Pedersen（2005，2007）（他们考虑了场外市场的交易）。

[2] Gârleanu and Pedersen（2013）证明，当市场冲击与交易规模呈线性关系，即总交易成本金额随交易金额的平方值变化时，这一交易策略是最优的。

[3] 此内容引自 Perold（1988）。

[4] 参见 Brunnermeier and Pedersen（2009）在保证金方面的研究，以及 Duffie，Gârleanu and Pedersen（2002）在卖空和融券方面的相关内容。

[5] 流动性旋涡是由 Brunnermeier and Pedersen（2009）提出的，Pedersen（2009）还研究了竞相出逃理论，Gârleanu and Pedersen（2007）研究了风险管理和风险扩散效应。

[6] 关于捕食交易的分析源于 Brunnermeier and Pedersen（2005）的研究。

第二部分

股票投资策略

第 6 章　股票估值与股票投资简介

> 内在价值是极为重要的概念，为评价投资和经营业务的相对吸引力提供了唯一的逻辑分析方法。内在价值可以简单地定义为企业存续期内形成的现金流现值。
>
> ——沃伦·巴菲特

这一部分主要介绍股票投资策略，又称为选股策略。选股策略试图确定哪些股票的预期收益率较高，而哪些股票的偏低。之后，对冲基金将买入预期收益率高的股票，并卖空预期收益率低的股票。与之类似，只做多头的主动型投资者将选择重仓持有预期收益率高的股票，轻仓甚至避免持有预期收益率低的股票。

选股策略可以分为三种类型：主观型股票投资策略（第 7 章）、专注股票做空策略（第 8 章）和股票量化投资策略（第 9 章）。主观型股票投资策略最具代表性，也是最常见的股票交易模式，多空股票对冲基金和主动型的股票共同基金主要采用这类策略。主观型股票投资策略是指交易员和基金经理基于对所关注股票的全面评估，根据主观判断买入股票。主观型投资者会对他们要考虑的每一只股票展开有针对性的分析，这些分析的基础是各种类型的信息，包括股票估值模型、与公司管理层的交流、竞争对手研究、直觉及经验等。主观型股票投资策略所持有的多头头寸往往多于空头头寸（买股的规模高于做空的规模），而专注股票做空策略则恰好相反，这类策略致力于挖掘价格将要下跌的股票，寻找存在商业欺诈、虚增利润或商业计划很糟糕的公司。与主观型股票投资策略相同，专注股票做空策略同样依赖于对公司基本面的分析。

量化投资则与主观型投资恰好相反，是在模型基础上进行系统性的投资。这两种类型的投资者可能都会收集大量数据，并使用估值模型，但不同的是，主观型投资者是根据个人判断做出最终的买卖决策，而量化投资者则会在人为干预最小化的情况下系统性地投资。量化投资者往往先收集、检查数据，把数据代入模型，再根据模型结论向交易所发送交易指令。[1]

量化基金经理构建了包含大量分散化交易的投资组合，并试图在每一笔小的交易上都获得盈利优势。这些优势通过使用先进的方法处理投资创意来实现，而这些投资创意很难用传统的非量化方式处理。要做到这一点，量化基金经理会使用多门学科（经济学、金融学、统计学、数学、计算机科学和工程学）的工具和理念，并结合大量的（公开和非公开）数据分析，找到其他市场参与者可能还没有发现并反映在价格上的信息和内在关联。基于这些关联，量化投资者会构建数理模型，生成交易信号，执行考虑交易成本的资产优化组合，并使用每几秒钟发出数百个交易指令的自动化程序执行交易计划。换句话说，交易是通过将数据输入计算机系统来完成的，这些计算机会在人为监督下运行各种程序。

尽管主观型投资有很多优点，比如每笔交易可以对个股进行定制式分析，而且可以使用大量软信息（例如通过私人交谈得到的信息），但这种投资是劳动密集型的，投入的精力多、耗时长，这意味着只能对有限的证券做深度研究，并且主观决策也容易受投资者心理偏差的影响。而量化投资的优势在于其纪律性，能够将投资理念应用于海量证券，从高度分散化中获利，有效地构建资产组合，但是，它必须依赖硬数据，并且计算机程序的实时反应和判断能力也相对有限。

虽然这三种选股策略各有不同，但每种策略都依赖对股票估值的理解。前面引用的沃伦·巴菲特的名言表达得很清楚，股票的内在价值是股票估值的核心，这正是本章所要讨论的内容。

6.1　高效运行的无效股票市场

在详细推导股票的内在价值之前，先回想一下，它是用来做什么的，也就是我们常说的价值投资。价值投资者试图购买便宜的股票，即市场价格相对于内在价值而言被低估的股票。同样，价值投资者也会卖空市场价格高于内在价值、被高估的股票。

价值投资者使市场更加有效。他们能够推动股价更趋近于基本面价值，因为他们会抬高被低估股票的价格，也会打压被高估股票的价格。尽管如此，价值投资者之间的竞争并不能完全消除市场的无效性，因为价值投资中存在基本面风险和流动性风险。假设你购买了一只市价低于未来预期盈利的股票，但是如果公司受到无法预料事件的打击，或者你在股价上涨之前就被迫出售，那么仍然可能会亏损。所以，投资者会对上述风险做出风险溢价要求，从而使股价处于足够高效又不完全有效的定价水平。换句话说，市场价格与基本面价值之间存在一个有效的价差，有时被价值投资者称为安全边际（后面将进一步讨论）。在高效运行的无效股票市场中，有下列特征的股票价格可能会进一步偏离基本面价值：（1）流动性差、交易成本高的股票；（2）波动性大、交易风险高的股票；（3）供需严重不平衡的股票；（4）卖空成本高的股票，尤其是主动型投资者面临资金困难和融资机会减少的时候。

6.2　内在价值和股利贴现模型

交易股票的基础是理解股票的估值。为了与股票的市场价格区分开来，股票的价值通常被称为股票的内在价值（或基本面价值）。有效市场假说的支持者认为，股票的市场价格与其内在价值相同，但价值投资者在寻找那些市场价格低于其内在价值的股票。正如前面引用的沃伦·巴菲特的名言，股票的内在价值是价值投资的核心。

下面我们分析在特定时点 t 的股票内在价值 V_t。内在价值最终取决于股票持有人所获取的自由现金流。我们把这些自由现金流称为股利 D_t，但这里的股利应该更广义地定义为股东获得的所有现金流入（包括股票回购的资本利得）减去其投入资本（包括通过股权再融资）的结果。

当然，不能直接把不同时点获取的股利简单相加，因为还必须考虑货币的时间价值，以及未来现金流的不确定性。我们先分析下一时期（比如下一年）将要发生的事如何决定股票当期的价值。现在的内在价值取决于下一期的股利 D_{t+1}、下一期的价值 V_{t+1}，以及这段时期的期望收益率 k_t（也称作贴现率）。具体来说，现值 V_t 等于下一期的股利和股票价值的期望贴现值。

$$V_t = E_t\left(\frac{D_{t+1}+V_{t+1}}{1+k_t}\right)$$

因此，对某只股票估值，需要估计出下一期预期派送的股利，也需要确定股票的期望收益率 k_t，当然，收益率高低取决于股票风险的大小。比如，一名股票投资者估测某只股票的市场 β 为 1.2，市场风险溢价 $E(R^M-R^f)=5\%$，当前无风险利率 $R^f=2\%$。投资者可以运用资本资产定价模型来计算这只股票的期望收益率：

$$k_t = 2\% + 1.2 \times 5\% = 8\%$$

最后，为了得到当前时点（t）的内在价值，似乎还需要估计出下一期（即 $t+1$ 期）的内在价值。然而，我们并不会这样做，而是会不断重复使用价值等式，并得到下面的公式：

$$V_t = E_t\left[\frac{D_{t+1}}{1+k_t} + \frac{D_{t+2}}{(1+k_t)(1+k_{t+1})} + \cdots\right]$$
$$= E_t\left[\sum_{s=1}^{\infty} \frac{D_{t+s}}{\prod_{u=0}^{s-1}(1+k_{t+u})}\right]$$

这一公式用数学方法表达了巴菲特的名言的意思，即内在价值是未来向股东分配的所有股利的贴现价值，该公式称为股利贴现模型（也称为现金流贴现模型或现值模型）。

事实上，计算内在价值说起来容易做起来难，从理论上看容易，实践起来困难。[2] 要计算内在价值，必须估计未来每一期的股利、未来所有的贴现率，以及未来股利和贴现率的相关性。为了简化模型，股票投资者通常会假定贴现率不变，所以对任意时期都有 $k_t = k$。这样一来，价值公式可以简化为：

$$V_t = \sum_{s=1}^{\infty} \frac{E_t(D_{t+s})}{(1+k)^s}$$

戈登增长模型

通过假设预期股利增长率不变，可以进一步简化股利贴现模型。固定的股利增长率意味着 $E_t(D_{t+s}) = (1+g)^s D_t$，其中 g 是增长率。在此假设下，内在价值简化为直接表达式：

$$V_t = \frac{(1+g)D_t}{k-g}$$

如果股票当前的股利或股利增长率较高，又或者期望收益率较低，其内在价值自然就会比较高。

多阶段股利贴现模型

戈登增长模型仅适用于具有固定增长率的公司，并且要求增长率 g

应小于贴现率 k（否则戈登增长模型中的分母为负值，这意味着在长期均衡状态下增长率不应高于贴现率）。然而，股票投资者通常会对那些经历不寻常事件的公司更感兴趣，这些公司可能连续几年保持高速增长，出现 $g>k$ 的时期。同样，公司也可能经历一段暂时收缩的时期。在这些情况下，可以通过将非常时期股利的贴现值与股票终值的贴现值相加来计算股票现值：

$$V_t=\sum_{s=1}^{T}\frac{E_t(D_{t+s})}{(1+k)^s}+\frac{P_{t+T}}{(1+k)^T}$$

可以假设未来一个时点（$t+T$）之后公司保持固定增长率，然后用戈登增长模型确定终值 P_{t+T}。或者，也可以通过假定一个具有行业代表性的价值折算比率来计算 P_{t+T}。例如，如果公司所在行业通常以 40∶1 的股价/股利比率来交易股票，那么我们可以估计 $P_{t+T}=40\times E_t(D_{t+T})$（见后面“相对估值法”部分）。$t\sim t+T$ 这段时期的股利可以通过逐一估计这几年的现金流来得到（价值投资者正是因为写满这些数字的表格而出名）。此外，也可以假设公司在最初的 T 年，会保持不寻常但是固定的高增长率。那么这只股票的现值为：

$$V_t=\left[1-\left(\frac{1+g}{1+k}\right)^T\right]\frac{(1+g)D_t}{k-g}+\frac{P_{t+T}}{(1+k)^T}$$

该等式称为两阶段股利贴现模型，因为它假设在初始阶段（$t\sim t+T$ 时期），增长率固定为某个值，在第二阶段（$t+T$ 期以后），增长率为另一个固定值，并以此来计算终值（要注意的是，即使初始阶段的增长率高于贴现率（$g>k$），该表达式也为正值）。

概括来看，股票估值是在股利贴现模型的基础上完成的，而我们可以假设在特定时期内增长率不变，从而得到一些简单的计算模型（基于著名的等比级数求和公式）。一些股票投资者继续拓展这一思想，构建了三阶段乃至其他更复杂的多阶段估值模型。

6.3 盈利、账面价值和剩余收益模型

对于某些公司，我们无法准确估计股利。例如，初创公司通常在最初几年都会留存盈利，直到成熟稳定后，才开始发放股利。更广泛地看，相对于股利，人们有时会更自然地关注公司的经济盈利。这两个概念之间是紧密联系的：如果要发放股利，则公司必须有盈利，而盈利最终必定会回馈到股东手中，以获得消费价值。

为了正式将盈利和股利联系在一起，我们将盈利定义为净利润 NI_t，同时追踪股票的账面价值 B_t 的变化。股票的账面价值会随着净利润的增长而提升，随着股利这项资本支出的增加而降低。这一重要的关系称为净盈余会计公式：

$$B_t = B_{t-1} + NI_t - D_t$$

如果从净盈余会计公式中计算出股利，并代入股利贴现模型中，就会得到剩余收益模型[3]：

$$V_t = B_t + \sum_{s=1}^{\infty} \frac{E_t(RI_{t+s})}{(1+k)^s}$$

式中，剩余收益 RI 定义为：

$$RI_t = NI_t - k \cdot B_{t-1}$$

剩余收益模型表明：股票的内在价值等于其账面价值加上未来所有剩余收益现金流的贴现值。那么什么是剩余收益呢？它是指净利润扣除账面价值成本的部分，这里，账面价值成本等于期望收益率 k 乘以上一期末的账面价值 B_{t-1}。显然，剩余收益在任何一个时期都有可能为正，也有可能为负。若公司盈利为负，则剩余收益必定为负；然而即使公司盈利为正，如果低于资本成本，则剩余收益也为负。如果

未来所有剩余收益的现值为负，则表明内在价值低于账面价值；否则，内在价值将高于账面价值。

总之，公司内在价值是当期的账面价值与预期未来会获得的额外（或剩余）收益的现值之和，也就是比基于当期账面价值的预期收益高出来的那部分收益的现值。

6.4 其他股票估值方法

相对估值法

股票投资者经常会根据其他可比公司的估值，对某只股票进行估值。比如，他们可能会以 $E\times P/E$ 作为一家公司的估值，其中 E 是该公司的收益，P/E 为其他可比公司股票的市盈率，如行业平均值。原则上，相对估值法可以使用任何价值比率，但重点是，公司的当前特征（如当期收益 E）应该对公司及其未来前景具有代表性（而不是采用了某一年的偶然数据），同时价值比率必须来自类似可比的股票。当然，相对估值法也存在缺陷，它无法告诉你，股票市场整体是被高估还是被低估了，但它有助于发现，个股相对于其他股票究竟是昂贵还是便宜。

隐含预期收益

另一种方法是利用股票的当前价格和预计的未来现金流，来计算每只股票的隐含预期收益。这一内部收益率也称为隐含资本成本。价值投资者可以根据对每只股票隐含预期收益的估计，做多预期收益高的股票，做空预期收益低的股票。[4]

公司价值和股票价值

显然，我们能用同样的方法对整个公司价值（也称为企业价值）

和股权进行估值。当然，如果公司对外有负债，股票价值将低于公司价值。对公司进行估值，或者对股权进行估值，关键是要保证所有输入变量能一一对应。特别是，当对股权进行估值时，必须考虑股权的期望收益率（由于杠杆效应，股权风险要高于公司整体风险）和流向股东的自由现金流（例如股利）；而当对整个公司进行估值时，必须计算整个公司的自由现金流的现值，即支付利息前的收益（但要先扣除包括再投资需求在内的其他现金支出）。

同样，在计算财务比率时，分子和分母也应该是一一对应的：如果分子使用的是股权有关的变量（而不是公司层面的变量），那么分母也应该如此。比如，我们会考虑股票的市盈率（股票市值÷收益），而不是公司价值-收益比。这是因为对于有杠杆的公司而言，利息支出会降低收益，导致公司价值-收益比看起来比较差。所以，如果使用公司价值做分子，分母就应该使用支付利息前的收益。

注释

[1] 量化交易员或量化基金经理与伊曼纽尔·德曼（Emanuel Derman）的自传《宽客人生》中所描述的卖方量化分析师有很多相似之处，但他们扮演着不同的角色。卖方量化分析师提供分析工具，这对于风险对冲、风险管理、主观型交易员和客户等都有极大的帮助。相反，量化交易员为买方工作，建立模型，并直接以此作为系统化交易的工具。

[2] 参见 Damodaran（2012）关于股票估值和财务报表分析更全面的讨论。

[3] 要明白这一推论，应该先注意到：

$$V_t = E_t\left[\sum_{s=1}^{\infty}\frac{NI_{t+s} - B_{t+s} + B_{t+s-1}}{(1+k)^s}\right]$$

然后，改变第一项账面价值的指数，近似调整为：

$$V_t = B_t + E_t \left[\sum_{s=1}^{\infty} \frac{NI_{t+s} - (1+k)B_{t+s-1} + B_{t+s-1}}{(1+k)^s} \right]$$

这就是剩余收益模型。这一版本的股利贴现模型可以追溯到 Preinreich（1938）。

[4] 参见 Hou，van Dijk and Zhang（2012）及其参考文献。

第 7 章　主观型股票投资策略

> 最像经营生意的投资是最聪明的……如果一个人想要通过证券交易来赚钱，那么，他实际上是在经营自己的商业业务。如果想要成功，就必须遵循公认的商业惯例和原则……第一条也是最显而易见的商业原则是了解你所投资的企业……第二条商业原则是不要让其他任何人管理你的事务，除非你可以足够仔细、明白地监督他的表现，或者有超强的理由支持自己从内心深处相信他的品行和能力……第三条商业原则是不要轻易涉足一项商业经营业务，除非确切、可靠的计算显示，你获得合理收益的概率很大。尤其要避开那些收益低但损失可能很大的业务……第四条商业原则比较正面积极：相信你的知识和经验，如果你根据事实得出一个结论，并且认为自己的判断可靠，就放手去做，即使其他人可能会质疑，或持有不同的观点。
>
> ——本杰明·格雷厄姆（Benjamin Graham，1973，pp. 286-287）

大多数主动型投资者都通过主观判断来做投资，其中，许多成功的投资者都坚守 Graham and Dodd（1934）以及 Graham（1973）所给出的原则。正如上述引言所阐明的那样，这意味着你需要透彻分析公司的经营业务和未来的盈利潜力，考察公司管理层是否有能力发挥公司的盈利潜力，以及是否有足够的诚信将利润分配给股东。此外，还要评估公司内在价值并与市场价格比较，根据自己的判断独立行事，即使有悖于公众看法。

运用上述策略的对冲基金称为多空股票对冲基金。多空股票对冲基金力图以低价买入优质的股票，并卖空被高估的劣质股票。通常，其多头头寸会高于空头头寸，一方面可能是因为发现和构建多头投资相对更为容易，另一方面也可能是因为想赚取股票溢价。一些多空股票对冲基金专注投资于某个领域。比如，一些基金专门投资于某个特定的行业（这符合格雷厄姆的了解你所投资的企业原则），例如科技股、医疗保健股或与大宗商品相关的股票。其他多空股票对冲基金则专注于价值投资，或成长性投资。大型多空股票对冲基金的投资领域往往非常广，当然也是由专注不同行业的投研团队组成的。

主动型共同基金、养老基金、主权财富基金以及其他投资者都会采用主观型股票投资策略。主要的区别是，许多这些类型的投资者并不做空，只是单边做多。因此，他们不仅会买入自己喜欢的股票，还会以高于基准仓位比例的数量来超配这些股票。同时，尽管他们无法卖空股票，但可以采取低配或避免持有的策略，来减持不看好的股票。然而，因为大多数股票在基准仓位中仅占很小的百分比（通常低于1%），规避持有某只股票的影响远远小于加大其他股票持仓的影响，换句话说，做空限制常常被触发，所以这些类型的投资者通常会集中精力挖掘优质的股票，而不是努力找出劣质的股票。

7.1 价值投资

价值投资的定义很简单：买入看起来便宜的证券（股票），同时，在可能的情况下，卖空那些看起来昂贵的证券（股票）。价值投资的理念最早至少可以追溯到 Graham and Dodd（1934）。事实上，价值投资并不像听起来那样容易。股票往往是因为存在一些让投资者不看好的因素才会变得便宜，而通常也是因为有很多投资者喜欢才会变得昂贵。价值投资意味着要摒弃世俗认知，避免持有（或卖空）大多数人喜欢的股票，购买那些不为大众喜爱的股票，这向来很不容易。就像引言中格雷厄姆提到的最后一个原则，坚守价值投资理念，必须要有勇气。

当然，实践价值投资的理念，方式有很多。价值投资的具体应用方式往往会因为内在价值的定义、典型的持仓时间和投资组合构建方法的不同而不同。一些价值投资者很有耐心，他们希望长期持有仓位，力图购买一只价格低于未来可获得股利的股票，而其他价值投资者会购买便宜的股票，在他们认为价格已经修正的时候就会卖出。

假如能找到没有负债、股票市值低于其现金持有量的公司，那么，买入这家公司的股票，就是价值投资的一个简单例子。但这项投资一定能盈利吗？如果公司市值低是因为投资者预见到公司管理层将浪费资金，从而导致股东无法获益（参见格雷厄姆的第二个商业原则），那么买入这样的股票根本无法获利。在这种情况下，价值投资者要想获利，就必须更加积极主动，比如买入足够多的股票以影响管理层，让管理层分配现金股利，或者高效、合理地使用现金。

再举一个价值投资的简单例子：买入高账面市值比的股票。从以往经验来看，这种非常简单的价值投资策略往往有利可图，这在第 9 章股票量化投资策略中将深入讨论。

基本面分析

毫无疑问，价值投资者会花费大量的时间和精力做估值分析。他们会使用前面提到的某种股利贴现模型（如剩余收益模型）来估计股票的价值，但是困难在于要找到这些模型的输入变量，而不是如何将变量代入模型中。股利贴现模型中输入变量的估计分析过程称为基本面分析（fundamental analysis）。

价值投资者会预测公司未来的盈利状况，比如分析公司未来的销售增长率、公司运营产品的整体市场规模的变化、公司未来潜在的市场份额、利润率如何随着公司竞争优势和成本的增加而变化，以及效率提升幅度等因素。

他们会使用各种方法，找出对内在价值最好的估计。有些人专注于数据分析，有些人专注于对人的研究，还有些人则专注于行业动态研究。专注于数据分析的价值投资者会详尽分析财务报表，研究财务数据的历史演变，并预测公司未来的自由现金流。

专注于研究人的价值投资者会与公司的管理层进行交流，也会与公司业务的利益相关方进行交流，如企业的员工、工会、消费者、供应商、竞争对手。基于这些访谈结果，投资者试图确定公司运营是否良好，客户群体是否满意、忠诚度如何、是否能够持续增长，公司是否处于有利的竞争地位，以及公司能否有效控制成本等。

而专注于行业动态研究的价值投资者往往专注于一个（或几个）行业。他们试图分析：哪家企业在主导这一行业？这种主导地位是否可以持续？哪家公司具有品牌优势？哪家公司真正有利可图？进入该行业是否有壁垒？消费者换到另一家企业消费的难易程度如何？能够给行业带来变革的主要变化是什么？是不是技术进步？谁又会因此而获利或亏损？哪家公司在进行关键的创新？被别人抄袭的难易程度又如何？不同类型的参与者之间市场份额是怎样变化的？

上述问题主要关注行业内部动态，还有些股票投资者则更关注整个行业。他们会买入同一行业的一些股票（或行业指数），并做空另一个行业的股票。这些投资者会考虑哪些行业会涨，哪些会跌。这些判断主要基于宏观经济环境如何影响不同行业等因素。这种投资策略有时称为行业轮动或板块轮动。

安全边际

估算出企业的未来利润后，价值投资者会试图确定这些未来的利润在今天的价值。这可以通过股利贴现模型对利润贴现来得到。最后，价值投资者会将内在价值与市场价格做比较。显然，估计出的内在价值将受到输入变量的影响（不仅仅是贴现率和增长率）。所以，价值投资者往往会考虑内在价值可能的合理区间，来验证估值的稳健性。

> 不过，我们必须认识到，内在价值是难以捉摸的虚拟概念。一般而言，它可以理解为被资产、收益、股利、明确的前景等事实证明的价值，与人为操控或受心理认知扭曲的市场价格完全不同。但是，人们容易错误地把内在价值想象成市场价格，认为它是确切且可确定的。
>
> ——格雷厄姆和多德（Graham and Dodd，1934）

因此，Graham and Dodd（1934）建议价值投资者使用安全边际（margin of safety）的概念，也就是说，在市场价格和内在价值的最优估计值之间预留一定的空间。这可由图7-1解释，它刻画了股票价格和内在价值变动的时间序列。内在价值的不确定性可由围绕价值波动的虚线之间的误差区域表示。安全边际法则是指价值投资者应该仅在股票价格低于虚线下限边界时才去购买股票。

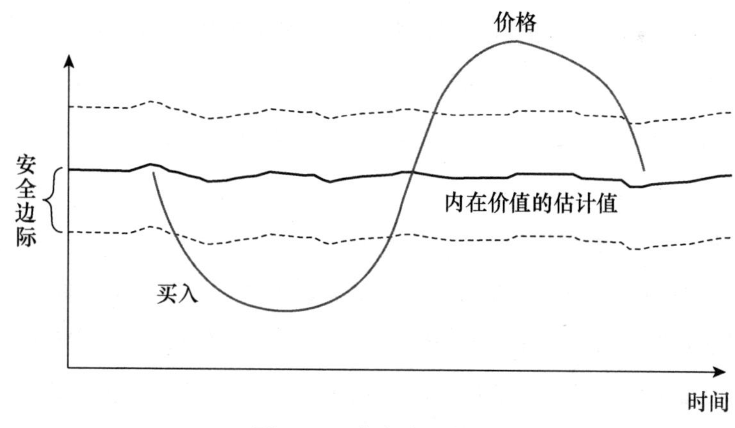

图7-1　安全边际曲线

价值陷阱

忠实的价值投资者试图找到价格超低的股票来投资。当你以非常低的价格买进股票时，例如市值账面比非常低的股票，一定要反复问自己一个重要的问题：这只股票看起来很便宜，是真的便宜，还是本就应该如此便宜？换句话说，这只股票是未经打磨的钻石原石，即价值尚未被其他投资者发现的便宜股票，还是这只股票之所以便宜，纯粹是因为公司基本面正在崩溃？

> 我还能列举出更多低价买股票的荒唐例子，但我确信，你已经大概认识到：以合理的价格买到好公司的股票，远远胜过以好的价格买到一般公司的股票。
>
> ——沃伦·巴菲特（Berkshire Hathaway Inc.，Annual Report，1989）

股价是成千上万人交易的结果，其中不乏聪明又成功的人士，所以价格已经反映了大量的信息。因此，如果一只股票看起来便宜，通常都是有原因的，这意味着它的业绩增长可能会处于较低水平。价值投资者有可能最终持有的是基本面较差的公司的股票，这种风险称为价值陷阱。例如，如果市场意识到，某银行将不得不冲销大笔不良贷款坏账，那么这只银行股的价格或许将会很低。又如，如果市场发现某公司将陷入一场花费巨大的诉讼官司，那么它的股票也可能会很便宜。

从更广义的角度来看，可以考虑一只市值账面比（P/B）异常低（相对于同类公司历史数值而言）的股票。因此，基于市值账面比，这只股票好像很便宜。进一步来说，假设你认为市值账面比会随着时间的推移而回归正常，这是否就意味着，你买入这只股票就能盈利呢？答案是不一定。这取决于最终是什么在调整，是市值 P 还是账面价值 B。如果市值账面比的均值回归是由价格的上涨实现的，那么价值投资者可以盈利；但如果市值账面比的均值回归是由账面价值的下跌带来的，那么价值投资者可能会遭受亏损，这意味着，这只股票恰好处于负收益时期，这与市场上的低预期是相符的。

从历史经验来看，基于市值账面比投资的平均收益率水平是正的，但许多投资者会因为遭遇价值陷阱而出现亏损。分析股票的质量特征至少有助于避开一部分价值陷阱，这将在下一节讨论。

7.2　质量投资和以合理价格投资优质股

价值投资的一方面是评估所买股票的价格，另一方面是检查所买股票的质量是否优秀。简单地说，质量投资指的是购买高质量公司的股票。质量投资可以与价值投资相结合，称为以合理价格投资优质股（Asness，Frazzini and Pedersen，2013）。

那么，什么是好的公司或者高质量的公司呢？质量可以定义为投资者愿意为之付出更高价格的公司特征。基于股利贴现模型，高质量意味着公司未来自由现金流的现值较高。然而，很多公司质量特征有助于人们预测未来现金流。根据 Asness，Frazzini and Pedersen（2013）的研究，基于他们对戈登增长模型的理解，可以将股票的质量特征大致分为四类。

$$\frac{V_t}{B_t}=\frac{E_t(NI_{t+1})/B_t \cdot E_t(D_{t+1})/E_t(NI_{t+1})}{k-g}=\frac{\text{利润率}\times\text{股利分配率}}{\text{期望收益率}-\text{增长率}}$$

上述等式的左边是股票的内在价值除以账面价值的结果。之所以除以账面价值，使其标准化，是因为若非如此，股票权益价值的差异就会主要由公司规模的大小决定。

等式的右边展示了股票的主要质量特征，即可以用来解释更高价值乘数的因素。在这里，利润率（又称权益报酬率）定义为单位账面价值所获得的利润（可以用净利润、总收益或其他指标来衡量），即 $E_t(NI_{t+1})/B_t$。股利分配率定义为支付给股东的那部分利润的比例，即 $E_t(D_{t+1})/E_t(NI_{t+1})$。如前所述，$g$ 表示利润增长率，k 表示贴现率（期望收益率）。从这一角度来看，股票估值显示投资者乐意为那些具有更高增长率、更高利润率、更安全（即较低的期望收益率 k）及股利分配率更高的股票支付更高的价格乘数。

有效市场假说的支持者认为，人们可以找到质量优良的股票，但市场有效性意味着这些公司的股价较高，未来的收益（相对其风险水平）也只是正常水平。换句话说，有效市场假说的支持者认为，投资高质量的股票并不会比投资质量差的股票更好，因为当前的市场价格早已充分反映公司质量的差异。相反，质量投资者认为，寻找高质量的股票是必要的，因为价格并不总是能完全有效地反映质量水平，所以投资这些股票的未来平均收益率会高。后面将讨论质量投资者如何把握每一个质量特征，即增长率、利润率、安全性和股利分配率。

成长型股票：优质增长率和增长率陷阱

很多投资者都在寻找成长型股票，力图找到下一个谷歌、苹果或者微软。大多数人肯定都听说过投资收益相比初始本金翻了很多倍的故事，并且这些故事通常发生在成长型公司的早期投资过程中。然而，未来有着高成长前景、当前利润率很低的股票往往具有投机性，并且估值容易被高估，特别是当投资者将过于遥远的增长可能性考虑进去时。只有当增长率还没有完全反映到市场价格中时，成长型股票才是好的投资标的。

投资成长型股票时，需要考虑的另一个陷阱是，并非所有类型的企业增长都能提升公司价值。优质的增长是利润的可持续增长，这会带来企业自由现金流的增加。劣质的增长是那些最终将损害利润的其他指标的增长。

劣质的增长的一种表现形式是鼓吹扩张主义的经理人借助高价并购或肆意扩张，导致资产膨胀，这些经理人想扩大公司规模，以扩大自己的权力和提高自己的报酬。另一种劣质的增长的形式是通过极低的产品定价带来销售收入的增长，这会导致边际利润率不断恶化。此外，劣质的增长还有一种形式，就是利用会计手段来暂时粉饰财务报表数据，这种方式显然不可持续，事实上后来往往都会出现逆转。

为了便于区分优质的增长与劣质的增长，让我们来看两家销售增长率都很高的零售连锁店。一家通过同店销售增长来增加销售收入，也就是说，它增加了现有商店的销售额，保持成本不变，从而提高了利润率。很显然，这种店面不变的销售收入增长是好的。另一家零售连锁店的销售总额也实现了增长，但这是通过溢价并购其他零售店带来的。这种资产增长策略（而不是利润增长策略）通常是有缺陷的。除非该并购具有特别的协同效应，或者并购价格特别低，否则这种增长策略最终都会损害股东价值。

利润率和收益质量

很显然，盈利多的公司比盈利少（或不盈利）的公司更具有投资价值。利润率可以通过不同的方法来衡量——从财务报告中的盈利数据，到更关注现金流的指标，再到毛利润（销售收入减去产品制造成本）。[1] 股票投资者力图确定，一家公司是否有能力以可持续方式保持长期盈利。他们也会考察公司的收益质量，即公司的会计处理是否合理。公司的确可以用不同的方法报告自己的商业活动，例如，可以更激进或更保守地将某些项目移到资产负债表外，将费用推迟到以后再结算，或使用权责发生制提早确认收入。毫无疑问，股票投资者更青睐真正拥有高利润的公司股票，而不是那些通过会计处理才获得相同利润的公司股票。

安全性

衡量质量的第三个指标是安全性。对于更安全的股票，投资者应该使用更低的贴现率，所以当其他条件相同时，投资者愿意为其支付更高的价格。衡量安全性可以使用股票收益或基本面的会计变量，也可以两者共用。基于股票收益的标准指标是市场β，它衡量的是股票系统性风险，即当市场整体下跌时，股价也会下跌的风险。一些股票投资者也会关注股票收益的整体波动率（甚至特质波动率）。在充分分散化的投资组合中，β用于衡量股票对于整个组合风险的贡献度，而股票的整体波动率则是在高度集中的投资组合中持有该股票的风险。基本面风险指标用来估计未来利润下降的风险，比如，考虑利润率的历史波动。

股利分配率与管理层质量

第四个质量指标专注于公司的股东友好度和管理水平，具体来说，人们关注企业利润是否用来支付股东股利、回购股票，或采取其他对股东有利的行为。换句话说，公司的管理层是在让股东价值最大化，还是在为自己谋取私利？比如，一些管理者喜欢为自身谋取奢侈的福利，如乘坐商务舱，而不是为了股东着想。再比如，一些管理者像“帝国创造者”，他们热衷于代价昂贵的企业兼并，而不是专注于促进利润的增长。企业管理糟糕的一种表现是董事会成员相互勾结，而非独立地为公司增加价值，以及尽职地代表股东的利益。另一种糟糕的表现是长久不更换公司管理层，而公司治理结构又让外人很难并购该公司。

当然，除了管理者要竭尽全力为股东创造价值之外，管理层更全面的管理质量和水平也很重要。投资者需要考虑，对于公司的发展，管理层是否拥有深刻的、以创造价值为目标的规划，是否能够成功地鼓舞和激励员工，是否能够削减成本，是否致力于稳定的长期增长。有些投资者试图购买拥有优秀管理层的公司的股票，有些试图购买由于公司管理层糟糕当下价格比较便宜的股票，再通过提升管理水平来盈利——这种直接影响管理层的投资称为行动主义投资，将在7.5节深入讨论。

在合理价格下的质量投资

人们经常认为，价值投资者和成长型投资者完全对立。有时确实如此，但有时，他们可能会不约而同地买入相同的股票。图 7－2 显示了为什么两者经常被认为是对立的。其中，图（A）描述了极度价值投资者（到处淘便宜货的人）对投资的看法。即使市场价格在上下波动，其估算出的股票内在价值也相对稳定。所以，当股价下跌时，股票对极度价值投资者来说就显得便宜，这时他会选择买入；而当股价上涨时，股票对极度价值投资者来说变得昂贵，他就会卖出。

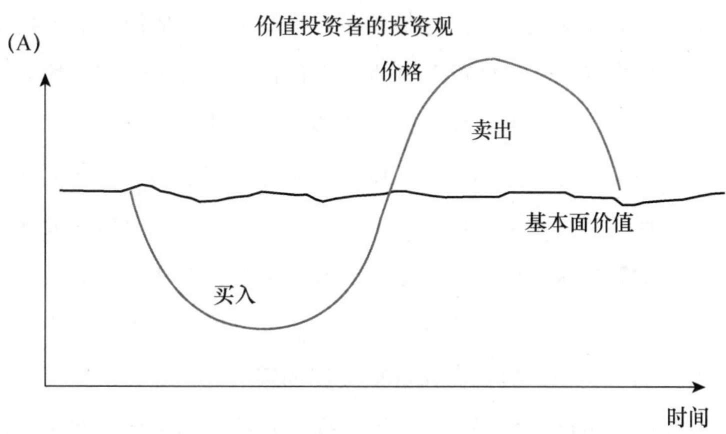

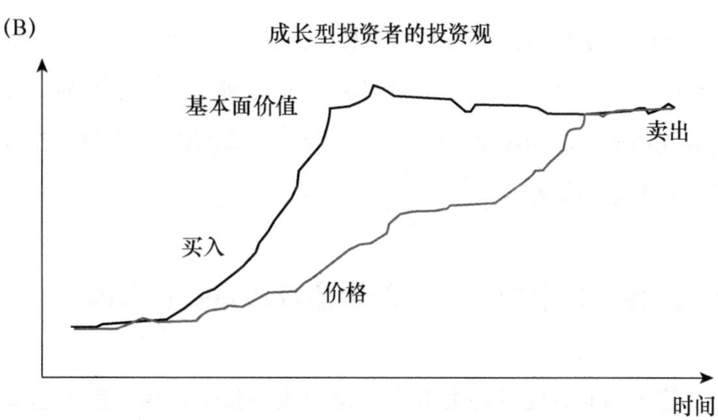

图 7－2　价值投资者与成长型投资者的投资观对比图

图 7－2（B）描述了成长型投资者的投资理念。成长型投资者试图购买高增长的股票，希望有机会获得巨大的回报。一家预期未来将高速增长的公司，往往已经经历了增长，并收获了很多利好消息，所以其股票价格可能已经处于上升趋势。因此，价值投资者可能会卖掉这些价格已经在上涨的股票，而成长型投资者可能会买入这些股票。具有讽刺意味的是，他们也许都认为自己是价值投资者，只是两者对内在价值的看法截然相反。价值投资者（可能潜意识地）认为内在价值是稳定的，而成长型投资者认为内在价值是增长的，甚至增长得比价格还要快。

到底谁是正确的？令人吃惊的是，平均来看，他们可能都是正确的。从历史经验来看，投资于市值账面比低、看起来便宜的股票，业绩表现很好。那些具有相反特征的股票（市值账面比高、有时被称为成长型的股票）却表现不佳。然而，如果直接用某些真正代表增长率的指标（而不是以市值账面比）来选股，那么高成长股票的表现将优于低成长股票。换句话说，质量高的股票表现优于质量差的股票，这不仅体现在增长率上，还体现在利润率、安全性、股利分配率及管理水平等方面。鉴于价值投资和质量投资都很有用，那么，把两者结合在一起做投资可能会更好。一些股票投资者试图购买价格相对于预期增长率被市场低估的成长型股票，称为以合理价格投资成长股（growth at a reasonable price，GARP）。这一概念可以拓展为以合理价格投资优质股（quality at a reasonable price，QARP），即以折扣价购买质量优良股票的策略。

7.3 沃伦·巴菲特：顶尖的价值及质量投资大师

沃伦·巴菲特凭借过去半个世纪的成功投资，成为世界上最富有的人之一。那么，需要多高的夏普比率才能成为世界首富呢？考虑到那些激进的基金经理所承诺的夏普比率，大多数投资者会猜测，沃伦·巴菲特的夏普比率一定远大于 1，甚至会达到 2。事实上，1976—2011 年，沃伦·巴菲特的伯克希尔·哈撒韦公司的夏普比率仅为 0.76。虽然这低于一些人的预期，但依然是一个令人咋舌的数字。在同一时期内，巴菲特的夏普比率是整个市场的两倍，这意味着巴菲特在单位风险下实现了市场指数两倍的收益。虽然在更短期内，一些股票或基金的夏普比率可能会更高（可能仅仅是因为运气好），但在所有至少有 30 年历史的股票和共同基金中，巴菲特的夏普比率是最高的。[2]

那么，巴菲特是如何做到这一点的呢？巴菲特作为最顶尖的价值投资大师闻名于世，但如果仅仅考虑其价值投资（或在价值因子上的敞口），并不能完全解释他的 α。然而，如果我们再考虑一下他对优质股的投资，就能解释其大部分的业绩。换句话说，巴菲特购买的都是相对便宜的优质股，而这些股票一般来说表现都较好，有助于解释巴菲特的成功。这一发现与巴菲特自己的论述完全一致：

> 无论是买袜子还是买股票，我都喜欢在打折的时候购买质量优良的。
>
> ——沃伦·巴菲特（Berkshire Hathaway Inc.，Annual Report，2008）

巴菲特巨大成功的背后还有另一个重要原因，就是投资杠杆。他不但拥有很高的夏普比率，绝对收益也远高于整个股票市场，平均收益率比无风险利率高出 19 个百分点，大约是整个股票市场年均超额收益率 6.1%的 3 倍。伯克希尔·哈撒韦公司股价的波动率为 25%，显著高于市场水平，部分原因就是巴菲特的股票投资使用了 1.6∶1 的杠杆。

巴菲特的杠杆资金来自不同的渠道。首先，在 1989—2009 年期间，伯克希尔·哈撒韦公司的信用评级是 AAA，得以大量发行高评级、低收益率的债券。其次，伯克希尔·哈撒韦公司大约 1/3 的负债是通过其保险账户以平均低于无风险利率的价格融资而来的。为了理解这种通常来讲便宜且稳定的融资来源，我们注意到，伯克希尔·哈撒韦公司也在经营保险和再保险公司。当这些公司出售保险时，会预先获得保险费，随后再承担分散的保险赔付，实际上就像贷款一样。高效率运营的保险公司不仅能获取盈利，也有助于为巴菲特的投资进行低息融资。最后，伯克希尔·哈撒韦公司的负债还包括递延税项（本质上就是无息贷款）和衍生工具合约中的负债。

7.4 持仓期和催化剂

一些基金经理会买入低估值的股票，并计划长期持有。在这种情况下，股票价格的短期波动就显得不那么重要了（假设杠杆适度，且基金的投资者不会撤资）。沃伦·巴菲特有时会比较极端，甚至希望能无限期地持有股票：

> 当我们入手一家拥有杰出管理层的优质公司时，最希望的持有期是永远。这恰恰与那些当公司表现好时马上卖出锁定收益，但当公司业绩不如人意时坚持持有的投资者完全相反。彼得·林奇（Peter Lynch）对这种行为打了一个恰当的比喻，即剪掉鲜花，灌溉杂草。
>
> ——沃伦·巴菲特（Annual Report，1988）

有几个理由能够支持这一观点。首先，正如巴菲特和林奇所指出的，许多投资者往往过快地卖出盈利的股票，却长时间持有亏损的股票，这种现象称为处置效应。[3] 此外，对于伯克希尔·哈撒韦公司来说，可能还有税收的因素。因为一旦实现资本利得，当期就需要缴税，而长期持有不变现则可以将税收无限期延后。

另外，许多股票投资者认为，当股票市价回归到内在公允价值或变得昂贵时，卖出是最佳选择。这些投资者认为自己的资金有限，想要将资金用到收益最高的地方。因此，当一只股票不再那么具有吸引力时，他们会重新将资金分配到更有吸引力的投资上。交易员间流传着一句话："不要和你的仓位结婚。"这句话的意思是，不管目前持有什么样的仓位，你都应该不断地去寻找当期最好的投资，而不应该因为害怕承认错误而守住表现糟糕的股票不放，或者不愿及时锁住利润。

很多股票投资者不只希望获利，还希望持有期限越短越好。他们对获取利润的过程非常缺乏耐心。对于这类急躁型投资者来说，只有预期将出现"催化剂"事件，从而使股票价格在短时期内快速上涨，才会买进估值低的股票。这种"价值＋催化剂"类型的投资者力图寻找价格上涨很快的廉价股票，他们认为市场很快就能发现这只股票的潜力。比如某只当前估值低的股票，如果其下一期盈利公告即将披露重大利好消息，那么就拥有了"催化剂"。

一些缺乏耐心的投资者甚至会更进一步，主动创造一些"催化剂"事件。比如，假设某一家对冲基金公司通过与某酒店公司部分大股东调研交谈，发现市场上的投资者对这家公司的前景估计过于乐观。该基金公司雇用调查员，对该酒店公司的主要酒店进行调查之后，发现酒店房间空置率非常高，未来盈利并不乐观，该对冲基金就会卖空这家公司的股票。与其他投资者在下一期盈利公告发布时才知道这一坏消息不同，这家基金公司可能会提前发布一则详尽报告，表达其悲观结论，希望该公司股价立即下跌，即自己创造"催化剂"。

7.5　行动主义投资

另一种创造"催化剂"的方式是像行动主义投资者那样，积极参与和公司董事会的讨论。行动主义投资指的是购买可以提升管理水平使公司增值的上市公司股票，然后试图对公司的决策施加影响。在美国，当一名投资者买入一家上市公司股票占比超过5%时，必须申报所谓的13D文件，并在文件中披露仓位规模，以及是否会积极参与公司决策。行动主义投资者的存在本身就给予了公司管理层要认真工作的信号。同时，行动主义投资者可能会向管理层或董事会提出具体的建议，比如写信建议更换管理层、调整董事会成员构成、向股东返还现金、削减成本、出售在别处价值更高的资产以便专注于留下的资产经营等。行动主义投资者也可以通过以下方法获取更直接的影响力，比如直接进入董事会，参与代理权之争（例如在年会上对某一具体的提案行使投票权，股东可以授权某人作为其代理投票），或者试图直接并购公司。

7.6 基于报单和情绪的交易

有些股票投资者并不在乎股票的基本面价值和质量特征，而只会基于交易报单情况来分析股价变化背后的技术性动力，或者试图通过预测投资者的投资情绪来交易。大报单将推动价格变化，因为它们可能反映了某种信息，或者流动性提供者需要足够的激励来做交易。因此，如果交易员能够预见将有养老基金等大报单冲击市场，那么他们可能会在此之前提前进场交易。换句话说，他们可能会在大报单抬高股价前买入该股，虽然这种抢跑交易（front-running）可能是不合法的，尤其是当券商利用客户信息进行操作时。或者，当股价被拉高时，交易员可以利用随后的价格反转进行交易，做空股票，在股价回落时获得收益——相比抢跑交易，这种交易实际上有利于签下大报单的养老基金，因为它减小了价格冲击。

一些对冲基金即使认为股票已被高估，也依然会买入，因为其押注股票会变得更贵。例如，在20世纪90年代末的互联网泡沫时期，有些投资者就宣称使用这种策略。[4] 这种交易方式助推了价格泡沫。它是基于所谓的博傻理论，即投资者可能会承认现在购买这只股票是愚蠢行为，但只要能以更高的价格卖给更傻的人，就无所谓了。当然，这种活动不会永远持续下去，泡沫终将破灭，并且难以预测破灭的具体时点，所以这是危险的交易策略。

有种交易策略是明显的违法行为，就是尝试让其他人变成那个更傻的接棒者，这一行为称为哄抬股价（pump and dump）策略。在这一策略中，交易员可能会买入某只股票，并通过大肆渲染来抬高股价。这种价格操纵的手法在市场上相对少见，一方面是由于监管的原因，另一方面是由于流动性充裕的证券市场中存在价格竞争，这种策略变得很难操作，且难以获利。

7.7　马弗里克资本公司李·安斯利三世的访谈录

李·安斯利三世是马弗里克资本管理有限责任公司（简称马弗里克资本公司）的执行合伙人。马弗里克资本公司是一家专注于全球股票投资的投资管理公司。在 1993 年创建马弗里克资本公司之前，安斯利三世曾任老虎基金的总经理。老虎基金是一家著名的对冲基金，由朱利安·罗伯逊创建，并分离出很多成功的小老虎基金，马弗里克资本公司就是其中最有名的基金之一。安斯利三世在弗吉尼亚大学获得系统工程学学士学位，并在北卡罗来纳大学获得工商管理硕士学位。（下面 LHP 代表本书作者，LA 代表安斯利三世。）

LHP：您是怎样成为一名职业投资者的？

LA：我在弗吉尼亚州读八年级的时候，加入了高中的一个投资者俱乐部，从此就深深地迷上了股票。从工程学院毕业后，我进入商学院读书，而朱利安·罗伯逊恰好是学校董事。非常幸运，我与董事会共同处理了一些工作，因此认识了朱利安。我们偶尔会讨论股票，令我喜出望外的是，有一天他问我是否有兴趣到老虎基金工作。这就是我在对冲基金行业工作的开端。

LHP：真不错。那您的投资过程是怎样的呢？

LA：简而言之，对于投资的每个行业，我们都试图预测未来两三年内，谁会是赢家、谁会是输家，或许最重要的是找到我们的看法与市场观点之间的差异。

我们拥有一套非常深入和周密的投研流程。我认为，和其他人不太一样的是，我们的投资标的数与投资团队人数的常规比例约为4：1，因此有条件开展极其深入的尽职调查。在投研中，我们很少遇到突然出现一个极有潜力的新投资项目并马上研究的情况，更多的是持续不断地更新每个投资行业的战略视角，寻找那些能够产生新投资机会的竞争格局的改变。

LHP：能举一些例子说明您可能会关注公司的哪些方面吗？比如，在购买的股票中，您喜欢关注公司的哪些特征？

LA：首先也是最重要的一点，我们看重公司的管理水平。我们会努力评估管理团队为股东创造价值的意愿，以及他们业务竞争的动力源泉、才能和执行力。管理水平永远是首位的。

其次是企业的质量。这包括现金流的持续性、成长的动力来源和可持续性，以及对行业内竞争动态的深刻理解。这可能听起来像陈词滥调，但我们会投入大量时间，去拜访企业的竞争对手、供应商和消费者，也会尽可能多地与企业在全球各地不同部门的管理者互动。

最后是企业的估值。我认为，成为成功投资者的奥秘，有一部分在于掌握不同的价值分析方法，并能辨别出在不同环境下，哪种方法更恰当、更有意义。话虽如此，马弗里克资本公司最常用的价值度量方法是比较可持续的自由现金流和企业价值。

LHP：那您如何判断公司的良好特征是否已经体现在价格中呢？

LA：我并不确定我们曾经的判断是准确的，但是通过与卖方及买方的讨论，可以加深对市场一致预期的理解。估值本身往往也能够反映真实的市场预期。而且，就像我刚才所说的，我们试图找到自己的看法同市场观点之间的差异。十年之前，对市场一致预期拥有较好的理解还相对简单，但现在就没那么容易了。所以，我们投入大量的时间开发公司内在价值的评估方法，并就如何对不同的公司进行估值，将我们的看法与市场的观点进行对比。

LHP：哪种观点更有用呢？是试着估计公司未来一两年的业绩（比如下一季度的盈余公告），并与市场预期进行比较，还是估计股票整体的基本面价值，并同市场价格进行比较？

LA：认真考虑短期预期当然同样非常重要。对我们所投资的标的公司，我们会试图深刻理解每个季度市场投资者对不同关键指标的预期。然而，通常我们将更多精力放在关注公司未来几年的发展上，而很少在意短期结果。依据季度数据来交易，并不是我们投研工作的重点。我们之所以需要关注短期结果，仅仅是为了避免短期错误。但是我相信，通过理解更长时期内竞争动态将如何演变，我们更有可能持续地获得成功。我们的观点是，看得越长远，做出正确投资决策的概率就越大。

LHP：对于做空投资，您是只关注那些优质做多投资的相反面，还是要考虑其他不同的因素？

LA：两者皆有。对于大多数的空头投资，我们的投研过程实际上与多头操作过程正好相反。我们在寻找具有以下特征的公司：不可持续的基本面、能力低下的管理团队和不合理的估值——最好是三者都有。我们也持有一些真正独特的空头仓位，例如有时会发现一些在我们看来过度美化自己的公司。

LHP：你们如何决定什么时候应该买入，什么时候应该退出？

LA：何时买卖完全由我们的投资原则决定，要确保投资组合总是放在我们认为最有吸引力的机会上。在最理想的状态下，我们每天都会考虑每个仓位所能实现的收益，以及实现收益需要承担的风险，并把每种投资风险收益情况与我们拥有的其他投资机会做比较。所以，如果买入或卖出一些标的，通常意味着，我们相信在这一时点上，另一投资机会比现有的投资更具有吸引力。当然，理论比实践要简单得多，但这就是我们的思维方式。

我们着眼于未来，而不是过去。以前以什么价位买入或卖出这只股票已经不重要，它不会影响我们按现在的市场价来评估这只股票是否有吸引力。

当某只股票相比其他投资机会不再那么有吸引力时，我们就不再持仓。这种减仓方式意味着，我们经常会卖出仍然具有相当大上升空间的股票。但是，只要这些投资已经不再是投资组合中最有吸引力的股票，我们就会调出这部分资金，并将其投资到最有吸引力的股票中去。

LHP：您会用量化方法来构建投资组合吗？

LA：事实上，我们已经开发出一套非常稳健的量化研究方法，这对于一家以基本面分析为主导的投资公司来说并不常见。我们所有的投资决策主要由基本面分析决定，但是量化研究在很多方面帮助很大。构建投资组合时，在决定单个仓位的规模、因子敞口和风险预测方面，我们的量化研究起着至关重要的作用。

为投资过程引入量化方法有一个意想不到的好处，就是在量化研究的要求和帮助下，我们在不同行业和地区之间建立起了周密、一致、有纪律性的基本面分析流程。多数量化工作依赖于投资团队自下而上的研究工作和结论，因此很早我们就意识到，需要采取措施确保这些基本面输入变量非常可靠，而这确实改善了我们的研究过程——这是很意外却又非常好的结果。

LHP：为什么您认为自己打败了市场？对手方是谁？

LA：首先，我认为我们非常幸运，因为我们的投资团队才识不凡。这个团队既有渊博的学识，又有丰富的经验。投研人员平均拥有超过

10 年的投资或行业经验，并且大多数都是马弗里克资本公司自己培养出来的。因此，虽然我之前提到，投资标的与投研人员的比例为 4∶1 是很大的优势，但对于我们的成功来说，投资团队中每一名成员很难量化的才能才是更重要的因素。

其次，我们完全不考虑指数权重，这也是很大的优势。在投资于市场的资金中，有很大一部分是按照指数的相关权重进行投资的，典型的是以市值权重为基础进行投资。在马弗里克资本公司，我们乐于忽略某一股票或行业在任何指数中的权重——我们所关心的只是从风险-收益角度看，一项投资是否具有吸引力。

最后，但同样也很重要的是，我认为这么多年来，稳定性给予了我们一项巨大的优势。我们既享有投资团队人员的稳定，也享有投资者的稳定，这使得我们能够以一种更长期的视角进行投资。我们管理的绝大多数资金来自我们为投资者创造的利润，并且其中多数资金在马弗里克资本公司的投资都超过了 10 年。我们不太关心投资业绩的短期震荡，因为我们相信，投资者认同我们的长期观点。投资组合的稳定性非常有帮助——在多头方，我们的平均持仓期超过 1 年，在对冲基金的圈子里，这是一个不同寻常的持仓期，足以让我们了解自己投资的公司及其管理团队。公司管理层乐于看到战略投资者成为合作伙伴，而不是只做短线交易的投机者。

LHP：也就是说，如果某只股票被市场低估，其他投资者同样也发现了，但是他们可能不会买进，原因是必须长期持有才能获利？

LA：是的。您之前说到把自己的预期同其他投资者进行比较的时间跨度问题，我认为许多对冲基金仅仅考虑未来一两个季度。通过关注更长的投资期，我们的竞争压力变得更小。此外，从长期来看，基本面一定会发挥更大的作用，因为市场最终会发现股票潜在的真正价值，短期不合理的市场错配也将变得不太重要。

LHP：沃伦·巴菲特说他喜欢无限期持有，您也会如此极端吗？

LA：我不会。我非常尊重沃伦·巴菲特，并且赞同他绝大多数的投资哲学，但是这一观点我始终反对，因为在我们的投资中，我坚信每一天都有责任尽己所能，最有效地为客户投资。如果我们无限期地持有一只股票，根据定义，肯定有可以把资金投到更有吸引力的地方的时期。这种“太可惜了，我已经与这只股票结婚了”的投资方式，不允许投资者将资金释放出来，配置到更具吸引力的投资机会上。虽然我们依然尊重管理团队，依然相信公司会做得很好，但是一旦我们找到另一项更有吸引力的投资，就会调整资金配置。

LHP：成为优秀的投资者，需要具备什么条件？例如，您在招聘员工时，最看重哪几点？

LA：首先也是最重要的一点是正直。我们做这一行已经超过 20 年，这些年来，我们勤奋工作，建立起了自己引以为傲的声誉。如果团队的任何成员做出缺乏职业道德的决定，那么所有这些努力将会在一夜之间灰飞烟灭。这是一个非常神奇的行业——我们给经纪商打个电话，单凭经纪商对我们的信任（他们相信我们下达交易指令的时候，将会履行我们的职责），就可以投资数亿美元。我还没有发现其他哪个行业也以这样的方式运转。同样，如果投资者不太相信我们会一直把他们的利益放在首位，并且在任何时候都会以适当的方式行事，他们也就不会把资金委托给我们管理。我认为在评价一个人时，有的公司可能会忽视一项因素，即个人品行，因为即使是新人，也能够做出对公司声誉产生巨大影响的决策。

其次是奉献精神。这是一个竞争性非常强的行业，有许多高智商的人与你一样，在寻找类似的投资机会。最终，更加聪明、工作更加勤奋的人更容易获得成功。

再次，我们寻找那些喜欢创造性思考、能够提出不同观点的人。投资不同于简单地完成检查工作，也不是运用某种方法后就能自动得出正确结论。能对某一投资思路提出新颖的观点，或者能找到另一个视角去评估某个投资项目，对成为一名成功的投资者来说至关重要。

此外，个人交际能力同样发挥重要的作用。对我们来说，建立良好的关系很重要。我们不仅要跟所投资公司的管理团队建立良好关系，还要与其竞争对手、供应商和消费者建立良好关系。交际能力强的人更有可能与人成功交流，当遇到的人不如期望中那样直率时，更有可能领会对方的意思。

最后，非常强烈的竞争意识至关重要。事实上，对于这里的所有人来说，我们真正喜欢这个行业的一个原因就是所有人都努力地贡献自我。我们努力建立自己引以为傲的声誉，这不仅取决于我们如何行事，也取决于我们给投资者带来的收益。

LHP：有没有什么交易对您的职业生涯来说相当重要？

LA：法律顾问只允许我们对外讲述失败的案例。的确，有一笔交易对我的职业生涯很重要，但并不令我骄傲。1994 年，软件行业出现很多重大的趋势。一是出现了微软 Windows 3.1 的应用，这对操作系统可使用性来说是真正的技术突破；二是世嘉株式会社和任天堂开发出了第一个真正意义上的游戏平台，随后又因为索尼游戏机的引进，竞争变得更加激烈。我们相信，这些变革会极大地提升个人电脑和游戏软件的销售量。当时有两家零售商主导着该领域，分别是 Babbage's 和 Software Etc.，主要都在大型购物中心里。基于上述两种显著的长期趋势，我们认为，投资这两家公司中的任何一家都会有利可图。同时，正当我们试图理解两家公司之间的动态关系时，它们决定合并，组成一家新公司，取名为 NeoStar。

当时，我认为这是一个非常具有诱惑力的投资机会。抛开这些大趋势不说，两家企业合并具有潜在的、巨大的协同效应，可以减少价格竞争压力，关闭具有直接竞争关系的门店，新的规模还可以提高对供应商的议价能力。即便现在回头来看，我也依然认为以上所有分析都是正确的。

遗憾的是，尽管存在如此大的机遇，但这家公司还是不到两年就宣告破产。为什么会破产呢？记得您问我，在一项潜在的投资中我最看重的是什么，我把管理水平放在首位。在这一案例中，最终管理层陷入了谁来管理什么、担任什么职务之类的面子和权力的斗争中（这种情况也不少见）。管理层的采购决策很糟糕，在混乱的并购过程中几乎重复购货，最终导致库存水平极度不合理。在实施那些本应很容易实现的协同效应时，管理层做得很差，并且将财务杠杆提高至一个不可持续的水平。我还可以继续说下去，但你可能已经明白了。

因此，虽然我们分析的很多重要基本面因素都是正确的，但管理层在本应拥有巨大发展机遇的有利环境下使公司破产了。幸运的是，在这项投资上我们并没有一错到底，但我们也泥足深陷，足以留下痛苦的回忆。不幸中的万幸是这段经历带来了非常深刻的教训：评价一只股票时，不能只看长期趋势和理论上的天赐良机，事实上，管理者的能力和决策水平往往胜过一切。

LHP：在您的核心基金中，多头头寸略大于空头头寸，且随时间变化不断调整净敞口水平，您是如何进行择时交易的？

LA：更确切地说，我们拥有多只多空股票基金，它们具有不同的总敞口水平和净敞口水平，以及相对应的不同风险收益状况。我想你指的是我们的旗舰基金——我们设定的目标净敞口约为45%。

净敞口确实是不断变化的，但基本上在30%～60%的区间变动。带来这种变化的原因中，首要的一点就是要看多头组合和空头组合对于我们的相对吸引力。尽管我们投入大量时间研究宏观因素和考虑市场风险，但这些观点对敞口只会产生很有限的影响。由于我们对净敞口设有较窄的波动区间，这些择时性质的交易不太可能对我们的业绩造成较大影响。我们是刻意这么做的。择时交易很难获得持续成功。马弗里克资本公司的核心基金在我们投资的任何地区和行业都会保持多空平衡，那些宏观因素——不管是整体市场业绩还是板块轮动——

不会对我们的成功产生重大影响。确实，我们的成功或失败依赖于我们通过选取股票来创造 α 的能力——这同样是刻意的，因为我们对于这方面的能力最为自信。

注释

[1] 参见 Novy-Marx（2013）及其参考文献。

[2] 这部分素材来源于 Frazzini，Kabiller and Pedersen（2013）。

[3] 参见 Shefrin and Statman（1985）以及 Frazzini（2006）。

[4] 参见如 Cramer（2002）的内容。

第 8 章　专注股票做空策略

我们喜欢让墨菲定律为我们服务。

——詹姆斯·查诺斯

虽然大部分股票投资者偏爱做多股票，但也有一小部分对冲基金经理专注于卖空交易。尽管专注做空的基金经理做空要多于做多，但他们和其他股票投资者一样，也主要依赖于基本面分析。

由于要专注于做空交易，这些基金经理会聚焦公司可能存在的任何问题。因此，他们会去挖掘过分夸大盈利的公司、使用激进的会计方法的公司，或向美国证券交易委员会提交晦涩难懂的披露材料的公司。当他们发现这些公司有可能在掩盖什么信号时，就会更深入地挖掘事实真相，甚至会调查上市公司是否在明目张胆地进行欺诈活动。

除了做空有舞弊行为的公司股票外，专注股票做空策略的基金经理也会寻找那些诚实可信但商业计划存在先天缺陷的公司。这样的公司可能拥有好的科技成果，但无法以此来长久地持续盈利，也可能还在依靠落后科技（比如苹果手机问世后的诺基亚和黑莓）。他们还可能寻找那些过度依赖信贷资金而将陷入财务困境的公司。

由于一系列的原因，卖空股票比做多股票面临的挑战大得多，后面将详细讨论。也可能正因为如此，做空者往往拥有一些特别的名声：

做空者都是些怪人。他们多数野心勃勃、奋发努力、不爱社交、一心一意。作为个人，他们几乎不太会佩戴劳力士手表，或者饲养一只斯宾格猎犬，再或者拥有其他象征成功的东西；他们可能具有一种牵强又稍显别扭的幽默感。作为群体，做空者喜欢表达不同意见，喜欢对赌小概率事件。他们通常争强好斗，喜欢挑战别人。在常人看来，他们中的有些人就是白痴，但其实他们所有人都比大多数人更聪明、更独立（事实上，他们大多会恃才自傲）。与世人的固有偏见相反，他们并不会策划阴谋，或毫无道理地去抨击某只股票。他们通常神神秘秘，且有些过度怀疑一切，往往对商界领袖和华尔街偶像嗤之以鼻。

——斯塔利（Staley，1997，pp. 25-26）

8.1　做空交易的运作流程及其困难

所有人都知道做多 100 股 IBM 股票是什么意思，那么卖空 100 股股票呢？抽象地讲，这意味着拥有负的 100 股股票！卖空股票和做多股票正好相反，它押注股票价格会下跌。因此，如果 IBM 的股票价格上涨了 10%，做多股票的投资者将会获利 10%，而做空交易者将会亏损 10%。反之，如果 IBM 的股价下跌 10%，做多股票的投资者将会亏损 10%，而做空交易者将会获利 10%。

在实际操作中，股票做空交易是这样实现的：假设富达投资集团（简称富达）持有 IBM 公司的股票，而一家名叫做空基金的对冲基金想要卖空这只股票。做空基金会（通过经纪商）向富达借入这只股票，并承诺在下一个交易日归还。做空基金借到股票以后，以假设每股 100 美元的价格在市场上卖出这只股票。第二天，该股票的市场价格跌至每股 98 美元，做空基金以市价（每股 98 美元）买回股票，并归还给富达（当然，不可能完全是原来的股票，但股票是可替代的，所以这没有问题）。在这个例子中，做空基金从 IBM 公司股价的下跌中获利 2 美元。

而相比不借出股票，富达并没有额外受损。事实上，正如后面将要讨论的，由于融券费用的存在，富达也会获一点利。

以上描述遗漏了一些重要的细节。首先，当做空基金卖出 IBM 公司的股票时，它并没有拿到因卖出股票而获得的 100 美元现金；也就是说，现实中，做空基金并不能用这笔钱做其他交易。恰恰相反，做空基金不仅必须把这笔钱留在经纪商，还必须额外缴纳一定金额的保证金。因此，做空交易并不会腾挪出资金，而是在占用资金，原因是股票的借出方（在本例中即富达）需要确保能够收回股票。因此，当富达借出股票时，作为交换，将收到现金作为抵押。如果股票借入方无法归还股票，富达就会用这些抵押的现金到市场上把股票买回来。为了确保即使股价上涨也能够买回股票，富达要求的抵押现金金额会高于 IBM 公司股票的初始市场价格——超出的部分对应的就是做空基金所需支付的保证金。

当做空基金归还 IBM 股票时，富达归还抵押的本金，并附上利息（按所谓的卖空折扣率来计算）。如果此利率低于货币市场利率水平，富达就会获得溢价收入，因为它可以将此资金以高于所支付的利率进行再投资。这种比市场低的利率是做空基金的一种隐性成本，称为融券费用（有时确实是一种费用）。因此，卖空并不完全等同于做多的对立面，因为卖空还涉及融券费用。然而，美国市场上 90%以上的股票融券费用都非常低，年化融券费用为 0.10%～0.20%。对于剩下 10%不容易融券的股票来说，其年化融券费用则从 1%至百分之几不等，最高可达到 50%（当然，这是非常高昂的融券费用了）。[1]

融券费用通常接近于 0，因为同一股票可以被重复出借多次，所以从理论上讲，可供出借的股票数量是无限的。因此，股票被做空的数量原则上可以大于股票存量，虽然如此大的做空数目几乎没有在股票市场中出现过（但在美国国库券市场常常会发生）。为了便于理解，我们来看这样一个例子：做空基金从富达借入股票，并在市场上卖出，假设先锋公司掌管的一只共同基金购买了这只股票，然后先锋可能会把该股票出借给另一家对冲基金，该股票将再次被卖空。这只股票被另一投资者买入，并可能会接着出借，以此类推。不管这只股票已经出借多少次，其持有人总能把它继续出借。所以，如果每个人都想通过借出股票获得正的融券费用，并且这一过程没有市场摩擦成本，竞争会使融券费用降至 0。然而现实中，并不是所有的投资者都会借出他们的股票，并且在这一过程中存在着巨大的搜寻成本，导致融券费用有时会是正的。[2]

并不是所有的做空交易都能达成。在某些国家，法律明令禁止股票做空行为。而其他国家则禁止特定时期、特定股票的卖空交易。例如，在全球金融危机期间，很多国家都禁止卖空金融股。即使卖空交易是合法的，也需要你能够借到股票。这在大多数情况下并不难，但并不是说任何时候都行，特别是很多卖空者想要做空时，通常借入股票会变得尤其困难。的确，股票借贷市场受其自身供给与需求状况驱动，当市场上借入股票的需求高于可借出股票的供给时，融券费用就会随之升高，要找到可借股票就将变得更加困难。

很难找到可借股票也意味着卖空受限于所谓的召回风险。实际上，卖空者往往想要持有其空头头寸几天、几周或者几个月。为此，他们往往会先租借一天的股票，然后每天重复展期融入股票。这意味着经过市价调整后，他们会将与股票借出方签订的协议再展期到下一个交易日。有时，他们会签订固定期限的借约，即直接约定以较长的期限借入股票，比如一周。无论是上述哪种情形，当股票租借到期时，卖空者往往还想继续持有空头头寸（原因可能是股价没有如预计的那样下跌，甚至与之相反，出现上涨）。这时会出现股票借出方不愿意继续借出股票同时又很难找到其他股票借入渠道的风险，而这种风险需要卖空者来承担。在这种情况下，股票借出方召回股票，因此卖空者面临召回风险。如果卖空者没有在股票被召回时如数归还股票，股票借出方就会执行强制买入，也就是前面所提到的用抵押资金从市场中购进股票。

当卖空者被迫平仓（清空其空头头寸）时，会被动地买入股票。当许多卖空者同时遭遇强制平仓时，股价就会拉高，出现逼空行情。逼空行情又会自我驱动：买入指令驱动股价持续上涨，与此同时，又会有更多的卖空者被强制平仓，因为他们没有足够的资金来追加保证金。这将导致更进一步的被迫购买，接着出现更高的价格和更多的保证金追加要求。

股价上涨时，卖空者需要追加保证金，原因有两个。第一，他们手中的头寸是逐日盯市的，所以，如果股价从 100 美元上涨至 105 美元，卖空者归还股票时，每股就需要多支付 5 美元。第二，当股价走势与卖空者的预期背道而驰时（也就是价格上涨时），持有头寸金额的上升会导致保证金要求升高（因为保证金通常按照总市值的百分比收取）。例如，如果保证金比例为 20%，在上例中，所需的保证金将由 20 美元提高至 21 美元。而与之相反，对于多头使用杠杆的投资者来说，当股价变动有悖于预期时（即出现股价下跌时），所持头寸的金额会减少。因此，多头投资者也会有按市价做盯市调整的支出，但是要求缴纳的保证金数量会随着价格下跌而减少。

除了这些技术层面的原因外，卖空交易之所以困难，还可以简单地归结于大多数人对它并不熟悉，并且大多数情况下，股价上涨的概率会高于下跌的概率（即股票溢价为正）。例如，从理论上看，做空一只涨幅低于整个大盘的股票是一笔成功的交易，但在直观感觉上不一样。换句话说，这笔交易相对大盘指数而言能赚取正的 α，并且如果做了对冲，就能够赚取利润，但是单独来看，这笔交易是亏损的。

总而言之，卖空交易并不是很容易，因为需要找到可借的股票，需要交付保证金做抵押，还有融券费用，同时存在召回风险和融资流动性风险（即在股价下跌前手中资金耗尽的风险）。

8.2　卖空摩擦可能导致股价被高估

专注做空的基金经理会卖空市价被高估的股票，从中获利。如果卖空者卖空股票时，无须承担前面提到的成本和风险，市场价格就同时包含乐观者和悲观者的看法，从而反映了更多的信息。然而，在现实中做空的困难使得市场更难反映出那些消极观点，造成了股票有可能被高估。

要理解卖空摩擦的影响，可以假设人们对某一股票持有不同的看法：有些人非常乐观，而其他人却持怀疑态度。如果卖空很困难，怀疑者就会简单地把该股票头寸调整为零，将投资转向其他股票。很显然，乐观者会买入这只股票，从而导致股价提升（特别是如果他们忽略了市场中还存在并未能反映在价格之中的消极观点）。因此，相对于公司基本面价值的平均估计来说，最终这只股票的市场价格会变得过高。而且，过高的当期价格意味着其未来收益将会偏低。

如果投资者开始揣摩其他投资者的未来预期，而不再专注于分析公司的基本面，股价被高估的效应就会被显著放大。投资者专注于预测其他投资者的预测，这一现象称为凯恩斯选美竞赛：

> ……专业投资就像是选美竞赛，竞争者需要在 100 张照片中选出最漂亮的 6 张，那些选择最接近竞争者整体平均偏好的投票人将赢得奖励，所以每位投票人必须做出选择，不是去投他们自己认为最好看的面孔，而是去投他们认为最有可能吸引其他投票人的面孔，所有的参与者都会从相同的角度考虑这一问题。所以，这不再是选出一个人认为最漂亮的，甚至也不是大家平均认为最漂亮的照片的问题。现在我们所达到的是第三个层面，也就是把精力用于预测人们预测出来的大家的平均看法是什么。而且我相信，

有些人还会尝试达到第四个、第五个甚至更高的层面。

——约翰·梅纳德·凯恩斯（1936）

这里想说的就是，投资者专注于思考股价明天的走势——它是由明天接盘买入者的平均看法决定的——而不再着眼于分析股票的长期内在价值。专注于未来买家的平均看法也能促成市场的有效性，因为未来的买家同样应该关心基本面（甚至对更遥远未来的购买者同样适用）。然而，凯恩斯的观点是：当投资者忽视基本面，只是简单地认为其他投资者将会拉高股价，从而购买股票时，上述过程可能会出现偏离。只要每个傻瓜都能将股票卖给更傻的傻瓜，这一过程就能自我推动。但是，伴随着股价回归到基本面水平，这一过程最终将终止。下面我们举一个具体的例子，来看看它是怎样运行的。

案例：投机泡沫

考虑一只股票 A——一家受宏观经济环境影响的周期性企业。所有投资者都相信，下一年出现经济繁荣和萧条的概率相等。市场上存在两种类型的投资者：类型 1 和类型 2，他们对股票受到的周期性影响到底有多大存在观点分歧。类型 1 的投资者认为，公司股票在萧条时期的价值应为 80，而在繁荣时期的价值应为 120。鉴于两种情形发生的概率相等，他们把股票估值为 100（这里不考虑风险溢价因素）。

类型 2 的投资者认为，该股票的周期性波动特征更显著。他们认为该股票在萧条时期的价值仅为 60，但在繁荣时期将达到 140。鉴于两种情形发生的概率相等，类型 2 的投资者对股票的估值同样也是 100。

假设无法卖空，因此股价总是由乐观的投资者来决定，那么当前股价会是多少呢？鉴于所有投资者都认为股票的内在价值是 100，结论显而易见。然而，下面我们先考虑一下明年的股价走势。

当出现萧条时，类型 1 的投资者对公司更为乐观，他们会买入股票，股价将变为 80。在繁荣时期，类型 2 的投资者更为乐观，股价将会变成 140。考虑到发生萧条与繁荣的概率相等，当前股价应为（80＋140)÷2＝110。因此，所有投资者将愿意支付 110，这高于所有人都认同的股票的真实价值 100。例如，类型 1 的投资者可能认为在萧条时期，股票的价值为 80，在繁荣时期，可以把股票卖给那些将股票高估为 140 的类型 2 的投资者。两种类型的投资者都期望能在某种情况下把股票卖给更蠢的傻瓜。如果我们考虑多期动态情形（而不仅仅是 1 年期)，投资者会预测更多层次的其他投资者预期，那么本例中，10％的投机泡沫将会显著变大。[3]

融券费用和足够高效又不完全有效的股票估值

上述案例中的股价高估是由无法卖空和投机活动共同导致的。事实上，在大多数国家中，卖空是可行的。不过正如我们所讨论的那样，会伴有一定的成本和摩擦。卖空活动的限制会创造额外的股票融券供应，减少股价泡沫，削弱前面讨论的泡沫效应。

然而，融券成本还有一个意想不到的影响：做空投资者付出的融券成本恰恰是借出股票的乐观股票持有人的收入来源之一。正是因为有融券收入的存在，在其他条件相同的情况下，股票持有人乐意付更高的价格买入股票。换句话说，融券费用的资本化会导致更高的股价，而更高的股价会推动卖空者更愿意支付融券费用（因为做空将更有利可图)。因此，对于市场观点有很大分歧的股票，当卖空比率升高时，股价和融券费用可能也会迅速变得很高，但是最终随着卖空需求被满足、股价回归基本面，融券费用也会回落。[4]

关于被高度卖空股票的收益率的证据

大量的证据表明股票价格有可能被高估，那些具有庞大卖空需求的股票未来的收益率将变低。高空头比率的股票（即在流通股中有很大比例被卖空的股票）后续收益率较低。[5] 此外，融券费用高的股票未来收益低——无论是包含贷款费用的总收益，还是扣减了贷款费用的净收益，都是如此。当融券费用的提高是由卖空需求的增加引起时，这种现象尤为如此。Cohen，Diether and Malloy（2007）发现，卖空需求的增加会伴随着股票下个月出现－3%的异常收益，这与卖空者能够识别股价被高估随后会下跌的观点是一致的。[6]

也有证据表明，卖空者能够识别公司的不当行为。例如，在出现影响基本面的负面事件时（比如美国证券交易委员会对公司操纵盈余和重述盈余采取行动，从而可能导致股东诉讼），做空比例会上升。[7]

8.3 管理层与卖空者的博弈：卖空对社会有益还是有害

很多公司的管理层很讨厌股票被卖空。他们认为这代表着不信任，并且担心卖空者会拉低公司股价。有时，管理层会通过各种方式来对抗卖空者。比如，他们可能会采取行动，使卖空变得困难，诸如股票分拆，或设计出专门来扰乱卖空的股利分配方案，以及联合股东把股票从股票借贷市场中召回。有时，管理层会控诉卖空者违法，并起诉卖空者，或要求相关部门调查他们的行为。

比如，2008 年雷曼兄弟破产之前，戴维·艾因霍恩（David Einhorn）（他掌管着对冲基金绿光资本）指责雷曼公司掩盖公司存在问题的严重性，遭到了雷曼兄弟的反击。他曾这样说[8]：

> 在过去的几周里，雷曼兄弟不断指责卖空者。管理团队这样做，就意味着管理层想要把投资者的视线从严重的问题上转移开。
>
> ——戴维·艾因霍恩

有时，政策制定者和社会公众也会敌视卖空者：

> 政策制定者和社会公众似乎本能地认为，卖空是不道德的行为。……敌视卖空者的行为不仅限于美国。1995 年，马来西亚财

> 政部就曾提出，要对卖空者实施鞭刑。
>
> ——拉蒙特（Lamont，2012）

Lamont（2012）进一步介绍了 1989 年美国国会举行卖空问题听证会的情况，其中一位代表把卖空描述为“明目张胆地谋财害命”。然而，在听证会期间，一位美国证券交易委员会官员证实：

> 我们收到了许多关于所谓非法卖空的控诉，均来自涉嫌违反证券法或其他法律、正在接受美国证券交易委员会或其他机构调查的公司及其管理层。
>
> ——凯彻姆和斯图克（Ketchum and Sturc，1989）

在听证会期间，有三家公司的管理层都出面作证，指控卖空者。讽刺的是，他们的证词恰恰印证了上述美国证券交易委员会官员的观点。事实上，在听证会之后，这三家公司中有两家的董事长因欺诈被起诉（对于第三家公司，美国证券交易委员会认为公司的信息披露有重大错误和虚假问题，只是没有足够的证据，因此没有对其提起诉讼）。

许多人忘记了卖空交易带来的显著好处。首先，卖空允许市场同时反映出正面和负面的观点，从而使市场运行更有效率。当你的祖母买入一只股票，是谁来保护她，使她买入的不是公司恶意发行的、毫无价值的废纸呢？是谁确保她支付的价格与股票预期价值的总体判断相一致？这些正是有效市场应该保证做到的，但市场并不会自动变得有效——投资者需要能够根据自己的判断来自由买卖，而不论观点是正面还是负面。

> 为了享受到自由市场的好处，一个市场必须既有购买者又有出售者，既有看多者又有看空者。缺乏看空者的市场就好像没有言论自由的国家。那样的话，就没有人批评和约束那些错误的乐观主义，终究会导致灾难的降临。
>
> ——伯纳德·巴鲁克（Bernard Baruch，testimony before the Committee on Rules，House of Representatives，1917）

其次，卖空还有其他好处——为对冲提供了可能。它可以让市场变得更具有流动性，降低投资者的交易成本。通过卖空增强市场流动性的方法如下：让市场价格反映更多的信息，提高股票的周转率，以及让做市商因为对冲风险而为买卖双方提供流动性。

因此，允许自由卖空交易显然是正确的决定，因为卖空对市场是有益的。那么这是否意味着，卖空与恶意行为就完全无关呢？当然不是。如果卖空者试图操纵市场，那么肯定是错误的，也是违法的，但无论交易是做多还是做空，操纵价格都是错误且违法的——所以并不是只有卖空才会这样（例如，哄抬股价就是多头方的一种价格操纵行为）。在监管层面上存在着一种特别的顾虑，认为看空者会为了打压价格而卖空股票，而低股价将毁掉一家公司，也就是说，卖空活动会扼杀本来经营比较良好的公司（比如股价变低会使公司更难再发行股票或申请贷款）。这种担忧在银行股上体现得更为明显，因为卖空活动会拉低股价，导致银行发生挤兑，从而给银行带来真正的麻烦。虽然这种顾虑偶尔是合理的，但是实际上很少有证据支持这种传导机制，最多可以用来解释危机恶化时，一些国家对卖空金融股所采取的临时禁令。尽管如此，这些事例也往往被拿来说事，让卖空者充当替罪羊。

一些股票投资者也很讨厌卖空者，可能会选择不借出其名下的股票。这种决定往往是非理性的。当投资者向卖空者借出股票时，股票在市场中被卖出，这可能会拉低股价。但是，当卖空者归还股票时，他们一定会到市场中买回来，这又会拉高股价。因此，对于长期投资者而言，他们不应把卖空会拉低股价当作不借出股票的理由，因为这最多只是一种短期影响。同样，投资者也不应该把卖空者发现了股票的负面效应当作不借出股票的理由，因为这些信息早晚都要公之于世。而且，及时阻止管理层的错误决策，反而有助于提升股票价值。如果投资者认为卖空者是正确的，或许他们最应该做的就是卖出手中的股票，而不是继续持有股票并拒绝借出。更何况，拒绝借出股票也意味着错过了赚取融券费用的机会。

总之，卖空者是市场有效化道路上艰难的一方。他们有违于传统势力，与公司和股票分析师的乐观观点相悖，承载着股票溢价的逆风面，还要支付融券费用。但是，他们的存在有助于市场的价格发现，并帮助社会将资本分配到最具效率的企业中。

8.4　案例分析：安然事件

表面上看，安然公司是一家非常成功的能源和大宗商品企业。1996—2000 年，它每年都被《财富》杂志评为“美国最具创新精神的公司”。2001 年初，安然公司拥有大约 2 万名员工，股票市值高达 600 亿美元，约为盈利的 70 倍。然而，2001 年 12 月 2 日，安然公司宣布破产，并引发了一场恶劣的丑闻。安然公司的丑闻并没有被其审计师——安达信会计师事务所察觉，因此，这家当时作为全球五大会计师事务所之一的公司最终解体。大空头詹姆斯·查诺斯很早就发现了安然公司的问题，因此名声大振。我们找出了他关于安然事件的部分阐述（摘自他 2003 年 5 月 15 日向美国证券交易委员会的陈述）。之后的访谈中，我们还会从他的谈话中了解到更多信息。

> 我刚开始介入安然事件的时候，倒也平平无奇。2000 年 10 月，一个朋友问我看没看到本地版《得克萨斯州华尔街日报》上一篇有趣的文章。这篇文章介绍了大型能源交易公司的会计实务，作者是乔纳森·韦尔（Jonathan Weil）。乔纳森指出，包括安然公司在内，许多类似的公司都对长期能源交易采用所谓“基于待售资产销售的预期利得”（gain-on-sale）的会计核算方法。“基于待售资产销售的预期利得”的会计核算方法允许公司预估当期交易在未来的盈利情况，并根据预估的盈利折算成现值，作为当期收益入账。
>
> 我们之所以对安然公司和其他能源交易公司开始感兴趣，是

因为从我们的研究经验来看，对于使用这种会计方法的公司，其管理层往往都会对未来盈利做出冒进的假设。对他们来说，这种诱惑太大，以致必然会这么做。实际上，如果管理层愿意挑战极限，使用过于美好的假设，他们就可以凭空造出利得。然而，一旦这些关于未来的假设并没有实现，此前账面上确认的利得就会被迫下调。如果这种情况发生了——事实上经常发生——完全依赖这种会计核算方法的公司往往就会做新的、更大的交易，也就是用更高的当期利得去抵消那些下调效应。一旦公司踏上了这种会计核算的道路，就很难再摆脱了。

本公司研究的第一份关于安然公司的文件，是它向美国证券交易委员会提交的 1999 年年报（即 10-K）。我们一开始就觉得吃惊，因为尽管安然公司使用“基于待售资产销售的预期利得”的会计核算方法，但其资本收益率——一种被广泛用于衡量盈利能力的指标——在税前仅有微不足道的 7%。也就是说，安然公司使用的外部资本中，每 1 美元只能赚取约 7 美分。这很重要，原因有两点：首先，我们把安然公司视为类似于能源对冲基金的交易公司。对于这种类型的公司，7%的资本收益率太低，让人难以置信，尤其是在考虑到其市场地位和会计核算方法的情况下。其次，在我们看来，安然公司的资金成本可能已经超过 7%，接近 9%。这意味着，从经济学角度来看，尽管安然公司在不断向股票投资者报告自身的利润，但实际上它根本就没有任何盈利。正是安然公司的这种资金成本与投资收益的错配，成了我们看跌它的基础依据。2000 年 11 月，我们开始为客户做空安然公司的普通股。

同样，在安然公司 1999 年年报和向美国证券交易委员会提交的 2000 年 3 月、6 月、9 月季报中，诸多关于关联方交易的模糊披露都让我们感到非常困惑。我们一遍遍查阅财务报表附注中这些交易的相关注释，但还是无法理解这些关联方交易对安然公司总体财务状况的影响。然而，安然公司组建这些实体公司，很显然就是为了与母公司交易，而且这些实体公司都是由同一位安然公司的经理掌管，这些都令我们感到非常诧异。在仔细研究安然公司状况的时候，另一件让我们觉得有问题的事情是，我们发觉安然公司的高级主管在大量抛售公司股票。虽然这种行为本身无可非议，但是当抛售活动与其他财务担忧放在一起时，就更坚定了我们的看空观点。

2000 年底，安然公司及其吹捧者大肆鼓吹，公司将进入电信行业，特别是宽带流量业务。对此，我们感到困惑不已。安然公司美化了这一未开发的庞大流量市场，并对股票分析师宣称，安然公司在这个领域的未来机遇现值将达到每股 20～30 美元。这些言论对我们来说非常糟糕，因为基于对该行业滚雪球式增长带来的供应过剩格局的预测，我们已经在资产组合中做空了一些电信和宽带领域的公司。到 2000 年底，该行业大多数公司的股票价格都急剧下跌，但安然公司及其高层视而不见。此外，尽管电信流量和服务价格方面存在明显的熊市信号，但安然公司依然认为其在这一行业的资产价值有巨大的上升空间，这是一个不祥之兆。

从 2001 年 1 月开始，我们与众多华尔街公司的研究员交流，讨论安然公司及其估值。令我们震惊的是，众多研究员承认，根本没有办法去分析安然公司，而投资安然公司更像是一个“相信我”的故事。有位研究员承认，安然公司的利润像是一个“黑盒子”：只要安然公司能够继续盈利，又有什么好争论的呢？

2001 年春天，我们听到关于安然公司高管大量离职的新闻报道，后来被安然公司证实。而且，安然公司内部高管的股票抛售行为依然持续不断。最后，我们分析了安然公司 2000 年的年报和 2001 年 3 月的季报，结果依旧显示，安然公司具有较低的资本收益率，以及众多为了提高公司利润而报告的一次性收益。这些文件也反映出，安然公司继续参与着各种各样的关联方交易，尽管安然公司提供了更详细的信息披露，但是我们依旧无法透彻地理解。这些现象使我们更加确信，市场仍然高估了安然公司的股票。

2001 年夏天，能源动力价格开始下跌，尤其是天然气和电力。华尔街经常传出谣言说，安然公司在电力交易市场中持有多头头寸，因此一直被迫采取激进的做法，以减少这一不断下行的市场的敞口。证券投资的一个公理是：不管风险对冲做得多完美，投资交易总是会在牛市中表现得更好，而在熊市中步履维艰。我们判断，电力市场已经进入熊市阶段。这对安然公司来讲是“屋漏偏逢连夜雨”。

同样，也是在 2001 年夏天，圈子中出现了一种传闻，关于安然附属子公司和安然公司的股价表现对公司财务状况有多重要。事实上，交易员认为，由于安然公司与其附属公司签订了一系列明确的条款和协议，安然公司股价的下跌可能会导致公司现金周转出现困难。2001 年 8 月，安然公司公布的 2001 年 6 月的季报进一步证实了这些传闻，报告披露了更多关于这些合资企业的信息。

然而对我们而言，至关重要的信号是：2001 年 8 月，安然公司 CEO 杰夫・斯基林（Jeff Skilling）由于个人原因突然离职。根据我们的经验，在一家饱受争议的公司中，不管官方给出怎样的解释，没有什么比 CEO 不明不白地突然离职更能释放警示信号了。我们将斯基林视为当时安然公司的框架设计师，因此，他的离职是到当时为止最不祥的信号。这一公告披露后，尼克斯联合基金公司在资产组合中加仓了安然公司股票的空头头寸。

我们为深挖安然公司公布的财务数据背后的信息所做的一切努力，以及最终基于分析结论所采取的行动，都显示了我们是如何给自己的基金投资者以及整个市场提供价值的。卖空者是专业的怀疑主义者，他们会跳过上市公司的夸夸其谈，寻找股票的真正价值。

8.5 尼克斯联合基金公司詹姆斯·查诺斯访谈录

尼克斯联合基金公司是世界上最大的做空投资公司，创始人和总经理为詹姆斯·查诺斯。查诺斯于 1985 年创建了该公司，来实践他在华尔街担任卖方金融分析师时学到的投资策略。之前，他曾经就职于佩恩韦伯公司、吉尔福德证券公司和德意志银行。他对安然公司股票的著名做空交易，被《巴伦周刊》誉为“即使不是过去 50 年，也一定是最近 10 年市场上最伟大的投资预测”。查诺斯本科就读于耶鲁大学，1980 年获得经济学和政治学学士学位。（下面 LHP 代表本书作者，JC 代表詹姆斯·查诺斯。）

LHP：您是怎样开始成为做空交易者的？

JC：我在做证券分析师的时候，研究的第一家大公司是鲍德温联合公司。巧合的是，老板分配我研究这家公司，恰好让我碰到了事后被证实的一个惊天骗局。

LHP：所以，继这次成功后，您就决定集中精力研究做空策略吗？

JC：是的。因为我从那件事中认识到，研究一家价值被高估的公司非常困难，所以没有多少人去做，但这正是可以增加价值的地方。在鲍德温事件之后，许多人来找我们，想要我们的研究成果，因此我发现这是一处市场空白。

LHP：您能介绍一下您的投资过程吗？

JC：我们的投资方法与大多数对冲基金不同。大多数对冲基金的研究方式是，基金经理处于顶端，而资历较浅的分析师处于底层。这种典型的模式是：基金经理要求资历较浅的分析师去寻找好的投资想法，把这些想法带到公司认真分析，并将研究结果呈献给基金经理，最后由基金经理进行筛选和决策。我们不喜欢这样的商业模式，因为这会让级别低的分析师承担太多责任。而且如果出现什么问题，级别低的员工也没有动力去反馈相关信息。

在我们公司，高级合伙人——特别是我和其他两位研究主管——主要负责想点子。然后，我们将想法传达给员工，让他们加工、处理，并给出建议。这些建议可能是“这看起来是不错的卖空机会”，但大部分时候都是“不能做空，你说的这些情况可以有合理的解释，一切都没问题”。这是一种更好的商业模式，因为它将经济利益所有权和知识产权放在同一层面——公司的顶层。

LHP：从萌生想法到确定应该卖空，分为哪几步？

JC：这有一套完整的流程。第一步是问：我们能借到这只股票吗？因为如果借不到这只股票，就根本无法做空。

假如能够借到股票，下一步我们会从多头情形开始分析：为什么会有人喜欢这家公司？我们将这只股票指派给合适的研究员，然后他会与卖方分析师交流，获得该公司的所有研究报告，尽可能了解该公司所讲的故事。同时，我们会启动公司财务指标分析，并研究同行业的可比公司。1～2 周之后，我们会召开内部会议，列出理由，判断该股票是否为好的卖空标的。

假说形成以后，我们会与多头方谈话，并请他们帮忙推翻我们的假说。我们一般邀请他们共进午餐，有时也会把自己的观点写在白板上，比如“这是我们看空这个国家的几条理由，你认为我们哪个地方出错了？”在提出最初设想的几周之后，公司高级合伙人最终会对其进行讨论，并做出投资决策。

LHP：有没有您特别关注的关键数据？

JC：有。但我们对任何单个数据都持谨慎态度，因为上市公司可能会玩数字游戏。然而，营业收入除以总体净资产得出的资本收益率却很难捏造。如果一家公司出现资本收益率下降的现象，通常是因为公司出了问题。或者，就像安然公司，其资本收益率非常低，但同时增长率很高。

LHP：那么内部人员抛售或离职的情况呢？

JC：我们一直关注这些。如果两者都出现了，那么就是危险信号。

LHP：还有其他危险信号吗？

JC：如果你无法读懂公司披露的信息，那么一定是有原因的。如果你将公司的年报阅读了两三遍，依然不能找出其盈利模式，那么一定有特殊的原因。也就是说，这些公司故意不告诉你真相——让公司的实际情况变得模糊不清。所以，公司信息披露的情况对我们同样重要。

LHP：您是看危险信号，还是经常能找到确凿的证据？

JC：你不可能总是找得到确凿的证据。这是一个问题。我的意思是，持有股票并不像法院的刑事诉讼案件，也就是说，你不是必须拿到毋庸置疑的确凿证据再去交易。市场更像民事诉讼法庭，基础是证据优势。通常，即使是绝佳的做空机会，往往在事件接近尾声之前，你也不可能拿到十足的支持证据。以安然公司为例，虽然我们发现了一系列可疑的事件，但当时并不认为它是在欺诈。

LHP：我听说您并不经常去实地参观公司，雇用侦探，或与前雇员交谈。

JC：是的。首先，不经常实地调研公司是因为我们不太受人欢迎。人们知道我们是做什么的。但是，当我们需要一家公司的资讯时，并不难得到。公司都会有电话会议。我们同许多卖方经纪商保持着良好关系，所以，如果我们对某个数据有疑问，通常都会得到解答。进一步来说，关于与管理层交流这件事情，大家看得过重了，因为如果管理者告诉了你一件他并没有告诉别人的事情，那么他就违法了，违反了公平披露规则。所以，管理者只会把他告诉过其他投资者的内容原封不动地告诉你，而这些内容在每份看多的研究报告或者网站上都能找到。而且，你可能会有错误的安全感，认为公司 CEO 告诉你的事情一定是真的。

其次，关于与前雇员会谈或雇用私家侦探，我们认为这是一个灰色地带。即使是前雇员，他们对公司也具有受托责任。所以，如果前雇员将公司的秘密告诉你，他们就涉嫌违反证券法。我们会尽最大可能远离那些重要的非公开信息。

LHP：那么与公司的竞争对手会谈呢？

JC：可以，我们有时会与公司的竞争对手和同行业人士会谈，来了解企业经营和行业趋势。

LHP：您如何知道负面信息是否已经反映在价格当中呢？

JC：这确实是一个非常好的问题。有多少负面信息已经公告出来了？它们已经反映在股价当中了吗？如果所有的负面新闻都出尽了，是否是时候平掉自己的空头头寸了呢？我们也不知道，这需要做决断。

LHP：您能否列举一些自己做过的、比较难忘的做空交易呢？

JC：很显然，安然事件让我们闻名于世，它确实是一个很有趣的做空故事。我认为，在 20 世纪 80 年代末期做空德崇证券的股票，同样是一件有趣的事情，这也涉及垃圾债公司 Integrated Resources 和 First Executive。就近期来看，我们的做空对象是一些房地产公司的股票。

我们最大的一次做空失败是美国在线公司。我们在 1996 年开始做空，直到 1998 年股价涨了 8 倍后才平仓完毕。我们之所以做空这家公司，是因为我们认为它在财务报表中没有合理地报告市场营销成本。1996 年，该公司做出了一大笔勾销，但人们认为“这下好了，一切都没问题了”。我们指出，大笔的勾销表明它以前从未盈利过，同时我们认为，它可能永远都不会盈利。但是，我们低估了互联网的力量和对此毫不在乎的个人投资者的乐观情绪。就因为这是一只互联网股票，而且是互联网行业的龙头股，所以股价不断地上涨。幸运的是，在我们的仓位中，这只股票的占比从未超过 1％。所以，当其股价不断翻番时，我们一直在不断减仓。尽管这样，这只股票在那两年还是让我们亏损了 5％或 6％，甚至 7％。即使这不是灭顶之灾，你也绝对不愿意看到自己做空的股票股价涨了 8 倍。这次交易再次验证了做空的巨大风险，也给我们上了一课，告诉我们该如何控制波动性大的股票仓位。对波动性大的股票，仓位永远不要太大，你需要有更多的标的来分散风险。

LHP：能讲讲做空交易的困难之处吗？您是如何努力克服困难的？

JC：做空交易存在着许多困难。例如：市场通常会呈上升走势；你必须能借到股票；做空交易没有任何税收上的优惠；没有人喜欢做空者。但是反过来看，我认为也正是以上几点带来了投资机会。

LHP：您认为做空的硬件障碍和行为障碍，哪个更重要？

JC：这个问题非常棒。我刚刚开始从事这个职业时，认为空头仅仅是多头的相反面。现在我不再这么想了。我认为，如果某种行为障碍让大多数人都觉得做空极为困难，那么这才是最主要的障碍。

华尔街的存在是为了向人们出售股票。所以在任何时候你听到的大多数信息都是正面的，即买入建议。每天早上到办公室打开黑莓手机，会发现我们做空的 50 只美国股票中可能会有 10 只被提到，要么是提高盈利预期，要么是从“买入推荐”提高到“强烈买入推荐”，要么是 CEO 上了 CNBC 的节目，要么是公司将被收购的谣言，当然还有其他任何可能的事。99%的内容都是毫无新意的废话，但都是正面的宣传。

当你做空的时候，媒体宣传将对你产生负面影响。每天他们都告诉你：“你是错的！你是错的！！你是错的！！！这家公司会因为这样或那样的事变得很好。”而且多数人会说：“生命如此短暂，我不想这样过。我不想每天听到做空的信息。我更想要做多，这样每天都能听到积极、愉快的信息。”人终究是人。大多数对冲基金经理更担心他们的空头头寸。一些非常优秀、传统上做多的基金经理可能会是非常糟糕的卖空交易者。

所以坦白地说，我认为优秀的做空交易者是天生的，而不是后天培养的。我以前从不这样想，但是从事这一行 30 年之后，现在确实是这么认为的。也就是说，你需要用一些方法让自己无视积极乐观的噪声，忽略它们，把注意力完全集中到你的工作、你找到的事实及由此得出的结论上。

LHP：所以乐观宣传只会让您更想做空？这是与生俱来的吗？

JC：我不确定。我的意思是，消除噪声干扰和固执己见还是有区别的。你要知道别人都在说什么，这样才不会错失重要的信息——哪怕只是在 1%的时间内，有些信息变化了，你需要能够及时捕捉到这些变化，并对此做出调整。所以你要懂得变通。

LHP：市场存在非对称现象，股价最多可以下跌为 0，但上涨到多少没有天花板。

JC：是的，股价可以涨到天上去。但是我常说："大多数时候你看到的是股价下跌为 0，而不是上涨到无限高。"

LHP：在您的基金中，是不是只有空头头寸？

JC：我们有两类基金产品。主要的机构产品是只持有空头头寸的基金，只做纯粹的卖空交易。我们也有一只规模小一点的传统多空对冲基金，名为尼克斯机会基金。

LHP：您是如何管理风险和构建投资组合的？

JC：在任何时点，我们都持有大约 50 只国内或者国外的股票。我们基于股票波动率、股票借贷情况和行业总敞口来调节头寸规模。我们会考虑收益和风险来构建投资组合，并且明确规定，任意一只股票的头寸都不能超过基金总规模的 5%。同时，我们从不使用杠杆。在 50 只股票中，平均每只股票的占比为 2%。对我们来说，3%的仓位偏大，1%的仓位偏小。即使特别看好某只股票，如果其走势与我们的预期相反，我们也会减少持有份额，就像对美国在线公司所做的那样。

LHP：您认为人们经常声讨做空者的原因是什么？

JC：部分原因是，大家对做空有很多误解。人们开始会想：你怎么可以售卖你并不拥有的东西呢？一旦有了这个想法，就会更难让人们在市场体系下理解它。但是我向他们指出：保险其实就是一种巨大的卖空机制，大多数农业领域也是一种巨大的卖空机制。你在提前出售现在还未拥有的东西，想要在未来偿还，并取得一定的利润。当航空公司把机票预售给你时，它们是在卖空给你一个座位。所有那些你先收到钱再得到商品或服务的交易，都是做空行为。

人们经常打比方，把卖空比作某个人为其他人的房子购买火灾保险。其实，两者间有一个很重要的区别：想象一下，如果有人主动给别人的房子买保险，下一步那个人可能就会为获得赔偿金而去纵火，所以这个比方暗指做空者会做违法犯罪的事，来让股价下跌——这是一种谬论。所有人无论是做多者还是做空者，只要故意散布公司谣言，就都犯了证券欺诈罪。

LHP：了解像您这样真正的做空投资者，也许有助于揭开做空的神秘面纱。

JC：这就是我比其他做空者更主动出现在公众面前的重要原因。如果你是匿名者，人们自然就会把你想象成最差的样子，胡乱揣测。但是当你真正站出来讲述这件事，并说明“这就是我们之所以这样做的原因；这就是我们正在调查的公司；正如我们需要持乐观观点的投资者一样，我们也需要持消极观点的投资者，对市场而言，他们同等重要，这样人们才能做出自己的决策”时，人们会更容易理解。从根本上说，市场最终是信息的反映，强行让人们只表达正面的信息，有点过于疯狂。

LHP：所以在金融市场中，做空者具有信息挖掘的作用？

JC：千真万确。过去 25 年中，几乎所有的重大金融舞弊案件都是内部告密者、记者或做空者揭露的，而不是外部审计师、外部法律顾问或者执法部门揭露的。总有一些人拥有既得利益或内心的负罪感，而做空者的存在有助于挖掘重要信息。

注释

［1］D'Avolio（2002）以及 Geczy，Musto and Reed（2002）研究了融券费用的高低。

［2］Duffie，Gârleanu and Pedersen（2002）构建了描述这一过程以及均衡融券费用的模型。

［3］Miller（1977）讨论了卖空摩擦如何导致过度估值，Harrison and Kreps（1978）构建了动态投机模型。

［4］关于投机下的均衡价格和融券费用问题，参见 Duffie，Gârleanu and Pedersen（2002）。

［5］Desai，Ramesh，Thiagarajan and Balachandran（2002）.

［6］参见 Jones and Lamont（2002）。

［7］Dechow，Sloan and Sweeney（1996）以及 Griffin（2003）。

［8］参见 Mallaby（2010）第 352 页的内容。

第9章　股票量化投资策略

> 我认为，优秀的量化投资经理……可以称得上是真正的金融经济学家，他们能够将自己的投资理念融入可重复使用的投资流程中。他们因为投资的分散化、坚守投资流程的纪律性以及严格管理投资组合的能力而有别于其他投资者。
>
> ——克利夫·阿斯尼斯（2007）

股票量化投资简称股票量化，是指由模型驱动的股票投资策略，往往由市场中性的股票对冲基金来执行。量化投资者会将自己的交易规则通过编程录入计算机系统，在人工监控下，由算法来执行交易指令。

相比主观型股票投资来说，股票量化投资有其优势和劣势。劣势是股票量化无法针对每种特定的情景量身定制投资策略，同时也无法使用诸如电话交流或人为判断之类的软信息。当然，随着计算机处理能力和智能水平的提升，这种劣势可能会逐渐消失。比如，量化模型可以运用文本分析法来处理公司管理层与股票分析师的电话会议文字记录，检查是否频繁使用某些特定的词汇，或者做更复杂的文本分析。

量化投资的优势包括以下几点。首先，它可以被广泛应用于许多种股票，从而使得投资足够分散。当量化研究员构建了一个先进的投资模型时，这个模型可以同时应用于全球成千上万只股票。其次，量化投资者建模的严谨性和纪律性能够在很大程度上克服各种影响人类判断的行为偏差，可能也恰恰因为这些偏差的存在，才创造出了交易机会。最后，股票量化投资策略可以用历史数据来回测。量化投资者把数据和科学模型视为投资的核心。

> 当我们坚持认为市场和人类的心理是不可知的，并为之洋洋得意的时候，其实已经被误导了。对于人类认知的科学始现于欧洲黑暗时代。就像在第谷·布拉赫（Tycho Brahe）时代的天文学一样，现在的经济学研究和心理学研究正处于凯斯特勒（Koestler）所说的分水岭阶段。对数据的科学积累和分析会永远扫除我们的迷信、盲目信仰和无知。人类的行为将可以预测。
>
> ——索普和卡苏夫（Thorp and Kassouf，1967）

股票量化投资可以细分为三类交易策略：基本面量化、统计套利（stat arb）和高频交易（HFT）（见表 9－1）。三种不同类型量化投资策略的差异体现在几个维度上，包括理论基础、交易频率、策略容积、交易驱动力量以及回测检验。

表 9－1　股票量化投资的三种类型

	基本面量化	统计套利	高频交易
理论基础	经济学、金融学、统计学	套利关系、统计学	统计学、工程学、信息处理
交易频率	数天至数月	数小时至数天	瞬时至数小时
策略容积	高	中	低
交易驱动力量	策略	策略，但一些交易报单可能无法执行	市场
回测检验	可靠	交易成本的估计至关重要	海森堡不确定性原理在金融学中的应用

和主观型投资者一样，基本面量化策略也会试图应用基本面分析方法，不过这一策略会系统性地应用基本面分析。所以，基本面量化

策略会基于经济学和金融学理论以及统计数据分析。鉴于价格和基本面是渐进变化的，基本面量化策略的持仓时间可能会是数天乃至数月，并且由于组合的分散化，策略本身的容积将很大（即可以有大量的资金投资于这种策略）。

统计套利策略旨在从紧密相关的股票中挖掘相对错误定价的机会。因此，它的基础是对套利关系和统计学的理解，买卖换手速度通常会快于基本面量化策略。由于交易更频繁（也由于存在套利机会的股票可能更少），统计套利策略的容积会更小。

高频交易策略则是建立在统计学、工程学和信息处理基础上的（因为高频交易能否成功，部分取决于交易的速度）。高频交易者之间的竞争集中于谁的计算机和计算机程序更快，谁的计算机与交易所服务器离得更近（比如把计算机和交易所服务器放在一起，或使用高速电缆等）。高频交易策略的交易频率最高，自然策略容积也是最小的。

这三种不同类型的量化策略有着完全不同的交易驱动力量。基本面量化策略通常事先就确定了交易内容，统计套利策略中的交易内容是逐渐确定的，而高频交易策略则完全是根据市场情况来相机决定如何下单。具体来看，基本面量化策略会找出预期收益率高的股票，然后买入，几乎总是能全部完成交易指令；统计套利策略则试图买入错误定价的股票，但是，如果在交易过程中价格已经修正很多，可能就会提起终止交易指令；高频交易策略可能会同时向多个交易所提交买卖双边的限价指令，让市场决定最后哪些报单能成交。从回测检验的角度看，上述交易模式意味着，基本面量化策略可以通过回测检验来模拟，且模拟的可信度较高；统计套利策略的回测检验很大程度上取决于买卖时点、交易成本和订单完成率等关键参数的设定；而通常，高频交易策略很难进行比较可信的模拟，所以高频交易策略也必须依赖试验。

高频交易策略的回测检验受制于海森堡不确定性原理在金融学中

的应用。在物理学（量子力学）中，海森堡不确定性原理认为，对于粒子所处的确切位置和动量变化的测量精度是有限的，因为观察和测量行为本身就会干扰到粒子。类似地，我们也无法精确模拟限价指令的执行时间和执行价格，因为提交限价指令的行为本身就会改变市场的动态均衡。

9.1 基本面量化策略

基本面量化策略依赖于诸如价值、动量、质量、市值规模和低风险等因子进行交易。其使用的信息与主观型股票投资策略类似，不过本质上是想教会计算机来做优秀的股票分析师所做的事情，然后用一种系统性的方法将这种投资方式应用于全球成千上万只股票。

基本面量化策略既可以应用于只做多头的投资，也可以应用于多空投资。事实上，由于量化模型分析了投资对象池中的所有股票，这些分析可以很自然地应用于市场中性多空对冲基金策略、130/30偏多头策略和以市场指数为基准的只做多头策略等的多种策略中。对于不同的产品策略，量化投资的构成要素都是相同的，即通过量化分析，找出哪些股票的预期收益率高，哪些股票的预期收益率低，以及各自的风险大小。多空股票对冲基金投资组合通常由多个因子构成，这些因子是一些投资于某种特定现象并以此现象来有规律地动态再平衡的投资组合。同时，这些因子可以较好地反映股票预期收益率的高低，因此同样适用于其他类型的股票量化投资。我们先要考虑的是价值因子，它反映了量化版的价值投资收益情况。

价值投资：量化版

量化版的价值投资就是对所有股票系统性地计算出一个有关股票基本面价值（未来自由现金流的现值）的指标，并把它与股票当前市场价格做比较，然后买入价值股（即基本面价值相对于市价之比高的股票），同时卖出那些具有相反特征的股票。

也许有人会认为，只有当使用的指标可以极好地衡量基本面价值时（即比市场价格所包含的信息更多时），这种策略才能奏效。可能让你吃惊的是，这一直觉总体来说是错误的。这是因为股票价格不仅取决于预期的未来现金流，同时还取决于现金流如何贴现，也就是说，价格反映了预期的收益率。简单地讲，价值投资之所以奏效，是因为股票价格等于预期的未来现金流除以预期的未来收益——将等式调换一下，预期的未来收益就等于预期的未来现金流除以股票价格。因此，任何能够在理论上用来使价格标准化的变量，都可能让价值投资发挥作用。

一个很好的例子是，即便是使用诸如账面市值比（BM）这样简单的价值指标（即股票的账面价值与市场价格的比率）进行价值投资，其历史表现都很好。[1] 当然，使用账面价值作为基本面价值的指标，可能过于简单，因为同时它还有与会计变量相关的所有问题（包括数据都是历史的而不是前瞻性的），但它仍然可以作为市场价值的一个有效参考指标。

基于股票预期收益率的不同，价值股很可能是具有高预期收益的股票，而高预期收益可能来自对风险的理性补偿，也可能来自制度摩擦，或者源自投资者行为的偏差。一些经济学家（如 Keynes，1936；Shiller，1981；Lakonishok，Shleifer and Vishny，1994）认为，股票的过度波动可以为价值投资者创造机会。

> 现有投资利润的日常波动很显然只是一种暂时性的、无足轻重的特征，但容易对市场产生过度甚至荒谬、不合理的影响。
>
> ——约翰·梅纳德·凯恩斯（1936）

图 9－1 给出了 Fama and French（1993）价值因子（high-minuslow，HML）的累积收益率。从中可以看出，价值投资的平均历史表现是好的。价值因子买入市场中账面市值比排名前30%的股票（即基于这个指标，估值最低的股票），并卖空估值最高的前30%的股票。[2] 通过多空对冲，价值因子的收益率表示的是估值低的股票收益率超出昂贵股票的部分，因此排除了整体市场波动的直接影响。在这一时期，价值因子实现了4.6%的年化平均超额收益率，年化波动率为12.3%，对应的夏普比率为0.4。

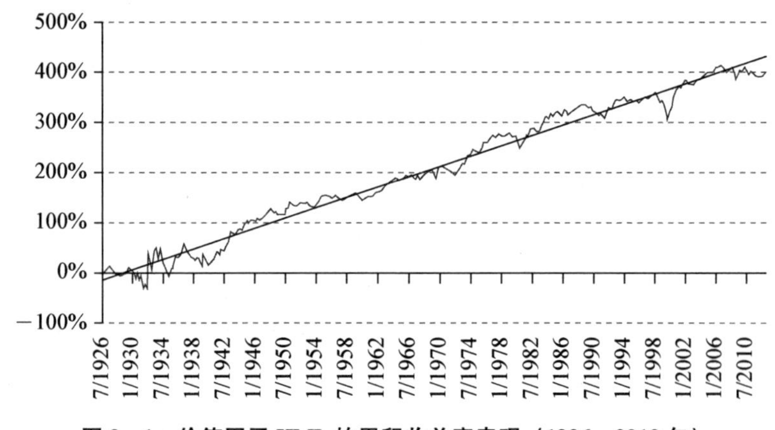

图9-1　价值因子HML的累积收益率表现（1926—2012年）

注：本图描述了多空价值因子HML的累积收益率（不计复利），基于股票的账面市值比构建。

如果采用其他价值指标，如收益价格比、股利价格比和现金流价格比等，价值投资策略同样奏效。下一部分将会讨论考虑到股票质量之后，还可以进一步提炼的价值投资。

价值投资策略在不同地区和不同资产类别中都同样奏效。价值投资策略在全球股票市场中都证实有用，包括英国市场、欧洲大陆市场和日本市场。同时，在股票之外的其他资产类别——如在大宗商品和外汇市场中——也证实了同样适用（Cutler，Poterba and Summers，1991；Asness，Moskowitz and Pedersen，2013）。有趣的是，对于不同地区和不同资产类别的价值投资策略，其收益具有正相关性，这表明可能存在一个普适性的全球系统性风险因子，与价值投资收益可以用风险来解释的观点相一致。如图 9－2 所示，价值投资的收益率与另一种重要的量化策略——动量投资策略的收益率负相关，后面将详细讨论动量投资策略。

图 9－2　价值投资策略和动量投资策略的表现（1972—2012 年）

注：本图反映了包括美国、英国、欧洲大陆和日本市场在内的全球价值投资策略与动量投资策略的累积月度收益率（Asness，Moskowitz and Pedersen，2013）

股票动量：量化版的催化剂

动量投资指的是买入近期的赢家组合，同时卖空输家组合。具体来说，图 9－2 中所显示的策略是考虑所有股票最近一年的累积收益（扣除最近一个月的收益），然后买入过去收益率最高的股票组合，同时卖空过去收益率最低的股票组合。如图 9－2 所示，动量投资策略的表现非常好。至少在不考虑交易成本的情况下，甚至获得了比价值投资策略还要高的收益。[3]

动量投资策略的优异表现表明，在过去 12 个月里表现优于其他公司的股票，其下个月的收益更有可能持续高于其他股票。动量效应很难用理性风险溢价来解释，这是因为如果可以的话，动量投资策略的高换手率就意味着股票的风险特征应该快速、频繁地变化。更让人信服的解释可能是，股票价格对于新的信息一开始往往反应不足，而后续可能会反应过度。也许令人吃惊的是，无论是初期的反应不足，还是滞后的过度反应，都会带来动量投资策略操作下的利润。首先，利好消息会导致当日股价上升，即使股价在刚开始时反应并不充分，股价未来也必定会持续上涨，即产生动量效应。其次，如果股价已经上涨一段时间，投资者就会蜂拥而入，导致滞后的反应过度，进一步强化动量效应。

另一种理解动量效应的方式就是将其看作量化版的股价波动催化剂。回顾我们在第 7 章所讨论的，主观型股票投资策略的投资者力图寻找有内在价值且具有催化剂效应的股票，即那些估值低，但市场即将发现其上涨潜力的股票。这种催化剂能让你的价值投资随着股价的上涨而快速盈利，而无须像股票分析师那样，坐等股票潜力被一点点发现，并承担等待过程中的所有风险。由于高动量的股票是那些过往业绩表现突出的股票，因此可能越来越受投资者欢迎。如果将动量投资策略和价值投资策略结合在一起，将会产生非常强大的组合。由于两者负相关，组合策略的风险调整后，收益率会比两者中任意单一策略都更高。一只价值特征和动量特征都非常好的股票，往往是正处于上升期的低估值的股票。它比一般的动量股票更有可能延续这种上升趋势（因为它仍然很便宜），并且更有可能回归到基本面价值（因为潜在的投资者开始青睐它）。

质量投资：格雷厄姆和多德投资理念的系统化

正如动量投资可以和价值投资天然互补，质量投资也可以（尽管原因不同）。质量投资是指购买高质量的股票，而就像在 7.2 节所讨论的那样，高质量的股票是指那些有盈利、具备较好成长性、业务经营稳定和经营管理良好的股票。不同的投资者对股票质量的每个组成部分可能都有不同的理解，但是 Asness，Frazzini and Pedersen（2013）全面考虑了各种质量指标后发现，平均而言，质量因子能够产生正的超额收益率。这不仅适用于美国股票，同样也适用于全球股票；不仅适用于市值低的股票，同样也适用于市值高的股票。

质量投资买入那些配得上更高价格（或者更高市值账面比）的优质股票，做空那些本应低价的劣质股票。与此相反，简单的价值因子会卖空估值更高的股票（不管高估值是否对应着高质量），也会买入估值低的股票（不管其是否本应如此便宜）。因此，质量投资也是简单价值投资的补充，而价值因子和质量因子确实往往具有负相关性。

如果把价值投资和质量投资相结合，我们得到的新策略就是以合理价格买入高质量的股票，相比其中任何单个策略，这种结合性策略会实现更高的风险调整后的收益。而将质量、价值和动量结合在一起，则可以构成更为成功的策略，即购买那些相对于其质量来说便宜且处于上涨趋势的股票，并卖空那些相对于其质量来说昂贵且处于下跌趋势的股票。

贝塔套利和低风险投资

经典的资本资产定价模型指出，证券的预期超额收益率应该与其 β 值成比例，即 $E(r_t^i - r^f) = \beta^i E(r_t^M - r^f)$。因此，如果股票 A 的 β 值为 0.7，股票 B 的 β 值为 1.4，那么平均来说，股票 B 的超额收益应该是股票 A 的 2 倍。但是资本资产定价模型从实证上看并不成立，因为 β 值低的股票的平均收益率几乎与 β 值高的股票差不多。用资本资产定价模型的术语来说，就是从实证上看，证券市场线（security market line，SML）过于平坦，如图 9-3 所示。

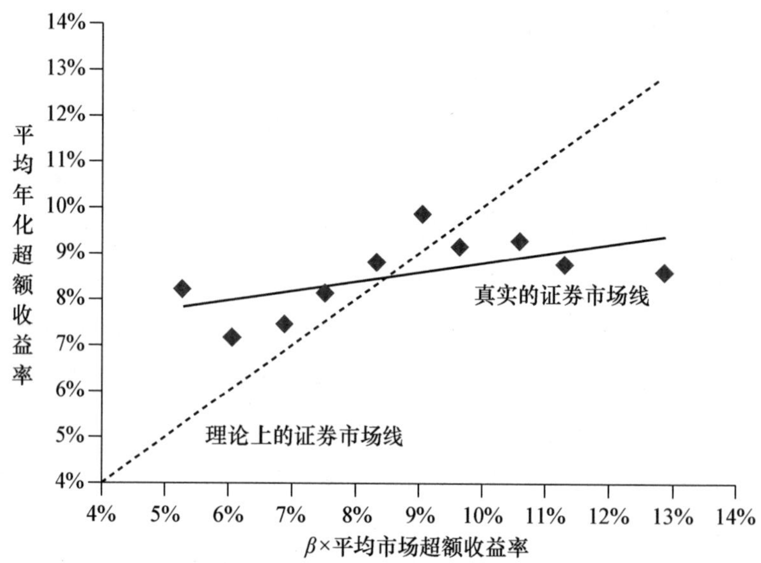

图 9-3　证券市场线相对于资本资产定价模型的预测来说过于平坦

注：图中画出的 10 个黑点对应的是 10 个美国股票投资组合，这些组合是根据 1926—2010 年股票的事前 β 值排序得出的。横轴表示每个组合基于资本资产定价模型的预期收益率，即事后 β 值乘以市场风险溢价 $\beta^i E(r_t^M - r^f)$。纵轴表示每个投资组合实际的平均年化超额收益率，即 $E(r_t^i - r^f)$。45°线表示根据资本资产定价模型得到的理论上的证券市场线。

如果实际数据与理论不符，该怎么办呢？是直接推翻理论，还是利用金融市场的实际运行不符合理论的现象去盈利呢？如果是后者，则该怎么利用平坦的证券市场线投资呢？安全股票的收益率高于资本资产定价模型的预测结果，换句话说，安全股票有正的 α，而风险高的股票有负的 α。

因此，你好像应该买入安全股票，并做空风险高的股票。但这样做一定可以获利吗？如果你按 1∶1 的比例操作，答案将是否定的，因为如图 9-3 所示，风险高的股票组成的 5 个组合的平均收益率略微高于更安全股票组成的 5 个组合。此外，买入安全股票，同时卖空等金额的高风险股票，并不是一个市场中性的投资组合，因为根据构成，这一组合的多头头寸要比空头头寸安全得多。

为了构建市场中性的投资组合，你需要购买价值约1.4美元的安全股票（即β值低的股票），并卖空约0.7美元的高风险股票（即β值高的股票）。这一投资组合确实可以盈利，因为尽管安全股票与高风险股票的平均收益率相似，但是安全股票的夏普比率显著高于高风险股票。这一投资组合利用的就是多头和空头在夏普比率上的差异，通过对安全股票加杠杆、对高风险的股票去杠杆，让多头和空头双方资产组合的β值均为1。这种组合称为贝塔套利（betting-against-beta，BAB）因子。如图9-4所示，美国股票市场的贝塔套利因子实现的夏普比率为0.78。从图9-4中也可以发现，贝塔套利因子在全球大多数股票市场以及信贷市场、债券市场和期货市场均有正收益。

低风险投资策略奏效的一个原因就是许多投资者会面临杠杆约束，或者不愿承担杠杆带来的风险。因此，想要获取高收益的投资者或许就会选择买入高风险的证券，而不会在安全证券上加杠杆。这种选择将推高高风险股票的价格，而高股价意味着未来的收益会低。同时，这种选择也将减少对安全股票的需求，从而压低股价，提高预期收益率。因此，修正的资本资产定价模型的均衡就会出现。在这个均衡中，存在杠杆约束的投资者会购买高风险股票，而杠杆约束小的投资者会加杠杆买入安全股票，所以证券市场线更为平坦。因此，贝塔套利理论可以解释为什么共同基金和个人投资者（他们会有杠杆约束或规避杠杆）平均会持有β值大于1的股票，而沃伦·巴菲特和杠杆收购投资者（LBO）一般会在更安全的股票上使用杠杆。[4]

低风险投资策略也存在另一些形式。一些只做多头的投资者会只买入安全证券，不会卖空高风险证券。这种投资方法应该能够获得比整体市场稍低的平均收益，但承担的风险要低很多，因此能获得更高的夏普比率。除了关注β值低的股票以外，其他一些投资者会关注收益波动率低、异质波动率低、盈利变化幅度小的高质量股票，或力图构建最小方差投资组合。

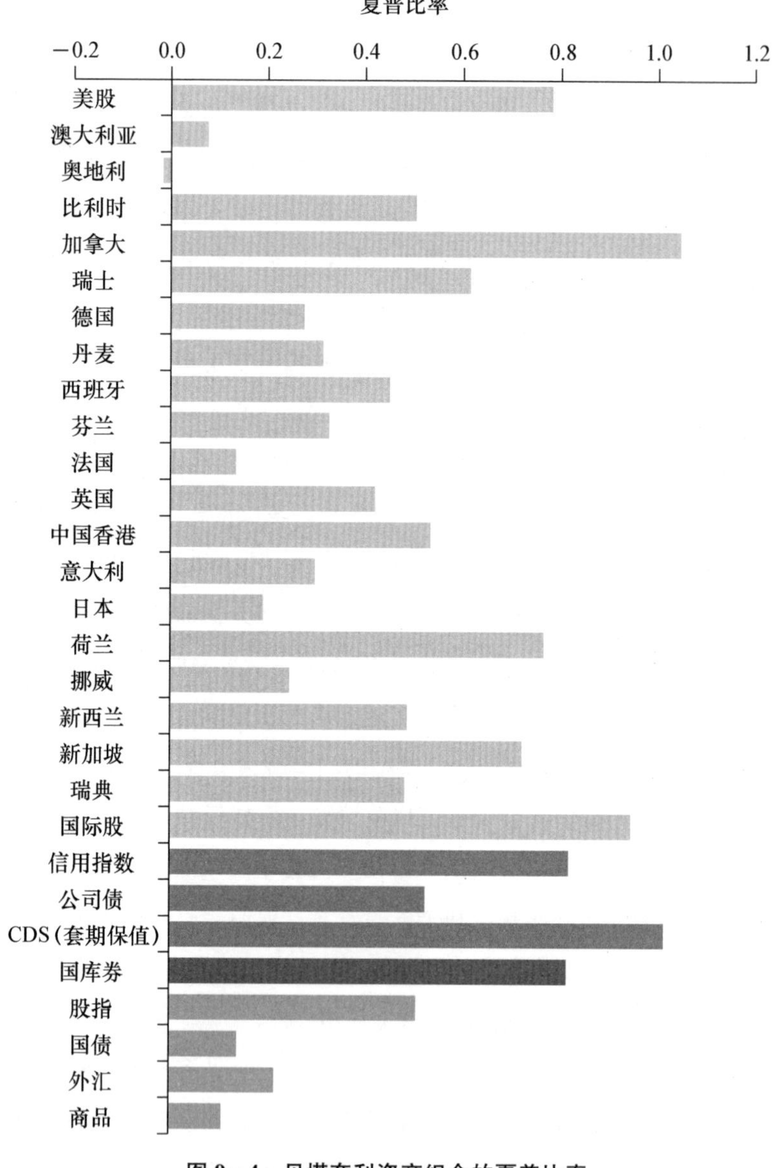

图 9-4　贝塔套利资产组合的夏普比率

资料来源：Frazzini and Pedersen (2014).

如果不考虑行业和部门，单纯地构建低风险投资组合，往往就会超配非周期性行业的股票，例如公共事业股票、零售业股票或烟草行业股票。然而，行业选择并不是低风险投资奏效的主要原因。事实上，历史业绩已经证明，低风险投资不仅适用于跨行业投资，也同样适用于行业内部的选股。

图 9－5 展示了美国各个行业内构建的贝塔套利因子夏普比率。例如，公共事业股票的贝塔套利因子就是加杠杆买入相对更安全的公共事业股票，同时卖空相对风险更高的公共事业股票。值得注意的是，低风险投资在美国的任一行业中都奏效。

量化投资组合的构建

量化投资者将模型应用于数百甚至数千只股票。这种分散化的投资方式可以规避大部分的非系统性风险，也就是说，整个组合已经基本消除单一公司的特质风险，单个个股的仓位已经小到不足以对整个组合业绩产生显著影响。

通过同时等量做多和做空股票，市场中性的量化股票组合也消除了整体股票市场的风险。有些量化投资者会让多头仓位的头寸金额等同于空头仓位的头寸金额，以达到市场中性。然而，这种方法想要奏效，必须确保多头和空头的风险相同。因此，量化投资者也会尝试平衡多头和空头的市场 β 值。而有的量化投资者既追求头寸金额中性，又追求贝塔中性。

量化投资者常常会消除（或部分消除）行业风险。在同一行业中，量化投资者可能会买入优质股票，同时卖空劣质股票，从而避免受到这个行业整体股票变动趋势的影响（也就是做到行业中性）。例如，图 9－5 展示了行业风险中性的贝塔套利因子的表现，这些可以组合成为一个整体行业中性的因子。行业风险中性投资组合的夏普比率会更高，原因有二：第一，它消除了行业风险；第二，它可以更精准地挑选出优质股票，因为此类投资组合的构建需要进行同行业比较，而这种比较往往更有意义。如果某一因子同时也适用于行业选择——比如动量

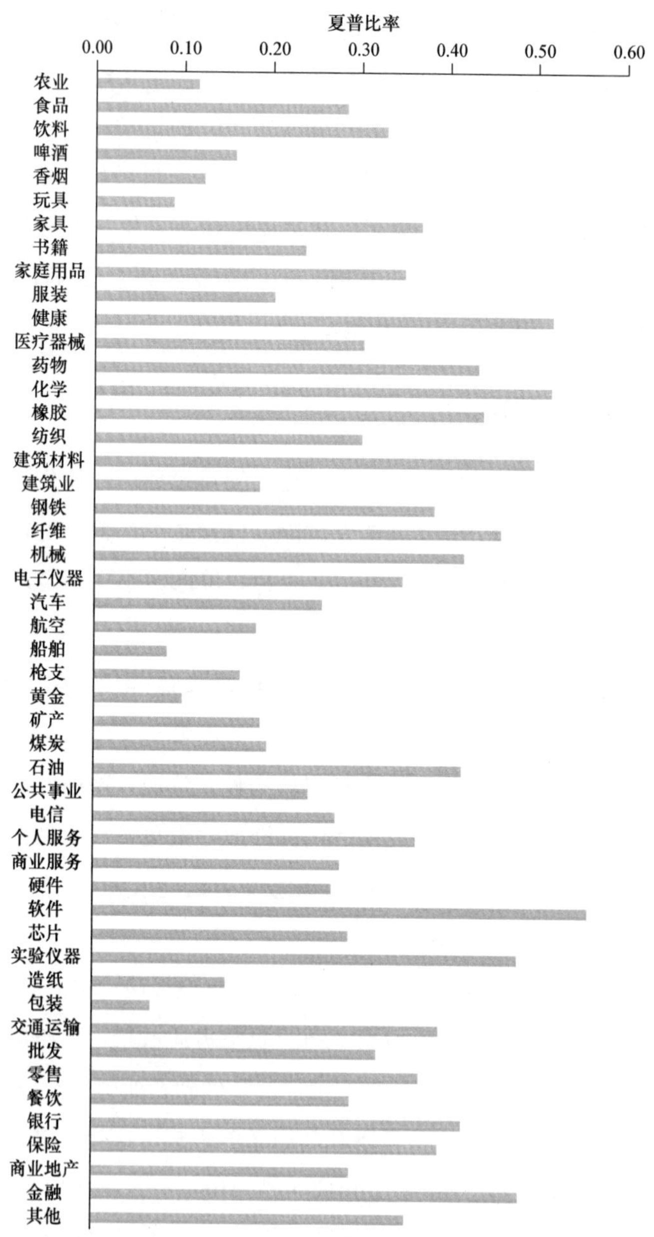

图 9-5　美国各行业内部贝塔套利策略的夏普比率（1926—2012 年）

注：每个横条对应着一个行业内贝塔套利策略的夏普比率。
资料来源：Asness，Frazzini and Pedersen (2014).

因子——那么量化投资者可能会同时考量行业内部动量效应和跨行业动量效应，并控制两者各自的风险。

当量化投资者排除了（绝大部分的）非系统性风险、市场风险和行业风险后，还存在什么风险呢？是不是就没有风险了？显然不是。剩下的风险就是与量化投资者想要押注的那些因子相关的风险。比如，如果使用价值因子来投资，那么投资的风险就是价值因子可能会有糟糕的表现。一旦估值低的股票继续走弱、被高估的股票继续走强，或者后来的情况表明，所谓便宜的股票相对于其不断恶化的基本面而言，其实并不便宜，此类策略就会失效。因此，正如所有的杠杆投资者一样，量化投资者同样会面临流动性旋涡的风险，就像后面将讨论的 2007 年量化事件一样。

前面已经介绍了量化投资的基本思路，但量化投资者在实际构建投资组合的时候，还是有很多差别的。比如，有些量化投资者会控制组合的波动率，而另一些则会保持固定不变的整体市场金额敞口。有些量化投资者会采用因子战术择时策略，即在不同时间选用不同的因子，而另一些则按固定的比例持有因子。在将股票的交易信号转化为投资组合仓位的方法上，不同的量化投资者也有所不同。学术界常用的那些理论上的因子，通常是买入按某一特征排名最靠前的 10%的股票，并做空排名最靠后的 10%的股票，依照此规则，每月对投资组合进行再平衡。这种策略的换手率很高，因此在实践中很少使用。在实际投资中，量化投资者会预判交易信号与相关股票未来预期收益的关系，构建投资组合和设计再平衡策略，以期实现扣除成本后的投资收益最大化。

2007 年的量化事件

2007 年 8 月，量化股票投资圈发生了一个重大事件，尽管这一事件不太为外人所知。为了看清这一事件，我们有必要从更高频率来考察一个比较典型的、高度分散的多空量化投资组合在那段时期表现如何。[5]正如本书序言中所提及的，我个人亲身经历了这一跌宕起伏的事件。

2007年6—7月，受到次贷危机连锁反应的影响，很多银行和对冲基金都开始遭受巨大的损失。这些损失迫使一些公司开始降低风险，并通过抛售像股票这样流动性好的资产来增加现金储备，但是这些抛售会损害常用的选股策略的收益。短期资金市场开始崩溃，一些资金短缺的银行开始裁撤一些交易部门，包括量化股票自营交易部门。同时，一些对冲基金出现赎回潮。比如，一些FOF（基金中的基金）触发了止损线，被迫强行赎回投资于其他对冲基金的资金，包括量化产品投资资金。

尽管次贷危机和量化投资者持有的股票并没有什么关系，但是量化策略的清盘意味着预期收益率高的股票将被出售。为了平掉空头头寸，投资者会被迫买入预期收益率低的股票。当然，不同的量化策略有着不同的投资模型，但是大家认为，预期收益率高的股票总会有一些重合——毕竟对冲基金经理所追求的目标相同，即高收益率。

到了7月，清盘行动开始对量化价值投资策略造成伤害，并在8月进一步加剧。而融资渠道的减少导致资金从潜在杠杆收购的标的公司中撤出，也伤害了价值投资策略。这些公司由于其价值和现金流特征，被杠杆收购公司视为价值股，而因为量化策略也会考虑类似的股票特征，所以量化价值投资同样受到了冲击。价值投资策略受到冲击的另一个原因是，多头的价值股往往具有更高的杠杆，因此对信用利差的扩大更敏感。

2007年8月6日的那个星期一，量化策略的大规模去杠杆行动开始。图9-6是一个基于价值和动量信号的行业中性多空组合，图中显示了这个组合的累积收益率。正如前面所讨论的，基本面量化投资也会使用很多其他因子，而且并不是每个因子都受到影响，但是很多量化投资者仍然在价值和动量因子上有敞口。此外，一些依赖价格反转的统计套利策略也受到了价格异常持续（图 9－6 中没有显示）所导致的流动性危机影响。

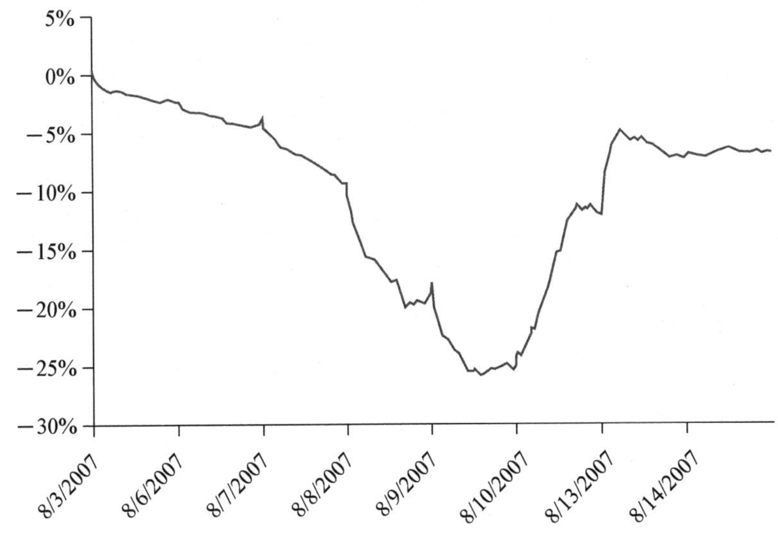

图 9－6　2007 年 8 月的量化事件

注：本图描述了美国市场大盘股构成的市场中性价值和动量策略的模拟累积收益率，2007 年 8 月 3—14 日，收益率被调整，以达到约 6％的年化波动率。

资料来源：Pedersen（2009）.

图 9－6 显示，8 月 6—9 日（星期一到星期四），量化投资者的平仓使这一投资组合遭遇了巨额亏损。之后的星期五和下一个星期一，随着调整结束，一些交易员重新建立了头寸，大量损失被挽回。这条曲线的平滑度非常值得注意，这并非是把几个点简单连接所形成的（图 9－6 使用的数据以分钟为单位）。这种平滑度主要是由于抛售压力，以及随后的反弹所带来的短期可预测性。比如，8 月 7 日的那个星期二，按照每 10 分钟的数据来观察，在 90％的时间内，这个策略的累积收益率都在下跌。这种可预测性为这一事件是流动性危机的事实提供了强有力的证据，因为它与随机游走现象在统计上有着显著的差别。

图 9－6 显示的亏损规模也值得注意。从星期一到星期四，累积亏损达到了 25％，收益率根据常用商业风险模型被调整到年化约 6％的波

动率。如果按照对波动率的简单理解来看，这就意味着在一定置信区间内，这一策略 1 年内的最大亏损可能为 12%。但事实上，在这一事件中，仅在 4 天之内，亏损就达到了 2 倍。

如果考虑到 4 天的波动率 0.74%（$=6\%\times\sqrt{4/260}$），那么，这一策略的亏损已经高达 30 倍的标准差。我们必须正确理解这个 30 倍的标准差。这一数字并不意味着，这是千年一遇的洪水，以后永远不会再发生了。实际上它表明这是一次流动性事件，而不是基于股票的基本面，也表明这种风险模型并没有考虑流动性风险，以及流动性旋涡内生的放大效应。的确，在大多数情况下，股票价格的波动主要受基本面新闻的驱动，但在流动性危机中，价格压力的影响可以很大。因此，我们可以把股票收益率的统计分布看成两个不同分布的混合：基本面带来的冲击混合着流动性效应带来的冲击。基本面因素通常是股价的主要驱动力，所以传统风险模型更多用于考虑基本面冲击，而对于这种流动性的尾部风险事件，一般不使用这些模型。因此，30 倍的标准差实际上表明，这一事件在统计上与传统的基本面冲击有显著区别，这必定是由流动性风险导致的。

那么如果你身陷流动性旋涡中，应该如何自救呢？要先判断你的亏损是真的源自流动性旋涡，还是仅由基本面导致。区分这两者很重要，因为流动性旋涡最终会结束，并且很可能伴有反弹，而基本面带来的亏损可能还会延续，而且没有理由反转。第 5 章中的图 5-5 展示了在流动性旋涡中股票价格经典的变化路径。当所有人争相出逃，价格会下跌，随后又会反弹（对此的分析基于我和马库斯·布鲁纳迈尔（Markus Brunnermeier）在量化事件发生两年前所建立的模型[6]）。图 5-5 中的模拟价格变化和图 9-6 中的真实市场价格曲线表现出惊人的相似度：两张图都是平滑地下跌，又平滑地反弹，最终新的价位低于初始水平。这种股价的下跌和反弹是流动性旋涡的显著特征。这种特征同样会出现在其他流动性危机中，比如接下来要讨论的闪电崩盘。

显然，如果考虑星期四之前的所有证据（参照前面的计算），我们可以确定，这次量化事件就是流动性旋涡，但这是在什么时候才变得清晰、确切的呢？在现实生活中，很多事都是事后才看清楚的，但是对于这一事件，量化投资者在星期一就已经比较明白了。首先，单日的亏损似乎太大、太平滑，用其他因素根本无法解释。其次，尽管 7 月份价值投资的亏损可以用基本面来解释，但是价值投资和动量投资一起亏损则很难解释，而且在当时，多头头寸中的股票基本面实际上是在改善（相对于做空的股票）。事实上，虽然模拟投资组合承受了巨额亏损，但当时股票分析师（相对于做空的股票）更多地是在加大对多头股票的推荐，这也说明亏损是由流动性造成的，而并不是基本面出了问题。再次，股票之间出现了异常的联动，这也表明是流动性旋涡。比如，在正常情况下，动量策略与价值策略是负相关的，但此时突然变成了正相关关系。换句话说，那些基本面原本没有关联的股票开始同向变动，仅仅是因为它们都在同一量化投资组合中。最后，星期一的事件还伴有其他警示信号，这在 7 月和 8 月的第 1 周就已经有迹象了。

确认是流动性旋涡之后，应该怎样应对呢？有以下几个选择：(1) 变现部分组合资产，增加现金储备，降低风险，但是这将继续推动价格朝更糟糕的方向发展，产生交易成本，并使你放弃一部分价格反弹带来的收益；(2) 调整投资组合，更多地转向那些不受平仓（流动性旋涡）影响的、更独特的因子，这也会产生交易成本，使你放弃反弹收益，但不释放现金；(3) 按兵不动，什么都不做；(4) 加仓你现有的头寸，押注反弹在即；(5) 不仅清空现有的组合，还要做反向交易，押注危机还将持续很长一段时间，这么大的赌注会产生很高的交易成本，而且和你通常情况下相信的所有因子背道而驰。

不同的量化投资者会做出不同的抉择，而最优的抉择取决于基金杠杆水平的高低、杠杆的融资情况（包括保证金要求和保证金变化的风险）、现金储备的多少、投资组合的风险以及组合的流动性和规模。对于没有使用杠杆、只做多头的股票组合来说，并不会有债权人强制平仓的风险（当然，投资者可能赎回他们的投资，但这往往比较慢），因此他们的最好选择就是坐等危机结束，甚至可以提高受冲击最大的因子的风险敞口。相比之下，杠杆较大的投资组合如果不进行风险管理，则可能无法承受这种巨额损失，因此需要谨慎地降低仓位，增加现金，避免被催保，而且事不宜迟。对于规模更大、流动性更差的投资组合来说，还必须考虑到，这样的风险管理可能要花费更长的时间。当你发觉流动性危机将要结束时，必须能迅速加仓，以便快速地从市场行情反弹中尽可能多地获利。事实的确如此。如图 9－6 所示，到了星期五，这个投资组合就开始反弹，赚取了巨额利润。而且，按每 10 分钟的频率来看，3/4 的时间都是获利的。

要记住一件很重要的事情：这一量化事件发生在整个股票市场相对平静的时期。在这个事件发生的一周内，股指总体上还上涨了 1.5%，而大盘从年初到 7 月底，以及到 8 月底，都是上涨的。因此，可以说量化事件并未被整体市场熟知，只有从量化策略组合变动中才能发现。

而到了 2008 年，流动性问题在整个经济领域扩散得更广泛。当年 9 月，随着雷曼兄弟的破产，出现了真正系统性的流动性危机。具有讽刺意味的是，价值或动量股票量化投资策略在 2008 年的表现仍相对比较优异。

9.2　统计套利策略

统计套利策略也是量化投资策略的一种，但是通常很少考虑经济基本面，考虑更多的是套利关系和统计关系。

双重上市股票：孪生股票

有些股票就像连体婴儿，它们的基本面价值在经济上具有关联性。一个经典的例子就是：不同国家的两家企业兼并，保留各自独立的法律主体地位，但是通过均衡协议，在经济上作为一家整体公司来运作。并购后的公司拥有双重上市股票，因为兼并前的股票依然在各自的交易所挂牌上市。

比如，联合利华集团源自 1930 年 Dutch Margarine Unie 公司和 British Lever Brothers 公司的兼并。现在的联合利华仍由两家不同的公司组成，一家为在荷兰的联合利华 NV，股票以欧元计价交易；另一家为在英国的联合利华 PLC，股票在伦敦证券交易所以英镑计价交易。尽管这两只股票的价格波动紧密相连，但如图 9－7 所示，两者间常常也会存在明显价差。

图 9－7　联合利华孪生股票对等价关系的背离

注：本图显示了联合利华 NV 和联合利华 PLC 股价之间的百分比差，通过 PNV/PPLC-1 计算得出。调整后的价格用同一种货币表示。

在全球一体化和有效的金融市场中，孪生股票的价格变动应该保持一致，总是同步变动。然而事实上，从联合利华和其他孪生股票中可以发现，这种等价关系总会有背离。每只股票都会部分跟随自身所在市场的变动而变动。

多重分类股票

当同一家公司发行不同种类的股票时，我们可以基于股票之间的紧密关联性统计，实施另外一种套利交易。不同种类的股票可以是A股和B股，或者普通股和优先股。通常来讲，B股的投票权要比A股小，但是与A股有相同的股息收益权。类似地，优先股和普通股有相同的收益权，但控制权更小（优先股通常是类债券型证券）。此外，不同种类股票的流动性存在显著差异。投票权和流动性的差异可以导致不同种类股票间存在非常大的价差。例如，图9-8显示了宝马公司优先股相对于其普通股的折价情况，折价随着时间的变化而变化，并且在很长一段时间内都非常高。

图9-8 宝马公司优先股相对于其普通股的折价情况

根据不同种类股票的价差来交易，并不是完美的套利。不仅因为价差可能会变大，而且因为公司重大事件可能会导致对不同种类股票的差别对待。比如，行动主义投资者或许会对公司经营活动提出建议，这将对不同种类股票产生不同影响，如差异化的股票回购。另外，许多公司事件也可能导致价差缩减为零，比如公司被收购。

足够高效又不完全有效的价差套利案例：孪生股票

统计套利者会利用孪生股票之间的价格差异进行套利。这些套利交易会减少价格差异，但是统计套利者之间的竞争并不能完全消除价差。价差套利交易需要持续不断地跟踪市场，从最初找到错误定价，到理解不同种类股票的合约权益差异，再到最后的交易执行。而交易本身也会产生交易成本，通常还需要对冲货币风险。

在完全有效的市场中，套利价差应该为零，而实际价差不为零，也为市场的非有效性提供了确凿证据。然而，考虑到当套利交易的风险更高、交易成本更高或套利资金更稀缺时，价差往往更大，价差实际处于足够高效又不完全有效的水平。同时，作为流动性风险定价足够高效又不完全有效的证明，在孪生股票中，往往流动性差的那只股票价格更低，特别是当流动性溢价非常高的时候更是如此。

作为市场足够高效又不完全有效的一个例子，我们来看一下在欧洲当地交易的联合利华的股票和以美国存托凭证（ADR）的形式在美国交易的对应股票之间的套利价差。联合利华 NV 的 ADR 与 NV 的市场价格非常接近，通常价差在 0～2%（取决于价格同步程度）。与此类似，联合利华 PLC 的 ADR 与 PLC 的市场价格也非常接近。然而，就像 NV 股和 PLC 股一样，两者的 ADR 也存在显著价差。这是为什么呢?

ADR 与普通股价格非常接近，是因为这样的套利相对简单。这是由于 ADR 和普通股可以相互替代，两者之间可以转换交易（这类似于交易所交易基金可以被申购和赎回）。而与此相反，如果购买 NV 的股票，并卖空 PLC 的股票，这些仓位不能抵消——必须同时持有两个头寸，直到它们的价格最终趋同，这可能会长时间占用资金。

ADR 之间的套利价差与普通股之间的价差非常接近。然而，如图 9-9 所示，ADR 之间的价差似乎更小一些。这种差异可能是因为 ADR

套利稍微简单一些——ADR的交易都以美元计价，所以不需要进行货币对冲。较小的ADR价差也可以作为市场足够高效又不完全有效的一个证据。

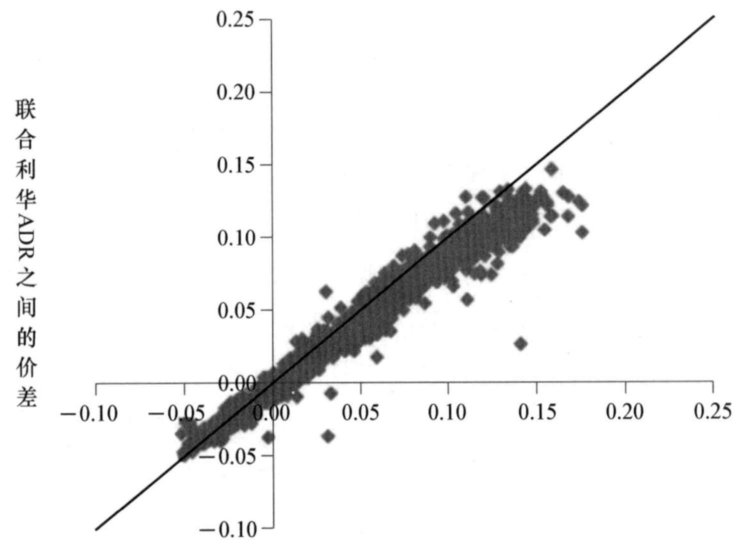

图9-9　ADR之间的价差和联合利华NV与联合利华PLC之间价差的对比图

注：横轴表示联合利华NV与联合利华PLC之间的价差，纵轴表示它们对应的ADR之间的价差（2000—2013年）。本图也画出了45°线，大部分点都落在横轴和45°线之间，这表明ADR之间的价差更小，因为它们之间的套利更容易。

配对交易和反转交易策略

除了寻找双重上市股票，以及紧密相关的不同股票种类以外，统计套利交易者还会搜寻那些只在统计意义上具有类似特征但没有任何明确套利关系的股票。[7] 其中之一就是配对交易策略。在这一策略中，统计套利交易者寻找高度相关的股票进行配对，识别股票价格出现分离的情形，并通过买入上涨滞后的股票、卖空上涨过快的股票来押注价差会收敛。

配对交易实际上是在押注价格的反转。统计套利交易者也会押注更广义的价格反转。这种广义的反转策略并不是投资于配对的股票，而是考虑更大范围内的股票池，并试图买入那些上涨滞后的股票，并做空那些上涨过快的股票。最简单的反转策略就是买入过去几天收益最低的股票，卖空收益最高的股票。而更复杂的反转策略（也称作残差反转或剩余反转策略）则会根据个股的特征以及具有类似特征的其他股票收益率，来估计个股的预期收益率，然后押注股票的实际收益率与预期收益率之间的残差会反转。

指数套利与封闭式基金套利

最后，统计套利交易者会试图在一揽子股票及其成分股之间的价差中寻求套利，比如股指期货与指数成分股之间的套利、期货与其对应的 ETF 之间的套利、ETF 与其成分股之间的套利，以及封闭式基金与其持仓股票之间的套利。这些策略的风险有限，因此套利空间不大。但封闭式基金套利除外，它可能产生较大价差。考虑到这些套利往往由很多交易构成，并且有最低融资成本的限制，这些策略通常需要非常复杂的交易基础设施，以确保交易成本最小化，并控制操作风险。

9.3　高频交易策略：足够高效又不完全有效的股票做市

高频交易使用了很多不同的交易策略，有的提供流动性，有的则需要流动性。[8] 在当今电子交易市场中，当高频交易提供流动性时，高频交易机构所扮演的角色本质上与传统的做市商以及纽约证券交易所大厅的场内专家并没有什么差别。

在所有投资者都一直参与其中且拥有完全相同信息的完全有效市场中，流动性几乎是无限的，买卖价差也几乎为零。然而，正如我们所看到的，市场并不是绝对有效，流动性问题无处不在。为了理解在高效运行的无效市场中做市的经济学原理，应该注意到，大多数投资者并不会时刻关注市场，他们偶尔决定交易，而且往往想要立即成交。因此，市场中天然买方和天然卖方并不会在同一时间出现，即使同时出现，有时也会去不同的交易所，因此交易报单流程是碎片化的。这就意味着，市场价格会围绕均衡价格波动（均衡价格指的是所有买家和卖家同时出现在市场中的价格）。如果没有做市商，价格波动会更剧烈（这里指的是更广义的做市商，包括提供流动性的高频交易商）。也就是说，当出现在市场中的买方过多时，价格就会被推高；当卖方过多时，价格则会被压低。

做市商提供了一种服务，即流动性服务（或者即时成交便利服务）。也就是说，当卖方多于买方的时候，做市商就会随时做好买入超额供给的准备。做市商将证券以库存形式持有，直到天然的买方出现，然后通过降低库存来满足买方的需求。

做市商会对自己提供的流动性服务收取费用，其价格就是做市商的利润，也是市场中天然买方和卖方的交易成本。具体而言，做市商通过买卖报价价差和市场冲击获得利润，比如在价格波动的时候低买高卖。这很像杂货店的盈利模式，利润来源于买入杂货支付的成本与卖出杂货的销售金额之间的差价。杂货店需要赚取足够高的利润，以支付员工工资、租赁费、运输成本以及资金成本。但是，在一个完全竞争的市场中，利润不应该高于这些费用。同样，做市商也要补偿其提供流动性所产生的成本，并且市场竞争性越强，市场的流动性就越好。

除了在构建大型交易基础设施上要投入成本之外，做市商还会面临亏损的风险，因为做市商是在与具有信息优势的投资者交易。实际上，卖盘压力大导致做市商成为净买入者的原因既可能是零散报价，也可能是均衡价格的确发生了变化，而做市商无法确定其原因。就前者而言，做市商低价买入，并在价格反弹时高价卖出，可以赚取利润。就后者而言，做市商低价买入，但当他们意识到价格压力并不是暂时效应，而是反映了基本面价值在下跌时（而且卖家可能拥有做市商并不知道的信息），只能以更低的价格卖出。因此，为了获得盈利，做市商就需要根据市场状况，不断做出调整。一旦有新的信息出现，他们必须立即调整报价。事实上，限价报单为市场提供了免费的交易权力，即不论真实价值何时变化，都可以达成交易。

从理论上说，电子交易市场中的做市商会这样操作：他们会估计出股票的均衡价格，并以比均衡价格低一点的价格提交限价买单，以比均衡价格高一点的水平提交限价卖单。他们会根据这只股票和其他股票涌入市场中的其他报单，不断更新对于最优报单的估计。然后，当均衡价格变化的时候，他们会频繁撤销报单，并提交新的报单。此外，做市商必须管理好库存风险，确保报单能够鼓励市场消化掉自己的仓位，以及对冲市场风险和行业风险的敞口。

高频交易商除了提供流动性，也会执行其他很多策略。事实上，根据相关研究，他们使用市价指令来主动启动交易的次数，要多于其限价指令被动地被触发的次数。比如，和前面提到的统计套利策略类似，高频交易商也会利用相关联股票之间稍纵即逝的相对错误定价来交易。有些高频交易商还会想触发过期的限价指令，包括其他高频交易商提交的限价指令。比如，某个新闻公告提高了某只股票的价值，高频交易商就会立即触发（即买入）原有的、在旧均衡价格水平附近的限价卖出指令。当然，与此同时，提供流动性的高频交易商会立即撤销原先过期的报单指令。

高频交易商致力于彼此之间的“军备竞赛”，重要的不是快，而是更快。事实上，市场上只有那么多过期的限价报单，因此只有速度最快的高频交易商才能拿到报单。反过来说，为了降低暴露在逆向选择中的风险，高频交易商应该具备一种能力，即在报价变得不合时宜而被其他高频交易商拿到之前取消限价报单。

有的高频交易商也会尝试识别、挖掘那些被拆分为很多小笔报单、需要花费几小时或几天才能完成的大报单。比如，如果你想买入大量股票，就试着提交一个在每一分钟购买相同数量股票的限价报单，并比较你的交易情况和把订单分得更细、数目更随机、时间更随机时的情况，你会发现区别很大。

2010 年闪电崩盘事件

2010 年 5 月 6 日，美国股票市场发生剧烈震荡，后来演化为著名的闪电崩盘事件。当天早上开盘后，由于欧债危机不断加剧带来的恐慌情绪，市场大跌，并伴随着巨额成交量和大幅波动。

下午 2：32，标准普尔 500 指数下跌了 2.8%。因为波动率提高了，而且一些交易所出现了数据滞后等数据问题，限价报单指令变得稀少。电子交易市场的交易员开始质疑数据质量，他们感觉自己好像变成了盲人。由于害怕闭着眼睛交易，他们很自然地减少了报单，或者直接暂停了交易。

在这个时候，一家共同基金（据报道是 Waddell & Reed 金融公司）提交了一份 75 000 手电子迷你标准普尔 500 指数期货合约的大额报单（价值约为 41 亿美元）。市场中出现这种天量大单的情况很罕见。事实上，在那之前的 12 个月中只出现过两次，其中一次也来自这家共同基金。上一次这家基金下达类似的大额报单后，是在几小时内完成的。但是，这次恰好在闪电崩盘的当天，这家基金打算利用算法，在 20 分钟内将报单搞定。在接下来的 13 分钟里，股指下跌了 5.2%，如图 9－10 所示，在这么短的时间内，这无疑是一种巨大的波动。

一开始，高频交易商为市场提供了流动性。当市场一直在下跌时，他们是净买入方。但是，到了下午 2：41，高频交易商就转变为净卖出方，可能是出于降低其库存风险的目的。但是，从美国商品期货交易委员会（CFTC）和美国证券交易委员会的备案文件中可以看到，在整个事件过程中，高频交易商主要是在他们之间买入和卖出：

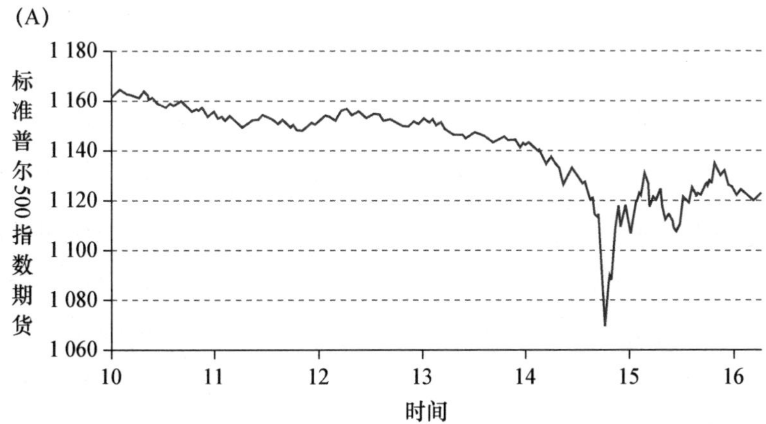

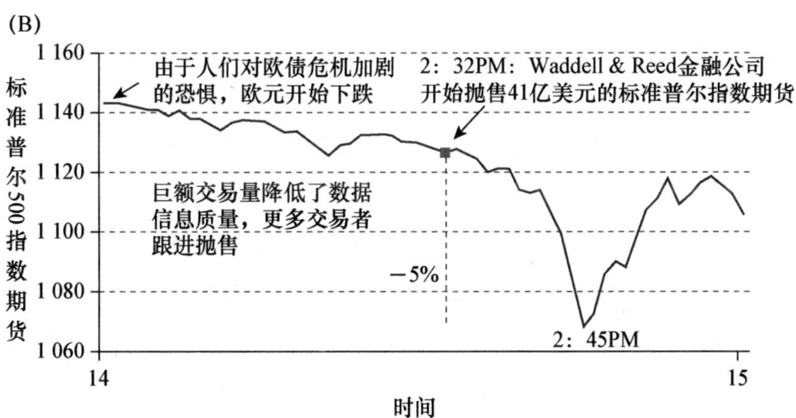

图 9－10　2010 年 5 月 6 日闪电崩盘事件

由于基本面策略的买家和跨市场套利者的交易需求仍然匮乏，高频交易商开始快速买入，再快速卖出彼此手中的合约，产生了“烫手山芋”的交易量现象，相同的头寸被迅速地来回转手。从 2：45：13 到 2：45：27，高频交易商成交了超过 27 000 手合约，大约占总成交量的 49%，但净增加的持仓量仅有 200 手。[1]

美国商品期货交易委员会和美国证券交易委员会还指出：在下午 2：45：28，电子迷你盘交易熔断了 5 秒，为了防止价格进一步大幅下跌，芝加哥商品交易所（CME）的熔断机制函数触发了暂停交易指令。在如此短的5秒钟内，电子迷你盘的期货交易卖方压力得到部分缓解，买方情绪有所提振。当交易在2：45：33重启之后，价格开始企稳，并很快开始反弹。

当标准普尔500指数的价格几乎触底时，它的流动性几乎完全枯竭，因为限价报单几乎全部消失。而且，标准普尔500指数的流动性危机外溢到许多其他市场，部分是因为交易员当时都对标准普尔500指数下跌引起的相对错误定价采取了套利交易。相对价值投资者开始买入标准普尔500指数，并卖空其他证券，从而拉低了其他市场的资产价格（虽然稳定了标准普尔500指数）。首先是大量ETF受到影响，其次是众多个股受到波及。由于限价指令报单瞬间被一扫而空，许多股票出现了非同寻常的交易，市价指令开始触发那些处于极端价格的预埋单，包括以0.01美元的价格买入埃森哲公司股票。当然，大多数极端的成交单后来被宣布无效。

在这次闪电崩盘事件中，对高频交易商角色的讨论并不是关于它们做了什么，而恰恰是关于它们没有做什么，即提供无限的流动性。然而，当做市商面临压倒性的单边需求压力、市场价格混乱不堪，以及市场风险大幅上升时，其提供流动性的职能会失效，这些都是长期存在的问题。例如，当市场出现暴跌时（比如1987年的股灾危机），纳斯达克股票市场和柜台交易市场中的老式做市商就曾经把电话线拔掉。此外，比2010年闪电崩盘事件早半个世纪的著名的1962年5月市场崩盘也是如此。美国证券交易委员会事后调查发现，该事件也与闪电崩盘事件一样，纽约证券交易所信息公布的滞后和股价大幅下跌促使一些柜台交易员放弃了对特定证券做市的职能。[10]

9.4 AQR公司克利夫·阿斯尼斯访谈录

克利夫·阿斯尼斯是AQR公司的创始人之一和主管合伙人。AQR

公司是一家将金融理论和实务操作紧密结合的全球性投资管理公司。作为量化投资鼻祖之一，阿斯尼斯撰写了大量学术影响极大且备受赞誉的文章。在创立 AQR 公司之前，他是高盛资产管理公司（简称高盛）的董事总经理和量化研究主管。他在宾夕法尼亚大学取得双学士学位，并在芝加哥大学获得博士学位和工商管理硕士学位。在芝加哥大学，作为吉恩·法玛（Gene Fama）教授的学生和助教，他是最早开始研究动量投资的学者之一。他在博士论文中建立的动量策略迄今仍被学术界广为研究。下面 LHP 代表本书作者，CSA 代表克利夫·阿斯尼斯。

LHP：您的博士论文开创性地研究了动量、反转及统计套利——您是怎样产生这些想法的?

CSA：我在芝加哥大学读书期间，我的两位导师吉恩·法玛和肯·弗伦奇（Ken French）在做价值和规模效应研究。我最先想到的是，要拓展价值投资的研究。我花了很长时间来研究数据，并偶然发现了股票收益率具有很强的动量效应这一奇怪的现象（动量是用过去 12 个月剔除最近一个月的数据计算的）。动量效应和价值效应一样显著。事实上，如果考虑总收益，动量效应比价值效应更强。我还没有在学术文献中见过类似的研究发现（虽然事后获知，加利福尼亚大学洛杉矶分校的两位研究者在同一时期也在做类似的研究，只是他们没有剔除最后一个月的收益），所以我非常兴奋，同时也很紧张。吉恩是有效市场理论最忠实的支持者，所以要写一篇从表面上看与有效市场理论如此相悖的博士论文，让我有点心虚。我记得，当我把这些发现告诉他的时候，我满心认为他会让我推倒重来，但他的回答是：“如果数据确实显示是这样的话，继续做下去!”对我来说，那是一个伟大的时刻，我也因此对吉恩更为敬重。

在处理数据时，我发现的另一个现象是最近一个月的股价具有反转现象。我认为这非常有趣，但那时还不是很确定有何应用价值。后来证明，这一现象是现在许多成功的统计套利者所建模型的萌芽，而我放弃得太早了。这可以说是我的“钓鱼故事”中溜掉的那条鱼。

LHP：有没有在某一个瞬间，您意识到自己的动量研究结果是一个重大的发现?

CSA：对我而言，论文的关键时刻可能是把样本扩展回溯到 1926 年时。正如你所知道的那样，克服数据挖掘偏差的最好办法就是样本外检验。所以我想验证我的这一发现在其他时间段里是否依旧成立。在开始时，我的分析所用的数据与吉恩·法玛和肯·弗伦奇使用的 1963—1990 年数据完全相同，但是我突然意识到，数据其实可以从 1926 年开始。吉恩·法玛和肯·弗伦奇之所以从 1963 年开始，是因为他们无法获得公司更早的账面价值信息。这很明显，但我想说：“且慢！我可以使用自 1926 年起的数据，因为我根本用不到账面价值指标，那么又何必局限于老师的样本区间呢?”所以我用了 1926 年至 1963 年 6 月的数据来分析我的模型。这成为我人生中最著名的回归之一，我知道没有多少人有这种人生经历（而这也只是对我来说最著名）。在这些从未被研究过的原始数据上，测试结果很完美：动量效应很显著，最近一个月依然存在很强的反转效应，长期反转在 1963 年之前也奏效。对于当时 23 岁的我而言，这是一个非常激动人心的时刻。“我的天啊！竟然成功了!”这句话可以很好地形容我当时的心情。即便如此，我也从未想过动量效应能有如此大的学术价值，我那时只是为了毕业。

LHP：我在斯坦福大学读研时，老师反对学生去华尔街实习。他们说，芝加哥大学有些最好的博士研究生放弃学业，追随一名“堕落的”明星学生去华尔街工作，酿成了悲剧。那些博士研究生被称为芝加哥“失落的一代”。对此，您怎么看?

CSA：哈哈！之后许多年，我不断听到学术圈的朋友说起，吉恩对我放弃学术研究的行为很生气。我猜，我在芝加哥大学的许多博士同学随我一起离开，让状况变得更糟糕了。对此，我的回答总是：“真的吗?”而他们的回答也总是:“不，并不是真的……”吉恩把我训练成为一个很好的实证研究者，所以这种事情发生的次数足够多之后，我发现可能的确如此。但我总是努力把它当作一种赞美，并且到现在，我和吉恩的关系都非常好。

LHP：那么您为什么要去华尔街工作呢?

CSA：我绝对热爱我在芝加哥大学的研究工作。但因为我在本科毕业后直接进入了研究生院，所以我必须承认，我心里总是惦记着真正的世界到底是什么样的。另外，我大学时最好的朋友去了高盛工作，他告诉我，我至少应该去看看在公司工作是什么样的。所以我试着在高盛工作了一个夏天，结果开弓没有回头箭。刚开始，我是固定收益证券交易员，所以我在白天买卖债券，在晚上撰写关于股票的博士论文。不久之后，高盛决定组建一个覆盖股票和债券的量化研究组，并让我负责组建团队。量化研究组的业务范围非常广泛，我意识到这对我而言是一个机遇，我正在学校里研究的那些激动人心的课题都可以实现，与学术界同样严谨，却更加注重实用性。这确实非常吸引我。

LHP：从以学术理论角度研究市场到把研究成果应用于真实的交易这一转变过程中，最困难的是什么?

CSA：首先，我们要学习实际市场是如何运作的，以及所有经纪商之间的关系等问题。然后，很快就会意识到交易成本和构建投资组合的重要性。我不是说学术界不关注这些问题，但是当你真正地实盘交易，即人们所说的使用“真枪实弹”的时候，这就对你提出了更多要求。例如，你会意识到，如果想要投资一笔相当巨额的资金，你就不能如愿过多地投资于小盘股，因为它们的交易成本太高了。你也不能使用换手率过高的策略等。其次，最大的调整就是你必须让人们相信你确实能行。我可以告诉你的是，让别人允许你投资他们的资金（玩他们的“实弹”）的难度，与完成一篇成功的论文的难度是完全不同的。在高盛，我只是一个 25 岁的埋头跑计算机程序的工作狂，对他们说“给我一笔资金，这一量化投资策略似乎奏效”。比如，公司让我把研究成果报告交给阿比·科恩（Abby Cohen），她从当时到现在都是高盛的市场专家。我很尊重阿比，但她与我是类型完全不同的分析师。不过我依然把报告交给了她，她听明白并同意了我们的投资。

LHP：那么现实世界还有哪些不同呢？

CSA：现实世界与学术界最大的不同在于时间膨胀。这听起来有点太科学化，我来解释一下。这不是相对论中的时间膨胀效应理论，即当你高兴的时候，会觉得时间过得很快。但是可以套用这一概念：当你真正做投资的时候，对时间的感觉就会发生变化。假设你在观察某一夏普比率为 0.7 的策略的累积收益率，发现它有 3 年表现糟糕。你一点都不担心，会说：“喔，快看，这发生在 1973 年，但是到 1976 年就回来了，这对于一种夏普比率为 0.7 的策略很正常。”但是，如果你实际经历过这段时期，就会身心俱疲，因此主观上会觉得，你所经历的时间几倍于实际上的时间。如果在 3 年的时间内，你的策略都不怎么奏效，你就会感觉如同经历了 10 年之久。你面临巨大的压力，迫使你修正模型。老板和客户都对你失去信心，这时我没有办法跟你说，这需要多大的自律性才能保持淡定。

LHP：沃伦·巴菲特的伯克希尔·哈撒韦公司的股票收益夏普比率与此相近。

CSA：是的，当然他也有亏损的时候——有时金额甚至大到可怕。0.7 的夏普比率可以帮你获得巨额财富，但很多时候你也会亏损，并且有可能连续亏损好几年。我很幸运——这可能是我职业生涯中最幸运的一件事——最开始的几年，我的投资业绩非常好。在开始投资的前两年，风险调整后的收益率很高，我们赚了很多钱。如果头几年我们的业绩糟糕，或许我已经转行了。这就是这个行业的特点。我们有一个很好的投资模型，在历史上一直奏效，包括在我论文完成以后真正的样本外时期，所以我不认为这些好运是不公平的（我当然不这样认为）。但是，离开学术界，你最大的心态改变就是要准备好经历不可避免的低谷期。

LHP：是的。您在高盛创建量化研究组时，就已经是拥有三位数收益率的年轻人了。照此发展，您将会成为高盛的合伙人。那么您为什么会离开高盛，自己创建一家新公司呢？

CSA：这不是一个容易的决定。我们在高盛做得很不错，而且他们对我们也很好。但是，如果你向前看就会发现，在高盛要走的路和在一家独立公司要走的路完全不同。对我而言，在大公司中的成功更多的是成为管理层的一员。而走自己的路能让我与研究更近，这一直是我的热情和兴趣所在。以下的一系列因素促使我做了这个决定。其一，芝加哥大学的一位博士同学（当时也为我工作）离开我，建立了自己的对冲基金，他创业初期的成功激起了我的竞争欲望。其二，高盛其他组的一位同事戴维·卡比勒（David Kabiller）也开始游说我们，认为我们自己做也能成功。他有很多商业想法，对我们的信心甚至超过了我们自己。于是，一年之后，我与约翰·刘（John Liew）和鲍勃·克莱尔（Bob Krail）（他也是我在芝加哥大学的博士同学，他们两个人是我团队最资深的成员）带上团队其他成员中的一半，一起离开了。我们和戴维一起创建了AQR公司。应该说，留在高盛继续管理我以前小组的那些人也是一支全明星团队。

LHP：所以您决定抓住机遇，成立AQR公司？

CSA：是的。募集资金比我们最初预想的更简单。事实上，我们必须回绝其中半数的资金。然而，我们并不知道即将会发生什么。这些曾经在高盛年轻骄傲的量化分析师可能在很长一段时间内都要忍辱负重了。

LHP：您指的是科技股泡沫？

CSA：是的。事实上，1998年8月——在我们公司成立后的第1个月里，市场崩溃了，美国长期资本管理公司等其他一些对冲基金陷入了困境。然而我们这个月的业绩还是很好的。我们使用的是完全不同的策略，所以依旧能逆市盈利。接着，形势急转直下。回想一下，我们之所以能够逆市盈利，是因为我们的交易策略中两个非常重要的投资理念是价值和动量——虽然我们也使用其他策略，并且那些年也研发出了许多新策略，但上述两种策略依然非常重要。在科技股泡沫时期，价值因子完全失宠，虽然动量因子可以弥补一些，但完全不够。事后来看，我们开设自己的公司及成立第一只基金的时间恰恰是在科技股泡沫开始之前，更确切地说，刚好在科技股真正疯狂之前。还记得我之前提到的时间膨胀吗？我们公司经历了大约 18 个月的艰难起步期，但我感觉像是一辈子那么长。

LHP：面对艰难的起步，投资者是如何反应的？

CSA：很多投资者并没有离开我们，特别是那些真正了解我们的投资模型和流程的人。我们向他们展示了大量证据，来说明互联网股票的估值完全不合理，向前看，我们的业绩会更好。当然，并不是所有投资者都选择坚守，有人撤走了资金。在这个行业中，一个令人沮丧的问题是，许多投资者对短期业绩太敏感——好的业绩和坏的业绩都是（当然我们也曾是受益者）。许多投资者喜欢把资金投给近期业绩表现好的投资策略或基金经理，然后一发现问题就出逃。甚至更糟糕的是，他们会先观望一会儿，然后在最糟糕的时刻撤资。他们感觉自己像是要永远亏损下去，但统计显示，其实情形并没有那么严重。这种做法的问题是，如果在不好的时点使用或退出这些策略，你就无法利用好这些策略从而长期获利。我不应该抱怨太多。这可能就是为什么当初的某些策略会奏效，并且没有像大家设想的那么容易就被套利掉的原因。但是，一直保持这样的信念并不容易。无论如何，那些选择坚守的投资者在 2000 年互联网泡沫破灭后，以及接下来的几年里，确实获得了丰厚回报。

LHP：让我们换一个话题，来谈一谈您的量化投资方法。您是如何选择股票的？

CSA：每个人都有不对外说的绝招，但是，我还是要分享一些最基本的思路：正如我之前所提到的，忽略一些细节，最简单来讲，我们会去寻找那些估值低且正在慢慢变好的股票，从学术角度看就是价值和动量投资，并且做空那些具有相反特征的、估值高且正在慢慢变糟的股票。我们现在的模型要比这一思路精细得多，包括了其他投资主题，并且用更复杂、更先进的方法来搜寻价值和动量。虽然我们一直致力于完善我们的投资，但投资理念的核心 20 年来一直没有改变。

此外，虽然我博士论文的研究领域是股票，但我们将研究拓展到了债券（还记得我以前做过债券交易员吧）、货币、大宗商品和一些其他类别的资产。

LHP：量化投资与主观型投资有什么不同点和相同点？

CSA：我认为优秀的主观型基金经理往往和我们追求的股票一样——那些当前估值低且存在使其价格上涨的催化因素的股票，也就是和做空恰好相反的股票。事实上，在很长一段时间内，我都认为我们所做的事与其他投资者有很大不同，直到我意识到催化因素和动量效应有很多共性，量化投资者和主观型投资者同样如此。事实上，不管是理性还是非理性的原因，我认为，这类投资经理（量化型或者主观型）可以长期为客户创造价值。量化和非量化的一个很大的区别在于，量化投资依赖于分散多元化，而主观型投资依赖于高度集中。但是我们喜欢和不喜欢的股票，其特征都非常相似。

主观型投资经理非常熟悉其所投资的公司，我们做不到。但是我们的优势在于可以将交易理念同时应用于上千只股票。如果该理念奏效，很难长期亏损，因为我们把风险分散到如此多的股票中了。当然，正如之前所暗示的，即使你是正确的，也非常容易在一段时间内亏损！即使一名主观型投资经理对公司了如指掌，公司 CEO 也有可能是个貌似认真的贪污者，所以如果你只持有几只股票，就会面临单只股票的不可预测性。不管你对某个事物有多了解，都有可能犯错。

LHP：量化投资的主要好处是什么？

CSA：量化投资者能够处理大量信息。相比主观型投资者而言，我们能研究更多的股票和更多的投资因子。此外，可以将相同的投资原则应用于多只股票，还可以回测检验我们的策略，在听从模型建议时，也会有一定的原则。

LHP：您总是会听从模型的建议吗？

CSA：坚守原则很重要，我不认为我们能比其他人更少受到心理偏差的干扰，但是听从模型的建议可以有所帮助。如果使用模型时缺乏原则，就会面临重新引入我们试图加以利用的认知偏差的严重风险。例如，当人们大量抛售存在某些问题的股票，使这些股票估值变得很低，从而使长期持有变得有吸引力时，如果我们为了让自己更“舒服”，而用自己的判断去选择性地推翻模型，也许就恰好抛弃了此前押注的策略。坚守原则并不总是很容易，坚持一种投资策略是很难的。但人们放弃所选择的投资模型的时点好像总是在最差时机前后的一个半小时内。不可否认，这不是一项量化研究，而只是我的个人经验。坚持使用某些模型的困难也正是这些模型会奏效的一部分原因。

LHP：您是如何判定一个新投资因子的好坏的呢？

CSA：如你所知，我们有很多投资因子，从一些更复杂的价值因子和动量因子，到基于很多其他不同信号综合形成的因子。对此，我们已经研究了20年，对模型的任何修正和补充都必须经过大量的检验。首先，它必须有道理。其次，与主观型投资经理不同，我们一定会做检验，它必须经得起大量的样本外检验。例如，这个交易信号是否在所有国家都奏效？是否在不同时间段都奏效？从最初开发出来以后，是否一直奏效？如果可行，那么是否在不同的资产类别都奏效？再次，我们也会检验投资理念是否符合经济学原理，而不仅仅看收益表现。如果投资理念是一个因子能够预测公司盈利，从而可以预测股票收益，那么我们就会检验它是否真的能预测公司盈利，而不仅仅检验投资收益。最后，我们还会深入、细致地研究投资业绩在扣除交易成本后是否依然成立。

LHP：您认为这些策略奏效的主要原因是什么？

CSA：你知道的，一种策略奏效有三种可能的原因：第一种原因是偶然因素。我不认为我们的策略奏效的原因是这一种。（最好不是!）我认为我们的策略非常严谨。我们已经在上百个市场测试了我们的策略，包括从最初发现开始到随后 20 年的样本外检验。所以至少我很确定，我们的核心策略不是由于偶然因素才奏效的。但是，你依然必须将其列为一种可能，否则是不太诚实的。第二种原因是风险溢价。我们做多股票的风险大于做空股票的风险，因此可以获得风险溢价。第三种原因可能是，当前我们正在做的有点像吃免费的午餐，利用了其他投资者的非理性或行为偏差导致的市场无效性。坦率地说，这些年来我越来越倾向于最后一种，当然没有大多数主观型投资者感觉那么强烈。免费的午餐只是听起来很棒，你依然需要努力工作才能抓住它。你需要用到复杂的投资组合优化技术，而且不时地经历亏损。所以我认为，在一些地方，我们得到的是有纪律性的风险溢价。这些风险溢价和市场大盘并不十分相关，这就意味着，如果你的投资组合中没有这些，就应该添加它们。而在其他地方，我认为我们利用了人们的行为偏差。我们努力恪守原则，反向利用一些常见且能影响股价的心理特征，或机构约束条件。

注释

[1] 对账面市值比与股票预期收益之间关系的研究，可追溯到 Stattman (1980)。一种更为简单的价值度量指标是过去 5 年的收益，价值股是指过去 5 年收益较低的股票（De Bondt and Thaler，1985）。

[2] Fama and French (1993) 对小盘股和大盘股都分别构建了这种多空对冲组合，然后取这两种组合的平均值，这样做是为了减轻价值因子中的规模效应。

[3] 动量收益最早由 Jegadeesh and Titman (1993) 以及 Asness (1994) 提出。初始的反应不足和延迟的过度反应理论由 Barberis，Shleifer and Vishny (1998) 和 Daniel，Hirshleifer and Subrahmanyam (1998) 以及 Hong and Stein (1999) 提出。更多关于与催化剂的联系的内容，请阅读本章对克利夫·阿斯尼斯的访谈录。

[4] Black，Jensen and Scholes (1972) 首先发现了较为平坦的证券市场线。杠杆约束可以解释这一现象的思想由 Black (1972，1992) 提出，并由 Frazzini and Pedersen (2014) 进行了拓展，他们在若干资产类别以及共同基金、个人投资者、沃伦·巴菲特和杠杆收购投资者的投资组合中找到了证据。Asness，Frazzini and Pedersen (2014) 研究了行业内部和行业间的贝塔套利因子。Clarke，de Silva and Thorley (2013) 考察了其他形式的低风险投资。

[5] 这部分的分析几乎完全建立在 Pedersen (2009) 的相关观点之上，也可以参考 Khandani and Lo (2011) 的有关论述。

[6] Brunnermeier and Pedersen (2005，2009).

[7] 参见 Gatev，Goetzmann and Rouwenhorst (2006) 对配对交易的研究，以及 Nagel (2012) 对反转交易和反转交易与流动性及波动性之间关系的研究。

[8] Jones (2013) 对高频交易、闪电崩盘以及一系列相关文献做了综述。Budish，Cramton and Shim (2013) 分析了高频交易商之间的“军备竞赛”。

[9] U.S. Commodities and Futures Trading Commission and Securities and Exchange Commission (2010).

[10] U.S. Securities and Exchange Commission (1963).

第三部分

资产配置和宏观投资策略

第 10 章　资产配置概述——主要资产类别的收益

投资组合的设计至少包括四步：决定组合应当取舍哪些资产类别；决定组合中每个资产类别的基本权重或长期权重；调节投资权重（也称为市场择时），以求从资产价格短期波动中获得超额收益；在资产类别中挑选个别证券（也称为证券选择）来获取高于该资产类别的超额收益。

——布林森、胡德和比鲍尔

(Brinson，Hood and Beebower，1986)

宏观投资应对的是投资者的总体资产配置，即在股票、债券及其他主要资产类别中分别投资多少。这一宏观投资目标可以分为两部分：

(1) 长期战略性资产配置政策。例如，在挪威主权财富基金（即挪威银行投资管理公司）的基准组合（也称为政策组合）中，约 60%为全球股票资产，40%为全球债券资产。

(2) 基于当前市场观点对长期权重再配置，即战术性资产配置或市场择时。例如，如果某养老基金认为股票市场特别具有吸引力，则可能会在短期内调高其股票资产的比重。又如，某宏观对冲基金也许对股票市场的战略性资产配置为 0，所以其投资策略就是基于自身战术观点在不同时间做多或做空股票市场。即使是市场中性对冲基金，也会利用资产配置的方法，来管理不同交易策略之间的相对配置比例。

这些宏观投资决策与证券选择——如股票选择——截然不同。宏观投资处理的是各个总体市场或资产类别之间的配置比例问题，而证券选择用来找出某个市场中的最佳证券。

宏观投资者要考虑总体市场发展和经济运行状况，如通货膨胀加剧与否，经济增长情况，哪些国家发展良好，全球贸易情况以及诸如政权更替之类的其他全球性趋势。宏观投资者常被视为采取自上而下法，即他们会先分析总体经济现状，确定哪些市场和行业部门未来可能表现良好，然后按照这些宏观投资理念挑选证券。反之，证券选择型投资者被看作采取自下而上法，即他们会找出自己喜爱的证券，而总体资产配置会自然产生。例如，假设某证券选择型投资者对许多巴西的股票感兴趣，则可能在对巴西整体市场没有明确看法的情况下，就已经大比例投资巴西股票市场。

本章首先探讨战略性与战术性资产配置的框架，接着描述几种主要资产类别收益的基本来源。[1] 第 11 章将进一步探讨收益的驱动因素和这些因素带来的全球宏观投资策略，并思考中央银行、宏观经济和其他因素如何对全球资产市场产生影响。随后第 12 章将介绍侧重趋势跟踪投资的管理期货策略。

10.1 战略性资产配置

大型机构投资者通常会首先确定自己的长期战略性资产配置，也就是说，期望的典型投资组合应与投资目标一致，战术性投资和证券选择都围绕着投资目标展开。这种战略性资产配置是养老基金、捐赠基金及其他投资者能否成功的关键。战略性配置有时又称为政策组合或基准组合。

大型机构投资者的战略性资产配置会自然地注重市场风险溢价，将资产配置明确划分为股票（股票风险溢价），政府债券（期限溢价），公司债券和其他风险债券（信用风险溢价），房地产、林地和基础设施等非流动性和实物资产（流动性风险溢价），以及现金储备。战略性资产配置也可以包含对另类风险溢价的配置，如本书所讨论的投资风格（价值、趋势跟踪、流动性、息差、低风险和质量投资溢价），或者借助主动型投资策略进行配置（例如在股票投资策略、宏观投资策略和套利策略之间的对冲基金配置）。可供选择的战略性资产配置方法本来就有很多。这里我们考量几种方法，分别为：被动型资产配置、固定比例调仓型资产配置、基于流动性的资产配置，以及基于风险的资产配置。

对于平均市场中性的对冲基金而言，战略性配置看似只不过是对市场的稳健型投资，但其实对冲基金经常会使用这些资产配置方法来确定各种策略的投资规模。例如，多策略对冲基金必须决定如何在不同的股票投资策略、套利策略和宏观投资策略之间进行配置，以及如何随着时间推移来调整这些配置。

被动型资产配置

市场投资组合是唯一真正的被动型投资组合。按照市场权重配置资产，这意味着如果股票资产在整个备选投资范围（如股票、政府债券、信用凭证和房地产）中所占市值为 45%，那么你也应该投资 45% 到股票资产中。

市场投资组合的被动性体现在两个独特的方面：第一，市场投资组合意味着可以实现最少的交易次数。当股价上涨时，投资组合中的股票配置占比自然也会升高，与此同时，市场投资组合中的股票配置比重也相应增加，因此你无须进行交易来维持被动型市场配置。只有在新证券发行或当你需要增减投资总额（比如因为增资或赎回）时，你才需要进行交易。

第二，市场投资组合具有宏观一致性，意味着人人可以为之。如果你买入市场投资组合，也并不会觉得别人是“冤大头”，买入的资产配置组合不如你。换言之，市场投资组合是与基于资本资产定价模型的均衡理念一致的。

固定比例调仓型资产配置

固定比例调仓型投资组合是指不断进行调仓，以求维持某种固定权重的投资组合，比如60％为股票，40％为债券。这一策略听起来被动，因为组合权重是固定的，但以下两个准则又让它显得并不被动：它需要频繁地调仓，而且在市场中并非人人可以为之。

60/40组合在养老基金中备受欢迎，也许是因为它的资产配置隐含着价值投资的理念。当股价上涨时，股票在投资组合中的权重会超过60％，60/40型投资者就会卖出部分股票份额。反之，股价一旦下跌，投资者就会买入股票。著名的耶鲁大学捐赠基金管理人大卫·斯文森(David Swensen)推荐这种投资组合调仓。

> 调仓是一种极其理性的行为。为了在市场波动中确保实现投资组合目标，你必须卖出业绩表现较好的证券，买入业绩表现较差的证券。换言之，坚守投资原则的调仓者会卖出“抢手货”，买入“冷门货”……当市场急剧波动时，调仓需要极大的勇气……在调仓活动中，私有资产所有者面临的挑战尤为艰巨。
>
> ——大卫·斯文森(2000)

基于流动性的资产配置

上述引文明确表示，斯文森认识到人们很难对流动性差的资产配置进行调仓。私募资产或私募股权投资是流动性最差的资产，通常很难或者根本无法出售。这种低流动性不仅会影响调仓的频率，使战略性资产配置产生偏离，而且会影响资金退出的能力。因此，可能需要在短时间内提现的短期投资者必须限制在流动性风险高的资产上的敞口。举例来说，对于每日均可赎回的共同基金，其资产必须能够快速变现，因此不能投资于流动性差的私有资产。所以，在具有不同流动性的资产间进行资产配置，必须视投资者的持有期限和融资能力而定。由此可见，具备稳定融资能力的长期投资者可以从流动性差的资产投资中获得流动性溢价回报（Amihud and Mendelson，1986）。

基于风险的资产配置和风险平价投资

许多投资者考虑的是应该在各类资产中投入多少资金（或在各类资产中的资本投入比例），而另一些投资者考虑的是风险。他们考虑在每一类资产上应该承受多高的风险。

为了理解基于风险的资产配置动机，先设想一名投资者在现金和一种风险资产（比如股票）之间权衡。如第 4 章所述，投资组合理论规定，风险资产的最佳投入额（x）是由其预期超额收益率 $E(R^e)$ 与方差 σ^2 的比率决定的，即

$$x=\frac{1}{\gamma}\frac{E(R^e)}{\sigma^2} \tag{10-1}$$

其中，投资比例因子取决于风险厌恶系数 γ。投资组合风险的大小如下：

$$\text{投资组合风险}=\sigma\times x=\frac{1}{\gamma}\frac{E(R^e)}{\sigma}=\frac{1}{\gamma}SR \tag{10-2}$$

这个投资组合的风险取决于风险资金的总规模。譬如，对年波动率为 10%的资产投资 1 亿美元，则次年收益或损失的标准差为 1 000 万美元。式（10 - 2）说明投资组合的风险由夏普比率来决定。当投资组合中包含夏普比率高的良好回报投资时，投资组合应该承担更高的风险。反之，如果夏普比率较低，承担的风险也应该较低。

如果预期夏普比率相对稳定，那么投资者应该找到一个稳定的风

险敞口。也就是说，当风险上升时需要降低风险资产的投资比例，当风险下降时则需要提高风险投资的投资比例。换言之，当夏普比率为固定值时，投资组合所需承受的风险也会是固定值。因此，风险资产的投资比例 x＝投资组合所需承受的风险/σ，它与资产波动率 σ 反向变动。

这种理念也可以应用于不同的资产类别。为此，投资者必须评估各个资产类别的夏普比率，并相应地配置风险预算。风险平价投资理论的构建基础就是不同的主要资产类别——股票、债券、信用凭证和实物资产（大宗商品和与通货膨胀挂钩的证券）——拥有类似的夏普比率。根据此观点，传统的资产配置似乎不够有效，因为其总风险中的很大比例（超过 80%）来源单一，即来自股票。反之，风险平价资产配置则意味着每一种资产类别为投资组合带来的风险都是相等的。有一种简单的风险平价资产配置方法，就是用每个资产类别风险的倒数作为其在投资组合中的权重。更为复杂的风险平价配置则会考虑各个资产类别之间的相关性。

无杠杆的风险平价配置比传统资产配置的风险要低得多，因为它将更多资金配置到风险最低的资产类别上。因此，需要加杠杆才能获得高额预期收益。杠杆既带来了风险，也是风险平价配置具有较高历史收益率（调整风险后）的原因。

Asness，Frazzini and Pedersen（2012）指出许多投资者都厌恶杠杆，而喜欢超配无杠杆收益高的风险性资产，如股票资产。这种行为提高了均衡状态下更为安全的资产类别的夏普比率，反而为那些愿意使用杠杆或者接受在更低风险水平下的低预期收益的投资者创造了机会。换言之，对于受到杠杆约束的投资者来说，传统的股票主导型资产配置也许高效，但不够有效，而受约束较少的投资者能借助杠杆得到更有效的切线投资组合。

10.2　市场择时和战术性资产配置

市场择时

市场择时（market timing）是指适时确定市场中多空仓位的整体规模。例如，投资者根据自己对市场走势的判断寻找股票市场进入和退出的有利时机。择时决定以定性和定量输入为基础，既可以基于中央银行的当前政策，又可以基于投资者对近期经济新闻中发布的指标的理解（如就业状况）来实施。

我们可以使用回归和历史回测来分析市场择时规则（如第 3 章所论述的）。具体而言，我们可以先研究投资者如何基于股息收益率挑选股票市场出入时机。为了了解这一运作过程，我们回顾一下股票收益率包含股息收益率和资本利得率这一基础知识。

$$R_{t+1}=\underbrace{\frac{D_{t+1}}{P_t}}_{\text{股息收益}}+\underbrace{\frac{P_{t+1}-P_t}{P_t}}_{\text{资本利得}} \tag{10-3}$$

我们通常能较好地提前估计股息收益率水平，特别是股票指数的股息收益率。例如，可以用上年的股息收益率（已知信息）代表未来预期股息收益率：$DP_t=D_t/P_t$。虽然很难预测资本利得率，但依然可以把股息收益率作为整体股票市场有效的择时信号。可以使用下面的预测回归方程检验择时能力：

$$R^e_{t+1}=a+bDP_t+\varepsilon_{t+1} \tag{10-4}$$

方程左边为超出货币市场利率的股票超额收益率，$R^e_{t+1}=R_{t+1}-R^f$。之所以考虑超额收益率，是因为市场择时最终考虑的并不是总共赚取多少收益，而是相比无风险投资能多赚多少。因为这是预测（市场择时）回归方程，方程右边的 DP_t 在 t 时刻观测可得，然而方程左边的超额收益率却要在 $t+1$ 时刻才能观测到。换言之，运用这一回归方程是想要确定：如果已经知道预期股息收益率，是否有助于预测未来的超额投资收益率。

回归方程中的系数 b 代表什么呢？如果系数 b 为 0，那么将股息收益率作为预测因子显然毫无帮助。这样的结果与随机游走理论一致：不存在能够预测超额收益率的因子（即使能成功预测，也只是纯属偶然）。如果系数 b 为正值（稳定且足够大），则表明预测因子对于预测是有帮助的；如果系数 b 为负值，则隐含着应该反向运作的含义，意味着当预测因子相当大时，应该卖空市场。

当我们将股息收益率作为预测因子时，就可以理解系数 b 大小的含义。尤其是考虑 $b=1$ 这种简单的情况，这意味着如果股息收益率增加 1 个百分点，预期股票收益率也会增加 1 个百分点。换言之，股息收益率之所以能够预测股票收益率，是因为它是股票收益率的一部分（如式（10－3）所示），然而股息收益率并不能预测资本利得率。

相比之下，随机游走理论假设系数 $b=0$。这意味着在高股息收益率的情况下，预期的资本利得率会降低，因此股票的整体预期收益率独立于其股息收益率。也许真相就藏在这些基准之间？实证数据显示，事实并非如此。

我对 1926—2013 年间的美国月度数据进行回归分析，并将每月超额收益率乘以 12，使其能与年股息收益率进行比较（该结果几乎与使用年度数据的回归分析结果相同，但是在重叠数据下，t 统计量应该使用更复杂的方法来估计）。[2] 图 10－1 描绘了股息收益率的时间序列情况。可以看到，股息收益率在过去一个世纪存在显著变化，有很强的持续性。此外，可以发现近几十年的股息收益率比以往更低，这反映了股票在同期估值更高。预测回归的结果如下：

$$R^e_{t+1}=-5.3\%+3.3\times DP_t+\varepsilon_{t+1} \tag{10－5}$$

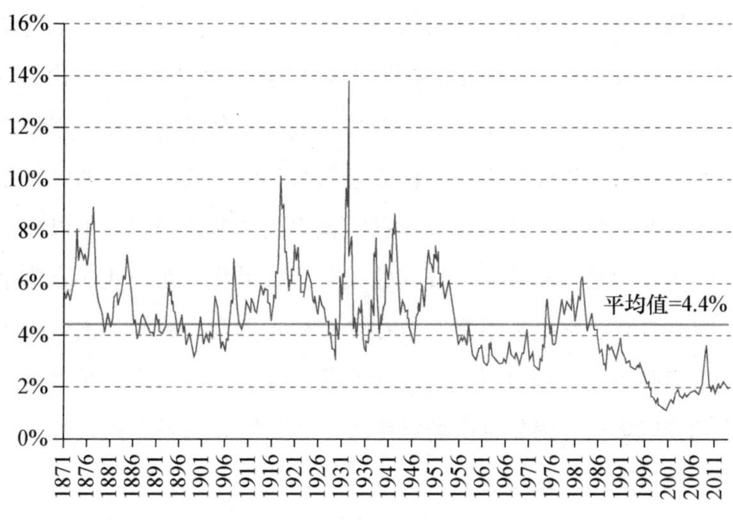

图 10-1　1871—2013 年间美国股息收益率情况

资料来源：Robert Shiller's data，http://www.econ.yale.edu/～shiller/data.htm.

可以看到，系数 b 的值实际上大于 1。也就是说，较高的 DP 不仅意味着能赚到较高的股息收益，也意味着投资者可以期待获得比正常情况下更多的资本利得。这一结论十分直观，较高的股息收益率意味着股票比较便宜，因而就会产生较高的预期资本利得。当股息收益率上升 1 个百分点时，预期资本利得率将会上升 2.3 个百分点，即整体投资收益率上升 3.3 个百分点。系数 b 的 t 统计量为 2.8，说明其是显著不为 0 的。[3] 然而标准误差为 1.2，说明系数 b 的取值范围相当大，介于 1（≈3.3－2×1.2）和 6（≈3.3＋2×1.2）之间。

此系数估计值暗示股票溢价将随着股息收益的改变而发生明显变动。比如，图 10-1 中观测到的最低股息收益率为 1.1%，出现在 2000 年互联网泡沫最大的时期。根据回归估计公式，可以算出当时的预期股票收益率为 $E_t(R_{t+1}^e)=-5.3\%+3.3\times1.1\%=-1.6\%$。观测到的最高股息收益率为 13.8%，发生在 1932 年股票市场低谷点，当时的预期股票收益率为 41%。

应该如何利用回归结果来指导交易过程呢？这里分析一个简单的历史回测。表 10－1 显示当股息收益率较高时，平均看来下一个月的市场收益率也会较高，为 11.2%。当股息收益率较低时，接下来的市场收益率会更低。这可以当作只在股息收益率高（或者低）的时点投资的历史回测。当我们只在这些股息收益率高的时点投资，可以获得大部分的市场回报，同时承担较低的风险。如果我们在这些时点借助杠杆，尽管夏普比率提高不多，但在整个样本期间，原则上该策略可以在同等风险条件下获得超过市场的回报。我们还可以进一步测试更为复杂的择时策略，例如将市场风险敞口作为股息收益率的线性放大函数（与线性回归一致）。

表 10－1　市场超额收益条件下的股息收益率

	DP_t＞中位数	DP_t＜中位数
市场超额收益 $t+1$	11.2%	4.2%
市场波动 $t+1$	21.6%	15.3%

样本外和样本内

前面的回归分析和历史回测都存在一个严重的问题：在 1926 年观测初期，还没人知道这些数据！为了设立择时策略，投资者需要决定三件事：(1) 预测因子是什么？(2) 预测因子的近期水平是高还是低？(3) 预测因子的变化如何转换成未来预期收益？

在实际操作中，上述每一步都很难，而历史回测往往在部分或全部步骤中都存在偏差。第一，选择合适的预测因子并不容易，通常历史回测会倾向于使用在过去奏效的变量。而这些变量在未来未必有用，因而产生了选择偏差。第二，预测因子的水平高低可根据有限的历史证据或个人判断及经济理论的指引得出，在样本内的回测中不难做到。但在 1932 年，当时的投资者并不知道股息收益率是之后 80 年内最高的，而在 2000 年，当时的投资者也不可能知道股息收益率是之后 10 年内最低的（尽管当时可以判断出这些数值很极端）。第三，我们难以估计预测因子的水平高低如何转换成预期收益。尽管拥有上百年的历史数据，但回归系数依然存在显著误差。

为了使用正确的方法来回测择时策略，我们必须考虑其在样本外的表现，即基于当时可得到的信息取得的回报（如第 3 章中所讨论的）。Welch and Goyal（2008）研究了美国股票溢价一系列不同的预测变量的样本外表现，他们发现大多数择时模型的表现不尽如人意。

显然，市场择时的困难程度简直让人难以置信——这是一种输赢概率接近相等的赌博。宏观投资如果想有胜算，要么必须先做好完善的战略性资产配置，再适度地进行战术性修正，要么必须采取多种择时策略，以分散风险。在第 12 章中，我们可以看到分散投资于股票、债券、外汇和大宗商品市场中超过 50 种简单的趋势跟踪择时策略表现出色。

战术性资产配置

如前所述，市场择时意味着决定对风险市场（比如股票市场）的资产配置，也就是在现金与股票之间进行权衡。而在多个市场中做决策称为战术性资产配置。典型的战术性资产配置决策就是在现金、股票、债券之间确定各自的相对权重。

全球战术性资产配置（GTAA）是范围更大的宏观投资策略。在这里，目标已经不仅是决定不同资产类别的配置问题，而且需要考虑不同的国际市场。譬如，是否应该投资美国、日本、英国、加拿大、巴西或澳大利亚的股票市场总体指数？是否应该在买入一些指数的同时卖空一些指数？在全球战术性资产配置决策下，资产配置与证券选择之间不再有明显的区别，因为全球战术性资产配置的投资者既可以做多巴西和澳大利亚的股票市场，也可以做空英国和加拿大的股票市场。在下一章，我们将讨论全球宏观投资者如何进行决策。

10.3 了解主要资产类别的收益

想要确定战略性资产配置，并做到对这些配置进行战术性调整，了解各类主要资产的收益就显得很重要。在这里，我们考虑长期收益来源和预期收益怎样随时间推移而改变。

股票投资收益的来源

在最基本的层面上，股票投资收益包含两个部分：股息收益和资本利得，如式（10－3）所示。当然，我们无法事先得知今后能实现的资本利得有多少，甚至想要估计预期资本利得也很困难。为了更好地了解资本利得的来源，我们可以进一步基于股价-股息比率（$PD_t = P_t/D_t$）对股票收益率进行如下分解：

$$R_{t+1}=\underbrace{\frac{D_{t+1}}{P_t}}_{\text{股息收益率}}+\underbrace{\frac{D_{t+1}-D_t}{D_t}}_{\text{股息增长率}}+\underbrace{\frac{PD_{t+1}-PD_t}{PD_t}}_{\text{价值变动率}}+\underbrace{\frac{D_{t+1}-D_t}{D_t}\cdot\frac{PD_{t+1}-PD_t}{PD_t}}_{\text{小调整项}} \tag{10-6}$$

我们可以看到，股票投资者能够获得三种类型的收益（以及一项常被忽略的小调整项）：第一，简单地获取股息。[4] 股息越高，则投资收益越高。重要的是，我们应该将股息与购买股票的成本对比考虑，该比率称为股息收益率。因此，高股息收益率可能由低股价引起。股息收益率通常约为 2%，且不同时期、不同企业间的差异巨大。有的公司不支付股息（可能分发股权），而一小部分公司的股息收益率甚至会超过 8%。

第二，当股息增长时，也能赚得相关的股票收益。股息增长自然会让你在未来能够获得更高的股息收入。然而，股价收益体现得更快：假设股价-股息比率保持不变，如果股息增长 4%，那么股价会上涨

4%，也就是 4%的资本利得。预期股息增长率是多少呢？首先，因为公司盈利是名义上的，利润和股息会受到通货膨胀的影响。因此，2%的通货膨胀率通常会使利润和股息随之上升 2%。其次，公司在正常的宏观经济增长（比如人均 GDP 增长）下，扣除通货膨胀因素，也会有约 2%的实际股息增长率。虽然从历史上看，实际股息增长率约为 1.5%，低于总体经济增长率（也许因为是新公司而稀释）。因此，这些数字加在一起得出的名义股息增长率为 3%～4%，比如 3.5%。

第三，从股票价值的变化中获得正的或负的股票收益。例如，如果近期股价-股息比率为 50：1，然后回调为 40：1（半途接近长期均值 30：1），那么你损失了 20%的股票价值。相反，如果股价-股息比率增加，则会带来资本利得。因此，资本利得的来源为相同价格下较高的股息或相同股息下较高的股价。

第四，当股价与股息同时发生变动，股票收益率会有一个细微的调整项。例如，如果在股息增长 5%的同时股价上涨了 8%，则调整项仅为 5%×8%＝0.4%，效应很小（这反映出新股息也会得益于股价上涨），因此通常忽略此项。

股票的长期投资收益到底是多少呢？从长期来看，估值不会永远上涨或下跌，故长期投资收益主要来自股息收益率和股息增长率。因此，对于一只具有代表性的股票，如果其股息收益率为 2%，股息增长率为 3.5%，那么从长期来看，将有 5.5%的预期收益率。

我们可以进一步计算股票溢价，也就是预期股票收益率与无风险利率的差额。股票溢价很重要，因为它描述了持有股票比持有现金的预期收益高出多少，而且可以视为市场当期对持有股票的风险补偿。当然，股票溢价取决于预期股票收益率和当期无风险利率两部分。如果当期无风险利率接近于 0，这意味着在前面相同的假设下，股票溢价约为 5.5%。更典型的名义无风险利率约为 3%～4%，也就是说，其等于 1%～2%的实际利率加上 2%的通货膨胀率。当无风险利率为 3%

时，在假设不变的前提下，股票溢价仅有 2.5%。当然，以上数据都有很大的不确定性。

1926—2013 年，美国年化股票溢价为 7%～8%，高于大多数国家。其原因有以下几点：美国的历史平均股息收益率为 3.9%，几乎为当今水平的 2 倍。历史上美国通货膨胀率约为 3%，股息增长率为 4.6%，也高于前面的测算值。股价-股息比率的增长（以及随时间变化的价值比率算术平均值凸性）使得因价值变动产生的资本利得率很高，约为 2.4%。[5] 调整项的平均值较小（约为 0.15%）。平均无风险利率为 3.5%，意味着平均实际利率水平较低。通过加总这些数值，得出历史股票的收益率为 3.9%+4.6%+2.4%≈11%，而股票溢价为 11%－3.5%=7.5%。鉴于目前股票估值很高，历史上的股票溢价水平将来未必会持续存在。股价-股息比率不可能永远上升，相反，价值水平会逐渐回归均值，使得未来股票收益率低于上述测算值。

最后，还可以通过盈利收益率（即盈利或净利润与股价的比率）来理解股票投资收益：

$$R_{t+1}=\underbrace{\frac{NI_{t+1}}{P_t}}_{\text{盈利收益率}}+\underbrace{\frac{P_{t+1}-(P_t+NI_{t+1}-D_{t+1})}{P_t}}_{\text{价格盈余}} \tag{10-7}$$

如果我们以账面价值来考察上述公式中的关系，则第 2 项为 0（称作净盈余会计关系），如第 6 章所述。而对于市场价值来说，第 2 项无须为 0，因为市场价值会由于各种原因而变动，而第 2 项的期望价值在一定条件下（大多适用于成熟企业）约等于通货膨胀率。[6]

$$E_t(R_{t+1})\cong\underbrace{\frac{E_t(NI_{t+1})}{P_t}}_{\text{盈利收益率}}+\underbrace{i}_{\text{通货膨胀率}} \tag{10-8}$$

因此，可以把预期盈利收益率视为一只股票或整个股票市场预期实际收益率的简单指标。这可以通过将式（10－8）两边同时减去通货膨胀率来粗略求得。对通货膨胀率更为准确的调整方法（当通货膨胀率较大时才会有显著的差异）是将下一期实际收益率 $R_{t+1}^{实际}$ 定义为 $(1+R_{t+1})=(1+R_{t+1}^{实际})(1+i_t)$，代入式（10－8），可得：

$$E_t(R_{t+1}^{实际})\cong\underbrace{\frac{E_t[NI_{t+1}/(1+i)]}{P_t}}_{调整后盈利收益率} \tag{10-9}$$

上述公式的分子已经剔除了通货膨胀因素，因而可以将盈利收益率当作实际预期收益率。事实上，为了使盈利收益率不受通货膨胀率影响，盈利和股票价格都应该用 t 时刻的货币测量，这就是在公式分子位置的盈利项必须剔除通货膨胀影响的原因。

投资者通常会将盈利收益率与债券收益率做比较（称为联邦储备模型，实际上美国联邦储备委员会并不以此作为股票估值模型），却忽略了盈利收益率为实际收益率，而债券收益率为名义收益率（Asness，2003）。直观地说，实际股票收益率并不会受通货膨胀影响，因为通货膨胀同时提高了未来的盈利和价格，但通货膨胀会降低固定息票债券的真实价值。

为了将盈利收益理论应用于实际数据，应该注意到 1926—2013 年美国的平均盈利收益率为 7%，接近实际股票收益率。价格盈余约为 3.6%，接近（但略高于）约 3%的实际通货膨胀率。因此，式（10－8）非常符合这段时期的样本数据。名义股票收益率为平均盈利收益率与价格盈余的加和，约为 11%。

2013 年末，盈利收益率约为 5.5%，在通货膨胀率为 2%的假设下，名义预期股票收益率约为 7.5%。该估计值高于式（10－6）估计的 5.5%，部分是因为受到周期性高盈利的影响。使用周期调整后的盈利收益率 4.3%计算，则名义预期股票收益率为 6.3%，大致与式（10－6）估计的数值相等。可以通过类似席勒周期性调整市盈率（CAPE）的方法来调整盈利收益率，即计算出经通货膨胀调整后的盈利的 10 年平均值。

债券投资收益的来源

这里，我们将债券的长期投资回报（持有至到期日）等同于债券的到期收益率。[7] 可将这项长期投资回报与在货币市场现金循环再投资的回报做比较。因此，如果债券到期收益率大于同期积累的预期平均隔夜利率，那么预期长期投资超额回报就为正值。债券到期收益率也可以与同期预期通货膨胀率做比较，因为投资者总会寻求较高的实际预期收益。

我们将在第 14 章中更加详细地分析债券投资收益。债券的单期投资收益率可以视为当期到期收益率减去修正久期（$\overline{D}$）与到期收益率变动的乘积，即

$$R_{t+1} \cong \underbrace{YTM_t}_{\text{到期收益率}} - \underbrace{\overline{D}(YTM_{t+1} - YTM_t)}_{\text{到期收益率变动导致的资本利得}} \qquad (10-10)$$

因此，债券的短期持有回报取决于到期收益率和预期到期收益率的变动。如第 14 章将要讨论的，可以通过收益率曲线的向下滚动来预测到期收益率的变动，即假定债券下一期收益率等于较短期债券的即期收益率（随着持有时间的推进，原有债券变成更短期的债券）。向下滚动得到的预期到期收益率变动是基于收益率曲线不变的前提，这在历史数据中通常是合理的假设。当然，随着时间的推移，收益率会有很多波动，这些波动反映了经济增长、通货膨胀和货币政策的非预期变化，每一期的投资回报完全受这些波动的影响。收益率变动也可以使用其他因子来预测，例如假设收益率会回归于其长期均值，或者考虑第 11 章将要讨论的预期中央银行政策实施情况。

信用投资收益的来源

对于固定息票的公司债券而言，其投资存在着利率风险和公司可能违约无法全部偿还本金的信用风险。纯粹的信用投资收益可通过对冲利率风险部分来获得，即借助买入公司债券的同时卖出相同久期的

政府债券来实现。这种信用投资收益大致相当于信用违约互换（CDS）的投资收益。信用投资收益主要取决于所谓的信用利差[8]，即相同久期的公司债券和政府债券的收益率差额，$S_t = y_t^{公司债券} - y_t^{政府债券}$。如果将公司债券与政府债券代入式（10－10），并且对违约损失进行调整，会得到如下信用投资收益公式：

$$R_{t+1}^{公司债券} - R_{t+1}^{政府债券} \cong \underbrace{S_t}_{信用利差} - \underbrace{\overline{D}(S_{t+1} - S_t)}_{估值和评级风险} - \underbrace{L_t}_{违约损失} \qquad (10-11)$$

我们看到，预期信用投资收益来自信用利差减去久期与预期信用利差变动的乘积，再减去预期违约损失的结果。由此可以得出结论，在其他条件不变的情形下，高信用利差会带来高收益。

由式（10－11）可见，资本利得与信用利差的收窄有关，相反，如果信用利差扩大，则会导致损失发生。因此，一只公司债券的短期风险不仅来自违约，也来自市场预测的违约风险变化所造成的信用利差变化，比如信用评级下调等（即评级风险）。如果持有公司债券至到期日，那么长期投资回报并不会受持有期间内估值变化的影响，而只取决于投资者是否能收到本金。事实上，式（10－11）的最后一项显示，违约所导致的损失同样会降低信用投资收益，该损失等于违约风险概率与违约事件损失金额的乘积。

从长期来看，信用投资收益近似于信用利差减去平均违约损失比率的结果。在 10 年的投资周期内，投资级债券的累积违约概率为 4%，这意味着每年的违约概率约等于 0.4%（在债券接近到期日时会出现最高值，因为其评级可能已经降低）。一旦违约，债券的损失率（即 1－回收率）取决于它是优先级债券还是次级债券，以及有无担保。无担保优先级公司债券的平均损失率约为 60%，即平均回收率为 40%。因此，对于 10 年期的投资级债券，从历史上看，真实违约事件所导致的每年平均违约损失比率非常小，约为 0.6×0.4%＝0.24%。假定投资级债券的信用利差约为 1%，那么长期超额投资收益率约为 1%－

0.24%=0.76%。当然，评级较低的债券的信用利差和违约风险相对较高，但大体来看，投资级债券的信用利差往往要高于预期违约损失比率数倍之多。

而投机级债券的损失比率接近于信用利差的一半。在10年期间，投机级债券累积违约概率为30%，折合每年约为3%。根据与上述相同的回收率假设，历史上投机级债券平均违约损失比率约为每年0.6×3%=1.8%。投机级债券的信用利差波动非常剧烈，从低于1%到两位数以上。如果投机级债券的信用利差为5%，每年就有5%-1.8%=3.2%的预期超额投资收益率。[9]

外汇投资收益的来源

接下来我们看外汇投资收益。简便起见，我们从美国投资者的角度来考虑，本币就是美元。假定投资者用1美元兑换成$1/S_t$单位外国货币（S_t是即期汇率，用来衡量每单位外币可以兑换多少美元，比如1日元可以换取多少美元），并将现金投资于国外的货币市场，其利率为R_t^{f*}。考虑当下一交割日（$t+1$）的即期汇率为S_{t+1}时，该笔投资的美元价值是多少。基于这一策略，该笔外汇的投资收益率公式如下：

$$R_{t+1}=\frac{1+R_t^{f^*}}{S_t}\cdot S_{t+1}-1=\underbrace{R_t^{f^*}}_{\text{汇率息差}}+\underbrace{\frac{S_{t+1}-S_t}{S_t}}_{\text{汇率利得}}+\underbrace{R_t^{f^*}\cdot\frac{S_{t+1}-S_t}{S_t}}_{\text{调整项}} \tag{10-12}$$

由式（10-12）可见，外汇投资收益是指外汇利息收益（即汇率息差）、汇率利得（即汇率升值）和调整项（随连续复利而消失）的总和。从数据来看，汇率变化很难预测，因此我们可以用外国的利率水平简单衡量该外汇投资的预期短期收益率[10]，这一理念构成了外汇套息交易的理论基础，后面将进一步讨论。

要得出外汇投资的长期收益率，我们必须明白，从长期来看，货币间的汇率水平符合购买力平价理论（PPP)。也就是说，在不同的国家购买同一辆车的花费不尽相同，然而从长期来看，其价格仍会趋于一致。对于那些方便流通的物品，如苹果手机，购买力平价会很快实现，反之则实现的时间较长。如果不同国家因薪酬水平差异导致产品的劳务成本显著不同，购买力平价理论可能就无法成立，比如丹麦和肯尼亚的理发价格短期内就很难趋同。

假设购买力平价理论将于 T 年内实现（取决于预期的收敛速度，比如说 T 为 5 年），我们如何预测对投资收益的影响呢？为此，我们将购买力平价理论成立时的汇率定义为 S_t^{PPP}。假定在 $t \sim t+T$ 年中，国内预期通货膨胀率平均为 i，而国外预期通货膨胀率为 i^*，则在购买力平价理论下的汇率可以演变成如下关系：

$$S_{t+T}^{PPP}=\frac{1+i}{1+i^*}\cdot S_t^{PPP} \tag{10-13}$$

如果我们假设购买力平价理论在 T 年内成立，那么汇率将会收敛至 S_{t+T}^{PPP}。因此，长期预期汇率利差为 $S_{t+T}^{PPP}-S_t$，取决于即期汇率与购买力平价理论汇率的偏差和预期通货膨胀率。我们可以利用这一关系得出直观的预期货币投资收益率公式。如果用 $t \sim t+T$ 期间的国内无风险利率（货币市场滚动投资的期望收益率或者 T 期的债券收益率）作为比较基准，则 $t \sim t+T$ 期间累积外汇投资超额收益率可以表示如下：

$$E_t(R_{t,t+T}-R_{t,t+T}^f)\simeq\underbrace{R_{t,t+T}^{f^*}-R_{t,t+T}^f}_{\text{利率之差}}+\underbrace{i-i^*}_{\text{通货膨胀率之差}}+\underbrace{\frac{S_t^{PPP}-S_t}{S_t}}_{\substack{\text{即期汇率与购买力}\\\text{平价理论汇率之差}}} \tag{10-14}$$

或者，如果假设汇率向购买力平价收敛了一半，则最后一项应该除以 2。

如果我们想要得到一个由年化通货膨胀率和年化利率组成的年化

期望收益率（而不是 T 年的累积收益率），则可以使用连续复利收益的方法得到以下表达式：

$$E_t(R_{t,t+T}-R^f_{t,t+T})\cong\underbrace{R^{f^*}_{t,t+T}-R^f_{t,t+T}}_{\text{利率之差}}+\underbrace{i-i^*}_{\text{通货膨胀率之差}}+\underbrace{\frac{\log(S^{PPP}_t)-\log(S_t)}{T}}_{\text{即期汇率与购买力平价理论汇率之差}} \quad (10-15)$$

这一公式说明，一个国家如果利率高，预期通货膨胀率低，相比购买力平价理论而言即期汇率低，投资该国货币将产生较高的长期投资收益。这三种因素产生的效应都比较直观。首先，利率高意味着在该国投入资金能得到高额名义收益。其次，通货膨胀率低意味着高名义收益率下的实际收益率水平依然较高，换个角度来说，即较低的通货膨胀率容易带动本币升值。最后，如果货币的即期汇率被低估，那么在远期价值回归后投资者会因此获益。

例如，假设澳大利亚无风险利率高于美国 3 个百分点，通货膨胀率高于美国 1 个百分点，且澳大利亚元兑换美元的汇率高于购买力平价理论下的汇率 5%。假设利率和通货膨胀率的差额持续 5 年，同时汇率在期间末收敛，则下一年的长期期望收益率为 3%－1%－5%÷5＝1%。

期望收益率也可以根据实际利率改写为：

$$E_t(R_{t,t+T}-R^f_{t,t+T})\cong\underbrace{R^{f,\text{实际}^*}_{t,t+T}-R^{f,\text{实际}}_{t,t+T}}_{\text{实际利率之差}}+\underbrace{\frac{\log(S^{PPP}_t)-\log(S_t)}{T}}_{\text{即期汇率与购买力平价理论汇率之差}} \quad (10-16)$$

注释

[1] Ilmanen (2011) 对各大资产类别的历史收益和预期收益驱动因素分析进行了出色的文献综述。

[2] 股息收益率数据来源于 Shiller's website，http://www.econ.yale.edu/～shiller/data.htm。

[3] 如 Stambaugh（1999）所示，受高持续回归因子的影响，回归系数将产生偏差，降低预测回归系数的统计显著性。

[4] 原则上，股息应包含所有支付给股东的款项减去股东投入资本，即净股权回购应包含在股利中。

[5] 股票溢价的计算为超出国库券收益的每月超额收益率算术平均数乘以 12，使用的加权股价指数来源于 Ken French's website，mba.tuck.dartmouth.edu/pages/faculty/ken.french/。复利收益的几何平均数比算术平均数低 1.4%，约为 6.3%。

[6] 要理解为什么预期价格盈余可以等于通货膨胀率，可以假设预期在 $t+1$ 时刻资产的实际市场价值不变，而预期名义价值会增长至 $(1+i)P_t$，且将留存收益 $NI_{t+1}-D_{t+1}$ 投资于净现值为 0 的项目（如现金或其他证券），则 $t+1$ 时刻的市场价值 $P_{t+1}=(1+i)P_t+NI_{t+1}-D_{t+1}$，挣得 i 的价格剩余。要理解为何此关系式可能不成立，可以考虑一家目前盈余及股利为 0 的企业，且其价值来自未来盈余可能突然大增的机会（在 $t+2$ 时刻或之后）。这样的企业的盈利收益率将为 0，且其预期价格剩余将等于期望收益率。

[7] 此表述仅在收益率等同于内部收益率时成立。如果票面利息全部用于再投资至到期日，则存在再投资风险。

[8] 对于含有嵌入式期权的公司债券或有提前偿付风险的抵押担保证券，本讨论仅适用于期权调整利差，而不适用于简单信用利差。

[9] 平均违约概率及回收率数据来源于 Moody's Investor Services，"Corporate Default and Recovery Rates，1920—2010"。

[10] 无抛补利率平价理论（UIP）认为更高的国外利率导致未来汇率变低，但实证数据显示无抛补利率平价理论并不成立。换言之，由于高利率与平均未来汇率贬值不相关，外汇套息交易平均而言是有效的。

第11章 全球宏观投资策略

整个世界不过是一张资本流动的地图。

——保罗·图德·琼斯（Paul Tudor Jones）

全球宏观投资者是指使用很多不同投资策略的一类对冲基金。全球宏观投资者在全世界所有大类资产类别中寻找机会，利用长期投资和全球大格局来设定仓位目标，有时也愿意承担较大的未经对冲的投资风险。宏观投资者会紧盯各国中央银行，关注宏观经济关联性，同时考虑各类财务和非财务信息，例如政治、科技和人口统计趋势等。

典型的全球宏观对冲基金通常投资整个市场指数，押注整体市场走势，或押注跨市场的相对价值变化。例如，股票多空投资策略的基金经理可能会押注福特的业绩将优于丰田，而全球宏观基金经理可能押注整个汽车行业将会繁荣，美国汽车行业（或整个市场）的表现将优于日本，或日元兑美元的汇率将出现下降。

宏观投资者会跟踪多个市场，包含全球股票指数、债券市场、外汇市场和大宗商品市场。他们会根据仓位间息差的变化、中央银行可能行动的预测、宏观经济环境分析、基于相对估值水平和全球各市场走势对不同国家利弊的判断以及其他将在本章中讨论的具体重要信息来决定是买入还是卖空。

全球宏观对冲基金会使用不同的方法来验证自己的投资判断正确与否。他们有的会走访各地进行调研，如拜访一国中央银行、诸如财政部门的地方官员、企业、新闻记者和政治家（执政和在野的）等。这一类基金经理试图评估经济走势、大众情绪、可能的政治和政策变动及一国贸易前景。一些主观型的全球宏观对冲基金认为当地的资讯十分重要，因此在世界各地设立当地办公室。而其他的主观型全球宏观对冲基金则认为小道消息并不可靠，因而更多地依赖于硬数据、历史先例、细致彻底的研究以及其他信息来投资。后者最极端的例子就是系统性宏观对冲基金和系统性全球战术资产配置基金，它们依靠量化模型来交易。

11.1　套息交易

外汇套息交易是最经典的宏观对冲交易，即在买入高利率货币的同时卖出低利率货币。例如，2012 年 1 月澳大利亚的年利率为 4%，日本的年利率接近于 0。因此，我们可以在日本以 0 利息借入 100 日元，兑换约 1 澳大利亚元，然后每年赚取 4%的利息。如果持有此仓位一年，则我们在年末的仓位是 1.04 澳大利亚元，且负债依旧为 100 日元。如果汇率仍然保持在 0.01 澳大利亚元/日元，则我们可以兑换回 104 日元，偿还借款后得到 4 日元的利润。然而，这并不是百分之百可以保证的利润。如果汇率变动，则利润可能很快转变为损失。想一想：什么样的变动会使你亏损，什么样的变动会使你得到比 4 日元还多的利润呢?

在汇率未发生波动的前提下赚取的收益——上例为 4%——称为息差。套息交易意味着投资高息差的货币，且卖空低息差的货币。

在过去，经济学家认为高利率的货币将会贬值，且平均贬值幅度将会大致抵消高出的利率。在这一假设（称为无抛补利率平价理论）下，套息交易一般不会赚得任何利润。然而，该假设不被数据支持（学术圈已经给出结论），即现实中的套息交易在过去都有利可图（正如宏观交易者所经历的那样）。实际上，平均而言，发达国家市场中的高利率货币不存在显著的升值和贬值现象。[1] 换言之，汇率变化有时可以减少套息交易的盈利，有时可以增加盈利，平均而言汇率变化对套息交易产生的损失和收益大致相抵。

套息交易的主要特点是有许多小额盈利和偶尔的大额损失，正如交易员所说：

> 套息交易利润的上升像是爬楼梯，而下降却像坐电梯。

简单查阅澳大利亚元与日元汇率的时间序列，就可以很明显看出这种收益模式的特征。因此，采用套息交易策略是有风险的，特别是使用了杠杆的交易。举例来说，某宏观交易员使用3倍杠杆进行澳大利亚元与日元的交易，希望赚取 $3\times4\%=12\%$ 的息差，然而这种方法可能使其在澳大利亚元突然大幅贬值时出现巨大的损失。

这种特殊的货币风险可以通过买入多种高利率货币和卖出多种低利率货币来分散，然而分散投资并不能消除套息交易崩盘的风险，因为在所谓的套息交易平仓时，大多数的高利率货币将会一起下跌。图11－1给出了外汇套息交易的季度利润分布。分布的高峰位置大于0，说明大部分时候套息交易都是盈利的，而左侧的驼峰形显示了一个分散化投资的套息组合也存在（不是那么不可能的）巨额损失的风险。套息交易平仓通常发生在市场流动性紧张、交易员需要募资、风险厌恶程度上升的经济动荡时期（Brunnermeier，Nagel and Pedersen，2008）。

这种风险使得宏观交易员思考应该何时退出套息交易。当流动性变得紧张且风险加大时，也许应该考虑抢在其他人开始行动前退出？这样的时机并不容易把握。当所有人都想要离场的时候，很多交易员不稳定的行为正是导致大规模息差平仓的原因。这就是我们在5.10节详细讨论过的流动性旋涡的一个例子。

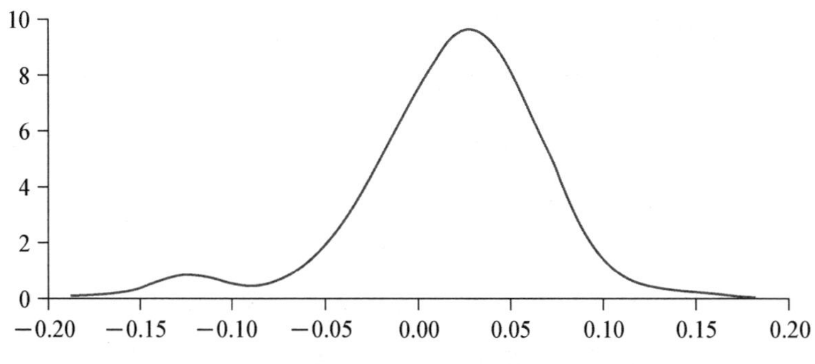

图 11-1　外汇套息交易的季度超额收益率分布图

资料来源：Brunnermeier，Nagel and Pedersen（2008）.

宏观交易员也必须留意那些实行固定汇率制或者受管制的货币。确实，如果某种货币汇率是固定的，那么直到固定汇率政策失败导致交易崩溃前，套息交易几乎都近似于完美套利。这种问题源于 20 世纪 70 年代墨西哥比索的经历，因此称为比索问题。宏观交易员通常不愿意基于息差来投资一种被管制的货币。如果他们认为某种货币的波动区间比较稳定，就会根据均值回归投资，即在接近货币价值下限时买入，在靠近上限时卖出。

更有甚者，宏观交易员可以赌某国的固定汇率政策可能崩溃，比如乔治·索罗斯 1992 年著名的“打败英格兰银行”的例子。这是个常被提及的故事，但在这里我必须提醒的是，这项交易是负息差。换言之，这次套息交易的仓位是反向的。为了防御对本国货币的狙击，中央银行必须提高利率（如 1992 年英格兰银行所采取的行动），而这项操作会使卖空货币者的交易息差为负。但如果货币短期内崩溃，负的息差将会被卖空的盈利抵消。

虽然外汇套息交易是最为人熟知的套息交易类型，但实际上宏观交易员可以对所有资产类别进行套息交易。息差的概念可以广义地定义为当价格维持不变时你所能赚到的金额。因此，广义上的套息交易是投资高息证券，并卖空低息证券。下面是一些套息交易的例子。

（1）货币套息交易。如前所述，这一交易意味着在投资高利率货币的同时卖出低利率货币。尽管也有其他流动性较差的期货市场存在，但宏观交易员通常使用外汇远期合约来获取货币敞口，进行套息交易。对冲基金很少会在现金市场进行此类交易（即在某一国家借入现金，然后将其换成另一国货币），而跨国银行可以这样操作。

（2）债券套息交易。债券的息差等于债券到期收益率减去市场融资利率。譬如，当日本的收益率曲线比较陡峭时，10 年期日本政府债券息差较高。一些宏观交易员会进行跨国债券套息，买入高利率国家的债券，并卖出低利率国家的债券。这样的交易可以通过现金债券（通过回购来融资）、债券期货或利率互换来实现。

（3）收益率曲线套息交易。宏观投资者也会交易同一国家不同期限的债券，这类交易称为收益率曲线套息交易。第 14 章将提供更加复杂的测量债券息差的方法（包含所谓的骑乘效应①），仔细讨论如何实施债券和收益率曲线交易。

（4）大宗商品套息交易。大宗商品期货合约的息差是指在现货价格不变的情况下产生的收益。由于期货合约到期价格等于现货价格，息差可以直接利用现在的期货价格来算出。大宗商品息差的产生是由于需要实体存货的生产者的便利收益和大宗商品指数投资者的期货价格扭曲。大宗商品套息交易投资高息差的大宗商品，并卖出低息差的大宗商品。另一种套息交易是投资同一商品不同期限的期货合约，如买入 12 月到期的原油期货合约，同时卖出 3 月到期的息差更低的原油期货合约（这近似于债券的收益率曲线套息交易）。

（5）股票套息交易。股票的息差是其股息收益，因而股票套息交易是指投资高股息收益的股票期货，并卖出股息收益较低的股票期货。

---

① 骑乘效应是指在收益率曲线保持不变的条件下，到期收益率随着剩余期限缩短迅速下行而给投资者带来的收益。——译者

（价值投资者同样关注股息收益，因此就股票而言，套息交易很接近价值投资。）

（6）信用套息交易。在信用市场中，息差是债券收益率和无风险债券的收益率之差。因此，买入高收益债券并卖出低收益债券的信用套息策略，自然有很大的信用风险敞口。

表 11-1 显示了 20 世纪 80 年代至 2011 年全球不同市场套息交易的业绩表现（Koijen，Moskowitz，Pedersen and Vrugt，2012）。我们可以看到，每一种套息交易在历史上都曾有良好的表现。不同类别资产的套息交易之间相关性较低，因此投资这四种类别交易的多元化组合有着高达 1.4 的夏普比率（在扣除交易成本和其他成本之前）。可见，宏观交易员之所以乐于买入高息差证券，不仅是因为这样做感觉良好又直观，而且就平均而言，息差有助于预测未来收益。

表 11-1　套息交易在全球市场的业绩

	货币 套息交易	债券 套息交易	大宗商品 套息交易	股票 套息交易	多元化 套息交易
夏普比率	0.6	0.8	0.5	0.9	1.4

资料来源：Koijen，Moskowitz，Pedersen and Vrugt（2012）.

有些宏观交易员专注于套息交易，而另一些则关注不同的投资题材。有些宏观交易员会将不同方法结合起来，例如，在着眼于其他题材的同时，也关注其仓位的息差，尝试实现有正息差的交易策略。即使不是主要目标，这样的宏观交易员最终也会在套息交易上有敞口。

11.2　关注中央银行的举动

宏观交易员为什么会密切关注中央银行？因为这是钱所在的地方（转述威利·萨顿（Willie Sutton）的原话）。中央银行控制着短期利率，而短期利率牵扯到所有市场。譬如，利率决定了货币息差和债券价格。因此，宏观投资者会监测中央银行的一举一动，并尝试预测其可能的下一步动作。中央银行未来将提高利率还是调低利率？如果中央银行决定调低利率，那么调低的幅度是多少？25 个基点，或 50 个基点，还是更多？中央银行是否会释放鹰派或鸽派立场的信号，以改变市场对未来利率趋势的预期？中央银行是否会实施非传统货币政策，如提供贷款便利或者量化宽松（买入长期债券），或者加大某些计划的实施力度（每个月买入更多债券或减少购买计划）？

为了回答这些问题，宏观交易员会试图了解中央银行的目标和政策限制，也会像中央银行一样分析经济数据。不同国家的中央银行目标不尽相同。在美国，联邦储备系统（简称美联储，the Fed）面临稳定物价和增加就业的双重目标。这种双重目标可以总结为美联储基本根据泰勒规则（Taylor，1993）来调控名义利率 R^f：

$$R^f=4\%+1.5\times(\text{通货膨胀率}-2\%)+0.5\times\text{产出缺口} \quad (11-1)$$

式中，产出缺口是实际 GDP 与目标 GDP 的差额百分比，意味着产出是高于还是低于其潜能。我们可以直接把失业率看作产出缺口。更具体地讲，要看失业率是否低于求职延误或其他原因导致的自然失业率。[2]

泰勒规则表明，美联储倾向于将通货膨胀率控制在 2%，且使产出缺口为 0。在这种情况下，美联储设置名义利率为 4%，对应的实际利率（R^f－通货膨胀率）则为 2%。如果通货膨胀率超过 2%，则美联储对名义利率的调升幅度必须大于通货膨胀率的上升幅度（称为泰勒规则）。具体而言，如果通货膨胀率上升至 3%，那么名义利率将会调高至 5.5%。因此，实际利率将上升至 2.5%，提升实际利率是为了使经济降温，让通货膨胀率回到目标水平。与此类似，如果出现负的产出缺口，即高失业率，那么将带来更低的利率以刺激经济。

泰勒规则只是与美联储的实际举措近似，尽管有许多其他的建议参数和扩展思路，但并没有任何理论模型能够完美刻画美联储的实际举动。例如，宏观经济学家发现，美联储的政策通常存在一定惯性，偏好逐步加息。

其他国家的中央银行如欧洲中央银行（ECB），仅有稳定物价的单一目标，即使通货膨胀率相对稳定（通常约为 2%）。而在那些实施固定汇率制的国家，为了达到目标汇率，中央银行必须使用货币政策，如当货币贬值时提高利率，反之则调低利率。中央银行也日益肩负起了维护金融稳定的职责。

全球宏观交易员之所以如此密切地关注中央银行的举动，主要有两个原因：第一，也是最重要的一点，中央银行的举措会改变资产价格。因此，跟随中央银行的下一步动作来进行正确配置是有利可图的。第二，中央银行在货币市场、债券市场和外汇市场非常活跃，由于其交易并不是为了利润最大化，因此有时会带来许多交易机会。

宏观交易员是如何根据他们对货币政策的看法来做交易的呢？最简单的方法是，当认为中央银行要调低利率时就买入债券或利率期货，反之则卖空债券或利率期货。投资者也可能会在收益率曲线的斜率上投机，因为当中央银行提高利率时，短期利率的上涨幅度会高于长期利率，从而使收益率曲线变得较为平坦。宏观交易员也会利用远期利率市场对中央银行的未来举动下注。

对于外汇交易员来说，了解中央银行的政策同样有用。当利率提高时，息差的扩大可能吸引更多资金流，从而使货币升值。当中央银行买入或卖出货币来积极干预市场时，外汇市场受到的影响更为直接。要预测这类干预及其时点相当困难，但也会存在一些常见模式。如果中央银行普遍试图减少汇率波动，那么汇率会以缓慢的速度向新的均衡点靠拢，从而产生可被宏观交易员利用的外汇市场趋势。11.4 节将会讨论这种趋势套利。

案例：格林斯潘公文包指标

当艾伦·格林斯潘（Alan Greenspan）担任美联储主席时，很多宏观交易员近乎着迷地追随他的言行。也许由于这个原因，他会故意使用模糊不清的表达方式，这种方式称为美联储语言。（与他相反，另一美联储主席伯南克（Bernanke）则认为公开坦诚更有帮助。）交易员关注着格林斯潘的一举一动，尤其是当美联储公开市场委员会（FOMC）即将决定新目标利率的时候。

在公布利率的当天，当格林斯潘走路上班时，交易员可能已经预测到利率会呈上升还是下降的趋势（比如根据泰勒规则或最近的美联储语言）。但问题是：美联储会改变还是维持现行利率？答案就在格林斯潘的公文包中，而交易员却无法看到。但是，答案也许可以由公文包的厚度来判断。如果公文包比较厚，则可能意味着争论较多，利率可能改变；公文包较薄，则意味着维持现有利率水平。因此，在利率决议公布日，当格林斯潘走进美联储时，他的公文包会被仔细观察（例如在电视直播上）。据称，后来格林斯潘会在这些日子里把决议公文包藏在汽车后备厢中送到美联储，而他则空手走路去上班。

11.3 基于经济发展的交易

预测宏观经济的走势是全球宏观交易者的必杀技。他们尤其希望预测经济增长的强弱和通货膨胀的走势。如表 11 - 2 所示，经济增长与通货膨胀的组合决定了宏观经济环境。

表 11 - 2 不同增长与通货膨胀的四种宏观经济环境

	高增长	低增长
高通货膨胀	经济过热	滞胀
低通货膨胀（或紧缩）	“金发姑娘”	失落的十年

如果增长迅速而且通货膨胀高，则意味着经济发展良好，但可能过热，中央银行必须提高利率来降温。因此，在这样的经济环境下，债券价格将会下跌。当宏观投资者预料到这种状况时，就会卖空债券。

在经济过热的早期，收益率曲线比较陡峭，而当中央银行提高利率后，收益率曲线就会变得比较平坦。

在过热的经济体中，股票大多表现良好，因为增长率提升了利润，而通货膨胀不会影响它们的价值（利润会随通货膨胀一起增长，使得实际价值不变）。此外，公司债券的信用利差不断降低，但价格因利率敞口而下跌，而信用违约互换表现良好。

在“金发姑娘”[①] 经济中，经济既不过热也不过冷，股票和债券都表现良好。经济波动性可能降低，使得期权价格走低，但是，我们必须认识到这一平静状态并不会一直持续下去。

对于中央银行来说，滞胀是噩梦，为降低通货膨胀而提高利率会给停滞的经济带来更多伤害。低增长的前景使股票低迷，而通货膨胀使债券低迷。由于有通货膨胀保护，大宗商品和通货膨胀保值债券（TIPS）至少在名义收益上会表现良好，而黄金价格可能因为投资者想要把资金转移到优质资产上而上升。

在低通货膨胀和低增长这“失落的十年”中，债券收益率很可能会下降，即债券价格会上涨。例如，在 2008—2009 年全球金融危机后，尽管一些投资者反复指出债券收益率已经低到不能再低从而即将上行，但是债券收益率依然在持续下降。与此类似，在 20 世纪 90 年代，日本债券收益率持续下降，直到 21 世纪下降幅度才逐渐缩小。

全球宏观对冲基金会分析经济环境，并根据研判结果做方向性投资。宏观投资者也会考虑相对价值交易，横向比较不同国家的相对增长和通货膨胀发展情况。正如我们将在 11.4 节进一步讨论的，这类投资者赌的是哪类资产在哪些国家会有较好或较差的回报。我们需要先探究是什么因素决定了经济的状态。

---

① 金发姑娘（Goldilocks）是美国传统的童话角色。由于金发姑娘喜欢不冷不热的粥、不软不硬的椅子这些总是刚刚好的东西，后来美国人常用金发姑娘来形容刚刚好。——译者

经济的状态由总供给与总需求决定，我们需要弄清它们各自的来龙去脉。现代宏观经济学中有好几种不同的模型，这里着眼于一个较简单的模型，它能够反映出宏观交易员和政策制定者在思考经济问题时的想法。

总供给的来源是什么

宏观经济学家希望判定一国产出的总供给，即国内生产总值(GDP)，通常用 Y 表示。这一产出由该国家的劳动力（L）和资本（K）所生产。劳动力 L 指的是参与工作的人数。一国的实体资本 K 指的是使用的机器、工厂、自然资源、计算机、货车和基础设施等。因此，产出供给可以用生产函数 F 来表达：

$$Y = TFP \times F(K, L) \tag{11-2}$$

式中，TFP 指的是全要素生产率，用来衡量技术进步程度、人们的受教育程度和技能水平，以及将资本和劳动力分配至生产力最高部门的效率程度。

长期来看，这就是全部要素：产出是一国人口和机器所能生产的东西。价格和薪酬会调整至使供给等于需求，而长期 GDP 仅取决于劳动力、资本和生产技术水平。因此，宏观交易员会结合人口增长率、教育、投资和技术创新来判断长期增长率。

但短期经济波动更为复杂。短期而言，总供给的主要决定因素为就业率。用于生产的劳动力 L 不仅取决于该国的整体可用劳动力，也取决于有多大比例的人口在实际工作。失业意味着投入到生产中的劳动力数量在减少。类似地，产出水平取决于资本利用率，这意味着要看机器是在闲置还是在全力运转。

因而，短期经济波动与失业率紧密相关，而失业率又与通货膨胀有关。菲利普斯曲线指出，短期来看，通货膨胀会伴随就业率上升

（和对未来通货膨胀的预期）而上升。由于就业率上升也会导致产出上升，短期产出与通货膨胀率为正相关关系，图 11－2 的总供给（AS）曲线描绘了这种关系。

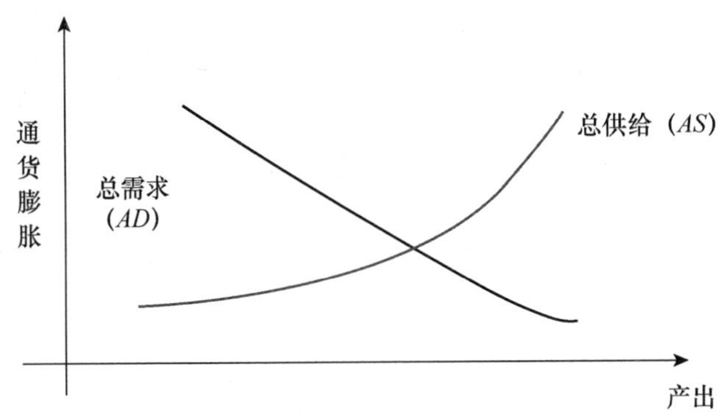

图 11－2　短期总供给及总需求曲线

为什么通货膨胀率与就业率正相关？也许是因为短期内名义工资是具有黏性的，也就是说，要改变人们的薪酬预期和重议薪酬需要时间。在具有黏性的薪酬下，超出预期的商品价格上涨会使企业挣得更多利润，因而能够雇用更多员工。换言之，在商品价格突然上升的时候，名义薪酬维持在相对固定的水平，则实际工资水平下降，企业更愿意雇用员工。因此，（非预期的）通货膨胀与就业和短期供给呈现正相关关系。（长期来说，对通货膨胀水平的预期会带来薪酬调整，因此长期高通货膨胀无法影响供给。）

总需求的来源是什么

短期来看，产出水平取决于需求和供给。为了将总需求与通货膨胀率联系起来，现代经济学家首先考虑 11.2 节中所讨论的中央银行举动。[3] 因为中央银行希望控制通货膨胀，较高的通货膨胀率将导致较高的实际利率。式（11－1）中的泰勒规则表明了这一点。

而利率是怎样影响需求的呢？回答这一问题需要注意，产出的总需求（Y）包含来自消费（C）、投资（I）、政府支出（G）、出口（X）的需求减去进口（M）的需求：

$$Y=C+I+G+X-M \tag{11-3}$$

为了理解需求是怎样受利率影响的，要先考虑消费。较低的利率水平会降低借贷成本（比如车贷或信用卡贷款），同时降低人们储蓄的意愿，从而使私人消费增加。私人消费又取决于其收入和对未来收入的预期。由于收入等于产出，这一乘数效应加强了消费对利率的敏感程度。

同时，较低的利率水平也会增加实际投资，因为低利率使企业能够获得更多的融资来购置厂房和机器。政府支出、出口和进口对利率变动则相对不那么敏感，然而它们同样构成可能的需求冲击（比如由于后面所提及的贸易模式改变）。

总结来说，低利率将使总需求上升（即所谓的投资-储蓄曲线或 IS 曲线）。此外，低通货膨胀率会导致低利率。将这两个观点结合起来，可以解释为什么低通货膨胀率会导致更高的总需求，如图 11-2 中的总需求（AD）曲线所示。

供给和需求冲击共同决定增长和通货膨胀

如图 11-2 所示，短期内的产出与通货膨胀率由总供给和总需求相交的均衡点决定。然而宏观投资者并不满足于只了解经济现状，他们更想知道未来经济将会如何发展。他们希望弄清经济增长是会加快还是放缓，以及通货膨胀是会加剧还是缓和。这些变化将改变资产的价格，宏观投资者希望能正确投资，以应对下一个重大变化。

为了弄清未来会如何演变，宏观经济学家必须考虑经济近期可能受到什么样的冲击，以及由此产生的影响。一种可能是正向需求冲击，如图 11-3 所示。举例来说，因为消费者信心增强或者货币政策放宽

（即利率低于泰勒规则水平），总需求将会上升。如图 11－3 所示，产出和通货膨胀同时上升，使得股价上涨、债券价格下跌。因此，如果一名宏观投资者预测总需求将会增加，或者预测总需求增加的可能性比当前价格所反映出的要大，他就会买入股票、卖空债券。

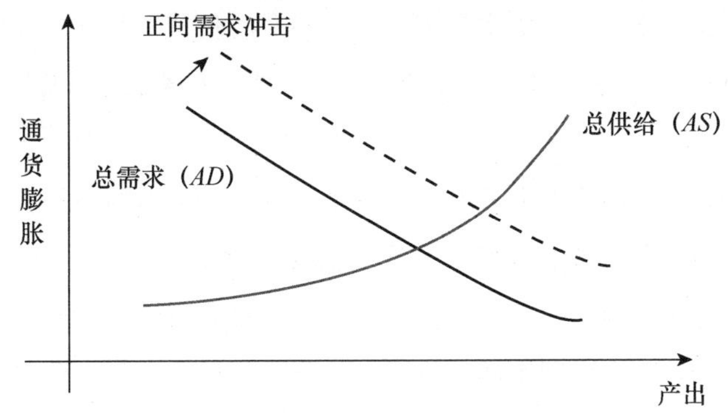

图 11－3　正向需求冲击的效果

此外，需求冲击也可以是负面的，或者冲击可以来自供给侧。供给冲击（即在相同产出价格下改变商品供给）可能来自原油价格涨跌、技术创新或者劳动力市场的变化。这些冲击对应着 *AS* 或 *AD* 曲线的上下移动。表 11－3 描述了四种冲击类型的影响。

表 11－3　供给冲击和需求冲击形成的四种经济环境

	高增长	低增长
高通货膨胀	正向需求冲击：更强的消费者信心；宽松的货币政策；融资更容易	负向供给冲击：更高的油价；资本贬值；资本的低效利用
低通货膨胀（或紧缩）	正向供给冲击：更低的油价；更好的技术；劳动力市场更全球化或技能更为熟练	负向需求冲击：消费者信心不足；货币紧缩；融资更困难

有趣的是，我们可以看到需求冲击和供给冲击形成了表 11－2 所描述的四种经济环境。需求冲击会导致经济过热或者“失落的十年”，而供给冲击可以带来温和的经济或者滞胀。因此，宏观投资者在决定资

产类别的交易方向时会考虑供给和需求冲击的相对可能性。

不同类型的供给和需求冲击作用的时间长度不同，有些宏观事件仅影响短期经济动态（1 年内），有些会影响中期经济环境（1～5 年），有些则会决定长期经济增长趋势（5 年以上）。典型的短期需求冲击包括消费者支出率变化、货币政策变化和消费者信贷变化（例如信贷繁荣或银行危机）。短期供给冲击包括自然资源的价格涨跌，尤其是能源的价格。

中期来说，供给冲击可能来自资本的变动。资本的增加源自成功的投资，包括外商直接投资（FDI）。如果一个国家没有足够的投资，则其资本存量会因为折旧而下降并衰退。投资规模的一个要素是实际利率有多低，而实际利率部分取决于通货膨胀风险溢价（即稳定的通货膨胀为最佳）和法律法规。此外，供给冲击可以来自劳动力市场摩擦（黏性工资、搜寻摩擦和僵化的劳动法）、产品市场摩擦（黏性价格、企业反竞争措施）和资本市场摩擦（市场和融资流动性问题），这些摩擦导致失业和更低的资本利用率。比如，系统性银行危机会使经济增长放缓，因为投资取决于项目的融资能力。长期而言，产出取决于技术发展和人口增长等供给要素。

11.4 国家选择和其他宏观投资

全球宏观对冲基金可以不受限制地考虑各种投资。这里我们主要考虑一些基于相对价值的国家选择、动量、贸易流通和政治事件的投资策略。

全球市场中的价值和动量策略

正如第 9 章所讨论的，过去一个世纪以来，价值和动量策略在单个股票市场内表现良好。全球宏观交易者在不同的宏观市场中也会采用这类策略。宏观动量投资意味着买入业绩表现突出的市场，并卖空业绩表现较差的市场。例如，全球宏观投资基金经理可能买入呈现上升趋势的国家的股票指数，同时卖空涨势滞后的国家的股指期货。这一策略由于简单，可以轻易地推广至不同市场。

宏观价值投资意味着买入估值偏低的市场，卖空估值偏高的市场。例如，基金经理可能会将某股票市场的整体价格与其认为的基本面价值相比较。当然，估算基本面价值是相当有挑战性的，有很多种方法可以选择。这里，Asness，Moskowitz and Pedersen（2013）提供了一个简单的方法来考虑对全球主要资产类别的价值投资。

（1）全球股票指数价值投资。我们可以使用与单只股票估值相同的方法来估计股票指数的基本面价值。换言之，如果能够为每一只股票定价，那么将这些定价加总就能得到股票指数的基本面价值，并与市场价格做比较。我们可以简单地使用市净率（或者其他估值比率）来判断。因此，宏观价值投资就是买入市净率较低的“廉价”国家股票指数，卖空市净率较高的股票指数。

（2）汇率价值投资。对于汇率而言，我们可以利用购买力平价来衡量价值。购买力平价表明商品在不同国家的定价应该是相同的。因此，如果一个汉堡包（或者一揽子商品）的欧元价格高于其美元价格，则未来欧元应该贬值，因而汇率价值投资应该做空欧元。[4] 一种更简单的汇率价值投资是长期反转策略，即押注那些大幅升值（比如在过去 5 年）的货币最终将会回撤一些。

（3）全球债券价值投资。买卖世界各国的 10 年期债券就是全球债券价值投资的一种。我们可以利用实际债券收益率来衡量价值，即名义收益率减去当地的通货膨胀率。另一个简单的衡量方法是近期收益率减去过往的收益率，聚焦于长期的反转。更复杂的价值衡量方法会考虑各国的违约风险（政府债务、经常项目等）、未来的通货膨胀风险和全球投资流量。

（4）大宗商品价值投资。由于涉及许多供给和需求因素，我们很难测算大宗商品的基本面价值。最简单的大宗商品价值投资是利用长期反转的概念（也适用于其他资产类别），押注过去价格涨幅很大的大宗商品未来表现将不如涨幅较小的商品。

Asness，Moskowitz and Pedersen（2013）对全球股票、汇率、债券和大宗商品市场中的价值和动量策略进行了检验。图 11－4 画出了业绩表现，并标明了夏普比率和相关性。图中也显示了同时使用价值和动量信号的组合策略。我们可以看到，价值和动量策略在各个资产类别中都奏效。在单独股票市场和宏观市场都能奏效，证明了这些投资理念的优越性。

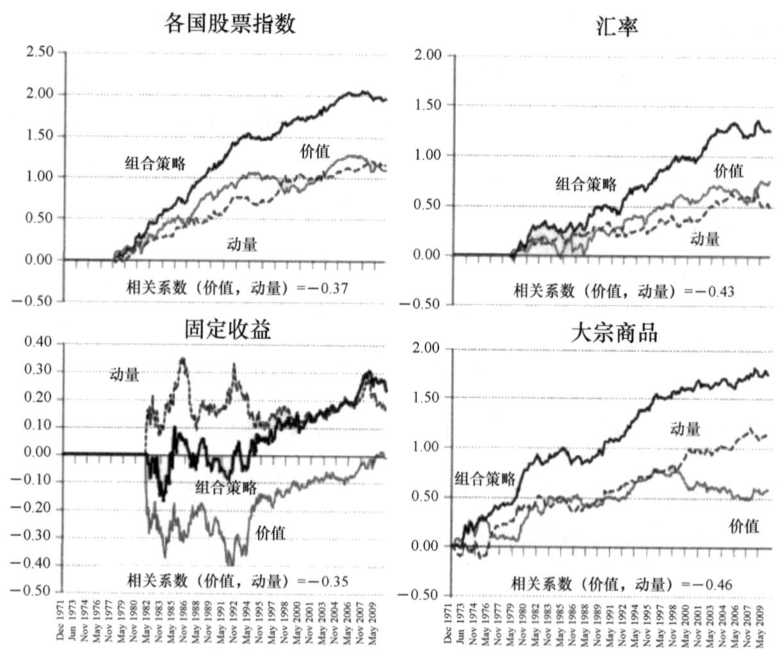

图 11－4　价值、动量及其组合策略运用于各国股票指数、汇率、固定收益及大宗商品市场的表现

资料来源：Asness，Moskowitz and Pedersen（2013）.

价值策略与动量策略高度负相关。这倒也合情合理，因为两者的交易思路有些相反：一个是寻找便宜的标的，而另一个是买入那些趋势向上（因此可能已经变得昂贵）的标的。然而，价值与动量并不是完全相反的，因为动量策略着眼于短期，而价值策略着眼于长期，平均而言，使用这两种方法都可以盈利。因为两者高度负相关，所以结合了两者的组合策略相当强大。然而，因为无法直观地找出便宜又处于上升期的国家（上升期意味着你已经错过了底部），许多宏观交易者只使用这两种策略中的一种。

全球贸易流通和贸易条件指数

全球贸易是经济活动和汇率的重要决定因素，对小国而言尤为如此。当一国的出口大于进口时，该国货币买盘压力增加，特别是买盘压力突然上升时，会导致货币升值。此外，出口部门会助推国内经济增长。因此，宏观投资者可以根据导致进出口供给和需求相对变化的新闻事件，尝试预测贸易流通的变化。

一项重要的指标是一国的贸易条件指数，它是一国出口商品价格相对于该国进口商品价格的测度。举例来说，假设南非出口钻石，同时进口采矿机器。如果钻石的价格相对于采矿机器的价格在上涨，这时，南非的贸易条件指数就相应得到了改善。

宏观交易者会跟踪贸易条件指数的变化，并预测指数变化所产生的影响。在其他条件不变时，钻石价格的上涨将会刺激南非的出口，使得对南非货币兰特的需求增加。当钻石产业受益时，汇率的升值却会损害当地其他产业，比如酒和纺织品出口（这称为“荷兰病”现象）。

贸易盈余是影响经常项目顺差的主要因素（其他因素也包括外国资产利息收入和国外援助）。一国的经常项目顺差对应的是该国海外资产的净增长，称为资本外流。因此资本流动和贸易流动的联系紧密，无论哪一方受到冲击，都会对汇率产生重大影响。举例而言，一个国家可能因为猛烈的资本流入使得本币汇率不断升值，进而导致贸易赤字。

政治事件和监管的不确定性

贸易流通和贸易条件指数的变化会影响汇率，但汇率也可以反过来影响它们。有时国家会设法干预汇率来增加出口，因此宏观投资者最好熟悉这类事件的过程。

广而言之，政治事件对全球宏观经济的发展非常重要。国家会通过不同的方式改变其贸易环境，如开放或关闭市场、征收关税、设立显性或隐蔽的贸易壁垒。而一些国家由于政府间关系紧张而面对禁运的惩罚。

政治事件最极端的结果是战争，但多数时候宏观投资者关注的是普通的新政策和立法。他们会尝试预判新立法的后果，例如哪些产业将会受益，哪些产业将会受损。

11.5 主题型全球宏观投资

一些全球宏观交易员专注于大的概念，并称之为主题。他们相信有些宏观事件将是未来经济事件的主要推动因素，因而试图通过各种方法从可能实现的主题中盈利。

例如，某些全球宏观交易员可能认为中国经济的增长会超过预期，从而也许会买入中国股票、大宗商品（特别是中国大量进口的那些），以及大宗商品生产国（比如澳大利亚）的股票，同时如果他们认为通货膨胀会随之而来，则可能会卖出债券。另一个可能的主题则恰恰相反，如果全球宏观交易员觉得中国处于经济泡沫中，则会持有相反的仓位。

然而，另一名主题型全球宏观基金经理或许相信全球变暖即将来临，或者石油生产不能满足需求，使得能源价格上升，因此买入碳排放权和风能公司的股票。

最近，一个重要的主题是金融行业系统性风险和主权信用风险。一些宏观交易员会关注拥有庞大政府债务的国家出现违约或通货膨胀的可能性，这种不确定性和货币增长将导致金价上涨。试着思索你自己的主题，并找到以此为基础的投资策略。

11.6　乔治·索罗斯的繁荣-衰退循环和反射理论

乔治·索罗斯是史上最成功的投资者之一。除了成功的投资者之外，他还是慈善家、意见领袖和哲学家。以下是他最近一次讲座的摘录，其中描述了他提出的繁荣-衰退循环和反射理论。[5]

> 我来谈谈我提出的理论框架中适用于金融市场的两项基本原则。第一，价格总是会背离基本面。背离程度可以从忽略不计到极为显著。这一点与有效市场假说有着直接的矛盾。有效市场假说认为市场价格准确反映了所有可得资讯。第二，金融市场并非只是扮演被动反映基本现实的角色，它其实也是主动的角色，会影响它本应反映的所谓基本面。
>
> 金融资产的错误定价会通过不同途径影响基本面。最为常见的是那些涉及杠杆的传导路径，包括债务杠杆和权益杠杆。尽管各种反馈路径给人的印象可能是“市场往往是对的”，但是其运作机制与流行的理论框架大不相同。我认为金融市场能够改变基本面，并且带来的改变会让市场价格与基本面之间的对应关系更加紧密。
>
> 我的两个命题强调了金融市场的特殊反馈路径。我描述了两种反馈类型：负反馈和正反馈。此外，负反馈为自我修正，正反馈则为自我强化。因此，负反馈有恢复均衡的倾向，而正反馈则产生了动态非均衡。正反馈路径更令人关注，因为它可以造成市场价格和基本面的巨大变化。开始时，完整的正反馈过程会单向自我强化，但最后它可能会达到顶点或者反转点，此后形成相反

方向的自我强化。但是，正反馈过程并不一定会从头到尾进行到底，它可能会被负反馈随时打断。

基于此，我曾提出关于繁荣-衰退过程（或泡沫）的理论。每个泡沫包含两个成分：现实中流行的基本趋势和对此趋势的错误认知。当趋势和错误认知相互加强时，就触发了繁荣-衰退过程。这一过程的发展将会经受负反馈的考验。如果该趋势足够强大，通过了考验，则趋势和错误认知都会进一步强化。最终，市场预期会远离现实，人们将被迫承认错误认知的存在。在停滞期，疑虑丛生，更多的人失去信念，然而原趋势会因惯性而持续。正如花旗集团前总裁查克·普林斯（Chuck Prince）所说："只要音乐还在响，你就必须起舞。我们还在跳舞蹈。"最终，该趋势在临界点反转，进入相反方向的自我强化过程。

再举个例子，这个例子我在1987年刚提出这一理论的时候就用过：20世纪60年代晚期的企业集团化热潮。当时的基本趋势以每股收益为代表，而市场预期以股价为代表。企业集团通过兼并其他公司提高它们的每股收益，盈利业绩的改进使得市场预期高涨，但最后现实无法赶上市场预期。经过一段停滞期，价格趋势将会反转。所有"被扫到地毯下面"的问题都会显露出来，盈利会崩溃。企业集团之一的奥格登公司总裁当时对我说："已经没有观众看我表演了。"

图11－5是企业集团泡沫模型。像奥格登公司这样的企业集团历史与这张图非常相似。符合这一模式的泡沫会经历几个不同阶段：(1) 起始；(2) 加速期；(3) 被打断和通过考验后被强化；(4) 停滞期；(5) 反转点或者顶峰；(6) 加速下行；(7) 最终的金融危机。

每个阶段的长度和强度都无法预测，然而各阶段的顺序有着内在逻辑。因此可以预测阶段的顺序，但是即使如此，这一顺序也均可能被政府干预或者其他形式的负反馈终止。在企业集团化热潮中，利斯科系统和研究公司收购制造商汉诺威信托公司的失败，标志着这次热潮的顶峰，即反转点。

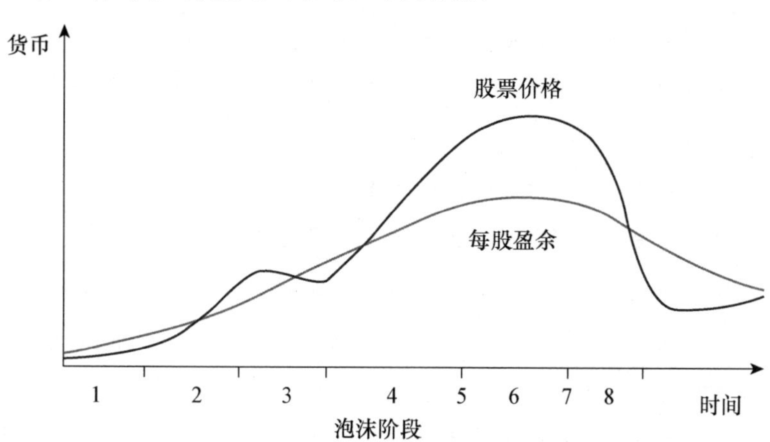

图11－5　索罗斯的繁荣-衰退循环及反射理论

资料来源：Soros (2010).

通常来说，泡沫的形状并不对称。繁荣期延绵漫长，初始时缓慢，接着逐渐加速，直到后期才变得平稳。衰退期则短且急剧，不良资产的强制清算加速了下滑。市场的醒悟变成了恐慌，恐慌在金融危机中达到顶峰。

最简单的例子是房地产泡沫。形成趋势的原因是贷款利率变得更低，而且贷款更容易申请；错误认知是认为抵押品的价值独立于可申请的贷款金额。事实上，抵押品的价值与可申请贷款金额之间的关系是反射性的。当贷款变得更加便宜且更容易申请时，房地产交易增加，房地产价值上涨。违约事件变少，贷款表现改善，放贷标准也更宽松。因此，在繁荣期的顶峰，贷款额度达到最高点。趋势一旦反转，就会产生强制清算，导致房地产价格低迷。

并非所有的泡沫都与贷款扩张有关，有些是由权益杠杆导致的。最好的例子是20世纪60年代后期的企业集团化热潮和90年代后期的互联网泡沫。1996年艾伦·格林斯潘谈到非理性繁荣时，他对泡沫的解读并不准确。当我看到泡沫形成时，我会跑去买入，推波助澜，但这不是非理性的。这就是为什么在泡沫具有变得过大的威胁时，需要监管机构对市场进行反向操作。不管市场交易者的消息多么全面，以及他们多么理性，我们都无法依靠他们消除泡沫。

泡沫并非反射性的唯一体现。它只是最戏剧性地也最直接地违背了有效市场假说，因而的确值得特别关注。然而，反射性有着许多别的形式。例如，在外汇市场中，上行和下行是对称的，所以在繁荣与衰退之间没有不对称的迹象，但也很难形成均衡。自由浮动的汇率往往会有连续数年的大幅长期波动。

最重要且最有趣的反射性互动发生在金融监管机构和金融市场之间。虽然泡沫只是偶尔发生，但金融监管机构和金融市场之间的互动是持续的过程。由于市场的反应会给监管机构提供有用的反馈，促使其改正错误，任何一方的错误认知通常都会在合理的区间内。但有时错误好像可以自我验证，从而触发或恶性或良性的循环。这样的反馈机制类似于泡沫，开始时自我强化，但最终自我毁灭。实际上，对于2007—2008年破灭的“超级泡沫”的控制，监管机构对周期性金融危机的介入起到了关键作用。

区分以随机波动为特征的近似均衡和由泡沫主导的远离均衡对我们很有帮助。近似均衡的特征是单调的每日重复事件及由此产生的统计规律，远离均衡则伴随着独特的历史性事件。这些历史性事件的结果往往不确定，但可以瓦解每日重复事件所产生的统计规律。适用于近似均衡的决策规则无法用于远离均衡。最近的金融危机就是很好的例子。

不确定性可以用波动率来表示。波动率增加时，需要减少风险敞口。这会带来约翰·梅纳德·凯恩斯所说的“增强的流动性偏好”。这是在金融危机中导致仓位被强制清算的额外因素。当金融危机结束且不确定性降低时，股市会因为人们的流动性偏好停止上升并最终下降而几乎自动反弹。这是我最近学到的又一课。

11.7　索罗斯基金管理公司乔治·索罗斯访谈录

乔治·索罗斯是索罗斯基金管理公司的董事长。他的基金创立于 1973 年，他本人是有史以来第一批也是最成功的对冲基金经理之一。在 1992 年的英镑危机中，他通过卖空英镑赚取约 10 亿美元，被称作“打败英格兰银行的人”。索罗斯还是一位多产的作家，并且提出了反射性理论。（下面 LHP 代表本书作者，GS 代表乔治·索罗斯。）

LHP：在我印象里，你对于市场情绪、流行的错误观点、监管机构的关注点和市场参与者所想都有着不可思议的直觉。你是如何拥有这样的洞察力的？

GS：这些年来，我构建了一项关于市场的理论。我的理论一度与流行观点非常不同。我认为重要的是预测未来，而不是评估当下。我还注意到了政治与经济之间的互动，所以我认为政府行为是非常重要的。宏观变化有时很重要，有时又不那么重要。我在不同层面上研究市场，有时我专注于宏观，其他时候，我专注于某个行业或者公司。这是一个在不停变化的游戏。我想说在市场运作中，我并非对某一类规则特别擅长，但我很擅长适应规则的变化。这是我真正与众不同之处。

LHP：可以描述一下你是怎样适应游戏规则变化的吗？

GS：这是一个持续学习的过程。我和许多人交流。市场在不断演变。我认为市场并非持久不变，而在随着时间不断变化。我将市场看作历史的进程。我自身的参与也是不断演进的过程。我的观点也并非永远正确，而是仅仅适用于特定的时间段。

LHP：可以描述一下你的市场参与的发展过程吗？

GS：第二次世界大战结束后，金融市场的变化非常巨大。早期，金融市场受到严格的监管。外汇和信用市场也被监管。以银行体系为例，它从1972年起成了有意义的投资标的，之后我就参与了银行体系的变革。我写了一篇名为“成长型银行的案例”（The Case for Growth Banks）的文章。当时银行股票几乎没有什么交易，但我觉得那种情形即将改变。1973年，情况的确改变了，成长型银行就是一个例子。至于新兴市场，在早期这些市场并不新兴，甚至根本不存在！所以，在我的从业历史中，我实际上参与了投资市场的筹建，比如，瑞典股市的成立。瑞典当时完全隔绝，完全冻结。

LHP：你能否举一个曾经参与的宏观交易的例子，并解释一下你是如何产生交易的想法，又是怎样说服自己相信这项交易的？

GS：嗯，我想最具有说服力的事情就是我从退休或半退休状态重返江湖，积极应对预料可能会出现的2008年金融危机。当时我的市场认知已经基本落后和过时，但我相信存在着一个将淹没其他因素的大宏观进程。我觉得我必须保护自己这些年来获得的财富，而且你知道，我的钱都是由别人代管的，在一只仓位主要偏向多头的大型基金中。所以我开设了一个宏观账户去对冲别人代管的仓位，并且持有净空头仓位。

LHP：你是如何在市场意识到之前就确信金融危机即将爆发的？

GS：因为我曾经提出了繁荣-衰退理论，可以称其为泡沫理论。我写过几本书讨论它。我在1998年认为市场即将崩溃的时候出版过一本书《全球资本主义危机》（*The Crisis of Global Capitalism*）。但预言最终没有应验，市场当时并未崩溃。

LHP：嗯，过了好几年才崩溃。

GS：监管机构设法抑制了1998年问题的蔓延。当时美国长期资本管理公司陷入了困境，但被美联储的纽约负责人比尔·麦克多诺（Bill McDonough）拯救了。他把金融界的翘楚召集到房间里，对他们说：“你们必须做些什么！”然后他们挽救了局势。所以我们逃过了1998年。

但我所说的这个“超级泡沫”继续发展，越吹越大，最终在 2008 年破灭。2006 年我出版了一本书《这个时代的无知与傲慢》（*The Age of Fallibility*），在其中一个很短的章节预见了即将来临的情况。2006 年，我非常清楚危机将要来临，即使不确定它究竟什么时候来临。

LHP：是的，你对繁荣-衰退循环的观点一直很一致。在较高的层面上，我明白你的意思，但对于我这样的人来说，并不清楚我们现在处于各种循环中的什么阶段。

GS：我也不清楚。你看，这就是最关键的地方。泡沫是指局势从近似均衡的状态移动到远离均衡的状态。所以，两个奇怪的地方很有吸引力：对事物的看法和事物的实际状态，整个事件就是两者的互动。你有两个函数——认知函数和参与函数，而两者的互动就是反射性。

LHP：如果我对你的投资过程理解得没错的话，你可以自如地配置你的仓位，使你既可以在繁荣时期获利（即使会远离均衡状态），也可以在回归均衡状态的衰退时期获利。

GS：是的。

LHP：那么你怎么知道何时从一种配置切换到另一种呢？

GS：我不知道。我的理论不会告诉我，实际上无从得知，因为它不是事先决定的。它是由市场参与者与监管者的行为和态度共同决定的。作为一条基本原则，我得说我时常会低估形势可以远离均衡的程度。例如，在 2000 年，我们认为信息科技出现泡沫，已经开始崩溃，然而它却再度兴起，这让我们亏损了好多。

LHP：但作为一名投资者，你必须决定什么时候做多或者做空。你会寻找什么样的信号来完成转换？

GS：我们一直在寻找。我们知道它即将变化，但不知道在何时。

LHP：你是如何推想沃尔克或格林斯潘或其他政策制定者的下一步动作的？

GS：看情况而定，每次都不一样。

LHP：你是否会从他们的角度来考虑？

GS：是的，自然如此。

LHP：我想知道，你如何调整仓位？在《金融炼金术》（*The Alchemy of Finance*）中，你说："我只愿意用利润来冒险，而不是用我的本金。这使基金有自己的动量：在顺风时加速，而在暴风雨时降下风帆。"但是你也强调当你肯定自己正确时，会持有极大的仓位。

GS：嗯，我只在风险收益不对称时才会重仓。例如，做空欧洲汇率机制是个低风险的赌注。即使大量持仓，我也没有冒很大风险。约翰·A.保尔森大量卖空次级房地产贷款也是这样，因为当时存在着风险与收益的不对称——他从我的书中学到了这一点。

LHP：哪些典型场景具有非常好的风险-收益比率？

GS：在很多场景中都存在风险与收益的不对称。比如，当你面对的是固定汇率制度时。如果一种货币的汇率是固定的，比方说只能在2%的范围内波动，那么你的空头仓位下行风险就是2%。然而如果这一机制被打破，它的波动幅度就会大幅上升。所以，如果你只有2%的风险，就可以持有很大的仓位。

LHP：你是否倾向于在损失后降低风险，在盈利后提高风险？

GS：通常来说，你不应该用本金的很大部分去冒险。因此，如果你在一段时间内业绩不错，获得了不少盈利，就可以用盈利部分来承担更多的风险，而不是用本金。

LHP：你在发达市场和新兴市场都有投资，在新兴市场投资是否有不同之处呢？

GS：是的，然而新兴市场本身也在变化中。比如，巴西曾经是新兴市场，但它现在有了很多实质性的发展，已不再是过去的样子。

此外，因为早期新兴市场的出现源自美国人决定去投资，所以外国投资者有着主导地位。由于外国投资者进入而产生的额外需求超过了其国内需求，这一过程本身就产生了一个繁荣-衰退的场景，导致价格被重估。

但正如他们很容易被快速的增值吸引，外国投资者也很容易在形势不利时迅速卖出股票。所以，他们是一种外部影响因素，他们的进入和退出形成了一个繁荣-衰退的循环。

LHP：最后，你觉得有没有什么特殊经历影响了你作为投资者的风格？

GS：对我人生产生重大影响的经历是我在德国占领下的匈牙利长大。就是在那时，我学到了正常状态与远离均衡之间的差别。在常规情况下，你按照正常规则行事。然而在德国占领时期，做一名犹太人并不是常规情形。因为你知道当时德国人会杀害普通市民，就因为他们是犹太人，这不正常。所以你必须明白这一点。

LHP：那么这是否也意味着作为一名投资者，要能够面对困境且在艰难时期保持自律？

GS：是的，的确如此。当一只股票的表现不符合你的预测时，一定出了什么错，你需要确认错在哪里。其中一个可能出错的地方是你的假说，所以你必须不断重新检验你买入股票时所相信的观点。

注释

[1] 在新兴市场中，宏观投资者时常关注每个国家的实际利率，即名义利率减去通货膨胀率的结果。

[2] 如果用失业率来代替泰勒规则方程中的产出缺口，那么必须对系数进行调整。可以使用实证关系（奥肯定律），即产出缺口＝－2×（失业率－自然失业率）来调整。当美国自然失业率约为5％时，基于泰勒规则可以推出：$R^f=4\%+1.5\times$(通货膨胀率-2%)$-$(失业率-5%)。要注意，在不同时期及不同国家，实证估算的泰勒规则有着显著差异。例如，这里的常数项意味着平均实际利率

为 2%，可是实际利率在很长一段时间内都明显更低。

[3] 这部分是基于 *IS*－*MP* 模型的一个版本，即投资-储蓄（*IS*）关系式及中央银行货币政策（*MP*）方程的组合。*MP* 方程取代了传统 *IS*－*LM* 模型中所谓的 *LM* 曲线（流动性偏好及货币供给曲线）。

[4] 购买力平价的比较应该根据巴拉萨-萨缪尔森效应进行调整，特别是对于新兴市场来说。该效应指出，不可交易商品的价格通常在更贫穷的国家会系统性地更低。举例来说，理发服务不能轻易出口，在贫穷国家，它会一直相对便宜，而 iPad 的价格在不同国家会趋于一致。

[5] Soros（2010），"Financial Markets，" in The Soros Lectures，PublicAffairs，New York.

第 12 章　管理期货策略——趋势跟踪投资

减少你的损失……让利润扩大。

——大卫·李嘉图（David Ricardo，1772—1823）

赚大钱靠的不是个别的波动，而是推算整个市场和它的趋势。

——杰西·利弗莫尔（Jesse Livermore）

大卫·李嘉图已经流传了两个世纪的原则提倡关注趋势。[1] 趋势也是一个世纪前传奇交易员杰西·利弗莫尔陈述的核心。对于主动型投资者而言，趋势仍扮演着重要角色。最直接关注趋势跟踪投资的是管理期货对冲基金和商品交易顾问（CTA）。这类基金的历史可追溯至理查德·唐奇安（Richard Donchian）于 1949 年创立的基金。20 世纪 70 年代起，期货交易所扩大了可交易的合约品种，基金成长迅速。据 BarclayHedge 估计，商品交易顾问产业不断成长，在 2012 年第一季度末管理金额达到约 3 200 亿美元。[2]

我们可以通过简单可操作的趋势跟踪投资策略（特别是时间序列动量策略）大致理解管理期货策略的收益。这一章详细分析了这些策略的经济效益，并利用这些策略解释了管理期货基金的特性。我们利用时间序列动量策略的收益率分析管理期货基金如何利用趋势来获利，以及它们如何依赖不同时间范围的趋势和资产类别。我们也考察了交易成本和费用在这些策略中的作用。

时间序列动量策略是一种简单的趋势跟踪投资策略，当市场在一定回溯时段的超额收益为正时做多，否则做空。我们考察 1 月期、3 月期和 12 月期的回溯时段（对应短期、中期和长期趋势），并将这些策略应用于一系列流动性好的大宗商品期货、股票期货、外汇远期合约和政府债券期货。

趋势跟踪策略只有在市场价格存在趋势时才能盈利，但为什么会出现价格趋势呢？我们来探讨趋势的经济学内涵，它基于对新信息的初始反应不足和延迟的反应过度，也基于关于行为偏差、羊群效应、中央银行行为和资本市场摩擦的大量文献。如果一开始价格对新信息反应不足，在价格逐步趋向基本面价值的过程中就会出现趋势。而被羊群效应影响的投资者会产生延迟的过度反应，可能会让这些趋势持续更久。当然，所有趋势最终都会结束，因为对真实价值的偏离是无法永久持续的。

我们从不同的回溯时段和资产类别中都找到了趋势存在的有力证据。一个分散到不同资产类别和趋势时段的时间序列动量策略可实现的总夏普比率为 1.8，并且它与传统资产类别的相关度很低。事实上，这一策略的最好表现往往出现在股票市场极端高涨或者下跌时。原因之一是极端熊市或牛市在历史上从来都不是旦夕之间产生的，而是要经过几个月乃至几年才会形成。因此，在长期的熊市中，时间序列动量策略会在市场开始下跌时持有空头仓位，从而在市场的持续下跌中盈利。

时间序列动量策略有助于解释管理期货基金的收益。正如时间序列动量策略一样，一些管理期货基金与传统资产类别的相关度很低，在市场极好或极坏时表现最佳，实现了相对传统资产类别的 α。

当我们用管理期货指数收益（因变量）及投资经理收益（因变量）对时间序列动量策略收益（自变量）做回归分析时，我们发现每一个趋势时段和资产类别的 R^2 都很大，回归系数都很显著。时间序列动量不仅解释了管理期货收益的变化，也解释了平均超额收益率。实际上，控制了时间序列动量后，指数和大多数基金经理的 α 都低于 0。与理论上的时间序列动量策略有关的负 α 说明了费用和交易成本的重要性。通过比较相对的回归系数，我们发现大多数基金经理着重于中期和长期趋势，短期趋势的权重较低，还有些基金经理着重于固定收益市场。

12.1　趋势的生命周期

图 12－1 描绘了趋势的典型生命周期，展示出趋势跟踪策略的经济学原理。当基本面价值改变时，市场初始反应不足，使得趋势跟踪策略可以在价格完全反映新信息前进行投资。随后羊群效应使得这一趋势超过了基本面，并最终导致反转。我们将探讨这样的典型趋势中各阶段的收益来源及相关文献。

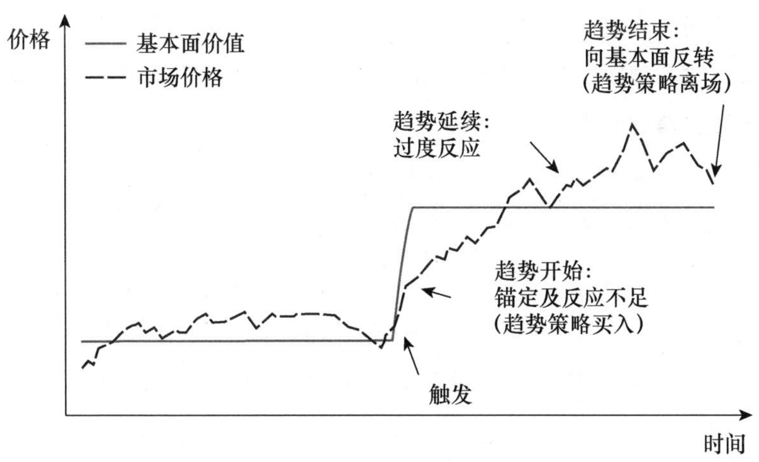

图 12－1　趋势的典型生命周期图

资料来源：Hurst，Ooi and Pedersen (2013).

趋势的开始：对于信息的反应不足

在图 12－1 的典型例子中，一针催化剂的触发——比如正面的盈利公告、供给侧冲击或需求变化等——都会导致股票、大宗商品、货币或债券的价值改变。如图中实线所示，价值的改变立即发生。然而，当市场价格（见图中虚线）因催化剂而变动时，它在初期反应不足，因此会持续上涨一段时间。趋势跟踪策略会在价格上涨的初始阶段买入资产，在后续的价格上涨中盈利。在周期的这一阶段，趋势跟踪投资者推动了市场的价格发现过程。

研究证明，一系列的行为倾向和市场摩擦会导致初始反应不足[3]：

（1）锚定和调整不足。人们倾向于以历史数据构成观点的锚点，且他们的观点对于新信息的调整不足。

（2）处置效应。人们倾向于过早卖出获利的资产，且过久持有亏损的资产。一方面，他们过早卖出获利的资产是想要赶紧获利了结，因而会对价格造成下行压力，减缓了价格对于新的正面消息的上调过程。而另一方面，因为兑现损失让人痛苦，人们会继续持有亏损的资产，并试图赚回损失的部分。部分投资者不愿意卖出亏损资产使得价格不能按应有的速度向下调整。

（3）非营利目的交易。为了降低汇率和利率波动，中央银行在外汇和固定收益市场中的操作可能会降低价格对新信息的调整速度。此外，当投资者基于战略性资产配置权重进行机械性的调仓时，他们也在反趋势操作。例如，60/40 配置的投资者以持有 60%的股票和 40%的债券为目标，因此，每当股票业绩更为出色时，会卖出股票（并买入债券）。

（4）摩擦和缓慢移动的资本。摩擦延迟了一些市场参与者的反应，而缓慢移动的套利资本也减缓了价格发现的进程，导致价格下降和反弹。

以上因素综合的效果是价格变化对新消息的反应过慢，使得市场价格在缓慢地完整消化新消息的过程中产生了价格趋势。趋势跟踪策略将会在新消息释放初期相应建仓，并在趋势延续时盈利。

趋势延续：延迟的过度反应

一旦趋势开始，一系列其他现象的存在会使得价格趋势延续，并超过基本面价值[4]：

（1）羊群效应和反馈交易。当价格朝一个方向持续移动一段时间后，一些交易者可能会因为羊群效应或者反馈交易而跟随潮流。股票分析师的推荐和盈利预测、投资报告和机构的投资决策都被羊群效应影响。

（2）确认偏差和代表性偏差。这些偏差说明人们倾向于寻找支持自己观点的消息，且以近期价格的变动作为未来趋势的代表。这一态度使得投资者倾向于将资金转入近期盈利的投资，并从亏损的投资中撤资，这两种倾向都让趋势得以延续。

（3）资金流向和风险管理。资金流向经常追随近期的表现（也许是因为（1）和（2））。当投资者把资金从业绩差的基金经理处取出时，这些基金经理必须减少其（业绩表现差）的仓位，同时表现出色的基金经理将有现金流入，导致其表现出色的仓位买压上升。此外，一些风险管理计划要求在下跌行情中卖出，在上涨行情中买入，与趋势保持一致。这种行为的例子包括止损报单、投资组合保险和公司的风险对冲（比如，一家航空公司在原油价格上涨后买入原油期货，以防止利润率下降太多，或者一家跨国公司在汇率发生不利变化后进行外汇避险交易）。

趋势的结束

显然，趋势无法永久持续。在某个时点，当人们意识到价格偏离基本面价值太多时，价格会向基本面价值反转，趋势也会终结。从这类长期趋势的历史记录来看，持续 3～5 年的价格趋势往往会部分反转。[5] 收益反转只反转了初始价格趋势的一部分，表明价格趋势一部分源自初始反应不足（这一部分不会反转），另一部分则源自延迟的过度反应（这一部分会反转）。

12.2 趋势交易

在讨论趋势为什么会存在后，我们现在来展示一个简单的趋势跟踪策略：时间序列动量策略。我们用1985年1月至2012年6月的数据为58种高流动性期货和远期外汇合约建立时间序列动量策略。其中包含24个大宗商品期货、9个股指期货、13个债券期货和12个远期外汇合约。在判断每类资产的趋势方向时，该策略只考虑资产的超额收益率是正还是负：历史收益为正，则视为上升趋势，建立多头仓位；历史收益率为负，则视为下降趋势，建立空头仓位。

我们考虑了1月期、3月期、12月期的时间序列动量模型，对应短期、中期、长期趋势跟踪策略。对于1月期的策略，当上个1月期超额收益率为正时做多，为负时做空。3月期和12月期的策略构建方法类似1月期的策略。这样一来，在58个合约市场中，每种策略均持有一个多头或者空头仓位。

每个仓位的规模均以40%的年化波动率为目标。[6] 具体而言，在t时刻买卖投资品种s的金额为$40\%/\sigma_t^s$，因此时间序列动量策略（TSMOM）实现后的下一周收益如下：

$$TSMOM_{t+1}^{X-\text{月份},\text{资产}-s}=\text{头寸方向(过去} X \text{ 月 } s \text{ 的超额收益)}\frac{40\%}{\sigma_t^s}R_{t+1}^s$$

这里的σ_t^s为每个投资品种的事前年化波动率估计值，用历史收益率平方的指数加权平均值估算得出。这种固定波动率仓位调整方法很有用，原因有几点：第一，它可以将不同资产组合成多元化投资组合，不会过度依赖风险更高的资产——由于我们交易的资产间波动率差别很大，这一点很重要。第二，这一方法使每类资产的风险随时间推移保持稳定，因此不会过度依赖高风险时期。第三，这一方法在调整仓位规模时不使用任何自由参数或优化，从而使数据挖掘的风险最小化。

我们根据每周四结束时的已知数据，以每周五的收盘价对投资组合进行调仓。因此，我们仅使用当时的已知信息来实施该策略。策略收益没有剔除交易成本，但请注意，我们使用的是世界上流动性最强的投资品种之一。下面我们考虑交易成本的影响，同时使用不同频率的调仓规则。学术圈通常月度调仓，但是不妨也考虑更高频率的调仓，因为我们关注的是那些从早到晚都在交易的专业基金经理的收益率。

图 12-2 显示了每个投资品种在各种时间序列动量策略中的业绩。策略的结果非常一致，几乎每种情况下都有正收益率。1 月期策略的平均夏普比率（超额收益率除以实现波动率）为 0.29，3 月期策略为 0.36，12 月期策略为 0.38。

12.3　多元时间序列动量策略

接下来，我们计算相同时段单独合约策略的总平均收益，建立 1 月期、3 月期、12 月期的多元时间序列动量策略（分别用 $TSMOM^{1M}$，$TSMOM^{3M}$，$TSMOM^{12M}$ 表示）。我们也针对 4 个资产类别（大宗商品、外汇、股指和债券）建立各自的时间序列动量策略（分别用 $TSMOM^{COM}$，$TSMOM^{FX}$，$TSMOM^{EQ}$，$TSMOM^{FI}$ 表示）。举例来说，大宗商品策略是 3 个趋势时段的大宗商品策略平均收益。最后，我们建立一个包含所有资产类别和趋势时段的策略，称其为多元时间序列动量策略（用 TSMOM 表示）。每一种策略中，我们使用指数加权方差-协方差矩阵，使仓位的预定波动率目标为 10%。

(A) 1月期的时间序列动量策略

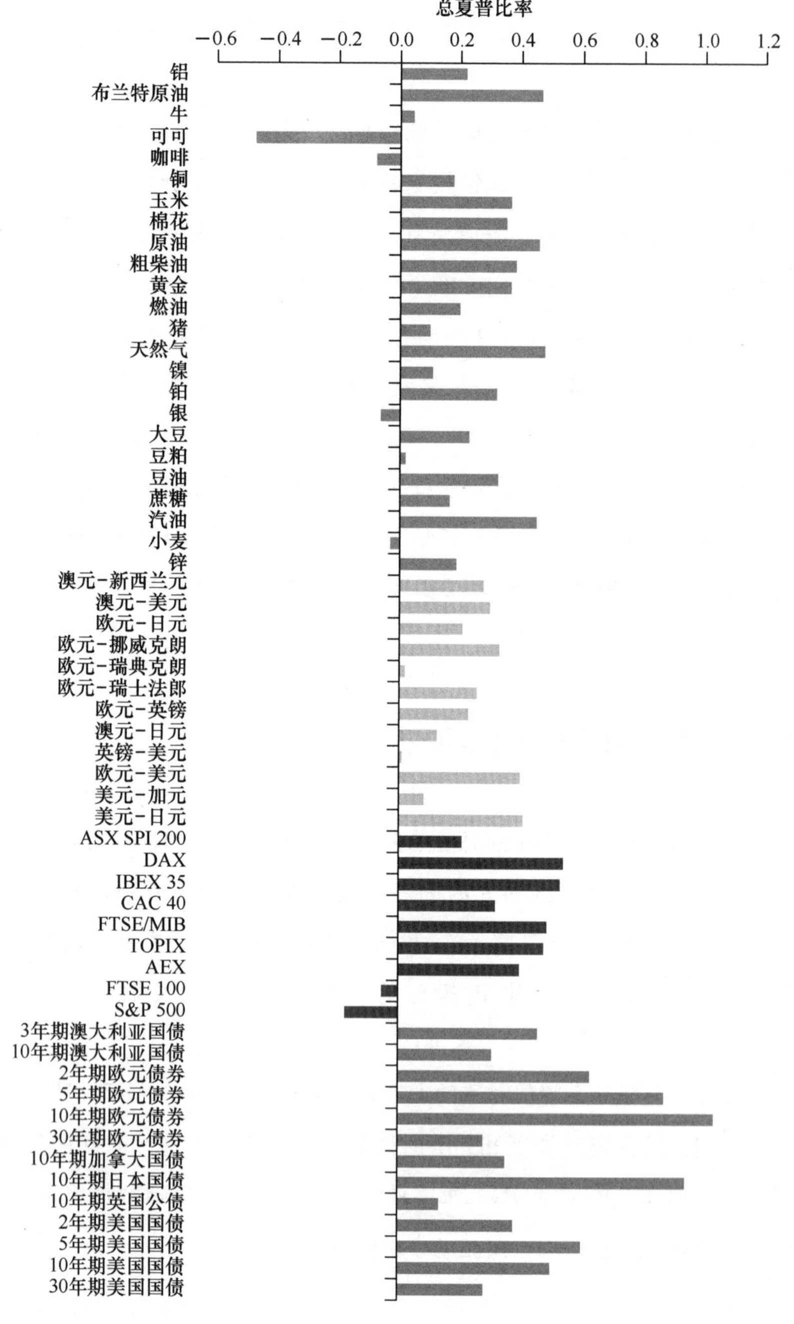

(B) 3月期的时间序列动量策略

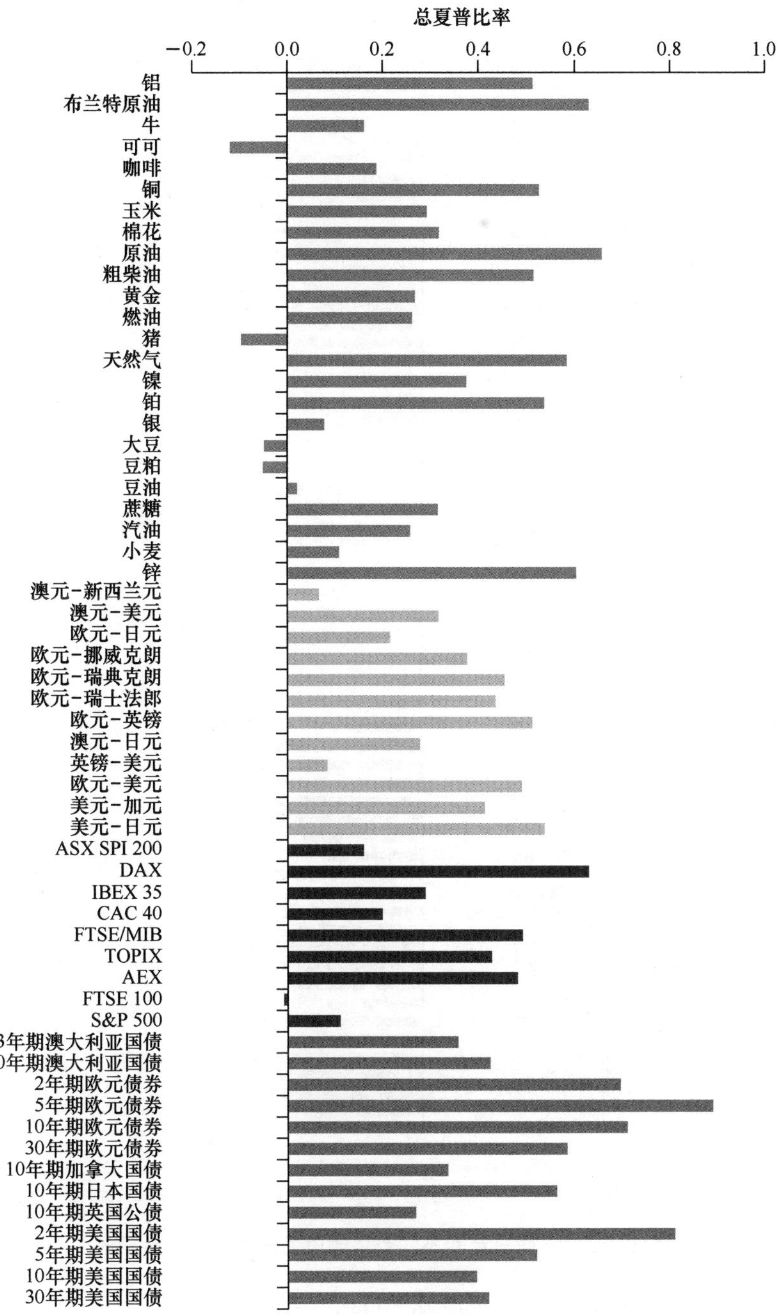

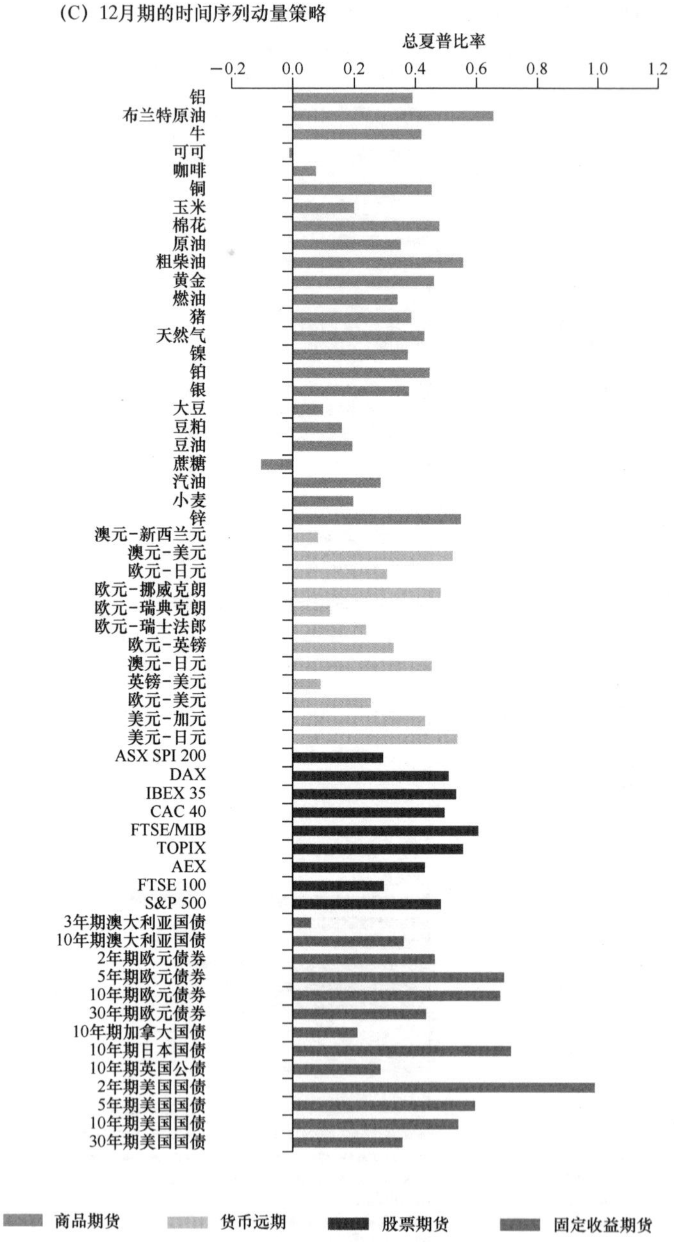

图 12－2　不同资产和不同趋势时段的时间序列动量表现

资料来源：Hurst，Ooi and Pedersen (2013).

表 12－1 展示了这些多元时间序列动量策略的业绩表现。我们看到，实际波动率十分吻合预定目标 10%，其变动范围为 9.5%～11.9%。更重要的是，所有时间序列动量策略的夏普比率都很可观，意味着相对于风险来说，实现了很高的平均超额收益率。通过比较不同趋势时段的策略可以看出，长期（12 月期）策略表现最好，中期策略次之，而即使是 3 个策略中最差的短期策略，其夏普比率也高达 1.3。在不同的资产类别中，大宗商品、债券和外汇比股票表现稍好一些。

表 12－1　时间序列动量策略（TSMOM）的业绩

（A）不同资产类别的时间序列动量策略业绩

	商品期货 TSMOM	股票期货 TSMOM	固定收益期货 TSMOM	货币期货 TSMOM	多元 TSMOM
平均超额收益率	11.5%	8.7%	11.7%	10.49%	19.4%
波动率	11.0%	11.1%	11.7%	11.9%	10.8%
夏普比率	1.05	0.78	1.00	0.87	1.79
年化 α	12.1%	6.8%	9.0%	10.1%	17.4%
t 统计量	(5.63)	(3.16)	(4.15)	(4.30)	(8.42)

（B）不同信号的时间序列动量策略业绩

	1 月期 TSMOM	3 月期 TSMOM	12 月期 TSMOM	多元 TSMOM
平均超额收益率	12.0%	14.5%	17.2%	19.4%
波动率	9.5%	10.2%	11.3%	10.8%
夏普比率	1.26	1.43	1.52	1.79
年化 α	11.1%	13.3%	14.4%	17.4%
t 统计量	(6.04)	(6.70)	(6.74)	(8.42)

注：表 12－1 显示了在不同资产类别（表（A））和不同趋势时段（表（B））下，时间序列动量策略的业绩。所有的数字都已经进行年化处理。α 是对 MSCI 全球股票指数、巴克莱债券指数和 GSCI 大宗商品指数做回归分析的截距，括号中的数据为 α 的 t 统计量。

资料来源：Hurst，Ooi and Pedersen (2013).

表 12－1 除了列出预期的平均超额收益率、波动率和夏普比率之外，还给出了下述回归式的 α 值：

$$TSMOM_t = \alpha + \beta^1 R_t^{股票} + \beta^2 R_t^{债券} + \beta^3 R_t^{商品} + \varepsilon_t$$

我们将时间序列动量策略回报对 MSCI 全球股票指数、巴克莱美国综合政府债券指数和标准普尔 GSCI 大宗商品指数的被动投资收益进行回归分析。α 测量了在控制传统资产类别的简单多头风险溢价后的超额收益。由于时间序列动量策略是多空组合，在这些被动投资因子上的平均敞口都很小，α 值几乎与超额收益一样大。最后，表 12－1 也给出了 α 的 t 统计量，这些 α 在统计上都非常显著。

业绩表现最好的是多元时间序列动量策略，其夏普比率为 1.8。如果 1985 年在多元时间序列动量策略和标准普尔 500 指数中分别投资 100 美元，图 12－3 显示了它们后期的增值。

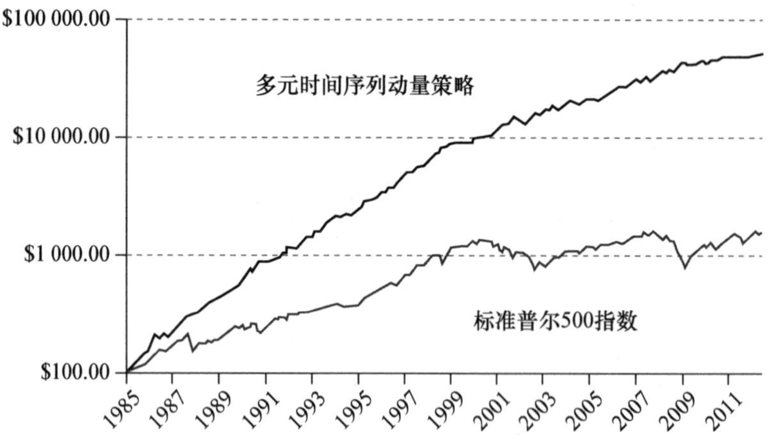

图 12－3　多元时间序列动量策略与标准普尔 500 指数的历史业绩

注：本图展示了 1985—2012 年多元时间序列动量策略和标准普尔 500 指数扣除交易成本前的累积收益（对数标尺）。

资料来源：Hurst，Ooi and Pedersen (2013).

12.4　多元化：有益的趋势

要想理解时间序列动量业绩为什么那么好，应该先注意到，在每个趋势时段中，这些单一资产策略的平均两两相关性都小于 0.1，这意味着这些策略在不同市场上都是相对独立运作的，因而某一策略亏损时，另一策略仍然会盈利。即使我们将这些策略依照资产类别或者趋势时段进行组合，这些相对多元化的策略之间相关度也不大。多元化具有优越性的另一个原因是采用了等风险法。我们调节仓位，使得每种资产在每一段时间都有相同的预期波动率，这意味着一项资产的波动率越高，它在组合中所占的比重就会越小，从而构建了一个稳定而又风险平衡的投资组合。这一点尤其重要，因为不同资产的波动率差异非常大，比如 5 年期美国政府债券期货的年化波动率通常约为 5%，而天然气期货的年化波动率则通常为 50%。如果在投资组合中，每类资产的仓位都有相同的资金敞口（如某些指数和基金经理所做的），那么该组合的风险和收益将被波动率最大的资产主宰，大大降低了多元化的益处。

多元时间序列动量策略与传统资产类别的相关度非常低——与标准普尔 500 股票指数的相关系数为−0.02，与以巴克莱美国综合指数为代表的债券市场的相关系数为 0.23，与标准普尔 GSCI 大宗商品指数的相关系数为 0.05。较小的平均相关系数掩盖了该策略在某些时刻会与市场高度正相关的真相，但这样的正相关性一般都会被其余时间内该策略与市场的负相关性抵消。

如图 12 - 4 所示，在长期的熊市和牛市中，趋势跟踪投资策略表现得特别出色。图 12 - 4 绘出了时间序列动量策略与标准普尔 500 指数的季度收益率。我们用二元函数来拟合时间序列动量收益与市场收益的关系，得到了“微笑”曲线。估算出的“微笑”曲线意味着时间序列动量策略在历史上明显的牛市或熊市阶段表现最佳，而在相对平稳市场中的表现却没有那么好。要理解这一“微笑”效应，我们注意到历史上大多数最差的股票熊市都是逐渐形成的。市场先由正常变成差，导致时间序列动量策略开始卖空（开仓时发生的损失或盈利取决于前期事件）。一次漫长的熊市往往始于市场由差变成更差的时候，交易员开始恐慌，股价崩溃，空头仓位获利。这说明了这些策略为何更容易从极端事件中盈利。当然，这些策略并不是总能从极端事件中获利，比如牛市之后（该策略会做多），如果市场迅速崩溃，该策略还未能及时调整仓位到空头，就会产生损失。

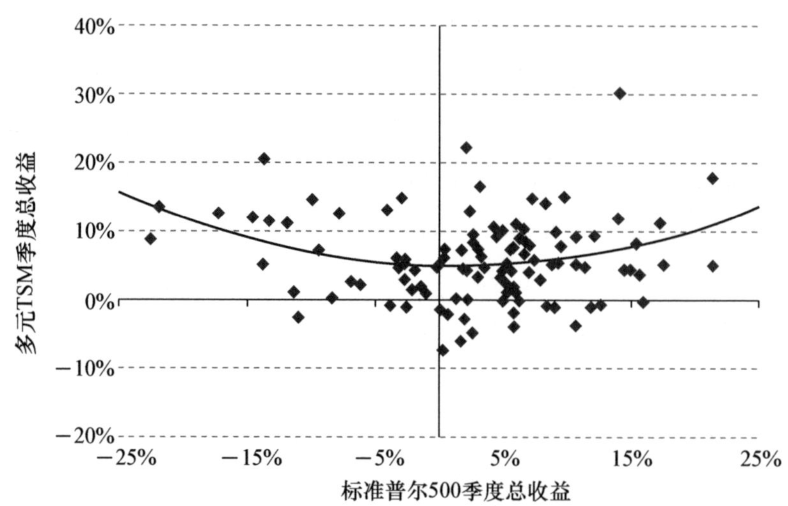

图 12-4　时间序列动量策略的“微笑”曲线

注：图中绘出了 1985—2012 年多元时间序列动量策略和标准普尔 500 指数的（不重叠）季度收益率。

资料来源：Hurst，Ooi and Pedersen（2013）.

12.5　管理期货基金实际收益源于时间序列动量

我们收集了 BTOP 50 和 DJCS 管理期货指数[7] 这两个主要管理期货指数的收益，以及在 Lipper/Tass 数据库中“管理期货”类下的一些基金收益，并重点标出了 Lipper/Tass 数据库中截至 2012 年 6 月资产规模最大的 5 家管理期货基金的业绩。只看资产规模最大的几只基金的事后收益率，自然容易挑选到过去表现好的基金，但用这些最成功的基金和时间序列动量对比还是很有意义。

表 12 - 2（A）给出了管理期货指数的业绩。我们看到指数和基金收益的夏普比率介于 0.27～0.88 之间。考虑对股票指数、债券和大宗商品的被动敞口后，所有 α 都为正，且大部分在统计上具有显著性。可以看到多元时间序列动量策略的夏普比率和 α 比指数和基金更高。但是我们注意到，时间序列动量策略的收益中并未扣除费用和交易成本，而管理期货指数和基金已经扣除费用和交易成本。此外，虽然时间序列动量策略很简单，而且很少采用数据挖掘，但还是可以依据“后见之明”来挑选 1 月期、3 月期和 12 月期趋势时段。比起我们的“纸上”策略，基金经理遭受实盘亏损时要坚持这些策略更为不易。

大多数商品交易顾问和管理期货对冲基金至少收取 2%的管理费用和 20%的业绩提成，因此，这些费用的影响显著。虽然我们不知道基金准确的费前收益，但我们可以通过假设的费用来模拟测试时间序列动量策略。如果是 2%和 20%的费率结构，多元时间序列动量策略的年均费率约为 6%，费率较高是因为该策略模拟业绩优秀。此外，比较优秀的基金经理的交易成本每年为 1%～4%，而一般的基金经理的交易成本或许还要高很多，历史上的交易成本也更高一些。因此，在扣除这些估计费用和交易成本后，多元时间序列动量策略的历史夏普比率接近 1，依然高于指数和基金。但要注意的是，真实的历史交易成本无法获知，而且有很大的不确定性。

其实我们想展示的并不只是把时间序列动量策略的表现与那些指数和基金比较的结果，而是可以用时间序列动量来解释管理期货基金的良好业绩。为了解读管理期货收益，我们用管理期货指数和基金的收益（R_t^{MF}）对 1 月期、3 月期、12 月期的时间序列动量进行回归分析：

表 12-2　解读管理期货的业绩

（A）管理期货指数及顶级基金的业绩

	BTOP 50	DJCS MF	基金经理 A	基金经理 B	基金经理 C	基金经理 D	基金经理 E
起始日	1987 年 1 月 30 日	1994 年 1 月 31 日	2004 年 4 月 30 日	1997 年 10 月 31 日	2000 年 5 月 31 日	1996 年 3 月 29 日	1998 年 12 月 31 日
平均超额收益率	5.2%	3.2%	12.4%	13.3%	11.8%	12.3%	8.1%
波动率	10.3%	11.7%	14.0%	17.7%	14.8%	17.2%	16.4%
夏普比率	0.50	0.27	0.88	0.75	0.80	0.72	0.49
年化 α	3.5%	1.1%	10.7%	9.3%	8.5%	9.4%	5.1%
t 统计量	(1.69)	(0.41)	(2.15)	(2.05)	(2.05)	(2.22)	(1.17)

（B）管理期货的收益源于时间序列动量

	1 月期 TSMOM		3 月期 TSMOM		12 月期 TSMOM		截距（年化后）		R^2	与多元 TSMOM 的相关性
DJCS 管理期货	0.26	(3.65)	0.56	(7.69)	0.23	(3.86)	−8.8%	(−4.58)	0.58	0.73
BTOP 50	0.27	(4.87)	0.56	(9.00)	0.08	(1.78)	−6.6%	(−4.24)	0.53	0.69
基金经理 A	0.39	(2.85)	0.59	(4.51)	0.31	(2.69)	2.8%	(0.80)	0.54	0.73
基金经理 B	0.66	(5.00)	0.35	(2.56)	0.47	(4.03)	−0.8%	(−0.23)	0.46	0.66

续表

	1 月期 TSMOM		3 月期 TSMOM		12 月期 TSMOM		截距（年化后）		R^2	与多元 TSMOM 的相关性
基金经理 C	0.55	(4.93)	0.52	(4.47)	0.25	(2.55)	0.6%	(0.19)	0.55	0.72
基金经理 D	0.50	(4.54)	0.80	(6.85)	0.22	(2.25)	−3.6%	(−1.19)	0.57	0.70
基金经理 E	0.35	(3.32)	0.70	(6.42)	0.48	(5.29)	−6.0%	(−2.09)	0.64	0.78
Lipper/Tass 数据库所有管理期货基金 β 为正的比例	76%		78%		76%					

注：表（A）展现了管理期货指数和前五大管理期货基金经理（在 Lipper/Tass 数据库中，截至 2012 年 6 月的数据）的业绩。所有数字均已进行年化处理。α 是对 MSCI 全球股票指数、巴克莱债券指数和 GSCI 大宗商品指数回归的截距项目。表（B）显示了管理期货指数和基金经理对不同趋势时段中时间序列动量策略的多元回归。括号中为 t 统计量。最末行是在 Lipper/Tass 数据库中所有管理期货基金 β 为正的比例。最右列给出了管理期货策略收益与多元时间序列动量策略之间的相关系数。

资料来源：Hurst，Ooi and Pedersen（2013）.

$$R_t^{MF}=\alpha+\beta^1 TSMOM_t^{1M}+\beta^2 TSMOM_t^{3M}+\beta^3 TSMOM_t^{12M}+\varepsilon_t$$

表 12-2（B）显示了回归结果。我们看到回归的 R^2 数值很大，介于 0.46～0.64 之间，表明管理期货指数和基金经理的收益在很大程度上源于时间序列动量。该表也显示了管理期货指数和基金经理与多元时间序列动量策略的相关系数。这些相关系数的数值很大，介于 0.66～0.78 之间，再次表明时间序列动量可以解释管理期货的收益。

表 12-2 展示的截距项代表了控制时间序列动量后的超额收益（或 α）。表（A）中相对传统资产类别的 α 都显著为正，而表（B）中相对时间序列动量的 α 几乎都为负。尽管规模最大的基金经理收益会偏高（由于对基金经理的甄选基于过去业绩），但时间序列动量会使这些 α 变为负值。这再次说明了管理期货的收益源于时间序列动量，也阐明了费用和交易成本的重要性。在表（B）中，另一个有趣的发现是短期、中期、长期趋势对于管理期货基金具有不同的重要性。

总而言之，尽管许多管理期货基金致力于开发除了时间序列动量以外的其他类型策略，但我们的结果说明，时间序列动量可以解释这个行业的平均 α 和很大一部分收益的波动。

12.6　实盘操作：如何经营管理期货基金

我们已经见识到，时间序列动量能够解释管理期货的收益。至少在理论上，这一相对简单的策略所实现的夏普比率高于大多数基金经理。该结果也表明，要让这些策略在现实中获得成功，费用和其他实盘操作问题同等重要。如前面所提到的，对于年化波动率为 10％的多元时间序列动量策略，我们估计，2％和 20％的费用结构意味着年均费用约为 6％。其他重要的实盘操作问题还包含交易成本、调仓方法、保证金要求和风险管理。

为了分析调仓频率如何影响投资组合，图 12-5 显示了每一趋势时段和多元时间序列动量策略的总夏普比率如何随调仓频率变化。每日和每周的调仓频率下的业绩相似，而每月和每季的调仓频率下的业绩较差。短期和中期策略的信号本身更新得更快，α 值衰减得也更快，所以降低调仓频率导致其业绩下降得更多。

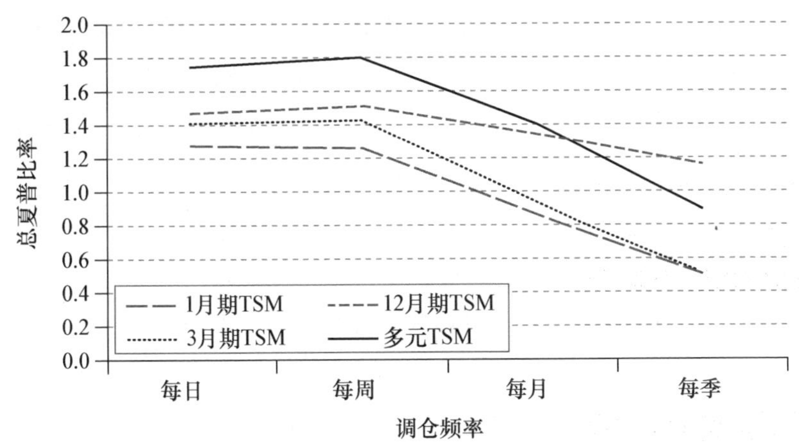

图 12-5　不同调仓频率下的总夏普比率

注：本图显示不同调仓频率下 1 月期、3 月期、12 月期及多元时间序列动量策略的夏普比率（扣除交易成本前）。

如前所述，对比较优秀的基金经理来说，管理期货策略的年交易成本为 1%～4%，而对一般的基金经理来说可能高很多，同时历史上的交易成本也更高。交易成本取决于许多因素。当投资组合没有对交易成本进行优化，而只是机械式调仓时，交易成本会随着调仓频率提高而增加（虽然频繁的市场交易可以获取更多的流动性）。此外，短期趋势信号的交易成本会高于长期趋势。因此，规模较大的基金——受交易成本影响更大——可能会赋予中期和长期趋势信号更高的权重，而短期信号的权重较低。

为了执行管理期货策略，基金必须向对手方缴纳保证金，即期货经纪商和货币中介代理商（或货币主经纪商）。对于时间序列动量策略，大型机构投资者的保证金要求一般是8%～12%，而规模较小的投资者的保证金要求则会高一倍以上。因此，由于大量自由现金的存在，从融资流动性的角度来看，时间序列动量肯定是可以实行的。

风险管理是我们最后讨论的实盘问题。我们对于交易策略的构建是系统性的，固定波动率方法有内置的风险控制机制。这种仓位管理会在风险上升时降低仓位规模，以控制单一证券的风险。此外，在任何时期，它都可以用不同证券实现风险平衡的分散化。最后，一些管理期货基金采用回撤控制，力图进一步辨识过度扩张的趋势，从而在急剧的趋势反转中减少损失，并且在市场盘整期中通过辨识短期的反向趋势来提升业绩。

12.7 元盛资本管理公司戴维·哈丁访谈录

戴维·哈丁是元盛资本管理公司（简称元盛资本）的董事长兼CEO。元盛资本是专注管理期货投资策略的全球投资基金公司。在创立元盛资本之前，哈丁与他人于1987年成立Adam Harding and Lueck公司（AHL），这是欧洲最早系统采用趋势跟踪策略的商品交易顾问之一，最终被FTSE指数的成员公司英仕曼集团收购，现在仍为这家上市公司的核心部分。（下面LHP代表本书作者，DWH代表戴维·哈丁。）

LHP：你当初为什么会对管理期货投资产生兴趣？

DWH：1982年，我在剑桥取得自然科学学位（理论物理专业）后，开始为伦敦的一家名为伍德麦肯兹的股票经纪商工作，那时我是固定收益部门的实习生。在我开始工作的第一个月，伦敦国际金融期货交易所（LIFFE）成立。LIFFE推出的第一类合约是债券期货，于是我借着这个机会调到了交易所大厅工作。当时我21岁，就这样，在我职业生涯的初期，我对期货走势及走势图分析产生了兴趣，并将统计编程应用于期货。

LHP：你怎么会想到在那个市场中使用统计方法，而不是参照其他人的做法？

DWH：我看着一长串的数字持续上上下下，并绘制了走势图。我接受过科学家的训练，在攻读物理学学位时学会了很多关于数据分析的方法——例如傅里叶分析。于是忍不住想：这些知识是否可以应用于这些时间序列？

LHP：是否有什么特别的事件决定了你的职业方向？

DWH：20 世纪 80 年代中期，有两年我每天都在手工制作图表，过程很辛苦，但给了我很多时间来观察时间序列。当你只需要按下电脑上的按钮就会显现出一幅图表时，你不会注意数据的细节。然而，如果你天天都在手工制作这些图表，你对实证数据的认知就会更加深刻。所以，我认为在 Sabre 基金管理公司的那段时光深刻影响了我对于数据非随机性的认识。

LHP：你注意到图中有什么突出的特征吗？

DWH：趋势。你要找的就是趋势。技术分析方法存在的意义就是试图预言和预测趋势。人们能从数据中发现趋势，是因为数据本身包含着趋势，而且人们相当擅长发现数据中的趋势。

LHP：能聊聊你的投资流程吗？它现在是什么样的？是如何演变到现在的？

DWH：我们分析市场数据，依靠数据中的证据寻找市场涨跌概率并非严格五五开的时机，并在胜算概率大时下注。

LHP：你通过大量研究来判断概率是不是五五开，然后通过系统性的过程进行交易，对吗？

DWH：正是如此。我们会在很多不同的市场中同时交易，建仓又平仓。把这些都编入计算机程序来实现，是因为这一模式太复杂，单靠任何交易员都无法胜任。

LHP：相比依靠人的直觉或对软性信息的评估进行交易，使用模型驱动的投资有何利弊？

DWH：优点是绝对理性，服从原则。这是基于实证证据的方法，所以在用资金冒险前，你需要有强有力的科学证据。

我觉得主要的缺点是你无法考虑到所有因素。如果某一事件从未发生过，你的研究就无法告诉你与之相关的任何信息。

LHP：根据你的研究，是每种投资标的都采用同类模型更好，还是每种分别采用自己特定的模型更好？

DWH：如果你在不同的市场中采用完全不同的模型，就会出现数据过度拟合问题。

LHP：你认为出现这些情况会不会是因为交易员在不同的市场中犯下相似的系统性错误？

DWH：委婉一点说，有一种备受学术圈推崇的理论，它认为市场是有效的，会把所有未来的信息完美地折现。

它最极端的形式是说市场不仅会折现未来，还会精准地反映出所有经济的基本面和公司的所有已知信息等，市场会综合所有信息，形成绝对完美的价格。

要不是相信这项理论的人太多，它本该很好笑。它诞生于期权定价和扩散过程建模：价格运动被设定为用热传导方程描述的布朗运动式扩散过程。对于短期期权建模来说，那是个不错的拟合，但一旦延伸开来，认为存在着精准反映所有信息的完美价格矩阵，按照科学的说法，就是为有限的证据赋予了太多的权重。

LHP：那么你的模型是如何利用市场的不完全有效性的呢？

DWH：市场是个社会机构，并且反映了你预期这类社会机构会反映的所有现象。市场反映了价格形成过程的某些特点，其中很明显的一点是：市场往往是序列相关的，因为想法会缓慢开始，逐渐扩散，形成热潮，同时人们变得过度乐观，最后失望。

LHP：是否有什么情况或事件可以展现管理期货策略的价值？

DWH：我们倾向于在意外事件发生时盈利，而人们对于意外事件的预测能力非常差。如果你回顾过去 100 年的历史，就会发现第一次世界大战的爆发毫无预警可言。看一下有效市场假说的效果：在 1914 年 7 月 25 日或者 23 日，尽管在一个月前发生了弗朗兹·费迪南德（Franz Ferdinand）被暗杀的事件，但债券的收益率及股价并未发生变化。没有人知道马上会发生什么，所以市场并未有效地对第一次世界大战进行折现。有效市场假说也没有预见到后面的苏联社会主义革命、第二次世界大战、军备竞赛及计算机的发明。一个又一个的事件彻底震惊了市场——我甚至还没说到过去 20 年银行体系的崩溃等。

LHP：那么管理期货或者趋势跟踪投资如何利用意外事件盈利呢？

DWH：人类历史上显然不断有大的意外事件发生，但也会出现仅仅影响单一市场的小型意外事件。

LHP：但能让投资者从中盈利的意外事件不可能是毫无征兆的，必须在发生之前就在价格中有所体现。也就是说，它应该是逐步展开的。

DWH：我猜你是对的。幸运的是，大多数意外事件的确是逐步展开的。如果想要维护有效市场假说的荒谬想法，所有的意外事件就必须在瞬间被折现，但这是不可能的。银行系统的崩溃随着一系列烦人的事件展开，股票市场在一年内下跌了 50%，因此趋势跟踪体系能取得好的业绩。

LHP：是的。你认为趋势跟踪策略会让价格靠近还是背离基本面价值呢？

DWH：我认为要确定一件东西的基本面价值没有那么容易。基本面价值这一理念认为有一个均衡价格能让市场出清。但是很显然，这个世界并不处于均衡之中。它一直在变，不是吗？你不该说存在着一个基本面价值，而只能说存在着一个可能的基本面价值区间，而趋势跟踪策略可能会促使价格在这一可能的价值区间内波动。

LHP：在你看来，出现更多的管理期货投资者会使市场趋势变强还是变弱？

DWH：我的答案你可能不太满意，那就是我认为它可能会改变价格时间序列数据自相关性的范围。也就是说，它会在某种程度上改变趋势的性质。

LHP：有人认为管理期货具有尾部对冲性质，你认同这个观点吗？

DWH：不大认同。过去 20 年中，商品交易顾问在股票市场下跌时通常表现良好。但是商品交易顾问有时与股票市场高度正相关，有时又高度负相关，因为它们交易的最大仓位是股票指数。如果股票大幅下跌时我们正好持有多头仓位，那么将不会有任何的尾部对冲性质，而会有加剧尾部风险的性质。

从商品交易顾问的投资中获得的最大风险分散就是你将投资交付给某个对未来趋势没有看法的人。多数投资中，总有人告诉你他们对于未来走势的判断，因此将投资交付给对未来不抱看法的人就很有新意了。

LHP：不断调整投资方法和持续深入研究有多重要？

DWH：金融市场中并不存在终极不变的真理。如果你自以为发现了终极答案，认为你所需要做的只是持续套用这一模式，那么最终你注定会失败。为了保有竞争力，你必须勤奋工作，坚持不懈，永不放弃。

LHP：尽管如此，有没有什么信号或者模型的某一部分是你从 20 世纪 80 年代一直沿用至今的？

DWH：是的，肯定有。因为我们的交易相对缓慢，我们的模型并非处在永远革新的状态。我们逐渐调整，进行长期研究，因而随着时间的推移，模型可能发生更多的变化。

LHP：当你配置不同资产类别，比如决定是否在商品与股票间增大商品的权重时，是仅仅基于研究做决定，还是会有主观判断？

DWH：这或多或少是个学术问题，但并非拥有唯一准确的答案。与人们想象的相反，我们的很多研究只提供了非常模糊的答案。但是，如果你有一组期望收益数据、方差矩阵和交易成本，那么显然有办法将它们变成某种优化的投资组合。

LHP：你曾经说过趋势跟踪投资策略是一种“不可知论”形式的投资策略，你能解释一下这个观点吗？

DWH：好的。相对于其他投资形式，趋势跟踪投资策略内含的假设很少。我们不预测明年、后年和大后年会发生什么，也不预测某一国家将繁荣还是衰退。比如，我们不预测是否会出现大宗商品稀缺。有人确信未来 10 或 20 年内大宗商品将会极度稀缺，并且忙于根据这一观点配置投资组合，因为他们认为由于人口数量增加等原因，这是显而易见的。但在 10 年前他们并没有这么做。换言之，他们是在价格已经上涨 10 年后才这样做。如果他们在价格上涨 10 年之前就这么做，我会非常佩服他们。这是一种很弱的趋势跟踪形式，只是碰巧而已。

投资的世界在很多情况下都是在昨天的战场中较量。

注释

[1] 李嘉图的交易规则引述自 Grant（1838），利弗莫尔的观点引述自 Lefèvre（1923）。

[2] 这一章大多基于 Hurst，Ooi and Pedersen（2013），“Demystifying Managed Futures,” Journal of Investment Management 11(3)，42-58。感谢合著者 Brian Hurst 和 Yao Hua Ooi 的合作。时间序列动量方法大致参考 Moskowitz，Ooi and Pedersen（2012），且与第 9 章（股票量化投资策略）所和第 11 章（全球宏观投资策略）所讨论的横截面动量有关。关于商品交易顾问特征的描述可以参见更早的 Fung and Hsieh（2001）一文，根据时间序列动量对商品交易顾

问的进一步分析可以参见 Baltas and Kosowski（2013）一文，超过一个世纪的时间序列动量证据可以参见 Hurst，Ooi and Pedersen（2014）一文。

[3] 参见：（1）Edwards（1968）；Tversky and Kahneman（1974）；Barberis，Shleifer and Vishny（1988）.（2）Shefrin and Statman（1985）；Frazzini（2006）.（3）Silber（1994）.（4）Mitchell，Pedersen and Pulvino（2007）；Duffie（2010）.

[4] 参见：（1）Bikhchandani，Hirshleifer and Welch（1992）；De Long，Shleifer，Summers and Waldmann（1990）；Graham（1999）；Hong and Stein（1999）；Welch（2000）.（2）Wason（1960），Tversky and Kahneman（1974），Daniel，Hirshleifer and Subrahmanyam（1998）.（3）Vayanos and Woolley（2013）.

[5] 长期的价格反转存在于时间序列动量策略（Moskowitz，Ooi and Pedersen，2012）中，也存在于股票市场的横截面（De Bondt and Thaler，1985）中和全球资产类别的横截面（Asness，Moskowitz and Pedersen，2013）中。

[6] 依照 Moskowitz，Ooi and Pedersen（2012）一文中的方法，我们选好的仓位规模使每一项投资标的都有固定波动率的目标。更广泛地讲，可以考虑以预估的趋势强度来调整持仓大小。例如，对于不大的价格波动，我们可以选择持较小的仓位或者不持仓，并且根据价格变化的幅度来增加仓位。

[7] 这些指数的收益率数据来自以下网站：http://www.barclayhedge.com/research/indices/btop/index.html；http://www.hedgeindex.com/hedgeindex/secure/en/indexperformance.aspx?cy=USD&indexname=HEDG_MGFUT。

第四部分

套利策略

第 13 章　套利定价理论和套利交易概述

华尔街有句老话："给人一条鱼，你可以养活他一天；教会他如何套利，你就能养活他一辈子。"（但如果他是跟伊万·博斯基（Ivan Boesky）[①] 学的套利，就只有靠国家来养活了。）

——沃伦·巴菲特（Annual Report，1988）

在教材中，套利是指通过在低价买入的同时高价卖出来获取确定的利润。具体来说，教材中的套利是指在买入某一证券的同时卖出另一种价格更高的证券（或者证券组合），与卖出的证券相比，买入的证券具有完全相同或者更好的现金流。从理论上说，执行套利交易从不需要现金，并有机会在某些时点获得正收益。

在现实世界中，虽然这种学术上的套利交易几乎不存在，但是这并不妨碍从业人员用套利这一词汇来描述在有利的相对价格下买入并卖出几乎相同的证券的行为。在此使用套利这个词，是沿用从业人员所指的含义。虽然人们通常期望低买高卖能够获利，但是这种交易几乎总是需要现金投入（例如为了满足保证金要求），在价格收敛之前还可能遭受重大损失。此外，还有一种不小的风险是：套利关联被切断，导致价格无法收敛。如我们后面所说，套利机会是对承担与公司事件、

---

① 伊万·博斯基为华尔街传奇人物，是让人谈之色变的"股票套利之王"，也是电影《华尔街》中戈登·盖柯的原型。他后来由于大肆从事非法套利活动，被判处终生禁入证券市场。——译者

可转换债券和固定收益市场有关的流动性风险及交易风险的补偿，也为我们提供了一个有意思的窗口，用来观测金融市场的运行态势。换言之，套利活动是高效运行的无效市场的最直接特征。

13.1 套利定价和交易：总体框架

金融学中一个重要的理念是：竞争是消除套利机会的一股强大力量。因此，很多金融模型会有所谓的无套利条件，假定不存在任何套利。

套利是金融的圣杯。我想起在电影《夺宝奇兵 3 之圣战奇兵》（*Indiana Jones and the Last Crusade*）中，哈里森·福特（Harrison Ford）扮演的考古学教授对他的学生说：

> 抛弃你脑子里所有关于消失的古城、异域旅行以及满世界乱挖的念头。我们靠地图无法找到埋藏的宝藏，画“X”的地方从来都没有宝藏。

然而，在随后的影片中，为了寻找圣杯，他还是做了上面所有的事。与此类似，金融学教授也总会对学生说：

> 抛弃你脑子里所有关于轻松赚钱、新型期权和套利的念头。我们靠数学无法找到埋藏的宝藏，套利机会根本就不存在。

但是在课堂之外，金融学教授常常忙于寻找套利机会。幸运的是，套利定价理论不仅告诉你如何在无套利条件下为证券估值，还告诉你如果确实存在套利机会该如何把握。

直接利用无套利条件和无市场摩擦假设，可以导出漂亮的相对资产定价理论：一种证券可以通过套利进行定价，这意味着我们可以基于其他相关资产价值推算它的基本面价值。可以按照以下三种方法进行套利定价（根据从简到繁的顺序）：

（1）如果两种证券的收益相同，那么它们的价值肯定相同。

（2）如果某一资产组合与某种证券的收益相同，那么该证券的价值等于该资产组合的价格，这一组合称为复制资产组合。

（3）如果一个自融资交易策略与某种证券的最终收益相同，那么该证券的价值等于自融资交易策略的初始成本。自融资策略也称为动态对冲策略，是指除了开始和结束外，资金不再需要流入或流出，可以随时间进行动态调整的一种投资策略类型。

如果我们能够找到复制一种证券的方法，比如用另一种证券、一个复制资产组合或者一种动态对冲策略，我们就能推算出该证券的价值。如果该证券有着不同的交易价格，我们就可以执行套利交易，起到消除错误定价的作用。如果该证券的价格低于其复制成本，我们就买入该证券并卖出复制组合。买入证券会推高其价格，因此执行套利可以促使套利机会逐渐消失。

与此类似，如果证券的价格高于其价值，我们就在卖空该证券的同时买入复制组合。而难点是如何复制证券。下面我们先讨论如何复制期权，然后在后面的章节中讨论众多其他的套利交易。

在现实世界中，投资者需要承担交易成本和融资成本，这意味着套利交易涉及成本问题，而且几乎做不到无风险套利。当存在交易成本时，虽然无法使用无套利条件精准地确定基本面价值，但我们可以找到基本面价值的上下限。上述三种套利类型受市场摩擦影响的程度从小到大：套利类型（1）和（2）涉及买入并持有策略，而套利类型（3）则需要进行交易手续费更高的动态交易。因此，在高效运行的无效市场中，基于类型（3）的套利关系更容易破裂。

套利关系的强度还取决于是否存在自然收敛时间点。例如，假设完全相同的证券在两个不同的市场进行交易。如果股票是可互换的，即可以在其中一个市场买入该股份，然后在另一个市场卖出，套利就十分容易。只要在一个市场点击“买入”，在另一个市场点击“卖出”，交易马上完成。由于这类套利非常简单，在现实世界中几乎从不存在，即使确实存在，也仅限于一瞬间。但如果股票是不可互换的，情况就不一样了。例如，像联合利华这样的公司，它在两个不同的交易所同时挂牌交易，但是在一个交易所买入的股份并不能在另一个交易所卖出。在这个例子中不存在自然收敛时间点，错误的相对定价会持续很长时间。

13.2 期权套利

套利定价对衍生证券的估值特别有用。衍生证券是指收益依赖于另一种证券价格的证券。被依赖的证券称为标的（证券），我们用 S_t 表示其价格。

期权是一种重要的衍生证券。期权有几种类型，最主要的是看涨期权和看跌期权。看涨期权赋予合约持有人以约定价格买入单位标的资产的权利，但不是义务。这一价格称为行权价格（或者执行价格）X。看跌期权赋予合约持有人以约定价格卖出单位标的资产的权利。欧式期权只能在到期日行权，而美式期权能在到期日之前的任一时点行权。

如果某标的证券的当前市价 S_t 高于行权价格 X，那么这一看涨期权称为实值期权（即执行期权能够获利）；如果证券市价低于行权价格，那么该看涨期权称为虚值期权；与此同时，如果 $S_t=X$，则称为平值期权。

在到期日，如果某只看涨期权为虚值期权，它的价值就为 0。如果是实值期权，它的价值就为 $C_t=S_t-X$。与此类似，如果某只看跌期权是实值期权，它的价值就为 $P_t=X-S_t$，否则就是无价值的。在到期日之前，只要标的证券有可能波动至实值期权价格区间，期权就有价值。

人们使用期权的原因很多，很重要的一点是期权可以提供隐含的杠杆效果。[1] 买入看涨期权类似于通过借款 X 去购买股票。对于同等金额的资金，你所能买到的看涨期权要比股票更多，所以对于相同的投资金额，购买期权的潜在收益要高得多。当然，风险和收益相伴，期权也比股票更容易失去全部价值。

欧式期权的平价关系

看涨期权和看跌期权的价格密切相关，这可以通过简单的套利论证来理解。你可以创设一只合成股票：买入一份欧式看涨期权，同时卖出一份欧式看跌期权，行权价格均为 X，然后在银行存放足够的资金，使得在 T 年后的期权到期日拥有 X 的资金。因为合成股票的价格必然与真实股票相同，我们可以得到经典的平价关系等式[2]：

$$C_t - P_t + \frac{X}{(1+r^f)^T} = S_t$$

在现实世界中，平价关系等式通常都成立。如果它不成立，就会形成相对容易的套利交易机会。可以用买入并持有的策略来对平价关系等式的偏差套利，它有确定的完成时间：期权到期日。有种例外情况是当股票难以卖空时，平价关系等式的右边就会大于左边。

二叉树模型的期权套利交易

我们来看看如何推算标的为无股利股票的看涨期权价值，以及如何利用可能存在的套利机会。这种方法其实普遍适用于几乎所有类型标的资产的衍生品定价。[3] 一开始，我们假设股价会随着时间演化为一棵“树”，如图 13-1 所示。这棵树总是有两个分叉，表示股价在每个时点可以上升或下降。由于在到期日之前存在若干个时点，因此股票的最终价格具有很多种可能性。

为了计算期权的初始价值，我们需要从后往前倒推出整棵“树”

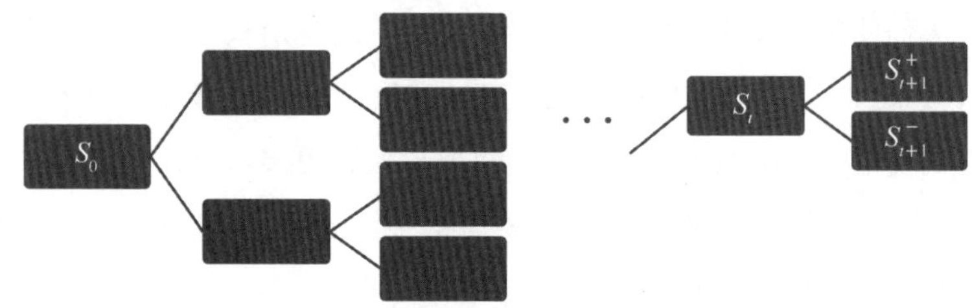

图 13-1　股价演变的二叉树

中的期权价值。期权的到期日为最后的场景，期权价值就是行权价值，也就是 0 与 $S-X$ 中的较大值。

下面计算到期日之前的期权价格，即在时点 t 的期权价值 C_t。假定股票的当期价格为 S_t，其下一期的价格可能是 S_{t+1}^+ 或 S_{t+1}^-，股价上涨或下跌的两种情景所对应的期权价值分别用 C_{t+1}^+ 和 C_{t+1}^+ 表示。

为了计算期权价值，我们需要找到一个股票和现金的资产组合来复制期权。这一动态对冲策略中的股票数量称为对冲比率（或 delta）Δ_t，货币市场中的现金数额用 b_t 表示。我们的目标是找到 Δ_t 和 b_t 的值以满足如下要求：无论股价是上涨还是下跌，对冲策略的价值都与期权价值相等，即

$$\Delta_t S_{t+1}^+ + b_t(1+r^f) = C_{t+1}^+$$

$$\Delta_t S_{t+1}^- + b_t(1+r^f) = C_{t+1}^-$$

解出这个二元一次方程组，可以得到合适的对冲比率：

$$\Delta_t = \frac{C_{t+1}^+ - C_{t+1}^-}{S_{t+1}^+ - S_{t+1}^-}$$

也可以得到相应的货币市场现金投资额：

$$b_t = \frac{C_{t+1}^- S_{t+1}^+ - C_{t+1}^+ S_{t+1}^-}{(S_{t+1}^+ - S_{t+1}^-)(1+r^f)}$$

期权价格由对冲策略的当前价值推导得出，$C_t = \Delta_t S_t + b_t$。用简单代数可以得到期权价格，如下所示：

$$C_t = \frac{qC_{t+1}^{+} + (1-q)C_{t+1}^{-}}{1+r^f}$$

式中，$q = \frac{1+r^f - S_{t+1}^{-}/S_t}{(S_{t+1}^{+} - S_{t+1}^{-})/S_t}$的值在 0～1 之间，称为股价上涨的风险中性概率。可以看到，如果价格上涨的概率为 q，且投资者是风险中性的，那么期权价格可以通过简单的现值计算推出。风险中性概率的使用是套利定价理论的常用特征。由于现实中价格上涨的概率通常会高于风险中性概率，风险中性概率中已经隐含风险溢价，证券估值时所用的风险中性概率小于真实概率。

我们已经得到在时点 t 每种情景下对应的期权价值 C_t，可用相同方法计算出在时点 $t-1$ 的期权价值，以此类推，直到得出期权的初始价值。这个方法还告诉我们如何用股票和无风险证券组成的动态对冲策略来复制期权的收益，即如何用每一期的股价决定对冲比例。

因此，如果期权的市场价格与其内在价值不相等，我们就知道该如何实施套利交易了。例如，假设期权价格比其内在价值高出 2 美元，我们就卖空期权并通过执行动态策略来对冲。理论上，这笔套利交易起始就赚到了市场错误定价形成的 2 美元，之后我们的收支完全平衡。

在实践中，交易员会采用类似的交易，但通常更为复杂。第一，由于保证金要求，交易员通常不能立刻把这 2 美元划入账下；第二，即使交易员完美地实施了对冲策略，使其资产组合在到期日与期权价值相同（即在任意一种最终情景下都可以赚 2 美元），但如果在到期日之前期权的错误定价突然变得更严重，他也可能会遭受临时亏损；第三，股票的价格并不完全按照树状图来演化，所以对冲不可能是完美的。

基于隐含波动率的对冲交易：Black-Scholes-Merton 公式

在二叉树模型中，如果出现的情景越来越多（或者使用连续时间模型），那么期权价格会收敛于用著名的 Black-Scholes-Merton 公式[4]

导出的欧式看涨期权价格 C_t：

$$C_t = S_t e^{-\delta T} N(d_1) - X e^{-r^f T} N(d_2)$$

式中，行权价格为 X；δ 为股息率；r^f 为无风险利率；T 为到期时间；$d_1 = [ln(S_t/X) + (r - \delta + \sigma^2/2)T]/(\sigma\sqrt{T})$，以及 $d_2 = d_1 - \sigma\sqrt{T}$。

d_1 和 d_2 的值取决于股票波动率 σ，即股票收益率的年化标准差。Black-Scholes-Merton 模型的一个重要观点是：股票波动率对期权价格起着决定性作用。股票波动率越高，对应的期权价格就越高。

这个观点也意味着，对于任意的期权价格 C_t，都会存在与之相应的波动率 σ，如果我们将这个 σ 代入 Black-Scholes-Merton 公式，算出的期权价格正好是 C_t。这样的股票波动率称为隐含波动率。

根据 Black-Scholes-Merton 模型，所有具有相同标的股票的期权的隐含波动率应相等，即股票的真实波动率。因此，通过观察期权的隐含波动率就可以方便地比较它们的价格。如果某一期权的隐含波动率较高，那么相对于 Black-Scholes-Merton 公式的基本价值也会更高，就会成为卖空的对象。期权套利者希望能够卖空隐含波动率高于真实波动率的期权，而买入隐含波动率低于真实波动率的期权。

当然也应该意识到，当期权的市场价格不同于模型的理论价值时，也许是套利机会，也许是模型的错误，也许真实波动率的估算有误，也许是这些情况的综合。很显然，Black-Scholes-Merton 模型的许多前提假设条件在现实世界中是无法满足的，尤其是在现实市场中，股价会突然跳跃，波动率也会随着时间变化。标准的 Black-Scholes-Merton 模型没有考虑这些特点（当然扩展版模型可以加入这些特点）。股价的潜在跳跃能够解释为什么虚值看跌期权（尤其是指数期权）的隐含波动率比较高，出现所谓的隐含波动率"假笑"走势。这种"假笑"不仅是套利机会，而且是真实崩盘风险的反映。

就像在二叉树模型中一样，根据 Black-Scholes-Merton 模型，我们能够推导出期权的复制资产组合。如果一家对冲基金卖空某一期权，那么它会买入 Δ_t 份股份来对冲头寸，其中：

$$\Delta_t = \frac{\partial C_t}{\partial S_t} = e^{-\delta T} N(d_1)$$

由于 Δ_t 会随着时间推移而变化，对冲基金必须不断调整持有的股份数量，这称为动态对冲。对冲基金通常至少要每天调整一次对冲仓位。

13.3　基于需求的期权定价

在现实世界中，期权的价格不仅取决于套利定价关系，还依赖于其供需情况。许多投资者希望购买保险来预防股市的系统性风险，这会带来对股指看跌期权的超额需求。此外，在下跌空间有限的市场中，对隐含杠杆的需求也会导致对期权的需求。假如充分竞争的做市商可以按 Black-Scholes-Merton 模型完美地进行期权套利，这样的需求就不会推高期权价格。但在现实世界中，做市商在执行期权套利交易时要负担可观的成本和风险，因此需求压力会影响期权价格。正如人们支付的汽车保险费要高于保险统计的交通事故风险水平那样，投资者支付的市场“保险费”通常要高于 Black-Scholes-Merton 模型的期权价格。当期权价格调整到足够高效又不完全有效的水平时，银行和对冲基金作为这类交易的对手方，可以获得一定的预期利润，但不是确定的套利利润。[5]

注释

[1] 参见 Frazzini and Pedersen（2013）。

[2] 这一版本的平价关系等式要求股票在期权到期日之前不支付任何

股息，否则就必须在等式的右边减去股息现值。

[3] 对于美式期权，应该在每个节点上检查行权是否最优。但是在无摩擦市场中，不应该对标的为无股利股票的看涨期权提前行权。

[4] 参见 Black and Scholes（1973）以及 Merton（1973），这是迈伦·斯科尔斯（我们将在第 14 章中访谈他）以及罗伯特·C. 默顿（Robert C. Merton）获得 1997 年诺贝尔奖的原因。（诺贝尔奖不可以追授给已逝者，而布莱克（Black）在 1995 年去世。）

[5] Bollen and Whaley（2004）发现有证据表明期权需求会影响期权价格。Gârleanu，Pedersen and Poteshman（2009）建立了基于需求的期权定价模型，并提供了相应的证据。

第 14 章　固定收益套利

固定收益套利交易就像是在压路机前面捡硬币。

——交易员之间流传的说法

就流通债券的总额、交易活跃度和相关衍生品的市场规模而言，全球固定收益市场非常庞大。最重要的固定收益市场是政府债券市场，其次为公司债券市场和抵押债券市场。债券市场的主要衍生品包括：债券期货、利率互换、信用违约互换、期权以及提供利率互换选择权的互换期权。

几乎所有债券的价格都高度依赖无风险利率，所以债券收益率和债券回报率之间存在着显著的联动性。因此，固定收益套利交易员经常针对固定收益证券的相对价值进行交易，以便利用高度相关的证券之间的价格差别。证券之间的高相关度意味着可以通过同时做多和做空来对冲很多风险。但是，在高效运行的无效市场中，有限风险和固定收益套利者之间的竞争意味着债券之间的相对价差通常很小。因此，为了获取高收益，固定收益套利交易员通常需要使用很高的杠杆。当相对价差收敛时，这样的高杠杆套利交易可以赚到适中的利润（"捡硬币"），但当很多固定收益套利者被迫抛售仓位去杠杆时，盈利会因偶发的巨大损失（"压路机"）而中断。

一个经典的固定收益套利交易的例子是卖空刚发行的新债券，同时做多过去发行的旧债券。其他经典交易包括蝶式交易、互换价差交易、抵押贷款交易以及固定收益波动率交易。

在我们分析这些交易细节之前，先来考虑债券收益率和债券回报率的基本要素。所有期限的债券收益率集合称为收益率曲线或者利率期限结构。固定收益套利交易者对收益率曲线非常关注。我们将讨论曲线水平、斜率和曲率是如何反映出收益率曲线特征的，其中曲线水平由中央银行设定，而斜率和曲率由预期的未来中央银行利率及风险溢价决定。我们将讨论怎样理解期限结构中的各项元素，以及如何用它们来交易。

14.1 固定收益基本要素

债券收益率和价格

债券价格与收益率是同一枚硬币的正反面。给定某一债券的价格 P，其到期收益率（YTM）就是持有该债券至到期日的内部收益率。相反，给定某一债券的到期收益率，其价格就是未来的息票（C）和面值（F）以到期收益率为贴现率的贴现值：

$$P_t=\sum_{\text{到期日}t_i}\frac{C}{(1+YTM)^{t_i-t}}+\frac{F}{(1+YTM)^{T-t}} \qquad (14-1)$$

式中，t 为当期时间；T 为到期时间；$T-t$ 为到期时间长度。

收益率曲线

所有不同期限的债券收益率集合称为收益率曲线，或利率期限结构，如图 14－1 所示。

有时会同时存在几种到期期限相同而息票率不同的政府债券。例如，可能有一只刚发行的 10 年期债券以及一只旧的 10 年期债券，旧券是 20 年前发行的 30 年期债券。由于息票率不同，这些债券通常具有略

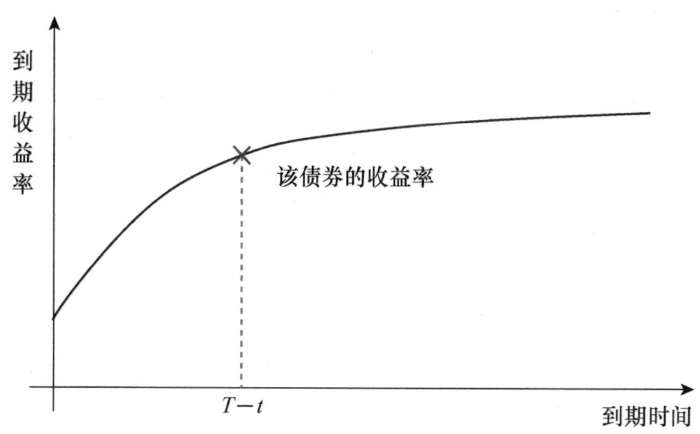

图 14-1　收益率曲线（也称为利率期限结构）

微不同的收益率（以及不同的流动性，这将在“新券与旧券”一节中进一步讨论）。我们应该用哪一只债券的收益率来对应在图 14-1 中到期时间为 10 年的这一点呢？为了阐明这一问题，固定收益交易员经常会看零息债券收益率的期限结构。零息债券的息票率为 0（$C=0$），其全部价值源于债券在到期时点上支付的面值。交易员既关注零息债券交易的价格，也通过附息债券价格推算零息债券收益率。事实上，一只附息债券可以视为一组零息债券的组合——支付每一期息票的零息债券加上支付面值的零息债券。因此，附息债券的价值可以由零息债券收益率推出，反之亦然。

债券回报率和久期

在理解了债券价格和收益率后，我们还需要了解债券回报率——持有一只债券可以获得盈利的百分比。例如，当利率发生微小变动时，长期债券有时会给固定收益交易员带来巨大的收益或损失。为什么长期债券对收益率变动的价格反应比期限较短的债券更强烈呢？直观来说，长期债券的价格之所以会对收益率的变化反应更强烈，是因为它们需要在更长期间内赚取这一收益率，导致影响被层层放大。下面来更详细地分析债券回报率。

如果你持有债券至到期日，你的回报就将是购买该债券时它的到期收益率（假设现金流可以按到期收益率再投资）。债券短期的（比如 $t \sim t+1$ 时）回报率是多少呢？单一时间段的持有期回报率是

$$\text{债券回报率}_{t,t+1}=\frac{P_{t+1}+\text{可能的息票价格}}{P_t}-1 \tag{14-2}$$

如果债券的到期收益率保持不变，那么短期持有的回报率完全等于到期收益率（不管是否付息）。当且仅当债券收益率发生变化时，债券回报率才会偏离到期收益率。因为息票和面值支付是预定不变的，只有收益率变化才能使这些预定支付的价值上下变化。正如式（14－1）所示，债券的价格与其收益率变化相反，收益率的上升意味着价格的下降，反之亦然。所以，价格对收益率变化的敏感系数为负，它的绝对值称为久期（D）：

$$D_t=-\frac{\partial P_t}{\partial YTM_t}\frac{1+YTM_t}{P_t} \tag{14-3}$$

利用巧妙的固定收益数学分析，可以证明久期等于所有未来现金流（息票和面值）到期时间的加权平均值（通过对式（14－1）进行微分）：

$$D_t=\sum_{\text{息票及到期日}t_i}(t_i-t)w_{t_i} \tag{14-4}$$

式中，权重 w_{t_i} 是债券在时点 t_i 所支付现值的比例：

$$w_{t_i}=\frac{\text{现金流}_{t_i}}{(1+YTM)^{t_i-t}P_t} \tag{14-5}$$

式（14－4）解释了术语“久期”：D_t 就是未来现金流到期时间 t_i-t 的加权平均值。例如，5 年期零息债券的久期自然就等于其到期时间 5 年。巧妙的是，D_t 也可以由式（14－3）得出，换言之，D_t 也

告诉了我们债券的价格对其收益率变化的敏感程度。因此，式（14－3）和式（14－4）合在一起可以说明，长期债券的价格对收益率的敏感度要高于短期债券。

有了久期的定义，我们能够计算出收益率突然变动 ΔYTM_t 时，债券价格随之出现的变动 ΔP：

$$\frac{\Delta P_t}{P_t} \cong -\frac{D_t}{1+YTM_t}\Delta YTM_t = -\overline{D}_t \Delta YTM_t \tag{14-6}$$

这里，最后的等式引入了修正久期，$\overline{D}_t = D_t/(1+YTM_t)$。不考虑市场意外变化，我们也可以利用久期的逻辑写出 $t \sim t+1$ 期债券回报率的直观表达式。假设这段时间内到期收益率保持不变，那么债券回报率等于到期收益率（结合式（14－1）和式（14－2）可以证明这一点）。如果到期收益率有变化，那么收益率的变化会带来从修正久期所得的附加效应（根据当期收益率在下一时期计算得出）：

$$\text{债券收益率}_{t,t+1} \cong YTM_t - \overline{D}_{t+1}(YTM_{t+1} - YTM_t) \tag{14-7}$$

假如收益率如图 14－2 所示开始上升，那么债券回报率将会在这一阶段下降，可以从式（14－7）中看出这一点。如果发生这种情况，由于债券现在的收益率较高，后面的预期回报率也会变高。假设持有零息债券至到期日，它的回报率将是其初始到期收益率的均值。

杠杆债券的收益率和回报率

交易员通常关注的是高于无风险利率的超额回报，以及高于短期无风险利率的债券收益率。债券经常是通过融资加杠杆来购买（以债券作为抵押物），债券的超额回报其实是这类加杠杆仓位的回报。

当套利者在回购交易中以债券为抵押物借款时，必须支付回购利率（参见 5.8 节中关于保证金要求的部分）。因此，如图 14－3 所示，

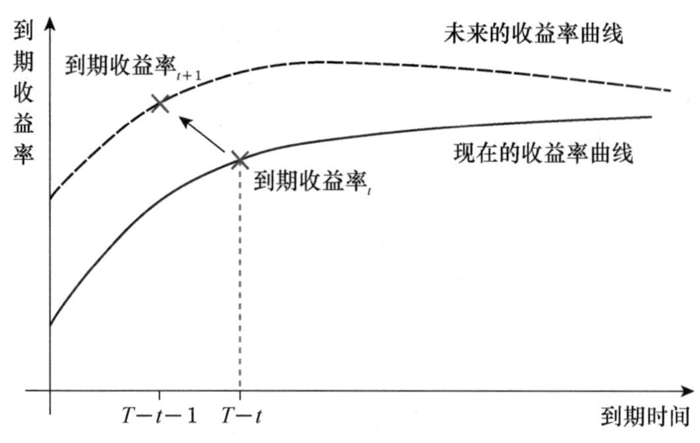

图 14-2　债券回报率与收益率曲线的变化

这一加杠杆仓位的收益率是 YTM_t − 回购利率$_t$。大部分政府债券的回购利率基本相同，称为一般抵押（GC）回购利率。当持有的债券被视为特别抢手的抵押物时，套利者能以较低的回购利率借款。在这种情况下，该债券即为打折出售，债券回购利率的折扣称为特别折扣：

$$回购利率_t = 一般抵押回购利率_t - 特别折扣_t \qquad (14-8)$$

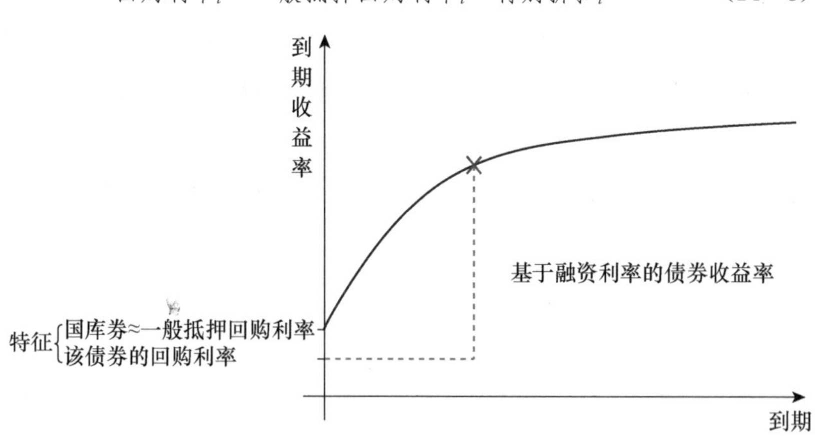

图 14-3　杠杆债券的收益率

债券的回购利率随时间而变化。这种变化主要受一般抵押回购利率变化的影响，而一般抵押回购利率受中央银行货币政策驱动。债券的回购利率还受到特别折扣的变动影响，而特别折扣的变化是由该债券市场流动性特征的变化导致的。如果持有债券至到期日，那么当且仅当购买债券时的到期收益率高于债券存续期内的平均回购利率时，投资才能够盈利。杠杆债券的回报率可以按前述方法计算，只要再扣除融资利率即可：

$$\text{杠杆债券回报率}_{t,t+1} \cong YTM_t - \text{回购利率}_t - \overline{D}_{t+1}(YTM_{t+1} - YTM_t) \quad (14-9)$$

债券免疫

固定收益套利交易员通常希望规避利率水平变动风险，即收益率曲线向上或者向下平移。为了对冲这一风险，交易员要确保多头仓位金额的整体久期（即多头债券的数量，$x^{\text{多头}}$，乘以修正久期，再乘以价值，得到 $x^{\text{多头}}\overline{D}^{\text{多头}}P^{\text{多头}}$）与空头仓位的整体久期（$x^{\text{空头}}\overline{D}^{\text{空头}}P^{\text{空头}}$）相匹配。所谓的债券免疫意味着对冲了收益率曲线平移的影响。特别值得一提的是，如果 $\Delta YTM^{\text{多头}} = \Delta YTM^{\text{空头}}$，其中 Δ 代表变化量，那么产生的盈亏金额（P&L）近于 0[1]：

$$P\&L^{\$} \cong -x^{\text{多头}}\overline{D}^{\text{多头}}P^{\text{多头}}\Delta YTM^{\text{多头}} + x^{\text{空头}}\overline{D}^{\text{空头}}P^{\text{空头}}\Delta YTM^{\text{空头}} = 0 \quad (14-10)$$

凸性

当债券收益率变动时，债券价格会出现反向变化，而且价格波动程度大约为修正久期与收益率变化的乘积。但这只是近似值，只适用于收益率小幅波动的情况。我们可以使用凸性来提高近似值的准确性：

$$\frac{\Delta P_t}{P_t} \cong -\overline{D}_t \Delta YTM_t + \frac{1}{2}\text{凸性}_t(\Delta YTM_t)^2 \quad (14-11)$$

凸性被定义为债券价格对收益率变化的二阶导数，可以利用式

(14-5) 给出的权重 w_{t_i} 表示：

$$凸性_t = \frac{\partial^2 P_t}{\partial (YTM_t)^2} \frac{1}{P_t} = \sum_{息票及到期日 t_i} \frac{(t_i - t)(t_i - t + 1)}{(1 + YTM_t)^2} w_{t_i} \tag{14-12}$$

债券收益率涉及凸性乘以收益率变化量的平方——一个正数，所以当收益率变化时，有较大正凸性的长期投资可以获利。对多空策略交易员来说，应该使多头仓位比空头仓位凸性更大，因为这意味着收益率的变动可以带来利润。在第 15 章中，我们将讨论可转换债券交易员如何利用凸性获利（也称为 gamma 交易）。

哪些收益率变化已经反映在价格中？远期利率

固定收益投资者往往能感觉到利率变动的方向。例如，假如短期利率已经为 0，那么它将很有可能会上升。但这是否意味着人们就应该卖空债券呢？不一定，因为债券的当前收益率已经至少在一定程度上反映了这一预期。只有你认为债券收益率将会比反映在价格中的预期水平上升得更快或者更高时，你才应该卖空债券。但如何知道价格所反映出的预期水平呢？

为了回答这一问题，我们要估算出：如果你今天投资债券，那么为了达到盈亏平衡，未来收益率是多少。这一利率称为远期利率（或者盈亏平衡利率）。在我们定义远期利率之前，先从到期时间为 T 的零息债券在当前时刻 t 的收益率 y_t^T 入手。到期时间为 T 的债券在未来某一时刻 s 的远期利率 $f_t^{s,T}$ 由盈亏平衡条件给定：

$$(1+y_t^T)^{T-t} = (1+y_t^s)^{s-t}(1+f_t^{s,T})^{T-s} \tag{14-13}$$

用文字来表达，这表明：投资到期时间为 T 的债券产生的回报（即公式的左边）必须等于投资较短到期时间 s 的债券并以远期利率进行再投资所产生的回报（即公式的右边）。假定你在 t 时刻购买了到期

时间为 T 的长期债券，如果在 s 时刻债券的未来收益率与远期利率相等，那么 $t\sim s$ 时刻你的回报为无风险回报 y_t^s。如果债券未来收益率较低，其价格将会上升，你的回报将变高。因此，如果固定收益交易员对未来收益率的期望值低于当前收益率曲线中的远期利率，他们就会买入债券。远期利率可以用以下公式推导：

$$f_t^{s,T}=\frac{(1+y_t^T)^{(T-t)/(T-s)}}{(1+y_t^s)^{(s-t)/(T-s)}}-1 \tag{14-14}$$

也可以把远期利率看作在今天就能锁定的未来收益率。通过买入到期时间为 T 的债券，同时卖空相同金额、到期时间为 s 的债券，原则上可以锁定远期利率。

固定收益交易员有两种方式运用远期利率：第一，他们计算出未来某个时期（例如 1 年以后）的完整远期收益曲线。[2] 他们会分析这一收益率曲线，看其是否与自己对未来收益率的看法一致，并根据不一致之处进行交易。例如，如果某个交易员认为第 9～10 年的 1 年期远期利率太高，他现在就会买入 10 年期债券。

第二，固定收益交易员计算出在未来多个时点上的短期预期利率所形成的轨迹。[3] 分析这一轨迹是否与他们对中央银行政策的观点一致。下面将详细讨论中央银行政策。

14.2　谁决定收益率？宏观经济和中央银行

货币政策的核心要素是中央银行设定的隔夜利率。第 11 章详细论述了大多数中央银行通过设定隔夜利率以控制通货膨胀并实现高就业（即经济增长）的情形。因此，当通货膨胀率上升时，中央银行倾向于提高利率以使经济降温，并使通货膨胀率降回至目标值。与此类似，当经济过热时，中央银行也会提高利率。反之，在通货膨胀率下降和增长放缓的经济衰退期，中央银行则会降低利率。

隔夜利率会影响其他所有利率（所谓的货币政策传导机制的一个环节）。为了理解它是如何起作用的，我们来推算一下 t 时刻持有某一债券至 T 时刻到期的回报。实际上，我们要推算的是用杠杆投资债券的到期回报率，这可以视为该债券的超额回报：

$$\text{杠杆债券回报}\ R_{t,T}=YTM_t-\text{平均利率}(R_t^f) \tag{14-15}$$

这里，R_t^f 是隔夜无风险利率（例如前面所讨论的回购利率），本质上由中央银行设定。如果我们对式（14－15）的两边求期望值并简化得到如下关系，就有助于理解债券收益的驱动因素：

$$YTM_t=E_t[\text{平均利率}(R_t^f)]+\underbrace{E_t(\text{杠杆债券回报}\ R_{t,T})}_{\text{风险溢价}} \tag{14-16}$$

因此，债券收益率可以分解成两部分：（1）债券存续期内隔夜利率的期望均值；（2）风险溢价。第一部分很直观，投资 1 年期债券的替代方案是你将资金投入货币市场，每天赚取隔夜无风险利率，不断滚动投资。如果当前的隔夜利率很高，并且预计在未来至少一年内会保持高水平，那么你对 1 年期债券收益率的投资要求会更高。因此，当中央银行调高利率时，债券的收益率基本都会上升。这对短期债券的影响很大，而对长期债券的影响较小。1 月期债券的收益率自然更接近隔夜利率，而 30 年期债券的收益率则会与隔夜利率大不相同。

经典的预期假说（expectations hypothesis，EH）认为风险溢价为 0。预期假说背后的理论是：套利者之间无畏的激烈竞争会促使债券价格上升，直至它们的超额回报为 0（也就是说，它们的回报等于其存续期内短期利率的期望均值）。然而，因为在现实世界中套利者不会无所畏惧，需要对所承担的风险获得补偿，所以预期假说显然得不到数据支持。预期假说失效的原因有两个：通常债券的风险溢价并不为 0，而且不断在变化。

第一，债券的平均风险溢价为正（而不是 0）。一个杠杆债券的仓位通常会获利，这一预期利润称为期限溢价。当你没有把资金投入无风险货币市场，而是把资金锁定到长期债券市场（价格可能会突然下跌）中，那么期限溢价是对你所承担风险的补偿。到期日越远，期限溢价往往越高，因此长期债券相对于短期债券来说风险更高，预期收益也更高。[4]

第二，预期假说认为债券收益率只能因当前和未来隔夜利率期望的变化而变化。债券收益率确实会由于短期利率的变化而变化，但也会因为其他几种原因而发生变化。债券的预期回报（即风险溢价）会因时间和债券的不同而变化。例如后面将会讨论，当债券的利差变化时，其预期回报也会发生变化。此外，如果投资者的风险偏好发生变化、养老基金的利率对冲需求改变、对特定债券产生大量需求（例如中国外汇储备投资）或者政府发行新债券，债券的预期回报就可能变化。这样的供需效应是收益率曲线的期限偏好理论的基础。

14.3　利用期限结构的水平、斜率和曲率进行交易

如前所述，不同到期日债券收益率的集合称为期限结构。期限结构随着时间的推移而移动，形状也会发生变化。从理论上讲，期限结构的形状数不胜数，但是大多数变体能够利用它的水平、斜率和曲率因子来刻画。固定收益套利交易员可以利用期限结构的每一个维度进行交易。

利用水平进行交易

利用期限结构的水平进行交易，意味着赌利率是会上升还是下降。如果判断利率会上升，就卖空债券。由于是简单地赌利率水平的变化，你可以用任何一种债券或者债券期货进行交易。类似地，如果你认为

利率会下降，就买入债券。

方向性的“水平”交易主要源于对中央银行行动的判断，或者对宏观经济基本面（主要是通货膨胀和经济增长）的看法。因此，这种方向性的宏观交易实际上是全球宏观交易员的领域，而固定收益套利者通常更关注相对价值交易。

固定收益套利者会在不同国家的利率水平差异上押注。例如，他们可以在收益率有可能下降的国家买进债券，而在利率更有可能上升的国家卖空债券。这样的相对价值交易对冲了全球利率水平波动风险，而押注于不同国家的差异。

利用斜率进行交易

固定收益套利者也能够利用期限结构的斜率进行交易。例如，固定收益套利者可以通过买入 2 年期债券的同时卖空 10 年期债券来实现所谓的曲线陡峭化策略。之所以称为陡峭化，是因为它获利的条件是 2 年期债券的收益率相对于 10 年期债券有所下降，收益率曲线就此变得更陡峭。反向的交易策略通称为平坦化。

我们下面分析如何设定这类交易的仓位大小：假设交易员买入 1 份 2 年期债券，应该卖空多少 10 年期的债券呢？如果我们用 x 表示被卖空的 10 年期债券的数量，那么当前收益率变化导致的盈亏金额（P&L）为：

$$P\&L^{\$} \cong -\overline{D}^{2} P^{2} \Delta YTM^{2} + x \cdot \overline{D}^{10} P^{10} \Delta YTM^{10} \tag{14-17}$$

这里，我们用上标“2”表示所有与 2 年期债券有关的变量（它的修正久期为 $\overline{D}^{2}$，价格为 P^{2}，到期收益率变化量为 ΔYTM^{2}），10 年期债券也做类似上标。不同交易员对斜率交易的权重设置略有差异，但自然的选择是使资产组合的久期为中性，即对期限结构水平变化免疫（确保押注于斜率而不是水平）。为此，我们设定 $x=\overline{D}^{2} P^{2}/(\overline{D}^{10} P^{10})$。

这一仓位大小使得当收益率曲线水平变化时，$P\&L$ 接近于 0，即 $\Delta YTM^2=\Delta YTM^{10}$。当收益率曲线变陡峭时，$P\&L$ 将为正，$\Delta YTM^2<\Delta YTM^{10}$。当收益率曲线变平坦时，则相反。

例如，如果有 $P^2=P^{10}=1\ 000$ 的两种平价债券，息票率为 4%，修正久期 $\overline{D}^2$ 和 $\overline{D}^{10}$ 分别等于 1.9 和 8.1，那么 $x=0.23$。斜率交易的一个组合权重是：每买入 1 份 2 年期债券，就卖空大约 0.25 份 10 年期债券。产生这种组合权重是因为长期债券价格波动更大，对收益率曲线水平变化也更敏感。

有些交易员不是根据久期匹配来选择对冲比率的，而是通过匹配多头和空头仓位的波动率来选择。如果债券拥有相同的收益波动率，那么它与使用久期匹配的效果相同（因为回报波动率近似为久期乘以收益波动率），但是长期债券收益率往往比短期债券收益率更稳定。

利用曲率进行交易：蝶式交易

固定收益交易员经常会在收益率曲线上寻找相对“昂贵”或“便宜”的点。例如，有些固定收益交易员将收益率曲线的曲率与典型的历史形态相比较，押注曲率会回到均值上。他们为期限结构建立模型，寻找债券实际收益率与模型隐含收益率的显著差别。学术圈的经济学家称这样的差别为定价误差，他们假设市场价格正确，而期限结构模型错误地偏离了目标。交易员则不客气地称这样的差别为交易机会。如果债券实际收益率低于模型隐含收益率，那么交易员会卖空该债券，并希望收益率将会趋向于模型隐含收益率，从而使价格下跌。

如何知道市场收益率与模型隐含收益率之间的价差是定价误差还是交易机会呢？简单来说，如果利用价差交易亏损了，它就是定价误差，否则它就是交易机会。我们怎样做才能事先知道这一点呢？其实永远无法确切地知道，但有一些指标可以利用。例如，对价格不敏感的保险公司因为某种特定需要会大量买入一只债券，导致该债券看起来收益率过低，这样的需求压力使交易员相信这种异常价格是一次交易机会。系统性交易员通常会对利用这种价差的交易进行回测检验，分析这类交易信号在过去是否创造过盈利。

如图 14－4 所示，蝶式交易是卖空一只价格异常的债券，同时买入两只“附近的”债券进行对冲。比如，几家养老基金因为某债券和它们的负债相匹配而大量买入该债券，使“中间”债券 C 的收益率变得异常低。固定收益套利者发现了这一点，认定这只是由养老基金的购买压力所造成的，而不是经济基本面所致。因此，该套利者会决定卖空这只债券。

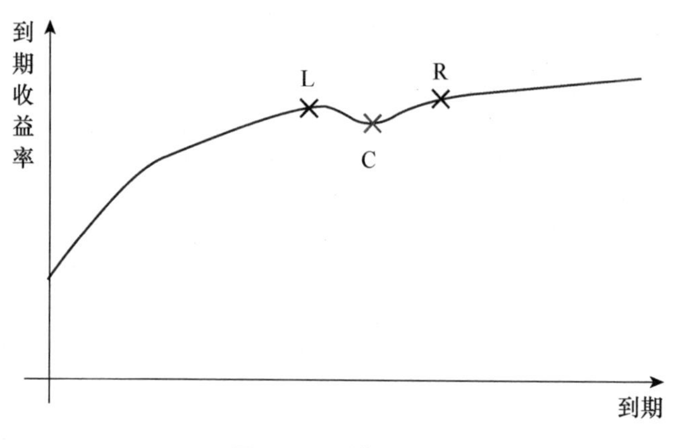

图 14－4　蝶式交易

注：某位固定收益套利者认定债券 C 的收益率过低而卖空该债券，并买入债券 L 和 R 来对冲。

同样如图 14－4 所示，为了对冲，套利者买入左侧期限较短的债券 L 和右侧期限较长的债券 R。左侧债券的期限比债券 C 短，而右侧债券的期限较长，所以总体而言，对冲组合与债券 C 期限相似，但是平均收益率更高。这一对冲能够消除大部分风险，并利用债券的相对价值获利。如何确定对冲组合的权重呢？蝶式交易的巧妙之处在于：它可以同时对冲期限结构水平和斜率的变化风险。

在实际操作中，有好几种方法可以确定对冲权重。让我们举个简单的例子：如果套利者卖空债券 C，并且买入了 x^L 单位的左侧债券和 x^R 单位的右侧债券，那么利润或损失将是

$$P\&L^{\$} \simeq \overline{D}^C P^C \Delta YTM^C - x^L \overline{D}^L P^L \Delta YTM^L - x^R \overline{D}^R P^R \Delta YTM^R \tag{14-18}$$

上述公式稍显复杂，我们可以予以简化：先不算债券的数量，而是算它的久期。具体而言，我们假设：

$$D^{\$,L} = x^L \overline{D}^L P^L, \quad D^{\$,R} = x^R \overline{D}^R P^R, \quad D^{\$,C} = \overline{D}^C P^C$$

由此可以把式（14－18）改写成：

$$P\&L^{\$} \simeq D^{\$,C} \Delta YTM^C - D^{\$,L} \Delta YTM^L - D^{\$,R} \Delta YTM^R \tag{14-19}$$

如图 14－5 所示，为了对冲期限结构水平的变化，套利者不能被 $\Delta YTM^C = \Delta YTM^L = \Delta YTM^R$ 的突然变化影响。因此，仓位大小必须满足以下公式：

$$D^{\$,C} = D^{\$,L} + D^{\$,R} \tag{14-20}$$

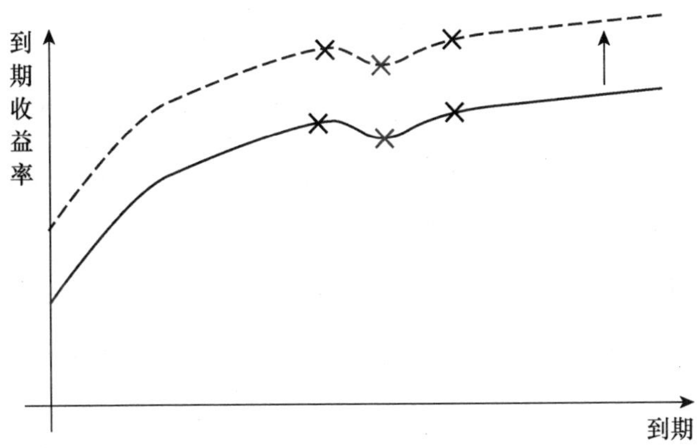

图 14－5　蝶式交易：期限结构的水平变化

如图 14－6 所示，斜率变化的对冲方法与此类似。假设典型的斜率

变化为 $\Delta YTM^L=\beta\Delta YTM^C$ 和 $\Delta YTM^R=\gamma\Delta YTM^C$（参数 β 和 γ 可以从期限结构模型中导出），那么斜率变化对冲方式如下：

$$D^{\$,C}=\beta D^{\$,L}+\gamma D^{\$,R} \tag{14-21}$$

解二元一次方程组得到：

$$D^{\$,L}=\frac{\gamma-1}{\gamma-\beta}D^{\$,C}$$

$$D^{\$,R}=\frac{1-\beta}{\gamma-\beta}D^{\$,C} \tag{14-22}$$

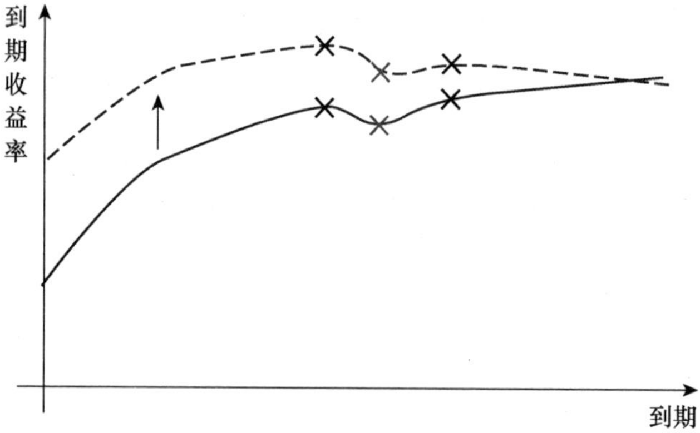

图 14-6　蝶式交易：期限结构的斜率变化

例如，假设 $\beta=0.9$，$\gamma=1.1$，基本如图 14-6 所示。那么我们会看到 $D^{\$,L}=D^{\$,C}=0.5D^{\$,C}$。这是符合直觉的选择：对冲组合与被卖空债券的久期相同，其中一半的久期来自较短期限的债券，另一半来自较长期限的债券。由于该对冲组合的久期是匹配的，它能对冲水平变化风险；又因为该对冲组合同时包含短期和长期债券，它也能对冲斜率变化风险。

最后，假设在收益率曲线上，债券 C 的扭曲点大小发生变化。为简单起见，假设债券 C 的收益率变动为 ΔYTM^C，而其他债券并未发生变化，如图 14-7 所示，$\Delta YTM^L=\Delta YTM^R=0$。在这种情况下，盈亏

金额将是

$$P\&L^{\$} \cong D^{\$,C} \Delta YTM^{L} \neq 0 \tag{14-23}$$

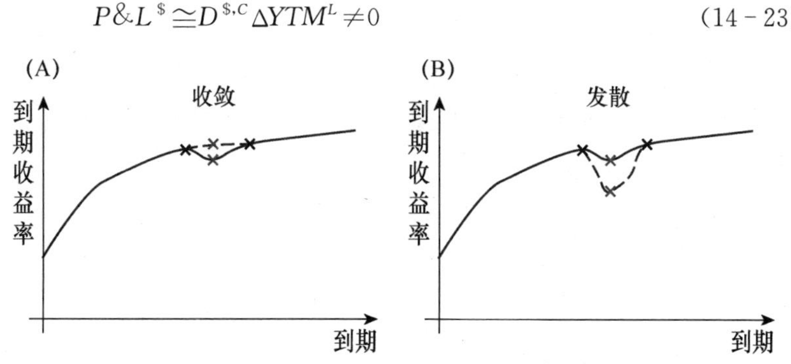

图 14－7　蝶式交易：期限结构扭曲点的变化

我们看到，该对冲组合无法对冲扭曲点的变化。事实上，套利者正是押注于扭曲点的变化，所以并不想对冲这一风险。如图 14－7（A）所示，套利者寄希望于扭曲点消失（$\Delta YTM^{C} > 0$）并从中获利。反之，图 14－7（B）展示了套利者由于扭曲点变大而产生亏损的情形，比如由于买入债券 C 的养老基金而突然需要买入更多这类债券。

14.4　债券息差与套息交易

不同时间段和不同债券的预期收益都不相同，固定收益交易员可以从中寻求高回报。一只高回报债券的特征之一是高息差。[5] 因此，可以利用债券息差进行针对收益率曲线水平、斜率和曲率的交易，以及我们后面介绍的新券与旧券交易。

如果市场环境不变，债券息差就是该债券的回报。假如债券自身的到期收益率不变，一项简单衡量息差的指标是债券的回报，如式（14－7）所示，这项息差指标就是债券的到期收益率。如果整个利率期限结构都不变，可以根据下面的公式进行更为复杂的债券息差计算[6]：

$$债券息差_{t,t+1} \cong YTM_t^{到期日T} - \overline{D}_{t+1}(YTM_t^{到期日T-1} - YTM_t^{到期日T}) \quad (14-24)$$

式中，第一项是债券当期收益率，第二项称为债券的骑乘效应回报。如图 14－8 所示，骑乘效应是指债券临近到期日导致预期中的价格上涨（假设期限结构保持不变）。

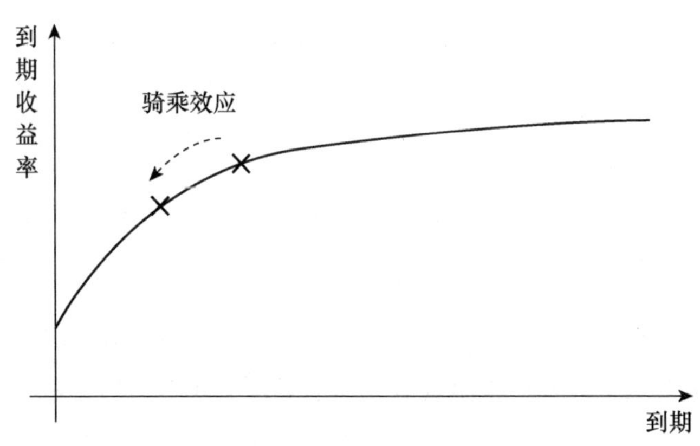

图 14－8　债券息差：收益率加骑乘效应

比如在 2013 年秋季，美国 10 年期国债收益率大约是 2.6%，与历史收益率相比很低。但是当时收益率曲线相对陡峭，隐含了 1.6%的骑乘效应回报（用 8 年的久期乘以 9 年期与 10 年期国债收益率间 0.2%的利差算出）。因此，总息差为 2.6%＋1.6%＝4.2%，并不算很低，尤其是与低于 0.25%的短期利率相比。

当然，债券的实际投资回报通常不等同于息差。如图 14－9 所示，债券的实际回报为息差加上价格上升收益（由利率期限结构变化导致）。

前面讨论的预期假说假设债券的预期回报率不变。根据这一假说，高债券息差并不能带来高投资回报，因为收益率曲线的变动导致价格升幅较小，抵消了高息差的回报。实际历史数据并不支持预期假说，这对债券交易员来说是好消息，因为这意味着可以将息差用作一种交易信号。

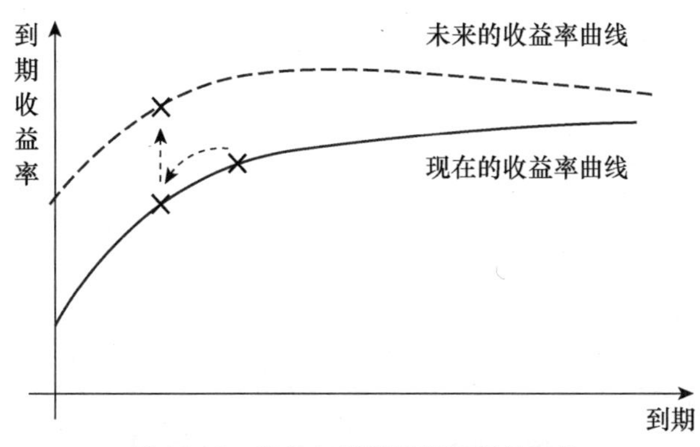

图 14－9　息差与债券投资回报的对比

14.5　新券与旧券

一种经典的政府债券套利是新券与旧券的对冲交易。这一交易可以看作息差交易、价值交易或收敛交易。它通常买入便宜的高息差债券，卖出更贵的低息差债券，期望债券价格将会收敛，实现迅速盈利。让我们来看如何操作。

新券是新发行的政府债券。因为刚刚发行，有活跃的交易量和很好的流动性，也就是说这种债券容易买卖，交易成本很低。此外，对需要融资的交易员来说，交易新券更容易获取融资，因为债权人喜欢这种安全、高流动性的抵押物，也就意味着新券的回购利率通常很低。旧券是以往发行的债券，市场流动性和融资流动性往往较差。所以旧券更便宜，收益率也更高。

如图 14－10（A）所示，新券与旧券的收益率差额会随时间而大幅变化。新券与旧券的差额在流动性危机期间达到高位，比如 1998 年的美国长期资本管理公司事件和 2008—2009 年的全球金融危机。而在市场流动性充足、交易员都追求高收益率时，这种差额就会减小。比如，在 2007 年初危机前，固定收益套利交易员有充足的流动性，消除了大多数差额，使差额随着时间推移逐渐变得更小、更稳定。

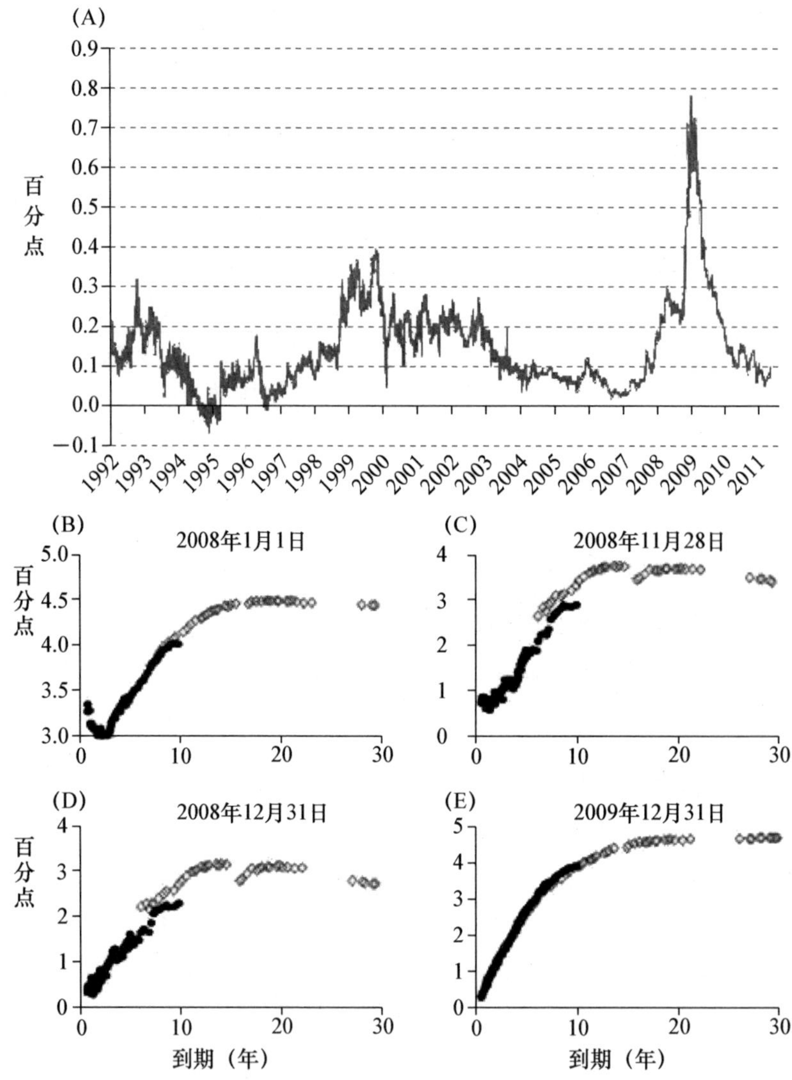

图 14－10　新券与旧券收益率差额

注：图（A）展示了 10 年期新国债与旧国债之间收益率差额的时间趋势。图（B）展示了在 4 个不同时间点的完整收益率曲线，其中原始发行期限为 30 年的（旧）债券用菱形节点表示，而其他债券用实心圆节点表示。全球金融危机期间，10 年期新券和旧券之间的断点很明显。

资料来源：图 A：Using data from AQR Capital Management. 图 B：Gürkaynak and Wright (2012).

如图 14－10（B）所示，在 2008 年 11—12 月全球金融危机期间，收益率曲线的形状很有意思：剩余期限为 10 年的 30 年期旧国债的收益率大幅偏离刚发行的 10 年期新国债。而在流动性宽松时期，收益率曲线通常比较光滑。

典型的新券与旧券交易是通过买入便宜的旧券并卖空昂贵的新券来实现的。这一杠杆组合在一段时期的盈亏金额为：

$$
\begin{aligned}
P\&L_{t,t+1} &= \text{收益率差额} - \text{融资成本差} + \text{价格升值差} \\
&\cong (YTM_t^{\text{旧}} - YTM_t^{\text{新}}) - (repo_t^{\text{旧}} - repo_t^{\text{新}}) \\
&\quad - \overline{D}(\Delta YTM_{t+1}^{\text{旧}} - \Delta YTM_{t+1}^{\text{新}})
\end{aligned}
\qquad (14-25)
$$

这里第一项收益率差额为正，因为便宜的旧券收益率更高。第二项融资成本差会减少盈利，因为旧券具有更高的融资成本。最后一项是收益率的相对变化，我们自然无法提前得知。交易员希望新券发行一段时间以后，它的特别程度降低，新券和旧券的收益率将会收敛，带来正的收益。

在新券与旧券价差很大时，固定收益套利交易员会尝试进行这类交易，但是价差可能会进一步加大。他们有时也会反向交易，即买入新券，卖空旧券。这种反向交易押注收益率差额在短期内将会变大，比如因为当前的差额小得不正常或流动性危机即将发生。

14.6 互换与互换价差

利率互换合约是一种衍生产品，它把一笔固定利率贷款和一笔浮动利率贷款的现金流进行交换。支付固定利率的交易方称为付款方，接受固定利率的交易方称为收款方。下面我们从收款方的视角进行分析（收款方面临的利率风险类似于持有债券的投资者）。

收款方获得的固定利率称为互换利率（$YTM^{\text{互换}}$），同时要支付浮动的 LIBOR 利率（r_t^{LIBOR}）。每一期的支付净额为 $YTM^{互换}-r_t^{\mathrm{LIBOR}}$，乘以本金（比如 10 万美元），再乘以每一期时间长度。到期时无须支付面值，因为进行交换的固定和浮动利率贷款的本金互相抵消。传统的场外互换合约会设定互换利率，使得合约起始现值为 0，但是签署一份互换合同通常还会有保证金要求。互换合约的对手方信用风险不高，因为它的市值接近于 0，并且按市值调整计价。

互换合约收款方的仓位类似于融资持有一只政府债券。国债（价格等于债券面值）持有人以回购利率融资，赚取固定支付的息票（$YTM^{国债}$），并支付回购融资的利息（$repo_t$）。这种融资型债券几乎不用初始付款，因为债券购买由贷款支付（有保证金要求）。如果持有债券至到期日，债券面值可用来偿还贷款——完全类似于互换。扣除融资成本后的融资型债券收益率是 $YTM^{国债}-repo_t$。

互换价差是指国债的到期收益率与同期限互换合约的固定利率的差额：

$$互换价差=YTM^{互换}-YTM^{国债}$$

互换价差通常为正值，也就是说互换利率往往大于国债利率。这有几个原因，其中最重要的是互换的浮动利率是 LIBOR，通常高于回购利率。由于互换合约一边的浮动利率较高，合约另一边的固定利率也必须较高。LIBOR 高于回购利率是由于 LIBOR 所对应的是无担保（有风险）银行贷款，而回购利率对应的是以国债为抵押的贷款。

虽然互换价差为正值在意料之中，但典型的互换价差交易是买入互换价差的“收紧器”（与之相对应的是“展宽器”），交易员会买入互换合约并卖空融资型国债。买入互换价差的“收紧器”是押注互换价差在近期至中期将会收窄，或是押注证券存续期内的互换价差要大于预期融资价差的均值（$r_t^{\mathrm{LIBOR}}-repo_t$）。从历史上看，互换价差通常会高于融资价差，所以“收紧器”交易会有正的息差。

14.7　信用风险与信用交易

因为公司可能破产并且无法偿还债券，所以公司债券的收益率自然比政府债券高。（虽然政府同样可能违约，但在大多数国家通常不太可能。为了着重分析公司信用风险，我们暂时忽略政府信用风险。）信用利差是一家公司债券的承诺收益率超过相同期限政府债券收益率的部分：

$$YTM^{公司债券}=YTM^{政府债券}+信用利差$$

信用利差理应取决于信用风险，它又可以分为两部分：（1）违约发生的概率；（2）违约发生时的损失率。[7] 违约概率和损失率的乘积就是预期违约损失。因为投资者需要风险溢价作为补偿，所以信用利差通常高于预期违约损失。

$$信用利差=\underbrace{违约概率\times损失率}_{预期违约损失}+信用风险溢价$$

交易债券的固定收益套利者会利用信用分析来评估公司的违约风险。然后他们会问：与债券的违约风险和预期回收率相比，信用利差有多大？与所承担的风险相比，高信用利差意味着高预期回报。固定收益交易员可以买入这种便宜的高预期回报率债券，并卖空政府债券（或者互换合约）来对冲利率风险。公司特有的违约风险基本可以通过多样化组合来消除，但是整体市场的违约风险仍然存在。有些固定收益交易员决定承担市场违约风险，而有些交易员则试图通过卖空高估值的公司债券或者信用指数（比如 CDX 指数）来对冲该风险。类似交易也可以通过信用违约互换（CDS）、主权债券和贷款来完成。

固定收益交易员还会考虑进行大类资产间的相对价值交易。他们利用公司债券和相应的 CDS 进行反向交易，押注于所谓的 CDS-债券基差。他们用CDX指数和指数成分中的CDS进行反向交易，或是在CDX指数各个层级之间进行反向交易。最后，他们会进行资本结构套利，对同一家公司的不同证券进行反向交易：债券对股票、次级债券对优先级债券、不同货币计价的债券间的相对价值、CDS对股票和股票期权。资本结构套利基于的理念是：一家公司不同类型的追索权（股票和公司债券）彼此密切相关，因为它们都依赖于公司价值。例如，当公司价值低于债务水平时，就会违约，导致股权失去全部价值。通过观察股价、股票收益波动率和公司债务水平，我们能够估算出（使用Merton（1974）的模型）公司的违约概率，并由此估算出公司债券公允价值。可以用这一公允价值与债券的市场价值进行比较。如果存在差异，可用公司债券与股票进行反向交易。

14.8 抵押贷款交易

固定收益交易员也常会交易抵押支持证券（MBS），即以抵押贷款还款支持的证券，通常由一家政府机构来做担保。最常见的类型是转手债券，债券持有人实质上会收到抵押贷款还款中所占的应有份额。

最简单的抵押贷款相关交易是所谓的抵押贷款基差交易。这一交易做多MBS，并通过卖空政府债券或者互换合约来对冲利率风险。基本理念是试图从MBS收益率高于政府债券的情形中获利。MBS较高的收益率自然补偿了这类交易中几种潜在风险。首先，MBS有一定的违约风险，但基于高质量的抵押物、超额抵押和政府担保，违约风险很低。其次，提前还款风险是另一项重要风险，与负凸性有关：低利率会导致更多提前还款事件发生，缩短了到期时间，因此利率降低对MBS价格上升的推动要小于被做空的政府债券。相反，当利率升高时，提前偿还行为变少，对MBS价格下降的压力类似对政府债券的影响。最后，抵押贷款基差交易存在流动性风险，由于在危机中MBS的市场流动性会突然枯竭，利用其融资也将变得更难。

更复杂的交易包括各种相对价值的多空交易，使用的证券包括："即将发行"（TBA）的 MBS 期货合约、抵押贷款池的各个层级（包括利息型和本金型）、私有抵押贷款池、商业地产抵押贷款支持证券（CMBS）以及房地产投资信托（REIT）。

14.9　利率波动率交易及其他固定收益套利

有些固定收益套利者也交易与利率相关的期权，例如互换期权、利率上限期权、利率下限期权以及债券期货期权。这涉及方向性波动率交易和相对价值交易。方向性波动率交易是指套利者对比衍生品的隐含波动率与自己对实际波动率的预测值，在隐含波动率偏低时买入衍生品，并用债券、债券期货或者互换合约对冲利率风险。反之，如果隐含波动率很高，则套利者将反向交易，卖空衍生品。固定收益套利者也会比较不同衍生品的定价，基于相对定价的有利程度进行多空买卖，进行相对价值波动率交易。

固定收益套利者还会寻求其他各种交易机会，比如市政债券利差、新兴市场债券、相对于现金市场的债券期货基差（基于最便宜的可交割对价）、结构化信用以及损益平衡通货膨胀率交易。[8]

14.10　诺贝尔经济学奖得主迈伦·斯科尔斯访谈录

迈伦·斯科尔斯在 1997 年获得诺贝尔经济学奖，他的贡献是研究得出了衍生品的新定价方法：著名的 Black-Scholes-Merton 公式。他曾在几所大学任教，目前是斯坦福大学商学院金融学弗兰克·E. 巴克教席荣退教授。他还担任过 Platinum Grove Asset Management 公司主席、美国长期资本管理公司有限合伙人和所罗门兄弟公司董事总经理。斯科尔斯在麦克马斯特大学获得学士学位，在芝加哥大学获得工商管理硕士学位和博士学位。（下面 LHP 代表本书作者，MS 代表迈伦·斯科尔斯。）

LHP：第一次见到你的情景我还记忆犹新——就是你获得诺贝尔经济学奖的那天。当时你还在美国长期资本管理公司任职，但是突然出现在斯坦福大学校园里。我逃课去参加了新闻发布会。

MS：获奖的激动难以形容。我当时正好在附近的卵石滩做报告，报告开始前接到了通知。然后我就去了斯坦福大学，我是那里的荣退教授。

LHP：你怎么会决定将自己的学术思想运用于现实市场中呢？

MS：我在学术界工作多年，觉得离开全职的学校工作一段时间，参与到业界中去，会有助于我在金融中介运作流程方面积累经验和新想法。

从远处看水是一回事，近看则是另一回事。远看水很平静，近看却无序动荡。我觉得将无序世界中的经验与理论技能相结合，能够让我得到独特的见解。这就吸引我到所罗门兄弟公司工作了一段时间。

LHP：大多数人在考虑 Black-Scholes 公式时首先会想到股票期权，但你主要将其运用于固定收益套利——为什么呢？

MS：我在研究了关于自然形成的市场细分参与者的观点很多年后，对固定收益套利着了迷。保险公司和养老基金倾向于处在利率曲线长期的一端。宏观对冲基金对市场的观点往往在曲线的 10 年期位置，其他发行人（抵押贷款发行人等）也是在曲线 10～15 年期位置。而银行、企业和其他投融资主体通常处于利率曲线短期的一端。

正如莫迪利亚尼（Modigliani）在美国金融协会主席报告中所阐述的观点，市场细分参与者的出现导致了局部市场分割。这为金融中介创造了机会，把利率曲线的不同部分连接在一起，让市场更有效率。以机构为主的固定收益市场的有趣之处在于理解市场细分参与者是如何出现，以及金融中介又是如何把他们无缝连接的。

此外，固定收益有很多隐含的期权和凸性问题——这些复杂的模型很吸引我。很多市场参与者不愿意持有内嵌期权的金融工具，或者因为希望降低凸性风险而卖出此类产品。因此，对于洞悉凸性和凸性对冲的投资者来说，这是成为市场中介、承担这类风险的机会。

LHP：所以拔高一点说，固定收益套利者其实是不同市场细分参与者间的中介，并提供了凸性对冲。你可以更具体地谈谈某些固定收益套利交易吗？

MS：是的，在市场资金流动导致供需失衡时，固定收益套利起到了中介作用。要想做到这一点，你必须理解这类资金流动，并做出反应。大多数机会是均值回归交易。关键问题是：需要多久均值才能回归？在投资者干预或者改变仓位来缓和市场的供需失衡前，反方向流动还会持续多久？市场体系是正反馈和负反馈的综合体。

在均值回归交易中，必须理解为什么价格会偏离均衡值或模型值，并测算均值回归的速度以及价格回归均衡值所需的时间，还要考虑需要多少资金建仓以预测资本回报。

固定收益套利有四大主要类别：曲线套利、价差套利、凸性套利和基差套利。

LHP：能解释一下这四种主要套利吗？我认为基差套利就是交易两种几乎完全一样但是价格不同的证券或证券组合。

MS：是的。基差套利很重要。价差套利更具方向性，需要使用两种类似的证券，例如利用政府债券与互换合约之间的价差，或者利用意大利与德国债券之间的价差套利，这类套利可以延伸扩展为德国互换合约与意大利标的债券之间的价差。因此，这类套利中有些不仅具有方向性，而且具有信用套利成分。

LHP：然后预测价差随着时间将如何变化吗？

MS：是的，我说过价差套利更具方向性。如果你理解了导致失衡的原因，那么尽管你正在承担一些具有方向性的风险和信用风险，你仍有机会作为中介盈利。例如，有时投资银行大量发行结构化产品，希望用互换市场降低他们的风险。这些需求可能会涉及在互换市场的对冲交易，并导致互换价差相比其他债券过大或过小。银行用市场价格来设定其与客户的交易价格，用相对价格来设定市场价格。而金融中介方则用均衡模型确定中介价格。

LHP：下面谈谈曲线套利？

MS：假设管理期货基金或者诸如乔治·索罗斯之类的宏观套利者认为，日本的债券价格将上涨或者收益率将下跌。接着他们会通过买入日本的债券期货合约来验证他们的判断，因为对他们来说，用期货合约验证自己的判断最为简便。他们通常不会直接买入日本政府债券。其专长是宏观套利，判断日本债券的价格是会涨还是会跌。

这些期货合约的对手方（提供需求或供给）是券商。由于他们是通过期货合约的买卖价差获利，而不是通过判断市场方向获利，因此券商必须对冲其风险。举例来说，他们直接对冲风险的方式是买入最便宜可交割的债券（最常用的是 7 年期债券），来对冲他们卖给宏观套利者的期货合约。这就造成了相邻期限的债券间失衡。相对于市场上 10 年期和 5 年期债券的组合来说，7 年期债券会变得更贵，造成市场供需失衡。曲线套利者会卖空 7 年期债券，并买入相应的 10 年期和 5 年期债券组来对冲风险。收益率曲线上的 7 年期、10 年期和 5 年期间相差的时间很短，7 年期债券过 2 年就变成 5 年期债券。较长期限的曲线套利存在于期限结构为 10 年期和 30 年期的部分之间。值得一提的是，由于追随者效应，债券价格并不总是有效。金融中介的作用就是使价格变得有效，并从中得利。

另一个例子是关于欧洲（例如荷兰）的养老基金的。如果权益资产部分遭受损失，则他们必须通过买入曲线远端的长期债券来对冲其负债风险。2002 年股票市场下跌时（2008 年也是同样的情况），养老基金被迫卖出股票并买入长期债券。（大多数养老基金的承诺都是长期的，当利率下降时，期限会更长。）在严格约束下，所有政府养老基金都被迫要即时对冲其负债，买入曲线远端的长期互换合约（以后会把互换合约换成债券）。这样他们就抬高了互换合约的价格，由于市场失衡，互换合约的收益率相比债券非常低，导致长期债券比中期债券贵很多。这时就有可能进行曲线套利：卖出 30 年期互换合同，买入 10 年期债券，再卖出曲线上 2 年期的部分以对冲曲线水平和斜率变化的风险。这里既可能做曲线套利（只用互换合约），也可能做曲线和价差套利的组合，取决于需求和建仓并维持仓位的成本。

LHP：你还提到了凸性套利?

MS：是的。在抵押贷款市场有两类凸性套利。一类发生在再融资潮出现时。这类再融资潮往往发生于抵押贷款利率下降、再融资需求急剧扩张时，贷款出借方向借款方承诺新的抵押贷款，在未来某日提供一份抵押贷款合同。当再融资需求加速扩张时，出借方需要更多的时间才能完成贷款手续。因此，短期内，抵押贷款的供给会急剧增加：例如，我有一笔旧的房屋抵押贷款，而再融资办理一笔新的抵押贷款需要 1～2 个月。由于出借方锁定新贷款利率时不能及时完成新贷款的手续，出借方希望对冲在新贷款完成和旧贷款偿还之前的利率风险。因此，当再融资供给增加时，出借方对凸性对冲的需求巨大（他们给借款方提供了一只期权，如果没有对冲其风险，当利率上升时，他们就会遭受损失）。出借方提供了锁定利率的选择，导致市场失衡，从而形成了消除这类失衡的中介套利机会。

另一类凸性套利与抵押贷款服务商有关。只要抵押贷款合同一直有效，服务商每年都会收取一笔服务费用。如果利率上升，则再融资的可能性下降，服务收费期会延长，对服务商非常有利。反之，如果利率下降，他们就会担心再融资增多，贷款服务收费期缩短。所以他们需要对冲服务费期限变化的风险，以保证他们的收入现金流。这可以通过买入曲线远端产品或者投资银行的结构化产品实现，比如买入固定期限互换合约或固定期限抵押证券。这其实是在购买期权保险。中介套利者因此成为这类交易的另一方，缓解这类失衡情况。

固定收益失衡出现在这些机构间市场中。客户特定的约束和需求是什么？这些需求如何互相影响？证券经纪商如何满足这些需求？这又会如何带来追随者效应（供需价格不平衡在特定区域或者金融产品间的转移）？追随者效应可以通过跨利率曲线（或者跨地区）来减轻。用客户定制服务满足并对冲客户的需求。而固定收益套利更多的是在利率曲线上的水平跨期套利。

LHP：如果你发现明显的机会，但不能识别出资金流向或者不能找到产生上述机会的需求压力来源，你是否会在交易时犹豫？

MS：哦，当然。如果不能理解资金流向，你就会犹豫不决。大多数的固定收益业务是一种负反馈型业务，除非你是正反馈型或趋势跟踪型的具有方向性的套利者。趋势跟踪套利总是与均值回归套利竞争，问题是如何将两者结合起来。你要一直关注资金走向。如果资本收益率太低，即使存在中介套利机会，你也不会开始建仓，而是要等到看清资金走向后才操作。但是，如前所述，在利率波动时，即使不能直接观察到资金走向，也可能对其进行预测。

LHP：如果你不知道交易资金流的来源，就无法确定后面是否还有很多资金吗？

MS：是这样的，这就是正反馈或动量效应。阻碍这种趋势的中介套利者将会在初始仓位遭受损失。但是如果出现调整，发生均值回归的机会将上升，就有可能追加仓位。

LHP：你如何知道交易资金流的来源，又该如何选择交易时机呢？

MS：知道失衡的来源有助于理解市场，也让交易经验和知识有了用武之地。使用均衡利率模型有可能在理论上找到失衡点，而关于证券经纪商的实务知识有助于解释失衡为什么真实存在。固定收益套利的有趣之处在于它类似于再保险业务，在某种意义上说，你再保险了证券经纪商群体的风险。证券经纪商会把他们的情况如实告诉对冲基金。如果他们想转移自己的风险，这么做是符合其利益的。他们通过满足客户的需求和对冲风险来赚取价差。如果能够降低对冲的成本，他们的客户就会购买更多的服务。所以，就像保险公司向再保险公司投保一样，当证券经纪商转嫁风险时，同类的操作也会在金融市场中发生。证券经纪商愿意为了对冲风险而放弃一些收益，并解释他们对冲风险的原因。

LHP：所以当你提到正反馈对负反馈套利时，你所指的是不是负反馈套利对市场走势反向操作并且得到流动性补偿，而正反馈套利则是顺势而为?

MS：是这样的。意思就是，当资本回报不够高时，你无须马上开始中介套利，这在实质上就是顺势而为。如果某样东西便宜了 5 美分，你不用急着买。当它便宜了 1 美元时，你再买入。中介套利者总是担心资金走向会持续对他们不利。对他们来说，这部分是看不见的。随着趋势的增强，市场需求也相应变化。当趋势减弱时，中介套利者可以盈利。这时资金和均衡价格的走向是一致的。

LHP：又或者你甚至会在便宜了 5 美分时卖空?

MS：可能会。趋势跟踪基于对宏观经济发展和政府行为的理解，或是价格波动的统计模型。一次价格上升往往会引发另一次价格上升。但是我们无法确定趋势是否会持续。

LHP：在某些萧条时期，为什么价差往往会扩大?

MS：因为实物资本和人力资本都变得更稀缺，某种意义上讲，中介套利者没有足够的时间去理解混乱期间发生了什么。金融市场是根据波动时间而不是日历时间来运作的。在平静时期，中介套利者有很多时间去理解情况、提出问题、下单交易。当市场波动激烈时，中介套利者没有足够的时间做决定，也没有足够的人手来增援。这就是为什么波动时间对理解市场定价来说至关重要。中介套利者因此从市场上撤出资金，进行观望，直到他们搞清是否可以及如何进行中介操作。中介套利者降低风险时，由于资金流向对其不利，他们投入的资本会遭受损失。当他们被迫降低风险时，就成了流动性的需求方。而且，在混乱的市场中，机构和投资者对中介服务的需求增大，价差扩大，市场价格偏离均衡值。在突变时期，市场参与者必须厘清均衡价格变化的程度和供需失衡的程度。这需要时间。

LHP：最后一个问题，你认为你在所罗门兄弟公司、美国长期资本管理公司以及 Platinum Grove Asset Management 公司的经历中主要的体会是什么？

MS：资本结构问题对如何运作固定收益套利基金十分重要。如果在对冲基金内部操作，则通常表明杠杆是资本结构的一部分。这意味着需要对突发事件以及突发事件时期仓位的亏损未雨绸缪。运作基金一方面需要拥有技能，理解失衡并作为金融中介调节失衡，另一个非常困难又重要的方面是理解资本结构的效能——债务和仓位对应债务的久期、仓位对应的股权和基金投资者的信任。困难之处在于你需要同时处理三件事：你的资产、你的基金以及如何为业务融资（债权融资、股权融资或者两者的组合再加上股东和债主的需求）。因此，在突发事件时期，向证券经纪商群体提供再保险服务（中介服务）并向他们借款会变得很困难。如果中介套利者陷入困境，那么他们的交易周期将变得很短，即使为其提供服务，他们也不情愿提供贷款。而且，在突发事件时期，中介套利者必须接受现有仓位的损失，降低风险，找时间分析机会，并维护遭受损失的投资者的信任。操作一只有杠杆的基金要比操作一只纯做多的基金困难得多。而且，正确的方式也许是仅用纯做多的基金进行中介套利，同时借入证券来提高回报。这会降低中介套利过程中杠杆部分的无谓损失。

注释

[1] 由于 $P\&L^{\$}=x^{多头}\Delta P^{多头}-x^{空头}\Delta P^{空头}$，这一公式是把多头仓位和空头仓位同时代入式（14－6）得出的。

[2] 在数学上，这是指在未来某一时期 s（例如 $s=1$ 年），各种到期时间 T 的远期收益率 $f_t^{s,T}$。

[3] 在数学上，这是指在各种未来时点 1 月期的远期收益率 $f_t^{s,s+1月}$。

[4] 短期债券的单位风险预期超额回报（即夏普比率）最高。由于投资者无法直接得到风险调整回报，短期债券必须通过加杠杆才能获取高的超额回报。而想要获得期限溢价的投资者更喜欢利用无杠杆的长期债券，而不是杠杆型短期债券。因此，短期债券必须提供更高的夏普比率（Frazzini and Pedersen，2014）。

[5] Koijen，Moskowitz，Pedersen and Vrugt（2012）证明了债券息差能预测债券回报。Ilmanen（1995）以及 Cochrane and Piazzesi（2005）记录了其他可以预测债券回报的指标。

[6] 式（14－24）是近似表达式，精确的息差是远期利率 $f_t^{T-1,T}$。将远期利率作为债券息差可能让人觉得奇怪，但思考后也很易懂。如果收益率曲线保持不变，那么在 $t\sim t+1$ 期间，债券将会赚取息差收益，而在剩余的到期时间 $t+1\sim T$ 期间，可以赚取 $YTM_t^{到期T-1}$，平均可以得到其当期收益率$YTM_t^{到期T}$。债券的当前收益率等于在 $t\sim T-1$ 期间赚取的第一部分收益$YTM_t^{到期T-1}$，然后在 $T-1\sim T$ 期间赚取的远期利率水平。先获取哪部分收益率不影响最终收益率水平，所以息差等于远期利率。

[7] 损失率是违约损失金额所占的百分比，它与所谓的回收率关系紧密。如果某一违约债券的损失率为 40%，那么它对应的回收率是 60%。

[8] 可以参考 Huggins and Schaller（2013）所著的《从业者指南》中关于若干固定收益套利交易的介绍，Munk（2011）关于固定收益模型的全面分析，以及 Duarte，Longstaff and Yu（2007）关于特定固定收益套利交易的风险收益分析。

第 15 章　可转换债券套利

我们分析并预测可转换债券与其正股间的价格关系，从而预测未来的价格关系和盈利。我们无须预测每只证券的价格，就能战胜市场。

——索普和卡苏夫（1967）

15.1　什么是可转换债券

可转换债券（简称可转债）是一种可以转换成股票的公司债券。可转债其实是普通的债券加上一个权证，即能以约定价格购买新股的看涨期权。可转债有几个特征：票面价值，指到期时持有人所能获得的金额（假定债券之前没有被转股或赎回）；息票，指持有期间的利息；转股比例，指每张可转债可转换成的股票数量；转股价格，指转换时每股的名义价格（依据为债券的票面价值）。因此，以下关系显然成立：

转股比例＝票面价值÷转股价格

所谓的等价转换价值就是可转债如果马上转换成股票的价值：

等价转换价值＝转股比例×股票市场价格

许多可转债是可赎回的，一些可转债还有其他期权特性。如果一只可转债可赎回，意味着在一定限制条件下，发行人可以在到期日前赎回债券（即支付票面价值，并不再支付利息）。一个典型的限制条件是赎回保护，即债券在一定期限内不能被赎回。

可转债的发行至少可以追溯到19世纪初，是早期为美国铁路建设筹措资金的举措之一。如今，可转债通常在小公司需要大量现金时发行。公司发行可转债的原因有很多：相比普通债券，可转债融资成本较低（即息票较低），因为购买者还可以获得转股期权。虽然可转债稀释了股权，但稀释程度比真正发行股票低（比如每股收益的稀释较少）。此外，相比普通债券，对冲基金和其他套利者更容易对可转债进行风险对冲，因此可以迅速发行可转债。可转债通常以承销方式销售，用时极短，甚至可以仅需一天。债券常以所谓的144a证券形式销售，这意味着其尚未在美国证券交易委员会注册。这种情况下，可转债只能在合格机构投资者（QIB）之间进行交易。所以在注册前，可转债的流动性特别差。债券注册后（通常是3～6个月后），就可以在公开市场上销售了。由于存在流动性风险溢价和逆向选择，可转债初始出售价格平均会有折扣（类似于首次发行股票的折价出售）。因此，投资可转债的一部分利润来自对一级市场的参与，通过活跃参与获得超额认购的债券配额。

15.2 可转债的套利交易流程

可转债套利几乎与可转债同时诞生。温斯坦（Weinstein）在他1931年的著作《证券市场套利交易》（*Arbitrage in Securities*）中对可转债套利做了简单的描述。索普和卡苏夫在其1967年的著作《战胜市场》（*Beat the Market*）中对这类套利进行扩展，成为Black-Scholes-Merton期权定价公式的前身。

从概念上看，这类交易很简单：买入一只便宜的可转债，同时卖空对应的股票以对冲风险。用这类仓位构建完整的投资组合，尽可能地对冲利率和信用风险。诀窍就是要知道可转债的价格是否便宜，并确定适当的对冲比例——这里期权定价技术能够派上用场。

有趣的是，可转债套利往往是单向的，也就是说，交易通常是购买可转债和卖空股票。但是，如果可转债的定价过高，有时对冲基金就会进行反向操作，卖空可转债并购买股票。这类交易往往做多可转债，原因是可转债一直以来都较为便宜，也许是对流动性风险的补偿。

可转债的便宜程度处于足够高效又不完全有效的水平，反映了流动性的供需状况：可转债由急需筹资的公司发行，而购买者大多是杠杆型可转债套利对冲基金。当可转债的供给多于对冲基金的资本及可用的融资时，可转债会更便宜。例如，当可转债对冲基金面临大规模赎回时，或者银行终止融资时，可转债会变得非常廉价，并丧失流动性。

图 15 - 1 描述了这类交易流程。首先，套利者在一级市场以折扣价买入可转债，或在二级市场找到便宜的可转债；然后，套利者卖空对应的股票来对冲。套利者可能通过卖空普通债券或期权交易来完善对冲策略，但是通常这类对冲的成本非常高，因此，分散个体信用风险并在投资组合层面上对冲整体信用和利率敞口将更划算。

随着时间的推移，可转债套利交易者会获得可转债的利息，来补偿做空股票所欠的股利，并随股价变化调整对冲比例。

如图 15 - 1 所示，套利交易有几种不同的终结方式：可转债可以转为股票。在这种情况下，大多数股票用来填补空头仓位，剩余的被出售。转股通常是一笔成功交易的终点（后面将讨论何时为最佳转股时机）。可转债也可以简单到期，或被发行人赎回。其他可能的结果是发行公司破产或被兼并，这些事件通常都对可转债套利者不利。套利者也可能会决定出售持有的可转债，或是因为想在债券大幅升值后卖出获利，或是因为保证金不够而被迫抛售。

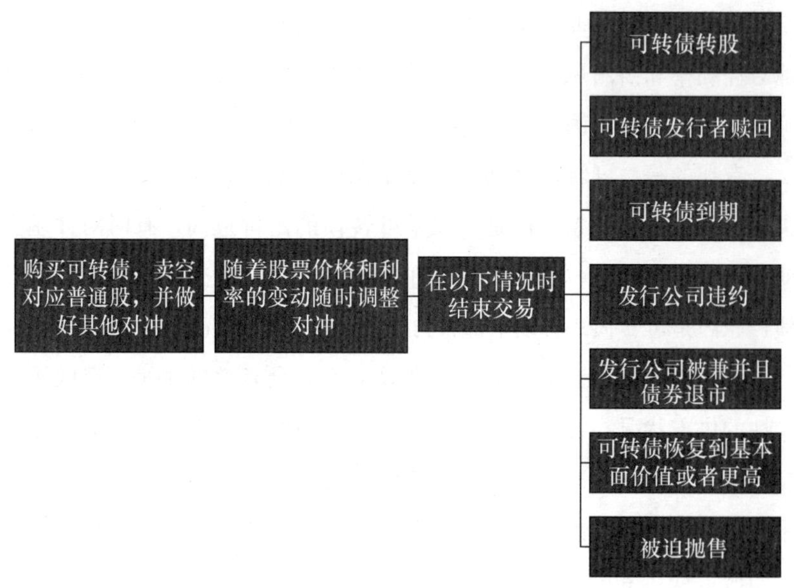

图 15-1　可转债套利的交易流程

15.3　可转债的估值

可转债可以用期权定价技术估值。一种简便的方法是将普通债券的价值加上用 Black-Scholes-Merton 模型计算出的看涨期权的价值。但这种方法并不精确，因为没有考虑转股时购买股票用的是可转债而非现金，而且债券的价值随时间变化。此外，这种方法也没有考虑到可转债合同中的所有特殊条款，如可赎回条款。因此，大多数可转债定价模型基于扩展版 Black-Scholes-Merton 模型，使用二项式期权定价技术或偏微分方程来得到数字解。简单来说，这类模型构建了一棵包含所有可能的股价进化路径的“树”，计算出“树”的每个分支的可转债价值，并通过“树”的终点反向推算当前的价值。

与其探究计算的细节（属于当前标准的金融工程学范畴），不如让我们来看看股价决定可转债价值背后的道理是什么。如图 15-2 所示，点状线显示了普通债券（即不内含转股期权的债券）的价值。当我们假设不存在违约风险时，普通债券的价值独立于股价，因此点状线是水平的。短划线显示了平价转换价值，也就是立即转股的价值。很显然，平价转换价值与股价是线性关系，斜率就是转股比例。当可转债到期时，它的价值就是这两条线的上包络线。上包络线是一条曲棍球棒形状的曲线，当股价在 0～50 美元之间时，可转债的价值为 1 000 美元；当股价在 50 美元以上时，可转债的价值随股价增长。所以，当股价低于 50 美元时，可转债持有人可以选择不转股而获得债券的价值。如果股价高于 50 美元，持有人选择转股的价值更高。

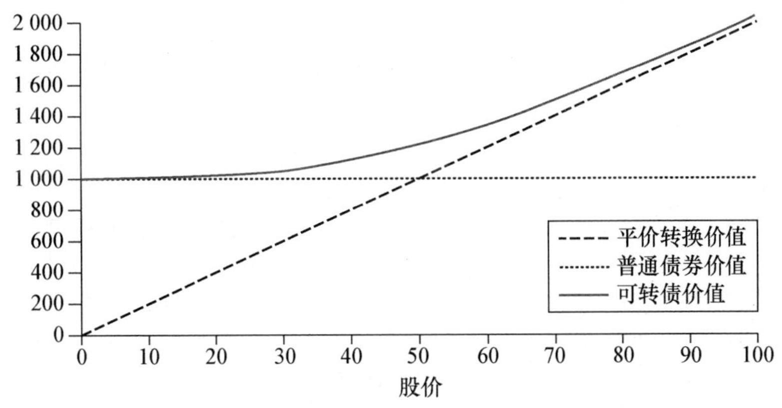

图 15－2　当不存在违约时，可转债价值与股价的关系

由于期权价值的存在，在到期日之前，可转债的价值是一条在曲棍球球棒上方的平滑曲线（图中的实线）。可以这样理解：假设股价为 50 美元，可转债的价值显然超过 1 000 美元，因为如果股价上涨，可转债的价值就将超过 1 000 美元；如果股价下跌，债券的价值则为 1 000 美元。因此，两种情况的平均值就会超过 1 000 美元。具体超过多少取决于剩余期限的长短和股票的波动率。

图 15－2 描绘的是可转债发行人没有破产风险的情形，图 15－3 则展示了有破产可能性时的情形。图 15－3（A）中 x 轴是公司价值，而不

是股价。假设公司的债务总额为 1 亿美元，当公司价值低于这一水平时就会破产。假设所有债券持有人的优先级同等（比如可转债是唯一的未偿债务），我们看到随着公司价值从 0 上升至 1 亿美元，未转股债券的到期价值也从 0 上升至票面价值。当公司价值变得更高时，普通债券的价值维持在票面价值水平。违约的风险类似于卖空公司的看跌期权。到期日之前的可转债价值形态因此变得更为复杂：公司价值很低时，违约风险使曲线呈凹形；公司价值中等或较高时，转股期权价值使曲线呈凸形。

图 15-3（B）表明，可转债的价值是股价的函数。平价转换价值

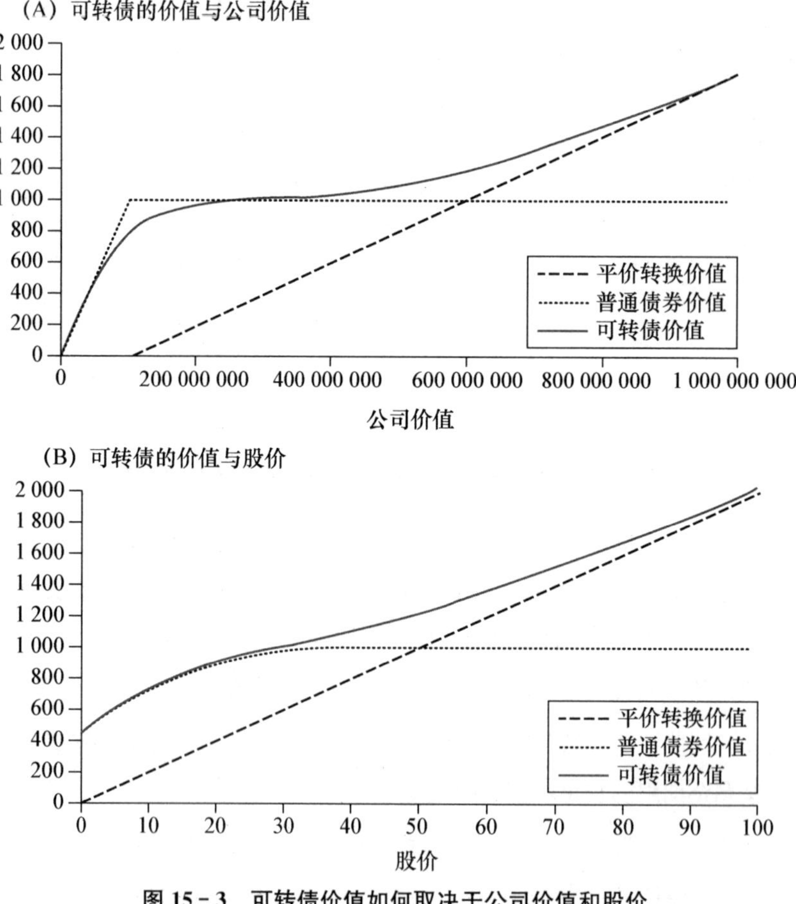

图 15-3　可转债价值如何取决于公司价值和股价

与上述相同，但这里普通债券的价值不同：这张图中的普通债券价值反映了到期前的违约风险（这里的 x 轴是股价，因此不能展示债券到期时的价值）。我们再次看到，可转债价值曲线可以同时呈现凸形和凹形。

15.4 对冲可转债

可转债价值与其对冲比率的计算紧密相关。事实上，最优对冲比率包含股价每一单位的变化所对应的可转债价值的变动幅度。

对冲比率是市场中性套利者为每张可转债所应卖空的股票数量，通常用 delta（Δ）表示。套利交易者需要选择合适的对冲比率使对冲仓位和可转债的股价敏感度相等，如图 15－4 所示。

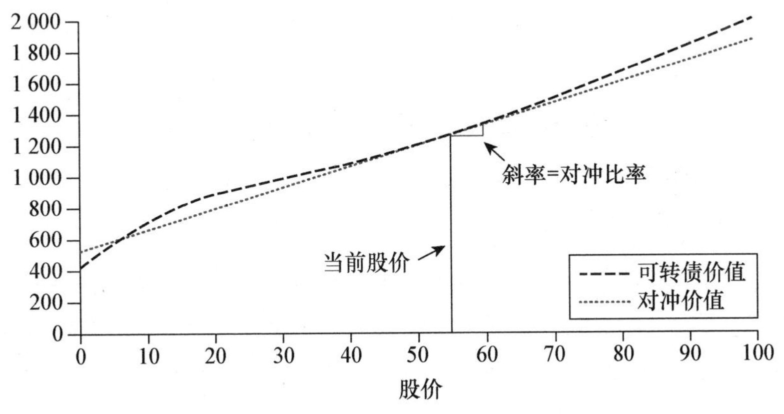

图 15－4 对冲可转债

图 15－4 显示了当前股价为 55 美元时的最优对冲。点状线是可转债价值曲线的切线，其斜率就是对冲比率。对冲比率明显取决于股价，所以当股价波动时，可转债套利者需要调整对冲比率。股价很高时，更有可能发生转股，对冲比率会接近转股比例；股价较低时，对冲比率下降；但股价过低时，由于信用风险提高，对冲比率又会上升。

15.5 可转债何时转股

华尔街有一句俚语："永远不要转换可转债。"原因是通常保留选择权会更好：如果股价持续上涨，则可以以后再转股；如果股价下跌，则可以收取债券的票面价值。推迟转股的原因和推迟行使美式看涨期权的原因通常是一致的。[1]

然而，对于这种从不在到期前转股的规则也有一些重要的例外情况：第一，如果股票将派发股息，那么早期转股可以是最优选择，因为在股票派息前将债券转换为股票意味着你会收到股息。反之，不转股就意味着你不会收到股息，而且股票除息日后，股价将下跌，会降低转股选项的价值。换言之，如果资金即将从公司流出，保护你的投资最好的方式是索取一部分外流资金。为此，你需要将债券转换为股票。

第二，当并购即将发生时，转股可能会更好地保护投资。如果并购使得债务风险上升，或者无法转股（例如合并后的公司是非上市公司），那么早期转股是最优选择。

第三，金融摩擦会使可转债基金经理转股。例如，如果股票的融券费用较高，卖空股票的开销就会很大。这使对冲的可转债仓位持续承受费用负担，类似于不断支付股息的股票的费用负担。所以早期转股可以是最优选择。

当存在融资成本或正股股价很高时，转股也可以是最优选择。这类债券的早期转股成本很低（可转债最终几乎都会转股，因为股价已经很高），甚至低于早期转股可降低的融资成本。一只可转债会占用可用作其他交易的资本，还会产生融资利差所带来的融资成本（融资利差是卖空股票抵押现金的利率和融资购买可转债的利率的差额）。如果不转股，则可以出售可转债，但可能并不足取，因为可转债的交易成本高，而且潜在买家也面临类似的融资成本。

15.6 可转债套利的利润和亏损

流入和流出的资金是什么类型

可转债的收入来源于债券利息。如果可转债是融资购入的（这是大部分套利交易员的做法），那么融资肯定有利息支出。此外，可转债交易员还要支付做空股票的股息和卖空成本，特价股票（即相比可借贷的数量，卖空需求很高的股票）的卖空成本尤为高昂。事实上，由于可转债持有人存在卖空股票的需求，可转债发行数量很大的公司更有可能面临高昂的卖空成本。

然而，造成盈亏的主要原因却是股票和可转债价格的变化。股价的变化自然会反映在可转债的价格上，但这些价格变化并不能完全互相抵消，后面将详细讨论这一点。可转债价格的变化也会受到股价波动性和可转债供需的影响。影响可转债需求的因素有：可转债对冲基金和共同基金的资金出入、这类投资者的风险偏好和融资环境（影响可转债套利者利用杠杆的能力）。

Gamma：从股价涨跌中获利

对冲的可转债仓位有个奇妙的特点，那就是无论股价涨跌都可以获利。当股价上涨时，可转债价值的上升幅度会超过卖空的股票，因此可以获利。可转债升幅更大，是因为它可以同时从股价上涨和转股机会增大中获益。当股价下跌时，可转债的跌幅比相应卖空的股票小，因此也可以获利。可转债跌幅较小，是因为债券特点使它的下降空间有限。

如图 15 - 5 和表 15 - 1 所示，在这个例子里，股价从 55 美元跳涨到

85 美元，然后回落到 55 美元。这种从股价涨跌中都可以获利的属性叫作凸性，就是图 15－5 中可转债价值曲线的形状。曲线相对于对冲仓位（在介绍固定收益套利的章节中有正式定义）的点状线向上弯曲。这一属性也称为正的 gamma，gamma 是可转债价值对于股价的二阶导数。

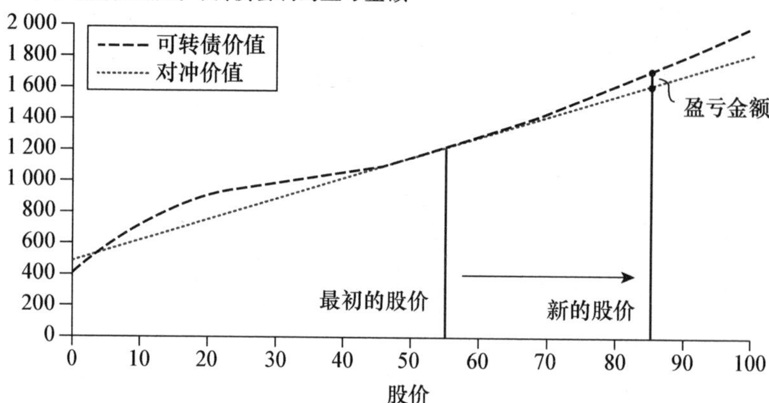

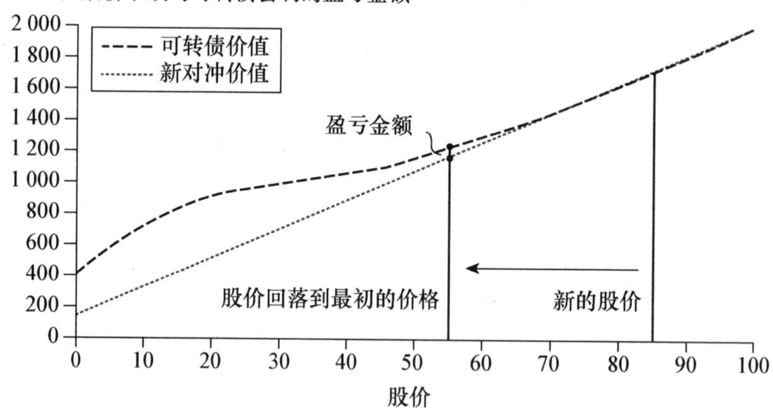

图 15－5　股价涨跌时可转债套利的盈亏金额

如图 15－5（A）所示，当股价从 55 美元上涨到 85 美元时，可转债价值上涨的幅度超过卖空股票。具体而言，如表 15－1 所示，可转债价值增加了 500.17 美元，超过了对冲的 13.4 股股票增值的 403.00 美元。对冲的盈利就是两者的差额：97.17 美元。

表 15－1　股价涨跌时可转债套利的盈亏金额

当股价从 55 美元上涨到 85 美元时的盈亏金额（美元）	
做多 1 单位可转债	500.17
做空 13.4 股股票	－403.00
共计	97.17
当股价从 85 美元回落到 55 美元时的盈亏金额（美元）	
做多 1 单位可转债	－500.17
做空 18.6 股股票	558.16
共计	57.99
来回共计盈亏金额（美元）	155.16

当股价从 85 美元回落到 55 美元时，为什么上涨阶段所得的利润没有全部亏损呢？如果没有及时调整对冲比率，则上涨阶段所得利润确实会全部亏损。而调整对冲比率改变了结果：当股价达到 85 美元时，13.4 股初始的对冲比率不再妥当。由于股价变高，可转债更可能被转股，对股价的敏感度也增加了，所以正确的对冲比率提高到了 18.6 股。

在新对冲比率下，股价的下跌会使卖空股票价值的跌幅超过可转债。因此，如表 15－1 所示，股价的下跌可产生 57.99 美元的盈利。从表 15－1 中可以看出，涨跌一轮后，很明显可转债本身的净损益为 0，股价下跌会完全抹去上涨阶段所得的 500.17 美元的利润。来回涨跌一轮交易的利润源自对冲比率的不对称。

可转债套利可以同时从股价涨跌中盈利，这是否意味着该策略永不亏损呢？当然不是。正如我们将要看到的，它会在好几种情况下产生亏损。其中一种情况的原因是，仓位并不总是凸性的。如图 15－5 所示，可转债的价值曲线在低股价区间往下弯曲，意味着负的 gamma 来自违约风险对看跌期权的影响。因此，极端负面的股价波动往往对可转债不利，例如公司破产会给可转债套利者带来亏损。

时间损耗：无波动时的亏损

我们看到可转债套利者在股市涨跌中都能获利，但另一个出乎意料的效果是，当股价缺乏波动时，该策略会亏损。如果时间流逝了，股价却没有波动，可转债套利者就会亏损！

图 15－6 展示了时间损耗的影响（即 theta，对时间的敏感性）。期权的价值使得可转债的价值总是在平价转换价值和普通债券的价值之上。因此，只要你购买可转债，就要为它在股价起伏中盈利的潜力付出额外的溢价。该溢价是理解时间损耗的关键。随着时间的流逝，未来从股市起伏中盈利的机会就会减少，因此期权价值也会降低，可转债的价值会下降，向普通债券和平价转换价值趋近，如图 15－6 所示。对于可转债交易者来说，期权价值的下降就是亏损，即时间损耗。

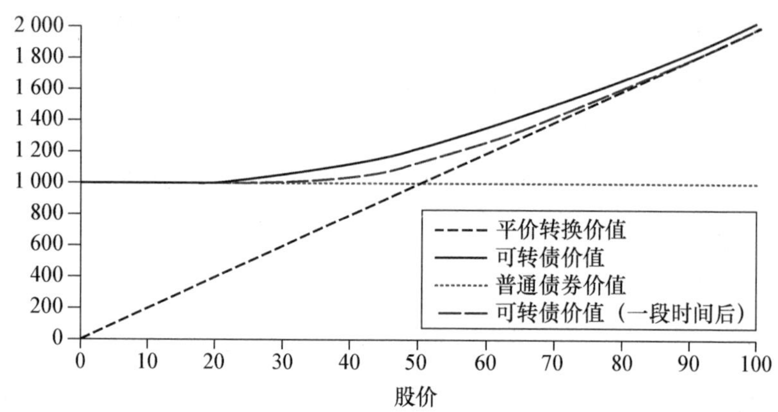

图 15－6　可转债套利交易由于时间损耗产生的亏损

因此，可转债套利在股价起伏时会盈利，在股价不随时间波动时会亏损。整个交易的总利润取决于股票的实际波动和可转债买价中隐含的波动的差别。

Vega：期待股价频繁波动

由于对冲可转债仓位可从股价涨跌中获利，高股价波动率便意味着可转债价值更高。但投资者认为股价波动率变高并不单单意味着未来利润会更高，而是鉴于市场的前瞻性，也会使可转债的当前价格上升。因此，投资者认为股价波动率变高会导致可转债价格上升，反之亦然。价格对波动的敏感度称为 vega。因为可转债包含看涨期权，所以交易员总说可转债套利交易有正的 vega。

Alpha 和折价

可转债套利的 alpha 源于购买比其基本面价值更低的可转债。有几个原因导致可转债的平均售价在历史上一直低于它每个部分（债券＋期权）的价值总和：

第一，许多公司证券的买家并不愿意购买可转债，或者要求有很高的收益溢价。因为可转债交易需要专业知识，交易成本更高，具有市场流动性风险（交易成本有时会急剧增加，中间商甚至中止做市），融资困难且成本高，还有融资流动性风险（保证金要求可能会提高，或融资被停止）。

第二，如果可转债发行企业急需现金，就会愿意接受流动性折扣。相比其他融资方式，可转债的发行更迅速，投资银行的服务费用也更低。

因此，通过持有具有市场和融资流动性风险的资产，可转债套利交易可以获得流动性风险溢价，并给那些可能无法从其他途径融资的企业提供融资支持。

图 15－7 描绘了可转债的流动性折扣。可转债的初始价格（由图中的“×”表示）低于理论价值（实线）。这一价格折扣是可转债套利 alpha 的来源。相反，如果可转债的购买价格等于其理论价值，那么套利策略中的 alpha 为 0；若购买价格高于理论价值，alpha 则为负值。

如果可转债市场状况恶化（而股价没有变化），那么相对于理论价值，可转债价格将进一步下降，如图 15－7 所示。这会导致套利者亏损，但这个价位的未来预期利润更高。

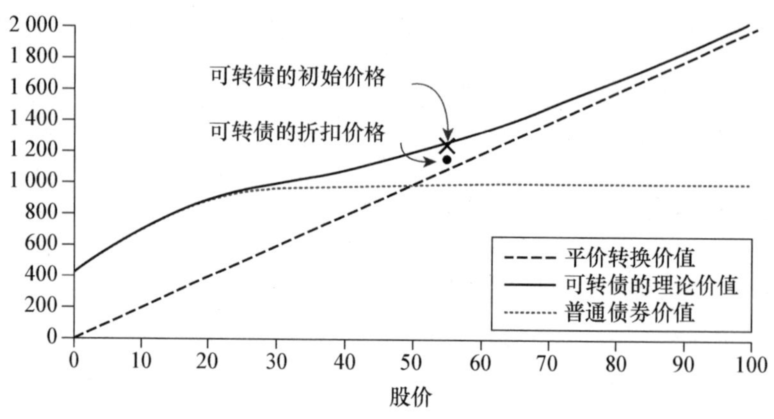

图 15-7　可转债的价格折扣

15.7　可转债的类型

可转债有时会被大致分为图 15-8 中的几类。有些可转债投资经理专注于特定类型的可转债，比如财务困难型、低价值型、混合型或者高价值型。这样的专业区分可以提高基金经理的专业度，但如果债券类型变化，就需要买卖调仓，也会带来额外的交易成本。

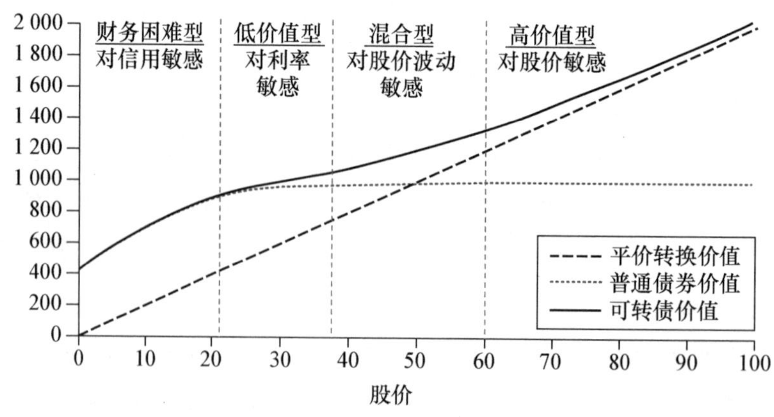

图 15-8　可转债的类型

高价值型可转债转股可能性很高，因此对股价极为敏感。某些可转债套利基金经理认为，这样的高价值型可转债在风险调整后的收益最高，但是这类债券投资需要的杠杆也最大，会产生很高的风险和总收益。

混合型可转债更接近平价期权，因此对股价波动率特别敏感。低价值型可转债没有机会转股，期权价值很低，但它的正股股价不算太低，不像财务困难型可转债那样信用风险极高。

15.8　可转债投资组合的可对冲与不可对冲风险

市场风险、利率风险和信用风险

可转债投资组合最显著的风险是股市风险，前面讨论的 delta 对冲基本可以消除这类风险。可转债也有利率风险，因为更高的利率会降低债券固定利息的价值。利率风险可以通过卖空债券期货、普通公司债券、国债或利率互换来进行对冲。

此外，可转债还有信用风险。卖空股票对冲可以防范部分破产风险，但在破产情况下，这类对冲不能完全抵消可转债的损失。每只可转债的违约风险都可以通过购买信用违约互换（CDS）合约（如果该公司有可交易的 CDS）或者卖空普通债券来对冲。然而，要对投资组合中所有可转债进行对冲十分昂贵，交易成本也很高。另一种做法是可转债套利者确保投资组合的充分分散化，这样就可以在很大程度上分散特质信用风险。市场整体信用风险变化可以用信用违约互换指数进行对冲，如 CDX 或 iTraxx 指数。可转债也存在着收购或其他公司重大事件的风险。这样的事件风险很难对冲，但可以通过多元化分散一部分。

估值和流动性风险：足够高效却不完全有效的可转债价格

无法对冲或分散的主要风险有：（1）可转债相对于其理论价值的折价系统性增大；（2）融资流动性风险；（3）市场流动性风险。更糟糕的是，这三种风险关系密切，经常同时出现。可转债的折价增大导致可转债套利者产生损失，引发融资问题。而融资问题又会造成被动抛售。当套利者急于抛售时，市场流动性会枯竭，形成价格和流动性的旋涡式下降。这种市场流动性事件在1998年和2005年都发生过，而在2008年尤为剧烈。[2]

图15－9显示了2008年6月至2010年12月期间，一家大型可转债套利对冲基金在主要经纪商处的可用杠杆率。我们看到，相比低价值可转债，高价值可转债的非对冲风险更低，可用的杠杆率更高。更重要的是，全球金融危机期间，当雷曼兄弟公司倒闭以及大多数主要经纪商出现问题时，可用的杠杆率大幅下降（保证金要求大幅提高）。

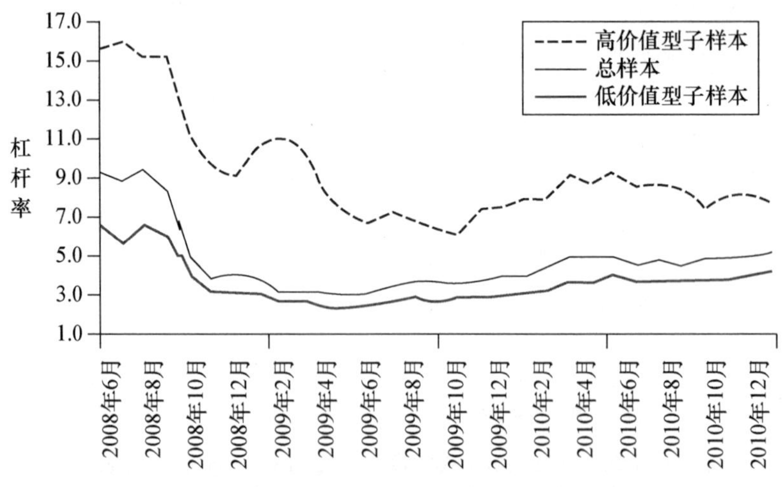

图15－9　一家大型可转债套利基金在主要经纪商处的可用杠杆率

注：杠杆率是可转债多头仓位价值除以资产净值的结果。
资料来源：Mitchell and Pulvino（2012）.

这一数据其实低估了可转债市场上实际的融资危机程度，因为很多小型对冲基金的保证金要求提高得更多，一些基金直接失去了融资支持，只能被迫清盘。

危机期间可转债价格急剧下跌，一种极端情况是可转债价格甚至低于没有转股期权的普通债券！图 15－10 显示了同一家公司发行的可转债与普通债券收益率差额的平均数及中位数。具体来说，样本包含 596 只价格低于票面价值的低价值型可转债，它们至少还有一年到期，同时也包含具有相似到期日的普通债券。虽然所选择的可转债期权价值较低（因为价格低于票面价值），但是它们仍有不低的期权价值，所以可转债收益率应该比普通债券的收益率低。通常也确实如此——图 15－10 中的样本早期收益率差额在 6％以上。然而，当雷曼兄弟破产时，可转债市场所遭受的流动性危机异常严峻，使收益率差额跌至接近 0 的水平，有些情形甚至为负！可转债市场的主要成员是杠杆型多空对冲基金，经纪商的流动性问题导致他们也出现严重的流动性问题，而普通债券市场的主要交易成员是无杠杆的做多投资者，因此受这些事件的影响较小。

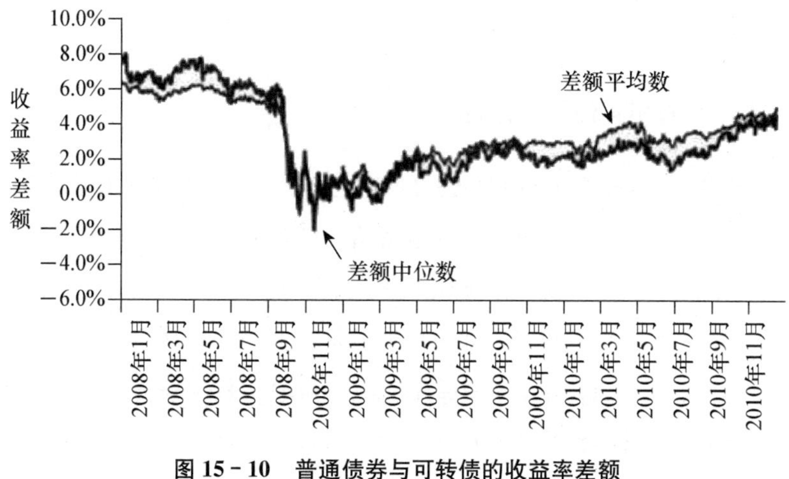

图 15－10　普通债券与可转债的收益率差额

资料来源：Mitchell and Pulvino（2012）.

1998年，对冲基金美国长期资本管理公司倒闭时，也发生了类似的可转债市场流动性紧张事件。如图15－11所示，可转债的价格相对于理论价值出现大幅下跌，使得可转债套利者初期遭受了亏损，但后来债券折扣变小时又获得了高回报。

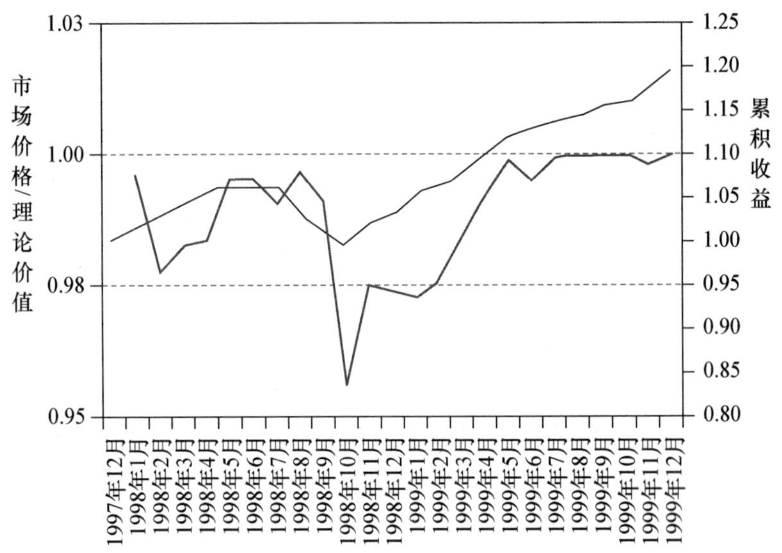

图15－11　可转债市场价格/理论价值和可转债对冲基金的累积收益

资料来源：Mitchell，Pedersen and Pulvino（2007）.

兼并、收购和其他风险来源

兼并、收购、特别红利和公司重组也会给可转债持有人带来风险，因为其他利益相关者会从公司榨取价值，可转债将被赎回而失去期权价值，或受到转债合同中特殊条款的不利影响。

收购的效应可好可坏。如果可转债是实值期权，收购行为会刺激股价大涨，那么通常会使对冲可转债由于其凸性而获得利润。

然而，当收购价低于转股价格时，可转债仍然无法转股。如果合并公司后，可转债被赎回或失去其期权价值（比如合并公司是一家信用等级较低的非上市公司），那么可转债的价格将跌至或者跌破票面价值。与此同时，收购公告将提高股价，使得做空股票对冲仓位受损。在这种情况下，可转债套利者会在做多可转债和做空股票两方面都遭受损失。

为了控制这种收购风险，如今大多数可转债在发行时都会附有收购保护条款，允许可转债持有人在发生收购时把债券按照面值返售给发行人，并可能会赋予可转债持有人在一定条件下增持股票的权利。

15.9　城堡投资集团肯·格里芬访谈录

肯·C. 格里芬是城堡投资集团的创始人兼首席执行官，该公司是全球最大的另类资产管理公司和证券交易商之一。格里芬在哈佛大学取得学士学位，在校期间就创设和运营了两只对冲基金。毕业后不久，于 1990 年创办了城堡投资集团。年轻时期的成功很快使他成为一个传奇。他在初期专注于可转债套利，而城堡投资集团目前拥有实施不同另类投资策略的多只对冲基金。（下面 LHP 代表本书作者，KG 代表肯·C. 格里芬。）

LHP：先说说你宿舍交易的传奇和交易生涯的开始吧。

KG：我在哈佛大学读大一时就开始交易。当时《福布斯》（*Forbes*）的一篇文章中提到了为什么家庭购物网络（Home Shopping Network）股票被极度高估。读完这篇文章之后，我买入了这只股票的看跌期权。此后不久，股票暴跌，我赚了几千美元。但当我平仓时，做市商给我的钱比期权价值低 0.25％。

LHP：所以这让你开始思考做市商、交易成本和套利？

KG：对，我意识到在风险回报率上，做市商的交易要远远好过我的投资。虽然我很欣慰自己幸运地获利了，但做市商赚到的 50 美元几乎是没有风险的。这激发了我去了解经验丰富的市场参与者会参与哪些投资的兴趣。我开始从相对价值交易的角度来分析市场，而不再做简单的定向投资。

LHP：你是怎么琢磨出可以通过可转债获利的？又是如何开始交易的呢？

KG：在大学期间，我在哈佛商学院贝克图书馆看到了一本标准普尔公司的债券入门手册。这本书的末尾有可转债的清单。每只债券都有利率、转股比例、转股价值等所有可转债要素。按照这本书列出的市场价格，有些债券的价格似乎被错估了。我立志要理解这些金融工具，弄懂如何定价以及如何交易可转债。

LHP：你的洞察力是基于简单的估算，还是基于 Black-Scholes 公式或二项式期权之类的定价模型？

KG：当时对于错误定价为何存在的理解，一些是基于估算，一些是基于常识，还有一些只是幼稚的猜想。许多错误定价是由于无法卖空对应的普通股而很难对冲，使得可转债的价格接近转股价值，其实那时我并不理解这种关系。当我看到贝克图书馆中的标准普尔公司的债券入门手册时，就被它吸引了。

LHP：然后你开始联系更多的人，并开始交易这些证券。

KG：我致力于理解可转债市场，因此翻阅了历年来关于可转债套利的文章和书籍。我和朋友合伙开了一家小型合伙公司，进行可转债投资。我们从朋友和家人那里筹集了约 25 万美元，用来实施这套策略。确切地说是 26.5 万美元——很奇怪，我还记得这些数字。那是 1987 年 9 月。

LHP：那是一段很特别的时期——之后的一个月是股灾。

KG：的确如此。当时我还没完全明白在股市下跌行情中这些债券的走势，我的对冲策略是卖空更多的股票，以补偿在熊市中的不确定性。

LHP：一步好棋。

KG：是的，这让我在 1987 年股灾时保住了本金。1987 年的股灾在市场中引发了不少定价错误事件，我的小型基金正好抓住这些机会，从中获利。我后来又设立了第 2 只基金。在我大学期间，这两只基金的管理规模超过 100 万美元。

LHP：可以描述一下你在学校里运营这些基金的情形吗？你是怎么操作的？

KG：我在宿舍屋顶上安装了一个卫星接收器，还安装了一部电话和传真机。我把电缆从一部闲置的电梯井连到房子的屋顶，用屋顶上的卫星天线接收实时股价。我还不得不在走廊上拉一些电线，但好在似乎没有人介意。

LHP：你是怎样下单交易的呢？

KG：我在课间时下单交易，常常用校园里的付费电话。

LHP：这些交易是用来调整你的对冲比率、购买新的可转债还是卖出可转债？

KG：都有。每周会有几单用来调整对冲比率，剩下的是做可转债的买卖。

LHP：你是怎样决定买入哪些债券以及什么时候买入的呢？当时你有电脑和估值模型吗？

KG：当时所有的决策都用纸和笔计算。基于现金流的差异、信用情况和债券的赎回保障，我试着推算出债券的理论价格，并开始借助 Black-Scholes 原则构建简单的模型。在 1991 年左右，即我毕业两年后，可转债的建模发展有了飞跃。

LHP：在那个年代，你是如何跟踪你的债券投资组合的？是用大脑、纸笔还是电脑呢？

KG：就用大脑。那时买的债券也不太多，我敢说那是我当年最大的乐趣！我可以随时告诉你任何一只我的债券的转股比例和息票率。我的电子表格和计算草稿无处不在！我上课时会带一部 HP 12C 计算器和一些草稿纸，在头脑中厘清信息，然后做出投资决定。

LHP：你从哪里挤出时间来做这些的？不是还得上课吗？

KG：我的考勤记录确实不太好。

LHP：运营一只小型基金的挑战和优势分别是什么？

KG：那时我的优势是管理的资金不多。在那种情形下，我需要考虑的并不是我有多少钱，而是尽可能用好现有的资本。我意识到由于规模很小，我可以借到的股票数量对于大型机构来说无足轻重，而对我非常重要。我所持有的可转债组合中，大多数都是由于对应的股票很难被借到而产生定价错误的。

LHP：你是怎样借到股票来做空的？

KG：我在嘉信理财开户，他们的零售账户中有股票，我会在那里做多和做空。在 80 年代后期或 90 年代初期，大型对冲基金还没有将嘉信理财作为主要的交易经纪商。

LHP：所以你当时的特长是交易难以做空股票的可转债？

KG：是的。我会和两三家交易商保持联络，当新证券发行时，交易商如果觉得我可能有兴趣，就会联系我。我当时的市场声誉是专门交易难以卖空股票的可转债。

LHP：成为交易流程中的一个环节对可转债套利非常有用，但真没想到交易商居然会联系一名本科生。

KG：是啊，我想你是对的。但当时可转债市场上的很多交易每单就只有几十万美元，有很多小单交易。而对于一笔 10 万美元的交易，我是可以操作的，所以我会出现在交易商的电话名单上。今天我们在网上可以买卖 1 500 万或 2 000 万美元的债券，而过去的市场规模小得多，参与者也少，大量交易都是零售报单。交易商可能会收到一份购买诸如 Chock Full o'Nuts 咖啡公司的零售报单，他们知道我经常借这只股票，并且我会愿意和他们交易。

LHP：你最初的动机之一是琢磨出谁赚取了交易费用，但当时你可能不得不支付的可转债交易买卖价差也很大吧？特别是对一家小型对冲基金而言。

KG：由于我是在宿舍里交易，华尔街的人觉得挺新奇。与华尔街待人的传统之道恰恰相反，和我打交道的业界人士对我十分公平友好，他们是愿意帮助我的好人。不少当时的业务伙伴至今仍然是我的朋友。

LHP：后来你是如何发展的呢？

KG：大学毕业后，我加入芝加哥的一家知名的母基金公司管理资金。由于可转债市场机会变少，我将资源转移到日本市场的可转债和股票权证交易中，这成为该基金 90 年代初的业务重点。我的一位杰出导师弗兰克·迈耶（Frank Meyer）跟我强调说许多业务具有周期性，会随着时间的推移发生变化，在个人职业生涯早期，我应该考虑设计建立在一个稳定平台上的多策略基金，而不是只用一种策略。

因此，在 90 年代初期，我们将可转债业务延伸到全球范围。1994 年，开始统计套利策略。大约在 1994—1995 年间，开始风险套利。随着时间的推移，我们在城堡投资集团的平台上增加了十几种不同的投资策略。

LHP：你对公司的全部发展过程做了多少规划？

KG：不能算有总体规划。不过很早之前我就知道我喜欢这一行业。我想和始终志同道合的人一起打造些与众不同的东西。我的同事非常有才华，干劲十足，他们给城堡投资集团带来了原来的规划中没有的新策略、新市场和新业务。我感激他们，感到自己责任重大，也为未来能与他们一起完成的事业而感到兴奋。

LHP：在你职业生涯所做的交易中，有没有一笔特别有意思的？

KG：我记得有一笔对葛兰素史克的投资。这家在英国上市的医药公司在日本市场发行了以日元计价的可转债。这是一只由英国公司在日本东京证券市场上发行的以日元计价的可转债。站在全球金融前沿的感觉非常令人兴奋，多年后那单交易仍然让我记忆犹新。

LHP：这样你就在三大洲之间进行交易了。投资者对这只证券不够了解吗？

KG：面对一家英国医药公司发行的可转债，日本当地的投资者根本不知该怎么办。而葛兰素史克的主要股东是外国人，并没有想着在日本寻找和交易廉价的可转债。

LHP：你觉得成为理解某只证券的第一人是一笔好交易的典型特征吗？

KG：做第一个交易的人可以和别人夸耀，但通常不是一桩好买卖。真正好的业务是要在你的领域非常优异，日复一日地坚持。一笔好的交易是找到市场流动性存在的最优点。也就是说，要买卖那些具有足够流动性、可以有效建仓的证券，并且通过基本面研究或者量化分析，你依然会比别人更能理解价值的成因和驱动力。

注释

[1] 无摩擦的期权最优行权规则是由 Merton（1973）提出的。Brennan and Schwartz（1977）和 Ingersoll（1977）则为可转债提出了类似的规则。Jensen and Pedersen（2012）的研究表明，由于卖空成本、融资成本和交易成本的存在，早期转股可以是最佳决策。

[2] Brunnermeier and Pedersen（2009）对这类流动性旋涡进行了理论分析。Mitchell，Pedersen and Pulvino（2007）以及 Mitchell and Pulvino（2012）用可转债和其他市场上的数据对其进行了实证分析。

第 16 章　事件驱动型投资

> 风险套利通常是指投资于正在发生重大公司事件的企业的证券，回报不取决于股价的涨跌，而取决于事件的成败。
>
> ——约翰·A. 保尔森

事件驱动型投资是一种投机型投资策略，围绕公司事件或者影响全市场的事件进行投资。事件驱动型基金经理持续跟踪各类事件，并试图发现这方面的交易机会。

第一类经典的事件驱动型交易是并购套利，也称为风险套利。当一条并购的消息发布时，并购套利者试图从股价波动中获利。正如两家公司合并的短期价格波动会带来机会一样，反向的公司事件——把一家公司拆成很多部分——也会有类似的效果。这类事件包括公司分立、换股拆分和分拆上市。

第二类交易与公司资本结构的变化相关，比如股票回购、债务置换、发行证券或其他资本结构调整。一些事件驱动型基金经理专门投资出现财务困难的公司，当公司面临财务困境、破产或诉讼时，他们会买卖这类公司的各种证券。这类财务困难型投资往往需要基金经理积极参与公司管理，加入债权人委员会，进行债务重组谈判，或设法把业务扭亏为盈。

第三类交易则试图从不同类型证券的价格差异中获利。资本结构套利者买卖同一家公司发行的不同证券，比如买入债券，同时卖空股票。事件驱动型基金经理有时也会买卖专门的结构化证券，如封闭式基金、交易所交易基金（ETF）、特殊目的收购公司（SPAC）和上市后私募投资（PIPE）。

第四类交易涉及证券市场结构的变化，例如将某只股票纳入一项股票指数，如标准普尔500指数，或者将其从一项指数中删除。

除了公司事件外，事件驱动型基金经理也会关注其他市场或资产类别中的事件。最著名的例子是事件驱动型对冲基金经理约翰·A.保尔森的交易，被称为“有史以来最伟大的交易”。2007—2008年间，保尔森做空次级抵押贷款相关衍生品，是对冲基金史上最赚钱的交易之一，报道称他赚取了超过150亿美元。这笔信用交易也可以视为全球宏观投资交易。

尽管所有这些交易中的事件并不相同，但它们有着相似的投资组合构建方法。投资组合构建基于两个原则：（1）分离出特定事件风险，并对冲市场、利率和信用风险；（2）投资于多个事件，以分散特定事件风险。例如，事件驱动型基金经理构造的投资组合使其在并购成功时获利、并购失败时亏损，他会愿意承担并购失败带来的风险。这类风险无法消除，但是可以通过投资很多并购事件、持有很多较小仓位来分散其中的大部分。沃伦·巴菲特曾这样说：

> 当然，有些投资策略——比如我们努力了多年的套利交易——需要广泛分散风险。假设某项交易的风险很高，你就应该把它变成很多相互独立的投资之一，这样总体风险就会降低。所以，如果你相信你的概率加权平均收益大大超过加权平均损失，而且可以投资于很多彼此既类似又独立的机会，那么你可以有意识地购买风险资产，大多数风险投资家用的就是这种策略。如果你也打算这样做，就应该采取开轮盘赌的赌场的态度：因为赢面较大，所以愿意接受很多押注，但是不接受一次性的超大押注。
>
> ——沃伦·巴菲特（Annual Report，1993）

下面我们更为详尽地探讨这些策略。

16.1　并购套利

兼并和收购

公司一直处在被买卖的过程中。这类交易中有很多买方或卖方是非上市公司，但只有当目标公司为上市公司时，并购套利者才会介入。图 16－1 给出了几种类型的并购。收购方可以是一家有潜在协同效应的公司，即战略购买者；也可以是一家（私募股权）杠杆收购（LBO）基金。出价可以是善意的，意味着标的公司管理层或董事会支持这项收购；或是恶意的，意味着标的公司的管理层反对这项收购。投资者的类型和管理层的立场都会对交易能否达成造成显著影响。

付款方式	标的公司管理层的立场	收购者类型
现金	善意的	战略型收购者
固定比例换股	恶意的	杠杆型收购者
浮动比例换股		
上下限期权		
复杂型		

图 16－1　并购类型

在交易中，对标的公司的付款方式也各有不同。有时，收购方用现金作为收购标的公司的对价。比如，杠杆型收购交易往往用现金完成，因为收购方没有股份可用。而战略型收购者会用自身的股票来作为收购标的公司的对价。比如，收购方会出两股自身的股票换一股标的公司的股票，这称为 2：1“固定比例换股”。一宗股票互换收购交易也可以采用“浮动比例换股”的付款方式，这意味着股票数量取决于收购方股票在收购公告发布后某一点的价格。比如，浮动比例换股可以设定对价是价值为 100 美元的收购方股票，股票数量决定于 2 月 1 日。换言之，对价是 $100/P$ 份额的股票，P 为收购方股票在 2 月 1 日的价格。股票并购交易也可能会设有期权，例如，限定下行和上行要约的价值。此类交易有时称为上下限期权交易。并购报价可以很复杂，也可能涉及其他类型的公司证券，比如收购方发行的债券。

并购套利及原理：足够高效又不完全有效的并购价差

并购意向发布时，收购方的报价将高于标的公司的当前市价，这会让当前的股东愿意出售。比如，如果当前股价约为每股 100 美元，收购方可能出价每股 130 美元。当公告发布后，标的公司股价立即上涨。重要的是，标的股价的初期跳涨通常不是并购套利的目标，因为并购套利交易者很难事先预测到哪些公司会被收购（而那些知道的人往往最终会因为内幕交易而入狱）。

并购套利是在公告宣布后购买标的股票，此时标的公司股价已经上涨。如果价格达到并购要约报价，那么这笔交易还有什么盈利空间呢？原来，标的公司的股价通常并不会一下子就涨至要约报价，而仅会上涨一部分。例如，如果收购方报价为每股 130 美元，股价可能会涨至 120 美元。如果收购完成，则并购套利者每股能赚取 10 美元。通常，这种潜在的利润和风险要一起考虑——如果并购失败了，那么标的股价可能回落至 100 美元左右，导致并购套利者每股损失 20 美元。要约价格也可能经过重新协商上调或下调，或者有另一竞争收购方报出更高价格。因此，并购套利交易的预期利润取决于并购成功的概率、失败之后的损失和成功之后的利润。

尽管很难评估并购交易的预期利润，但是如果当下的并购完成，就很容易计算出并购交易的实际利润，这是所谓的并购价差：

$$并购价差=\frac{要约价格-标的公司股价}{标的公司股价}$$

在上个例子中，并购价差为 10÷120=8.3%。因此，如果完成了上述并购，那么并购套利者的利润率为 8.3%。还可以进一步完善并购价差的测算，把预期并购完成前的股息和可能的交易成本都考虑进来。

并购价差为正，是否意味着并购套利平均能盈利呢？未必如此。并购价差也反映了实际的并购风险。换言之，正的并购价差应该恰好能抵补并购失败造成的损失，确保套利利润平均为 0。然而，从历史上看，实际并购价差大于盈亏平衡点，意味着并购套利是一笔有利可图的交易。

为什么历史上的并购套利可以盈利呢？有好几个原因，最主要的原因是：当并购公告发布时，许多当前的股东会抛售标的公司股票。这些抛售使得标的公司的股价无法上涨到应有的价位，从而形成了足够显著的并购价差，让并购套利平均而言有利可图。

许多投资者之所以要卖出并购标的，是因为他们意识到如果并购失败，标的公司的股价就会突然下跌。这类典型的股东是共同基金或个人投资者，他们买入股票是因为看好这家公司。当收购方提出购买整家公司时，这类投资者觉得自己当初买入这只股票的决策很英明，因为或许收购方也是由于同样的原因而看好这家公司。但即使是专业选股的投资者，也可能会觉得其专长不足以评估并购事件风险。事实上，在并购不确定期内，标的股价的主要决定因素突然变化，不再是其成长前景和商业效率，而是标的公司的董事会和股东是否会接受要约收购，收购方是否会根据尽职调查结果修改或取消要约，监管层是否会批准这项并购的法律事项，以及收购方能否获得需要的融资。

由于许多股东不擅长应对这类事件风险，他们需要一份保险来对冲并购失败的风险。他们获得保险最简单的方法就是：卖掉股票。购买这类保险的成本就是并购价差。

换言之，长期股东突然间变成了股票抛售方。在并购结束后（成功或失败）、新的长期股东到来前，市场会暂时出现较大的流动性需求。

当其他投资者在抛售时，并购套利交易者买入标的。因此，他们为所有想要卖掉股票来规避并购风险的人提供了流动性。也就是说，并购套利者提供了并购风险的保险服务，他们的平均盈利就是保费收入，或者说是对他们提供流动性的补偿。并购套利者自身如何应对并购风险呢？他们参与很多并购来分散风险，确保不会因一项并购的失败而对整个组合造成大的损失。

并购套利者依靠提供流动性来获得补偿，使得并购价差接近足够高效又不完全有效的水平。相比并购套利的资本，并购事件的总量和风险很大时，预期回报率会提高。在不同并购交易间横向比较时，并购价差会趋于足够高效又不完全有效的水平。事实上，由于并购套利者试图估算出并购事件的成败，只买入他们认为会成功的标的股票，风险较高的并购往往会有更大的并购价差。

并购套利交易的全过程

并购信息发布的那一刻，并购套利交易就开始了。这通常发生在股市收盘时，如果股市还在交易，交易会临时停止。当股市开市后，并购套利者会评估标的股价和并购价差，权衡更高报价和并购失败的可能性。如果套利者看好该交易，就会买入标的股票，同时通过卖空收购方股票来对冲风险，具体数量将在后面描述（可以为 0）。我们将会讨论如何控制仓位的大小和对冲比率。

> 在第一阶段，我们的一名分析师会监控最新发布的并购信息。一旦宣布了某项并购，我们会进行详尽的财务分析。我们会调查

> 公司的业绩、销售的增长、税息折旧及摊销前利润（EBITDA）、净收入和每股收益，计算 EBITDA、息税前利润（EBIT）和净收入的并购倍数，并研究收购方和标的公司的大小比例，以及支付的溢价。我们将对该并购的财务特点做出全面评估。一般来说，我们要寻找健康的标的公司，报价倍数合理，没有过高的溢价。第二阶段的研究包括：参与管理层的电话会议，研读华尔街的研究报告、美国证券交易委员会的文件和并购协议。在评估并购协议的过程中，我们会寻找并购中的不寻常条款，比如尽职调查、融资、业务经营或监管环境。我们的基本原则是要找到条款最少、无漏洞的并购协议。我们也会研究哪些监管障碍可能影响并购的进程，或者最终能否获得批准。我们从外部聘请出色的反垄断律师，同时配备一名内部律师来评估可能影响交易结果的法务问题。我们的研究一般聚焦于排除那些风险较高和并购成功率较低的交易，对于剩下的低风险交易，进行回报评估，专注风险较低和潜在回报较高的交易。
>
> ——约翰·A. 保尔森（Hedge Fund News，2003）

建立好并购套利的仓位后，套利者会跟踪有关事件的发展，等待并购完成。在此期间，标的股票多头仓位会收到标的公司派发的股息，同时必须偿付收购方公司支付的股息。此外，并购套利者在买入标的公司和做空并购方的过程中，也会产生交易成本、做空成本和融资成本。

典型的交易结果是并购完成，并购套利者赚到了并购价差。但如图 16-2 所示，还可能有其他几种结果。一种更好的结果是另一潜在收购方加入，以更高的出价竞购标的公司。有时几个竞标者会抬高价格，使得并购套利的利润大大高于初始的并购价差。如果市场认为很可能会出现竞争性投标，则并购价差有时可以为负值，意味着标的股价高于当前要约出价。当并购价差变为负值时，有些并购套利者可能会平仓，而另一些可能会增加仓位，因为他们坚信很可能会出现竞争性报价。

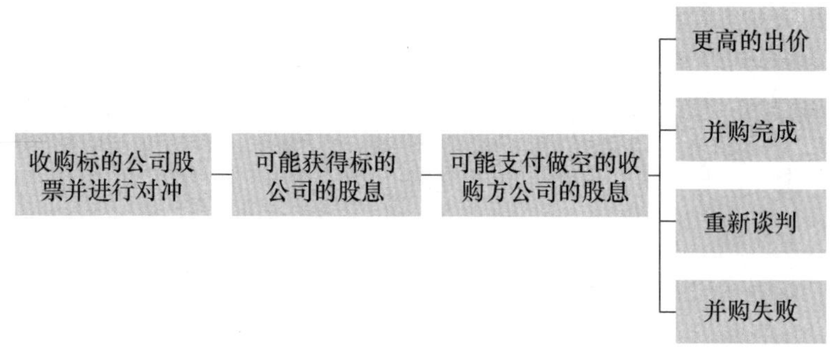

图 16－2　并购交易的过程

一笔并购交易也可能被重新谈判，要约价格会视具体情况变高或变低。最糟糕的结果是并购失败。这通常会导致标的股价回落到并购公告发布之前的水平。如果并购失败是因为有关公司的一些坏消息，或是因为公告前的价格已经包含可能被并购的溢价，或者仅仅是因为市场的总体波动，那么标的股价也有可能跌破以前的水平。标的股价还有可能回落至高于公告发布前的水平，因为并购要约揭示了标的公司的潜力，即使没有这次并购，潜力也有可能会被释放出来。

在整个并购交易过程中，不同结果可能性的变化使得并购价差产生波动。图 16－3 比较了成功并购和失败并购的并购价差中位数。我们看到成功并购的并购价差较低，开始通常在 8%左右。随着时间推移，交易越来越接近成功，潜在的障碍被一一清除，并购价差慢慢变小。失败并购的并购价差较大，开始大约在 20%左右。虽然市场无法预知哪些并购会失败，但可以识别出哪些并购的风险较高，更容易失败。并购失败时，并购价差会扩大 15%以上，达到约 30%。

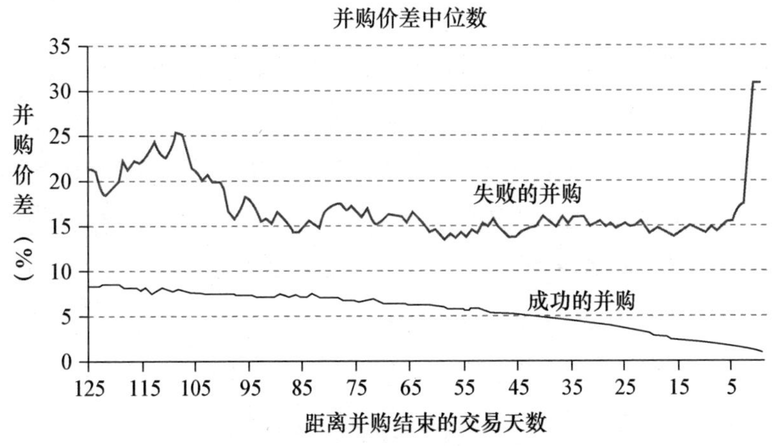

图 16－3　并购结束前并购价差的变化

资料来源：Mitchell and Pulvino（2001）.

案例：阿克塔公司

在 1988 年伯克希尔·哈撒韦公司的年度报告中，沃伦·巴菲特提到一个有趣的并购套利交易案例：

> 在评估套利机会时，你必须回答四个问题：（1）承诺的并购最终完成的可能性有多大？（2）你的资金将被占用多久？（3）出现更好情况（例如出现竞争报价）的可能性有多大？（4）如果因为反垄断法案或者融资问题而并购失败，后续会发生什么？
>
> 阿克塔公司是我们偶然参与的一次并购套利交易，充满了波折反复。1981 年 9 月 28 日，阿克塔公司董事会原则上同意把公司卖给 Kohlberg，Kravis，Roberts & Co.（KKR）集团（KKR 集团当时和现在都是市场上主要的杠杆收购公司）。阿克塔公司主营印刷品与森林产品，还有一个吸引人的地方在于：1978 年美国政府征用了该公司的 10 700 英亩原木林，主要树种为古老的红木，以扩建红木国家公园。政府分期支付了总金额为 9 790 万美元的补偿

金，但阿克塔公司抗议说补偿金太少。双方对从征用之日起至尾款结清日期间适用的利率也有争议，司法裁定采用6%的简单年利率，但阿克塔公司争辩要采用更高的复合利率。

收购一家正经历金额巨大且结果高度不确定的诉讼案的公司，给谈判带来了困难，无论公司是诉讼方还是被诉方。为了解决这一问题，KKR集团的报价是向阿克塔公司支付每股37美元，加上未来政府赔偿红木林土地金额的2/3。

在评估这个套利机会时，我们必须评估KKR集团能否真正完成这项交易，其报价的先决条件之一是能顺利取得融资。这样的限制条件对卖方来说总是很危险的，因为它给了从求婚到正式结婚间热情消退的求婚者轻易退出的机会。不过，因为KKR集团的历史成交记录很好，我们不是很担心。

我们也必须问自己：如果KKR集团的收购失败，会发生什么？我们觉得后果还可以接受：阿克塔公司的董事会与管理层对外兜售公司已经有一段时间，明显有决心要出售。如果KKR集团放弃，阿克塔公司可能还会再找到新的买家，但出价当然可能会低一点。

最后，我们还必须问自己，那片红木林索赔权到底价值多少？坦白地说，虽然你们的董事长连榆树和橡木都分不清，但他丝毫不觉得这是个难题，潇洒地认为价值介于0和一大笔钱之间。

从9月30日开始，我们以每股约33.5美元的价格买进阿克塔公司的股票，8周内买入约40万股，约占该公司股份的5%。最初的收购公告称会在1982年1月支付每股37美元。所以如果一切顺利，我们就可以赚到年化40%的回报——还不包含锦上添花的红木林赔偿金额。

然而事情进展得并不顺利，公司在12月对外宣称，交易可能会略有延迟，但最终还是于1月4日签署了正式协议。受此鼓舞，我们加码，以每股 38 美元的价格增持至 65.5 万股，约占该公司股份的 7%。尽管交易延迟了，但我们相信红木林赔偿额更接近于“一大笔钱”，而不是“0”，因此还是愿意加大投资。

2 月 25 日，提供贷款的银行称，由于房地产业不景气，加之对阿克塔公司的前景影响，有关融资条款可能需要再谈判，股东大会也再度延期至 4 月。阿克塔公司的发言人称其不认为收购本身会有麻烦。当套利者听到这种保证时，脑中会闪过一句老话：他像汇率崩盘前夕的财政部部长一样在说谎。

3 月 12 日，KKR 集团宣布此前的要约报价无效，先是将报价降为每股 33.5 美元，两天后又调高至 35 美元。然而，3 月 15 日，阿克塔公司的董事会否决了这一报价，而接受了另一家公司每股 37.5 美元外加红木林一半赔偿金的报价。股东会批准了交易，收购方于 6 月 4 日支付了每股 37.5 美元。

我们的成本为 2 290 万美元，平均持有期接近 6 个月，最后得到 2 460 万美元。考虑到这项交易的波折，15%的年化收益率（不包含红木林赔偿金）还算令人满意。

不过好戏还在后面。初审法官指派了两个委员会，一个核定红木林的价值，另一个确定适用的利率。1987 年 1 月，第一个委员会认定红木林的价值为 2.757 亿美元，第二个委员会推荐采用一种混合的复合利率，约为 14%。

1987 年 8 月，法官裁定接受这些结论，意味着阿克塔公司将得到约 6 亿美元。政府随后进行上诉。1988 年，就在上诉宣判结果前，双方以 5.19 亿美元和解。结果，我们每股收到了额外的 29.48 美元，总额约 1 930 万美元，而且在 1989 年还会收到约 80 万美元。

实施并购套利：如何决定对冲比率

并购套利的核心是承担并购失败的风险以赚取并购价差。因此，并购失败的风险正是并购套利者愿意承担的风险，无法对冲。事实上，事件套利就是只承担事件风险，并对冲掉其他类型的风险（并且投资许多独立的事件以分散风险，后面将详细讨论）。下面，我们来看该如何隔离出事件风险，并且对冲掉不必要的风险。

合理的对冲比率取决于并购交易的付款方式。前面的图 16－1 概括了几种主要的并购付款方式。最简单的并购交易是现金交易，即收购方只使用现金收购标的公司。图 16－4 展示了一个例子，收购方以每股 60 美元的报价现金收购标的公司。当然，在这个例子中，收购方的股价与要约价值是无关的。因此，这类并购套利很简单：买下标的公司即可，无须专门对冲。（后面将提到，基金经理还是可以在整体组合层面进行对冲的。）

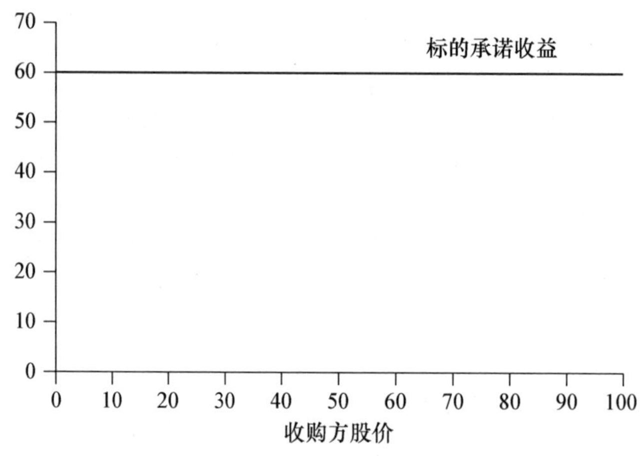

图 16－4　收购方股价对要约价值的影响：现金收购

图 16－5 显示了以固定比例换股的要约价值。在这个例子中，收购方提出的报价是用 1.2 份股票换购 1 份标的股票。因此，当套利者购买标的股票时，他会承受收购方股价下跌的风险。为了对冲这类风险，对购买的每 1 份标的股票，他可以简单卖空 1.2 份收购方股票。

图 16－6 展示了如何分析浮动比例换股的收购。收购方以价值为

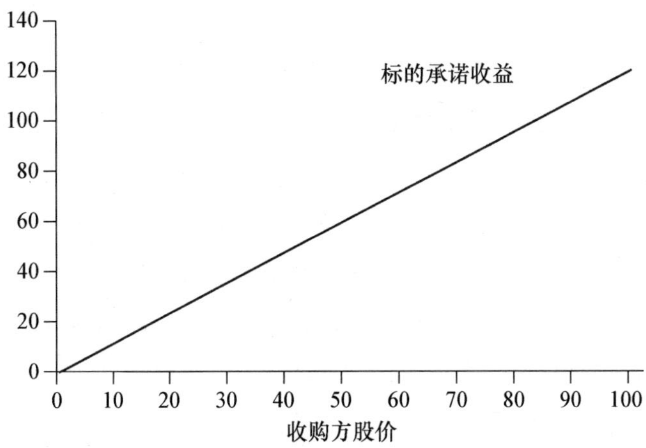

图 16-5　收购方股价对要约价值的影响：固定比例换股收购

60 美元的收购方股票进行报价，价格基于定价基准期的平均价格。最初，在定价基准期前，这就像一宗现金收购交易。因此在这段时间内并不需要做对冲。在定价基准期后，并购就像一宗固定比例换股收购交易。在定价基准期内，换股比例逐渐明朗，因此并购套利者会逐渐把对冲比率从 0 提高到全面对冲。

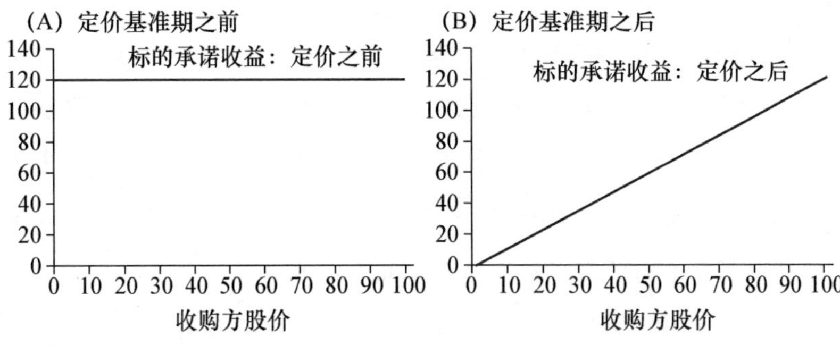

图 16-6　收购方股价对要约价值的影响：浮动比例换股收购

最后，图 16-7 显示了两种不同的上下限期权收购。并购的付款额度（现金金额或收购方的股份数量）根据具体情况而定，有上下限期权策略的特点。图（A）的付款结构有时被称为"特拉沃尔塔"（Travolta）交易，图（B）的付款结构为"埃及人"交易（参见约翰·特拉沃尔塔

(John Travolta) 在《周末夜狂热》(*Saturday Night Fever*) 影片中手臂的位置和埃及人的经典形象)。该图显示了并购事件完成时的要约价值，类似期权收益的分段线性。因此，如果有期权可以交易，则这类交易可以利用股票加期权的组合来对冲，和并购收益相匹配。如果没有期权可用或交易成本很高，则并购套利者可以改用 delta 对冲的期权技术，这意味着收购方股票的卖空数量随着时间而变化。

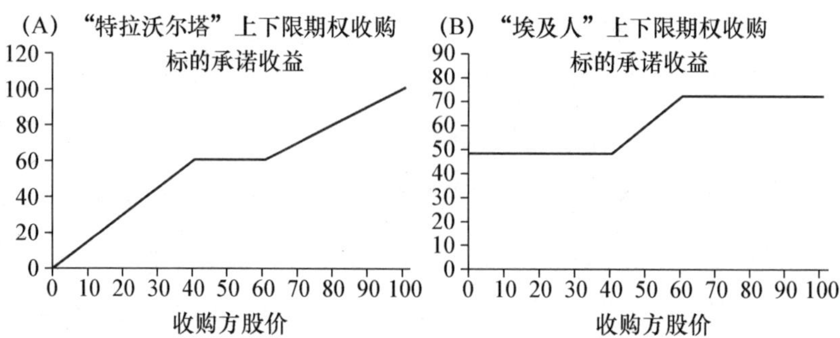

图 16-7　收购方股价对要约价值的影响：上下限期权收购

哪类并购者会哄抬他们的股价？何时会这样做

股票并购的收购方倾向于提高自身的股价。Ahern and Sosyura (2014) 的研究发现与此吻合：在并购的私下谈判期，用固定比例换股的收购方会大幅增加向财经媒体发布的新闻稿数量。相比之下，采用浮动比例换股的收购方则缺少影响媒体舆论的动力。这种效应使媒体报道和收购方市值都会短暂地增加。此外，他们发现，浮动比例换股的收购方会在定价基准期内发布更多新闻，也许是为了在至关重要的时刻抬高股价。

并购套利组合

投资组合构建是并购套利的一个重要环节。并购套利者必须决定并购标的和仓位大小。为此，并购套利者必须先了解在任一时点上有多少可供投资的并购交易。

兼并和收购几乎时时刻刻都在发生。经 Mitchell and Pulvino（2001）确定，1963—1998 年间美国发生了 9 026 宗并购事件，平均每年 251 宗。早年的并购数量较少，在 20 世纪 80 年代后期达到高峰，之后数量相对稳定。每宗交易平均需要约 3 个月完成。因此，每年有 251 宗交易，平均需要 3 个月时间，意味着美国在这段时期的任意时点上，都有约 63 宗并购正在进行。在最近 10 年中，美国经常有超过 100 宗并购同时进行，而在全球范围内就更多了。

并购套利者必须根据已有的并购交易，决定投资并购的数量、每一宗并购的最大权重，以及要投资哪些并购交易。有的并购套利者仓位相对集中，他们认为自身的优势在于押重注在仔细分析过的并购中。还有许多并购套利者喜欢充分分散风险，限制任一交易的最大权重不大于 3%～10%的整体组合价值。为什么呢？设想一宗并购交易失败时的场景：假设一宗现金收购交易的标的股价在并购公告后上涨了 20%，当并购取消时，标的股价将下降 20%。如果并购套利者以其 5%的资本买入标的，则其损失是总资本的 1%（5%×20%）。在更极端的情况下，如果在并购中投入 10%的资本，那么当标的股价下跌 50%时（相对于股票交易的潜在对冲），总资本将亏损 5%。虽然这种损失很痛苦，但并购套利者还是有希望使当年的总回报为正值。有些基金经理无法接受在一宗并购交易中损失 5%资本的可能，而另一些人则会在认为兼并成功概率很大时押重注。如果并购套利者较为保守，将最大的仓位规模设置为资金的 3%，就需要投资于各种类型的并购，参与大多数正在发生的交易，这也正是并购套利者的典型做法。

根据下面我们将看到的历史回报数字，多元化并购套利投资组合的回报一直很好。即使没有关于特定并购事件的特殊信息，并购套利者直接赚取并购风险的流动性溢价也可以获得可观的回报。沃伦·巴菲特（在 1988 年年度报告中）对并购套利有类似评价：“秘诀就像是那部彼得·塞勒斯（Peter Sellers）主演的电影的名字——《在那边》（*Being There*）。”

并购套利者还会通过参与不同类型的并购来分散风险，并调整在不同类型并购中的仓位。比如，现金收购更容易受市场风险影响（如后面所述），所以有些并购套利者会限制其在现金收购上的整体风险。后面我们还将讨论各种交易类型的不同风险。

并购套利中的风险

任何一宗并购交易的失败风险都不可忽视：大约10%的并购交易最终会失败。最终失败的并购有一些普遍特征（见 Mitchell and Pulvino（2001）中的表5）。恶意收购自然比善意收购更容易失败，因为收购方必须争夺控制权。杠杆收购比战略并购更容易失败，可能是因为杠杆收购更依赖外部融资，而如果收购方无法获得融资，并购就可能失败。小额并购也更容易失败，因为收购方对大额并购研究得更仔细，股票分析师对标的股票也分析得更全面。此外，有监管审查的并购更容易失败，比如被认为是会形成垄断的并购。最简单的并购失败风险的预测指标是并购价差——价差大的并购风险更高！市场已经事前分辨出了交易的好坏，这是并购价差足够高效又不完全有效的标志。

基于并购市场的行情，并购风险会随着时间而改变。当股市整体大幅下跌时，并购失败的风险会更高，特别是对现金并购而言。为了弄清这一点，假设A公司提出以1亿美元现金收购B公司，但在交易完成前股市整体下跌了30%，那么原来的报价现在就突然显得过高——现在收购方可以考虑用低于原报价约30%的价格来收购另一家公司，因此收购方很有可能撤回报价或者要求重新谈判。从另一方面来说，如果原始并购报价是用价值为100美元的A公司股票支付，那么情况会有所不同。在这种情况下，由于A公司的股票也会调整，对价的价值很可能会随着市场下跌。因此，对A公司而言（对B公司也有可能），对价的价值仍然是合理的。因此，并购失败的风险取决于市场整体环境。后面在介绍并购套利的历史回报时将继续阐述这一点。

并购套利的历史回报

为了评估多元化并购套利组合的风险和收益，Mitchell and Pulvino（2001）收集了 1963—1998 年间大量的并购事件数据，构建了称为风险套利指数经理（RAIM）的系统策略。虚拟的 RAIM 策略每个月投资于所有正在进行的现金和股票并购（剔除含有复杂并购条款的并购事件）。模拟策略从 1963 年起，以 100 万美元开始投资所有并购交易，每宗并购交易的权重基于并购规模，但存在两个约束条件：

仓位限制 1：对任何一宗并购交易的投资金额都不能占模拟资产净值（NAV）的 10%以上。

仓位限制 2：根据估算的市场冲击方程，任何一宗并购交易对标的或收购方的影响都不能超过 5%。

基于这些假设，考虑到经纪费用和市场冲击成本带来的交易成本，可以模拟出并购套利的回报。1963—1998 年，RAIM 并购套利的算术年均回报率为 11.1%（几何复利回报率为 10.64%），年波动率为 7.74%。基于这一时期的无风险利率，可以推算出年度夏普比率为 0.63（基于几何复利推算出的夏普比率为 0.57），要高于同一时期 0.40 的股市整体夏普比率。

因此，在扣除交易成本后，并购套利有显著为正的超额回报。我们来看看这些回报会呈现出市场中性还是会受到市场波动影响。

图 16-8 显示出 RAIM 并购套利指数的超额回报与整体股市的超额回报。我们发现在温和的熊市和牛市中，并购套利回报与市场基本无关。但是在显著的熊市中——一个月内下跌超过 5%的股市中——相关性会明显上升。

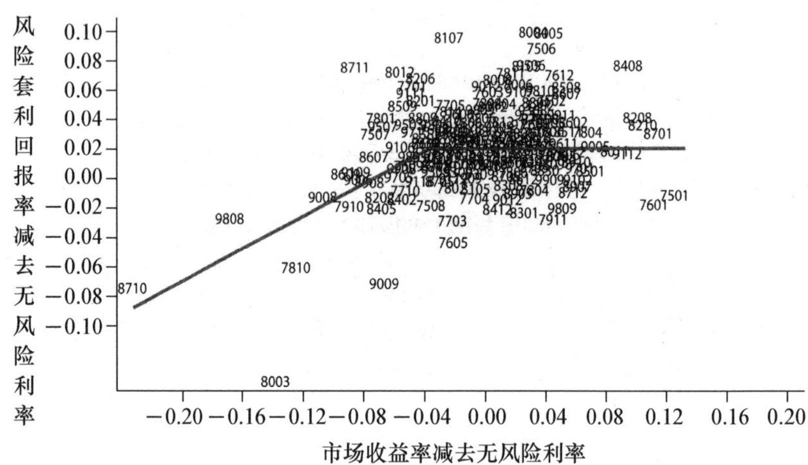

图 16－8　并购套利指数的超额回报与市场的超额回报

注：每个数据点按发生的时间标记为“年年月月”，如 8711 指的是 1987 年 11 月。
资料来源：Mitchell and Pulvino（2001）.

由于并购组合是经过对冲的（即它是多空组合），多元化并购套利组合的回报与股市不直接相关。然而，因为并购总体失败率受市场影响，所以并购套利组合与股市间接相关。当市场回报接近 0 或为正时，影响市场大盘的事件对某宗并购交易能否成功几乎没有任何影响，并购套利的回报主要取决于并购本身的特点。因此，在这类市场回报的范围内，并购套利相对股市的 β 值接近于 0（用图 16－8 中的水平线段表示）。

但是，如图 16－8 所示，当股市大幅下跌时，并购套利者也会承受整个市场陷于显著熊市的痛苦，并购套利的 β 值为正。之所以受市场影响，是因为市场的大幅下跌加剧了并购失败的总体风险（如前所述）。在市场下跌时，收购方更可能会取消报价，特别是现金报价，因为这种报价现在看起来尤为昂贵。此外，在下跌行情中，获得融资也变得更加困难，特别是在金融部门遭遇信贷危机的情况下。

这类非线性的市场敞口意味着常规的资本资产定价模型不适用于评估并购套利的业绩表现。并购套利的收益就像无风险债券加上特殊扰动项，再减去市场看跌期权。所以在计算并购套利回报的 α 时，我们要考虑到直接卖出市场看跌期权可以赚到的风险溢价。对此，可以用并购套利的超额回报对股票市场指数和卖空看跌期权的超额回报进行回归分析：

$$R_t^{RAIM}=\alpha+\beta^{\text{市场指数}}R_t^{\text{市场指数}}+\beta^{\text{看跌期权}}R_t^{\text{卖空看跌期权}}+\varepsilon_t$$

这项回归显示出看跌期权的系数 β 在统计学上显著，α 显著为正。这意味着即便考虑到非线性的市场风险敞口，并购套利也能获得超额正回报。并购套利者为卖出并购对象的市场参与者提供了流动性服务，因此获得了溢价补偿，本质上是对并购风险提供了保险。

并购套利资产组合层的对冲

正如前面所述，即使每宗并购都经过对冲，并购套利的投资组合也有非线性的市场风险敞口。这种组合风险是由于在熊市中并购失败的总体风险提升，尤其是对于现金并购而言。为了对冲这种非线性风险，并购套利者会采用组合层面的对冲策略，如卖出股指期货或买入指数看跌期权。但由于这些方法往往成本很高，大多数基金经理不会这样对冲。一经采用，这些对冲仓位应当可以消除组合的市场方向风险，所以仓位大小取决于组合中所有并购交易的总价值和并购类型的结构。

16.2　公司分立、换股拆分、分拆上市

什么是公司分立、换股拆分、分拆上市

与并购正好相反，一家公司可以分拆为几个独立的部分。无论是并购还是分拆，都给事件套利者创造了交易机会。一家公司可以用很多方式出售子公司，例如通过非上市资产剥离的方式出售给另一家公

司，或者向公众出售。向公众出售的方法包括：公司分立、换股拆分和分拆上市。在公司分立过程中，原来由母公司控制的子公司会成为一家独立的公司，但是原先母公司的股东能够按比例获得子公司的股份（所以无须付款）。换股拆分与公司分立的方式比较相似，但是在换股拆分的情况下，母公司股东必须选择是否以母公司股份换取子公司股份。

图 16－9 描述了公司分立和换股拆分的情况，同时展示了分拆上市的原理。在分拆上市时，母公司出售所持子公司的一些股份，但是在资产负债表上仍然会保留一部分子公司的股权。分拆上市为子公司股票提供了流通市场，母公司通常会在此之后将剩余股票换股拆分或进行公司分立。被转让的子公司股票可以通过所谓的部分首次公开募股（IPO）出售，或者按比例分派给母公司的股东。

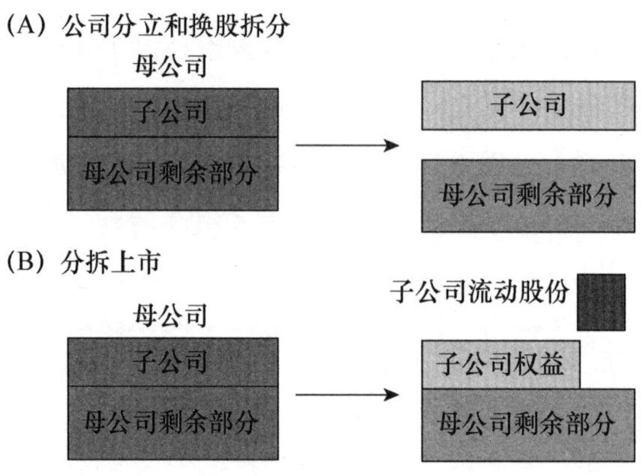

图 16－9　公司分立、换股拆分、分拆上市示意图

公司分立和换股拆分交易

公司分立和换股拆分为事件套利者提供了机会，他们可以分析子公司和母公司各自的发展前景、独立的管理团队和业务潜力。由于原股东会重新优化投资组合，这些事件一开始会导致供需不平衡。例如，子公司一开始往往会有股票抛售的压力，因为许多投资者想要保有他们在母公司的股票，而不是子公司的，特别是在母公司与子公司处于不同行业，或者母公司是股指成分股而子公司不是的情况下。相比换股拆分，公司分立的子公司会面临更大的抛售压力，因为公司分立时，所有原始股东都会收到子公司的股份；而换股拆分时，股东可以选择是否购买子公司的股票。另外，投资者在初始阶段会认为对子公司不够了解，而且一开始也没有多少证券分析师会跟踪子公司。

随着时间的推移，股票抛售压力逐渐消失，投资者逐渐了解子公司及其管理层，更多的分析师开始跟踪该股票。而且子公司和母公司都会因为业务方向更集中、管理层激励更强和委托代理问题更少等因素而获益。这些会在中期为股价带来潜在的强劲表现。

分拆上市交易

虽然公司分立和换股拆分事件的投资一般不属于套利交易，但分拆上市事件中有更典型的事件驱动型套利机会。由于母公司持有子公司大部分的股权，事件套利者有时能够通过母公司和子公司的反向交易获利。

表16-1展示了母公司和自有部分（即从母公司账面上除去子公司价值后的剩余部分）的资产负债表。由于资产总是等于负债，在母公司的资产负债表中，各个部分的市场价值（MV）必须满足这一方程：

$$MV(\text{其他资产})+MV(\text{子公司股权})=MV(\text{负债})+MV(\text{母公司股权})$$

同样，从自有部分的资产负债表可得出：

$$MV(\text{自有股权})=MV(\text{其他资产})-MV(\text{负债})$$

结合上述两个方程可得出：

$$MV(\text{自有股权})=MV(\text{母公司股权})-MV(\text{子公司股权})$$

表 16-1　典型的母公司和自有部分的资产负债表

(A) 典型的母公司资产负债表

资产	负债
其他资产	负债
持有的子公司股权	母公司股权

(B) 典型的自有部分（母公司，不含子公司）的资产负债表

<table>
<tr><th>资产</th><th>负债</th></tr>
<tr><td rowspan="2">其他资产</td><td>负债</td></tr>
<tr><td>自有部分股权</td></tr>
</table>

投资经理会重点关注自有价值为负值的情况，这意味着母公司股权的买价低于其持有的子公司价值，这样的交易看起来有利可图。

当确定母公司将分派子公司股份时，负的自有价值就形成了真正的套利。如果每股母公司股票包含 N 股子公司股票，那么投资经理可以买入母公司股票，同时卖空 N 倍数量的子公司股票。由于自有价值为负，这组仓位其实给投资经理带来了正现金流（尽管保证金要求会占用一些资金）。当母公司分派子公司股份时，投资经理可以用这些股份来支付其空头仓位。最后，投资经理还拥有剩余部分母公司的股票，价值不会低于 0（因为有限责任）。

科技股泡沫时期，当“旧经济”公司（实体企业）分拆出科技子公司时，曾多次出现自有价值为负的情况。科技子公司股价相对于母公司股价飙升，形成负的自有价值。图 16-10 显示了 3Com/Palm 公司在科技股泡沫晚期自有价值的波动。自有价值一开始是很大的负值，最终变为正值。

然而，负的自有价值并不等于无风险套利，有几个环节可能会出现问题：首先，即使母公司宣布了将分派子公司股份的意向，最后也可能选择不分派。比如，除非美国国家税务局批准免税分派，否则分派会导致税负上升。更糟糕的是，母公司还可能破产或退市。

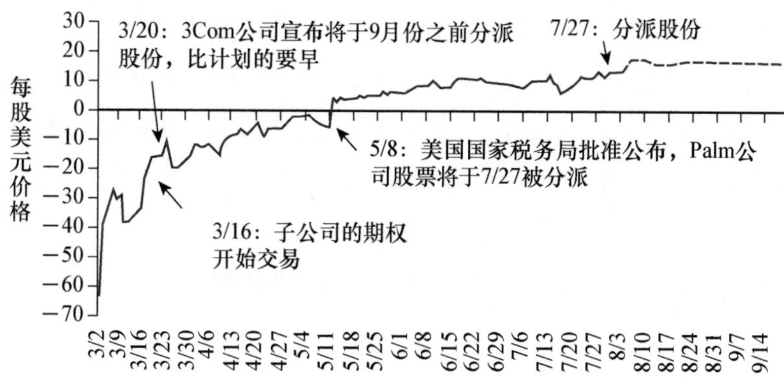

图 16－10　3Com 公司在 Palm 公司 2000 年分拆上市期间的自有价值

资料来源：Lamont and Thaler（2003).

其次，卖空子公司可能成本高昂、操作困难，而且有风险。事实上，自有价值为负的子公司股票卖空成本往往很高，有时难以找到可以出借的股票来卖空（如第 8 章所讨论的，高融资费用的资本化可能会导致子公司股价升高)。再次，如果投资经理设法建立了空头仓位，假使无法再融到该股票，则会产生在最差时点被强行平仓的风险（被买进)。最后，自有价值的大幅波动也可能导致短期损失和追加保证金的风险。

通过研究 82 宗自有价值为负的交易，Mitchell，Pulvino and Stafford（2002）发现：大约 30％的交易中，在相对价值差异被修正前，母子公司间的关系是中断的。另外，如果收敛路径比现实情况更顺利的话，专业套利者的回报将会高出 50％。

如果母公司保留子公司的股份，会怎么样呢？此时负的自有价值是否仍是套利机会呢？可能是，也可能不是。如果母公司是债务少的健康公司，那么市场应该认识到这种偏差，自有价值会随着时间的推移变为正值。而另一种情况下，如果母公司背负大量债务，而且负债总额已经超过扣除子公司外的资产价值，那么具有负的自有价值不足为奇。或者，如果管理层固化，预计将浪费大量资产，那么也可以解释自有价值为何较低。话虽如此，但有时投资经理也会因为有机会购买正的自有价值而兴奋，前提是相比母公司剩余部分的价值，自有价值较低。在评估这类交易时，投资经理必须考虑到子公司的价值、母公司剩余部分的价值和各种负债情况。

16.3 不良资产投资和其他事件驱动型投资

不良资产投资

有些事件驱动型基金经理专门投资于不良资产，例如处于财务困境的公司债务。处于财务困境的公司包括已经违约的公司（比如正在按美国破产法进行重组）和苦苦挣扎、濒临破产的公司。濒临破产的公司有时定义为信用利差超过相同期限国债 1 000 个基点以上的公司。这种信用利差意味着，该公司发行的债券的价格非常低，以至于其到期收益率高出国债收益率 10 个百分点以上。尽管信用利差很大，但是违约风险也很高。事实上有些奇怪的是，一些指数显示，对不良债务进行被动型投资的历史回报并不高。

因此，专注于不良资产投资的基金经理必须主动地创造价值。事实上，随着基本业务的不断变化，各类利益相关者都在试图获得剩余价值，处于财务困境的公司往往会出现明显的机会和风险。事件驱动型基金经理可以用不同方式进行不良资产投资，尤其是投资者可以变成债主或股东，并试图帮助公司改善经营。对于已经破产的公司，事件驱动型基金经理可以帮助公司获取重整融资（DIP），重整融资的优先级比所有无担保债权更高（因此必须由破产法官批准），或者帮助公司获取退出型融资，以获得重生。

事件驱动型基金经理还必须主动保护投资，例如参加债权人委员会。股东或其他债权人可能会试图从公司攫取价值，这会损害到剩余债权人的利益。基金经理也可以进行债务重组谈判，或者直接从公司、公司的银行或其他利益相关者（比如债券持有者）购买证券。基金经理甚至可以争取获得公司的控制权。

当公司降为投机级评级，陷入财务困境或破产时，事件驱动型基金经理有时也尝试从价格下行压力中获利。因为许多投资者需要把不良资产证券卖出，这些情况会形成股票抛售压力。而事件驱动型基金经理可以提供流动性，但他们需要仔细研究相关风险，包括公司扭亏为盈的可能性、公司存活的概率、破产清算时的剩余价值，以及资本结构中每种证券的优先级。

资本结构套利

一宗典型套利交易是买入一种证券，同时反向交易同一公司发行的另一种证券。例如，购买某家公司的债券，同时卖空该公司的股票；买入某公司的普通股，卖空其优先股；买入信用违约互换，卖空股票或债券。这种所谓的资本结构套利不是赌某家公司整体的好坏，而是赌资本结构的某一部分比另一部分相对便宜。

这种交易的理念是：所有对公司资产的索取权（权益和负债）都是公司价值的衍生品，如果这些证券的定价出现不一致，就会形成套利机会。比如，事件驱动型基金经理可以综合考虑股价、公司杠杆率和股票波动性，来确定这家公司债券的内在价值，然后低买高卖。

资本结构的变化

另一类事件驱动型套利围绕企业资本结构的变化进行，例如股票回购、股票发行、债券发行或债务交换。一组事件驱动型交易押注资本结构的变化会对资本结构中的一部分有利（以其他部分为代价）。例如，发行股票可能会让债券持有人受益，而市场价格可能并不会立即准确地反映出这一点。

更广泛地讲，当公司要回购股份或减少债务时，往往显示了管理层的信心。但从另一个角度看，发行证券（尤其是股票）可以作为该证券被高估的信号，或者意味着公司中存在委托代理问题。然而，如果售价有折扣，而且基金经理能够避免股票配置时的逆向选择（即使已经达到最大超额认购额度，基金经理也能配置到该股票），那么购买新发行证券也可获益。此外，配股权利市场和发行前交易市场有时也会出现套利机会。

特殊证券结构和市场错位

事件驱动型基金经理也会在特殊证券结构中找到机会，比如交易所交易基金和封闭式基金。有时，这类基金所持证券的价值与基金的价格明显不同，会出现押注价值将趋于一致的交易机会。此外，明显的错误定价也可能在特殊目的收购公司和私募股权投资基金中出现，但这些投资流动性很差，有流动性风险。

事件驱动型投资机会还会随特定的公司或市场错位而出现。例如，如果一家公司的股票被纳入股票指数，由于指数投资者进行了购买，那么从历史数据中可以预见，股价在被纳入期间平均会上涨，虽然这种作用如今已经没有那么强。与此类似，一只被剔除出指数的股票在被剔除期间会下跌。对于在更大市场中的错位交易，约翰·A. 保尔森的次贷交易是最著名且收益最高的例子。

16.4　保尔森公司约翰·A. 保尔森访谈录

约翰·A. 保尔森是保尔森公司的总裁兼基金经理，擅长全球并购、事件套利和信用策略。保尔森公司成立于 1994 年，曾获众多奖项，因为成功做空次级抵押贷款市场而声名远扬，这笔交易被称为“有史以来最伟大的交易”。保尔森 1978 年毕业于纽约大学，1980 年从哈佛商学院取得 MBA 学位。在创办其投资管理公司前，他曾是格鲁斯伙伴基金的普通合伙人，也曾担任贝尔斯登公司并购部门的董事总经理。（下面 LHP 代表本书作者，JAP 代表约翰・A. 保尔森。）

LHP：当初你是如何对事件驱动型投资产生兴趣的？

JAP：我在纽约大学读书时，报名参加了古斯塔夫・利维（Gustave Levy）的研讨会课程，当时第一次听说了风险套利。他是高盛的董事长，也是我在纽约大学的校友，曾在高盛掌管风险套利业务。可惜古斯塔夫先生在课程开始前去世了。约翰・怀特黑德（John Whitehead）被任命为新的董事长，取代了古斯塔夫的位置，并接手了这门课程。

约翰非常重视这门课。他亲自授课，也请来负责兼并与收购、风险套利和企业融资业务部门的合伙人各上了一堂课。当时主管风险套利的合伙人是鲍勃・鲁宾（Bob Rubin），后来成为高盛的董事长，之后担任美国财政部部长。于是，这门课是我早期关于风险套利的入门训练。

回首过去近 80 年，风险套利始终是高盛和贝尔斯登的重要投资策略。风险套利也一直是公司利润丰厚的部门，因此公司历届董事长和负责人往往都出自风险套利部门。古斯塔夫・利维和鲍勃・鲁宾都是如此。其中原因显而易见：如果你有 10 亿美元资本，赚得 20%，那么你的团队就为公司创造了 2 亿美元利润。作为传统的投资银行，向企业提供并购或融资的咨询费收入，很难创造这么多的利润。所以，当公司还是合伙制时，贝尔斯登和高盛的风险套利部门总是公司最赚钱的部门。

对冲基金兴起后，合伙人或级别较低的员工会离开投资银行，创立自己的对冲基金，并采用同样的投资策略。随着时间的推移，有诸多利益冲突的投资银行在与没有利益冲突的对冲基金的竞争中落于下风。而且现在这些投资银行大多已经上市，并且受到政府监管。根据最新的沃尔克法则（Volcker Rule），禁止投资银行开展自营交易。因此，如今投资银行已经基本退出这一领域，剩下对冲基金作为风险套利的主要参与者。

LHP：能描述一下你的投资过程吗?

JAP：通常来说，风险套利是投资正在发生主要事件的公司的证券，收益并不来自股价涨跌，而是基于该事件能否成功完成。最主要的风险套利主要在并购活动领域。我们第二重要的业务是破产投资：当公司进行破产重组时，会涉及非常重大的债务重组——将债权转化为股权，并将公司私有化重启，或采用其他的操作。第三类则是更普遍的、其他类型的企业重组，包括公司分立和资本结构调整，比如苹果公司举债筹资，用来向股东发放大额股利。

LHP：你是如何分析并购套利的?

JAP：在并购中，通常是收购方对目标公司提出报价，报价可以是全部现金、全部股票、现金加股票，或者其他方式。标的公司股价会接近要约报价，但由于收购存在失败的风险，市价会有一些折扣。

LHP：你会试图赚取这一价差吗?

JAP：是的。根据所需时间调整，这种价差可以转化为风险套利的年化回报。举一个简单的例子：A公司股票现价为30美元，它收到50美元的收购报价，该股票涨至49美元，价差就为1美元。你以49美元买入、以50美元卖出，就赚了1美元。

但如果收购没有成功，股价就可能会回落至30美元。因此，在这个例子里，你拥有1美元的上涨空间，但有19美元的下跌风险。显然，这不是精神脆弱者的游戏。大多数原有股东不想再继续持有，他们不喜欢这样的风险收益比例，因此选择抛售股票。

为什么我要买入呢？因为如果以49美元的价格买进股票，我就赚了1美元；相对于49美元的投入，1美元大约是2%的回报率。但假设这笔交易需要60天完成，也就是2个月。这是一个要约报价。如果你能在2个月内获得2%的收益率，则折合年化收益率为12%。2%的收益看起来不多，但以年化衡量就很可观。如果你反复盈利，就可以赚到平均比市场回报高的收益率。

这一策略的另一个优点是，它不依赖于市场大盘。比如，你用 49 美元买入股票，但买入后股市下跌 30%，整个市场崩溃了。但这并不应该影响这起交易的结果。参与的公司并不在乎股市走势。60 天后，这宗交易完成了，在市场下跌的环境中，我仍然赚到了 12%的年化回报。因此，这类回报不仅平均高于市场，而且独立于股市走势。你不需要市场上涨，就能获得回报。

LHP：但还是有风险吧？

JAP：是的，你需要具备评估并购能否完成的专业知识。这宗交易有 19 个点的下行风险和 1 个点的上行空间，完成的实际风险有多高？有什么监管风险？能否通过反垄断审查？评估这种风险是我们这一行的专长。例如，在收购前拥有股票的普通股东可能根本不懂反垄断法。他们不知道可能有什么问题，有多少交易已获得批准，有多少交易被否决。他们不知道美国、德国或中国的反垄断政策是什么样的。另外，除反垄断审查外，还需要许多不同监管部门的批准。

普通投资者也不会阅读并购协议，协议中包含并购完成的先决条款。某些协议中会有退出条款：例如，股市下跌 10%，买方有权放弃收购。那么在这种情况下，股市下跌 30%，买方就会说“我不再想买了”，从而合法退出。

所以，在开始套利前，你必须阅读并购协议。但是，想要充分理解并购协议，你必须是一名优秀的并购律师。要玩这个游戏，你需要具备解答很多影响交易完成的问题的专业知识。你必须能够理解并购协议，也必须理解监管合规问题，不只是反垄断法，还有各种各样的银行业监管条例、保险业监管条例、联邦法规和州法规。

LHP：交易可能会因为融资问题而失败吗？

JAP：是的，会因为融资而失败。所以你必须知道：收购方是否有资金？是否有银行贷款？并购是否取决于银行贷款？你阅读了银行贷款的条款吗？有些银行的承诺条款非常苛刻，很难取消，但有些非常宽松。所以，如果没有做好所有这些工作，你在评估这类风险时就会处于不利地位。

所以这里需要专家，这正是我们所擅长的。在投标宣布后的投资者中，我们比这个市场中 99%的人都更专业。我们可以把这些专业知识转化为投资优势，并利用它获取高于并独立于市场平均水平的回报。

LHP：但是你并不仅仅与普通大众竞争，还要和其他并购套利专家竞争。

JAP：是的，确实还有其他并购套利者，但他们的专业程度有高低之别。我们的优势是我们的专业知识。我是从哪里学到这些专业知识的呢？在从事风险套利之前，我是负责兼并和收购的合伙人。我所做的一切都与并购、融资协议、合并协议、恶意收购、善意收购、公司分立等息息相关，所以当我创建公司时，我在这些方面都具备很强的专业知识。但我不是律师，而是银行家。尽管我拥有很多法律协议谈判经验，但我知道自己的短板，所以我们聘请了顶级的并购律师来担任公司法律顾问。

LHP：你如何在并购套利中使用这些专业知识呢？例如，你会不会预测是否有竞争收购方出具更高的报价？

JAP：当我们谈论交易价差时，它是并购套利分析的起点，但还必须进行估值。比如 B 公司为并购 A 公司支付每股 50 美元，市盈率是多少？税息折旧及摊销前利润的乘数是多少？A 公司的成长性如何？在这一行业还有什么其他收购事件发生？是否有其他人可以支付更高的报价？

我们所做的第一件事是计算所有的并购倍数：盈利、账面价值、税息折旧及摊销前利润、息税前利润的乘数。我把它们与成长率进行比较。然后，我们进入自己的专有数据库，这里有不同行业并购的所有公共数据。如果正在进行的并购是在传媒业或电信业，我就可以立即拿出一张比较表，查出在过去 5 年或 10 年中所有投资电视台的人及其支付的乘数，比如平均乘数为 12，再来看看当下这宗并购交易，如果是以 10 倍乘数报价的，就会立即引起我的警觉——它似乎有点被低估了。

为什么会被低估呢？是拍卖竞价吗？当公司出售时，他们是否聘请了高盛这类公司，并向所有媒体公司兜售呢？如果事实如此，那么每个买家都已经看过，因此不太可能再有其他人会出价。

但如果我们发现，这只是买方和卖方两者之间的谈判，那么其他人还不知道公司被出售，当这项交易宣布时，才第一次知道。然后他们会计算乘数，并发现这起并购比其他交易便宜，于是有些人可能会有兴趣。所有其他的银行家也想赚到并购费，他们会向客户建议："你看到这家公司了吗？它正以 10 倍乘数被交易。你刚刚在同一行业以 12 倍乘数收购一家公司，我们为什么不尝试出个更高的报价呢？"

然后你必须细读并购协议。是否有股东锁定了他们的股票？是否为有表决权股票和无表决权股票？股东与买方之间的协议有什么内容？并购协议中有没有规定毁约费？如果其他收购方加入，他们是否需要向最初的买家支付补偿金？(这可能会阻止新收购方的加入。)

到头来，如果并购看起来便宜，而且你可以发现其他潜在的收购方，就无须只持有 1%或 2%的平均仓位。你会说："你知道吗？我认为这一交易完成的概率很大，无法完成的概率非常小。很可能会有更多人加入竞价。"在这种情形下，我不会只持有平均仓位，而会在组合中持有 10%的仓位。我要尽可能买到更多的股票，甚至高达该公司股份的 10%。

LHP：即使你非常喜欢一宗并购交易，也设有仓位限制：你自身资产的 10%和公司股份的 10%？

JAP：是的，我们确实有仓位限制。无论你多么确信，又或者你认为自己多么确信，又或者你成功过很多次，你想这次也会成功，但事情并不总是像你预期的那样发展。所以你总是要当心坏的情况。如果你的仓位过分集中，同时又押错了，那么你将损失惨重。我们一般将最大仓位限定为10%，所以我们的运作总是分散化的。显然，如果把100%的资本投在一宗后来得到更高报价的并购交易上，我会赚一大笔钱。但如果什么地方出了问题，导致出价无效，则会亏一大笔钱。我们不喜欢后者。

盈利的关键是不亏损。你必须先考虑可能损失的空间，并基于可能的损失（而不是盈利）来调整你的仓位，也必须根据对整个投资组合损失的容忍度来确定仓位限制。

LHP：所以，你会在有可能获得更高出价的交易上放更大权重，同时保持相对分散化?

JAP：是的，如果我喜欢这家公司，我就会买入最多10%的公司股份。当并购交易公布后，股价从30美元涨至49美元，很多机构投资者不愿为赚取最后1美元继续持股，所以当他们出售时，我可以很快买到9.9%的公司股份。假设我们猜对了，有另一家收购方加入，他们的报价是60美元，而不是50美元，我就会赚到11美元，而不是1美元。如果1美元对应12%的年化收益率，那么11美元将对应120%。这可以形成收益率很高的策略。加大这一并购交易在组合中的比重意味着，如果发生上述情况，它将对你的组合产生特别大的影响。

LHP：能举个这样交易的例子吗?

JAP：去年我们对Sprint公司的交易就是这样的。软银每股出价5.75美元，购买Sprint公司70%的股份。就像刚才所说，我们计算了交易的乘数，发现相比其他被收购的无线公司，这次的乘数很低。我们判断可能会有其他收购方加入，于是我们买入了2.2亿股Sprint公司的股票。我们的这笔投资显然规模很大，5.75美元乘以2.2亿股——我们在这一只股票上投入约13亿美元。然后我们就等着。果然Dish公司出现，并且每股报价 7 美元，迫使软银的出价升至每股 7.75 美元。短时间内，我们的 2.2 亿股每股盈利 2 美元，仅凭这一宗并购交易就赚了 4.4 亿美元。

LHP：并购套利的其他要素是什么?

JAP：显然，当宣布一宗并购交易时，你会看到股价相比宣布前一天或前一周上涨 30%或 50%，甚至更高。所以，如果你能预测哪家公司会被并购，而且在并购公告前就买入股票，那么在公告日这一天将盈利丰厚。

当然，这里可能存在欺诈，发生内幕交易，有人试图通过内幕信息牟利。我们对此不感兴趣。我们拥有非常严格的针对获取内幕信息的制度。如果碰巧无意中得到内幕信息，那么我们不会交易这只股票。但这不意味着你不能推测哪家公司将被收购，只要是基于行业分析，而不是内部消息，预测并不违法。

我们的公司拥有各个行业的专家，所以当一宗并购交易宣布后，比方说电信行业，我们有专做电信并购的人员去分析。我们同时兼具行业专长和并购专长。以电信行业为例，有人多年来专注这一领域，见过所有的高管，了解谁并购了谁、为什么并购，以及还有谁可能会想并购其他公司。

LHP：所以你会尝试在行业整合之前就去预判可能出现的并购?

JAP：对，当你发现行业开始整合，下一个对象是谁，就会变得较为清晰。在电信行业，规模最大的是 Verizon 公司，其次是 AT&T 公司，以及一些较小的公司，如 Sprint 公司和 T-Mobile 公司。以前，还曾有过 MetroPCS 公司、Leap Wireless 公司，以及 Clear Wireless 公司。共有 7 家全国性公司。当行业的增速开始放缓，资本支出需求开始增长，较小的公司显然无法独立存活。因此，我们可以预判谁有可能被收购，并买入这些股票，等待它们被收购。后来，它们都被收购了：软银收购了 Sprint 公司，T-Mobile 公司收购了 MetroPCS 公司，Sprint

公司收购了 Clear Wireless 公司，AT&T 公司收购了 Leap Wireless 公司。我们曾买入 Leap Wireless 公司 9.9%的股票，而 AT&T 公司支付了 110%的溢价。

LHP：让我们来说说不良资产投资和破产。对此你是怎样交易的呢？

JAP：破产投资也是一个非常有吸引力的领域，但这方面的专家数量有限。当一家公司破产时，债券持有人往往不知道该如何处置债券。很多传统持有人会卖出证券，而破产投资的专业人士会买入这些证券，参与公司重组的过程，将公司改组成拥有足够资本的健康公司。而如果业务前景不佳，投资者可能就要进入破产清算流程。这非常复杂，相比并购套利，你需要与之类似但又不同的技能。虽然财务分析部分相似，但你需要不同的法律专业知识。

LHP：能举个破产投资的例子吗？

JAP：我们有不少例子。在上一轮经济衰退中，我们积极参与了破产投资。给你讲一个吧：有一家名为长住的连锁酒店，在美国各地拥有或经营 670 家酒店。2007 年，它以 80 亿美元被杠杆收购，其中包括 70 亿美元的债务和 10 亿美元的股权。它当时的 EBITDA 约为 5.5 亿美元，所以它以相对较高的 15 倍 EBITDA 乘数被收购，收购方认为盈利还将持续增长。

在雷曼兄弟破产后，经济陷入衰退。随着经济活动崩溃和商业活动减少，人们开始减少旅游，长住酒店的入住率下降，其 EBITDA 从 5.75 亿美元降至 2.5 亿美元。这 2.5 亿美元无法支撑 70 亿美元的债务，该酒店由于无法偿付债务而破产。

我们了解这家公司和它的资本结构。我们也知道，酒店是周期性的行业：其在经济衰退时亏损，在经济复苏时盈利。这家连锁酒店本身没有问题，困难仅是它的债务太多，而经济周期又对其不利。

因此，我们认为这是一家具有吸引力的公司，值得控股，于是在该公司破产时买入很大一部分债务。另一只对冲基金在该公司破产时也收购了一大部分债务。随着经济开始复苏，我们决定要主导长住酒店的重组工作，但另一只对冲基金也做出同样的决定。我们商定，将各自的债务仓位合并到一起，而不是互相竞争。通过这样的操作，我们控制了 1/3 以上的债务。在破产重组中，批准重组计划需要 2/3 的债权人批准，控制 1/3 以上的债务给予我们对任何重组方案的否决权。

由于没有经过我们的同意就无法重组这家公司，我们在主导公司重组的工作中处于主动位置。我们最后完成了重组：引入黑石集团作为合作伙伴，支付 39 亿美元现金买断所有的债务，使公司摆脱破产状态。这一价格比公司两年前的收购价低了超过 50%。在出资结构中，中桥公司、黑石集团和我们公司各出资 5 亿美元，共投入 15 亿美元，然后用抵押贷款募集了 24 亿美元。

我们用 39 亿美元买下了长住酒店，相比 3 年前的价格打了 50%的折扣。我们调整了管理层，进行了重组，但盈利基本上随着经济的复苏而上升。现在长住酒店已经回到以前的盈利水平，利润约为 6 亿美元。然后我们使其重新上市，用上市收入偿还债务。现在这家公司的市值又达到了 80 亿美元，我们已经偿付约 4 亿美元的债务，所以只剩约 20 亿美元的债务。这意味着股权价值为 60 亿美元。我们在 2010 年投入的 15 亿美元如今已经价值 60 亿美元。这是个很好的破产重组的例子。

LHP：你最著名的信用交易是你的次级贷款交易。我采访索罗斯时，他说你是依据他的想法（收益极度不对称时应该全力以赴）决定了那次交易的规模，是这样的吗？

JAP：的确是的，阅读像你写的这类书很重要。我在创业时期曾读了一本关于索罗斯的书——《索罗斯：走在股市曲线前面的人》（*Soros on Soros*），内容是他的投资哲学。我记得，当他决定做空英镑时，他的一位研究员和他讨论这笔交易，索罗斯认为这是个非常好的想法。

分析师建议了交易头寸规模，索罗斯说这太小了。好的投资机会并不会经常有，当你真的找到了非常好的机会，你不能消极被动，必须全力一击。

LHP：你是如何将这一理念应用于次级贷款市场的呢？

JAP：2002 年的经济衰退结束后，我们一直参与破产重组投资，之前我描述的就是一个例子。但到了 2006 年，信贷市场变得泡沫化，不同质量债券的收益率差别变得很小。我们卖掉了多头仓位，觉得最好的机会在空头一方。我们对所有信贷市场进行了全面分析，认为次级贷款证券被高估得最厉害。当时，评级为 BBB 的次级贷款证券收益率仅高于国债 1 个百分点，所以如果你做空次级贷款证券，同时买入相同期限的国债，那么将得到 5%的国债收益，并支付 6%的次级贷款债券成本——你的净卖空成本只有 1%。

我们觉得这些 BBB 级债券在楼市低迷时价值最终将为 0。同时，我们发现了一类定价严重错误的证券，其具有非常不对称的回报：如果最坏的情况发生，那么你将支付 1%的成本；如果你期望的事真的发生了，你就能赚得 100%的收益。这是 100∶1 的风险收益比例。而且随着我们对房地产市场次级贷款证券的分析更加深入，就更坚信这些证券价值变成 0 的概率非常高，背后的经济原理完全不可理喻。我们就处在一个巨大的信贷泡沫中。

我们最初卖空了市值为 1 亿美元的这类债券。1 亿美元是很大一笔钱，但是，费用只有 100 万美元，当时我们的管理规模是 60 亿美元。因此我们说："不要盯着 1 亿美元，而要关注交易成本：如果用国债来多空对冲，我们一年的损失将不会超过 100 万美元。"所以我们说："提高仓位吧。"我们把仓位调至 5 亿美元，每年最多也只损失 500 万美元。因此，我们把仓位继续调高，达到 10 亿美元、20 亿美元、30 亿美元。随着分析的深入，我们越来越坚信债券危机会到来。那么，我们究竟应该加到多大呢？

这时我想起了乔治·索罗斯的话，当你真的找到了伟大的投资，“你必须全力一搏”。所以我说：“你知道吗？别管数字，这是我见过最好的风险收益比例，我们不应只投这么一点，而要全力一搏。”我们最终卖空了 250 亿美元的证券，索罗斯的话是我们加大仓位的一个主要原因。

LHP：是什么样的分析让你坚信 BBB 级证券会崩溃？

JAP：搞清楚次级贷款的结构很有价值，这些结构有着非常精巧的信用设计。比如，把 10 亿美元的次级抵押贷款放进一个资产池，然后基于这个资产池发售 15 个不同层级的证券。这意味着，如果发生了损失，将会从最底层资产开始，而最顶层将优先被支付。最顶层是 AAA 级证券，接着是 AAA1，AAA2，AAA3，AAA4，AAA5 和 AAA6，约占 70％的比重。过了这 7 层的 3A 级证券后，是 AA＋，AA，AA－，然后是 A＋，A 和 A－，再后面是 BBB 级（BBB＋，BBB 和 BBB－），而最底层的是非投资级别的 BB 级证券和权益类层级。

BBB 级证券是投资级中的底层，收益率在所有的投资级中最高，所以需求非常大。全球许多机构投资者都需要投资级证券，但也希望得到尽可能高的收益，因此 BBB 级证券会有如此庞大的需求。

但只要在次级贷款资产池损失达到 6％，BBB 级证券就损失殆尽。权益类层级最先受损，3％的总体损失会使权益类层级损失殆尽，然后是 BB 级，接着是 BBB－，BBB，BBB＋，再接着是 A 级和更高层级。但对于 BBB 级证券而言，触发损失点仅为 5％左右，并且它只有 1％的厚度，所以 6％的损失就会使其损失殆尽。

当市场开始崩溃时，次级贷款证券的违约率从 10％涨至 15％，20％，30％，40％。一旦房贷违约，然后房子被卖掉，这些贷款的回收率就将不到 50％。因此，如果是 40％的违约率和 50％的回收率，那么损失将占资本结构的 20％，而这就是真实发生的情况。当出现 5％的损失率时，BBB 级证券就已经分文不值。

LHP：你是如何设法坚守这笔交易直到结束的？随着危机的逐步扩大，你已经获得巨大的盈利，许多投资者可能在半路就按捺不住平仓。

JAP：这是很好的问题。当 BBB 级证券开始下跌，从票面价值下降至 90%，80%，70%，60%，50%时，人们会说："你为什么还不平仓？你已经赚很多钱了。你到底想要等到什么时候？"他们不明白，这些资产池的损失率已经非常明显。违约率如此之高，房产被强制拍卖的情况也发生了，我们预测这些资产池的损失会超过 20%，这几乎是十拿九稳的事。如果等事态发展下去，违约将导致房产被强制拍卖，这就是你会得到的结果。我只需要 5%的成本，就可以赚到 100%的回报。所以我说："我为什么要在 50 个点就平仓呢？我所要做的就是保持耐心。房价在持续下跌，违约率持续上升，损失率不断上升，这些证券将会变得分文不值。"

所以我看着这些情况，没有去想："这些证券从 100 跌至 50。哦，我好害怕，它们可能会涨回至 100。"如果你理解抵押品和拥有所有的数据，就会知道它们不行了，没有任何反弹的希望。如果我们等着，市场最终会明白，这些证券的价值终将变成 0。这就是当时我们所做的：等待，最终它们确实都变成了 0。

参考文献

[1] Abreu, Dilip and Markus Brunnermeier (2003), "Bubbles and Crashes," *Econometrica* 71, 173-204.

[2] Acharya, V. and L. H. Pedersen (2005), "Asset Pricing with Liquidity Risk," *Journal of Financial Economics* 77, 375-410.

[3] Agarwal, Vikas, Naveen D. Daniel and Narayan Y. Naik (2009), "Role of Managerial Incentives and Discretion in Hedge Fund Performance," *Journal of Finance* 5, 2221-2256.

[4] Ahern, Kenneth and Denis Sosyura (2014), "Who Writes the News? Corporate Press Releases during Merger Negotiations," *Journal of Finance* 69, 241-291.

[5] Amihud, Y. and H. Mendelson (1986), "Asset Pricing and the Bid-Ask Spread," *Journal of Financial Economics* 17, 223-249.

[6] Aragon, George O. and Vikram Nanda (2012), "On Tournament Behavior in Hedge Funds: High-Water Marks, Fund Liquidation and Managerial Stake," *Review of Financial Studies* 25, 937-974.

[7] Ashcraft, Adam, Nicolae Gârleanu and Lasse Heje Pedersen (2010), "Two Monetary Tools: Interest Rates and Haircuts," *NBER Macroeconomics Annual* 25, 143-180.

[8] Asness, C. (1994), "Variables That Explain Stock Returns," Ph. D. Dissertation, University of Chicago.

[9] Asness, C. (2003), "Fight the Fed Model," *Journal of Portfolio*

Management Fall, 11-24.

[10] Asness, C. (2004), "An Alternative Future," *The Journal of Portfolio Management* 31, 8-23.

[11] Asness, C. (2007), "How I Became a Quant," *How I Became a Quant: Insights from 25 of Wall Street's Elite*, Richard R. Lindsey and Barry Schachter (Eds.), John Wiley and Sons, Hoboken, NJ.

[12] Asness, C., A. Frazzini and L. H. Pedersen (2012), "Leverage Aversion and Risk Parity," *Financial Analysts Journal* 68 (1), 47-59.

[13] Asness, C., A. Frazzini and L. H. Pedersen (2013), "Quality Minus Junk," Working paper, AQR Capital Management and New York University.

[14] Asness, C., A. Frazzini and L. H. Pedersen (2014), "Low-Risk Investing without Industry Bets," *Financial Analysts Journal* 70, July/August, 24-41.

[15] Asness, Cliff, Tobias Moskowitz and Lasse Heje Pedersen (2013), "Value and Momentum Everywhere," *The Journal of Finance* 68(3), 929-985.

[16] Asness, C., R. Krail, and J. Liew (2001), "Do Hedge Funds Hedge?" *Journal of Portfolio Management* 28(1), 6-19.

[17] Baker, Malcolm and Jeffrey Wurgler (2012), "Behavioral Corporate Finance: An Updated Survey," *Handbook of the Economics of Finance*, 2, 351-417.

[18] Baltas, A.-N., and R. Kosowski (2013), "Momentum Strategies in Futures Markets and Trend-Following Funds," working paper, Imperial College, London.

[19] Barberis, N., A. Shleifer and R. Vishny (1998), "A Model of Investor Sentiment," *Journal of Financial Economics* 49, 307-343.

[20] Berk, Jonathan B. and Richard C. Green (2004), "Mutual Fund Flows and Performance in Rational Markets," *Journal of Political Economy* 112, 1269-1295.

[21] Berk, Jonathan B. and Jules H. van Binsbergen (2013), "Measuring Skill in the Mutual Fund Industry," working paper, Stanford University.

[22] Bikhchandani, S., D. Hirshleifer and I. Welch (1992), "A Theory of Fads, Fashion, Custom and Cultural Change as Informational Cascades," *Journal of Political Economy* 100, 992-1026.

[23] Black, F. (1972), "Capital Market Equilibrium with Restricted Borrowing," *Journal of Business* 45, 444-455.

[24] Black, F. (1992), "Beta and Return," *The Journal of Portfolio Management* 20, 8-18.

[25] Black, F., and R. Litterman (1992), "Global Portfolio Optimization," *Financial Analysts Journal* September/October, 28-43.

[26] Black, F., M.C. Jensen and M. Scholes (1972), "The Capital Asset Pricing Model: Some Empirical Tests." *Studies in the Theory of Capital Markets*, M.C. Jensen (Ed.), Praeger, New York, 79-121.

[27] Black, F. and M.S. Scholes (1973), "The Pricing of Options and Corporate Liabilities," *The Journal of Political Economy* 81, 637-654.

[28] Bollen, N.P. and R.E. Whaley (2004), "Does Net Buying Pressure Affect the Shape of Implied Volatility Functions?" *Journal of Finance* 59, 711-753.

[29] Brennan, M.J. and E.S. Schwartz (1977), "Convertible

Bonds：Valuation and Optimal Strategies for Call and Conversion," *The Journal of Finance* 32，1699-1715.

[30] Brinson，Gary P.，L. Randolph Hood and Gilbert L. Beebower (1986)，"Determinants of Portfolio Performance," *Financial Analysts Journal* 42 (4)，39-44.

[31] Brunnermeier，Markus and Stefan Nagel (2004)，"Hedge Funds and the Technology Bubble," *Journal of Finance* 59，2013-2040.

[32] Brunnermeier，Markus，Stefan Nagel and Lasse Heje Pedersen (2008)，"Carry Trades and Currency Crashes," *NBER Macroeconomics Annual* 23，313-348.

[33] Brunnermeier，M. and L. H. Pedersen (2005)，"Predatory Trading," *Journal of Finance* 60，1825-1863.

[34] Brunnermeier，M. and L. H. Pedersen (2009)，"Market Liquidity and Funding Liquidity," *The Review of Financial Studies* 22，2201-2238.

[35] Budish，Eric，Peter Cramton and John Shim (2013)，"The High-Frequency Trading Arms Race：Frequent Batch Auctions as a Market Design Response," working paper，University of Chicago.

[36] Buraschi，Andrea，Robert Kosowski and Worrawat Sritrakul (2014)，"Incentives and Endogenous Risk Taking：A Structural View on Hedge Fund Alphas," *Journal of Finance*，forthcoming.

[37] Calvet，L. E.，J. Y. Campbell and P. Sodini (2007)，"Down or Out：Assessing the Welfare Costs of Household Investment Mistakes," *Journal of Political Economy* 115，707-747.

[38] Clarke，R.，H. de Silva and S. Thorley (2013)，"Minimum Variance，Maximum Diversification and Risk Parity：An Analytic

Perspective," *Journal of Portfolio Management* 39, 39-53.

[39] Cochrane, John and Monika Piazzesi (2005), "Bond Risk Premia," *American Economic Review* 94, 138-160.

[40] Cohen, Lauren, Karl B. Diether and Christopher J. Malloy (2007), "Supply and Demand Shifts in the Shorting Market," *The Journal of Finance* 62, 2061-2096.

[41] Constantinides, G. M. (1986), "Capital Market Equilibrium with Transaction Costs," *Journal of Political Economy* 94, 842-862.

[42] Cramer, J. (2002), *Confessions of a Street Addict*, Simon & Schuster, New York.

[43] Cutler, D. M., J. M. Poterba and L. H. Summers (1991), "Speculative Dynamics," *Review of Economic Studie*s 58, 529-546.

[44] Damodaran, A. (2012), *Investment Valuation: Tools and Techniques for Determining the Value of Any Asset*, John Wiley & Sons, New York.

[45] D'avolio, Gene (2002), "The Market for Borrowing Stock," *Journal of Financial Economics* 66, 271-306.

[46] Daniel, K., D. Hirshleifer, A. Subrahmanyam (1998), "A Theory of Overconfidence, Self-Attribution and Security Market Under-and Over-Reactions," *Journal of Finance* 53, 1839-1885.

[47] De Bondt, W. F. M. and R. Thaler (1985), "Does the Stock Market Overreact?" *The Journal of Finance* 40 (3), 793-805.

[48] De Long, J. B., A. Shleifer, L. H. Summers and R. J. Waldmann (1990), "Positive Feedback Investment Strategies and Destabilizing Rational Speculation," *The Journal of Finance* 45, 379-395.

[49] De Long, J. B., Andrei Shleifer, Lawrence H. Summers and Robert J. Waldmann (1993), "Noise Trader Risk in Financial Markets,"

Journal of Political Economy 98，703－738.

[50] de Roon，F.，T. E. Nijman and C. Veld (2000)，“Hedging Pressure Effects in Futures Markets,” *Journal of Finance* 55，1437－1456.

[51] Dechow，Patricia M.，Richard G. Sloan and Amy P. Sweeney (1996)，“Causes and Consequences of Earnings Manipulation：An Analysis of Firms Subject to Enforcement Actions by the SEC,” *Contemporary Accounting Research* 13，1－36.

[52] Derman，Emanual (2004)，*My Life as a Quant*，John Wiley & Sons，Hoboken，NJ.

[53] Desai，Hemang，K. Ramesh，S. Ramu Thiagarajan and Bala Balachandran (2002)，“An Investigation of the Informational Role of Short Interest in the NASDAQ Market,” *The Journal of Finance* 57，2263－2287.

[54] Dimson，E. (1979)，“Risk Measurement When Shares are Subject to Infrequent Trading,” *Journal of Financial Economics* 7，197－226.

[55] Duarte，Jefferson，Francis A. Longstaff and Fan Yu (2007)，“Risk and Return in Fixed-Income Arbitrage：Nickels in Front of a Steamroller?” *Review of Financial Studies* 20，769－811.

[56] Duffie，D. (2010)，“Asset Price Dynamics with Slow-Moving Capital,” *Journal of Finance* 65，1238－1268.

[57] Duffie，Darrell，Nicolae Gârleanu and Lasse Heje Pedersen (2002)，“Securities Lending，Shorting and Pricing,” *Journal of Financial Economics* 66，307－339.

[58] Duffie，D.，N. Gârleanu and L. H. Pedersen (2005)，“Over-the-Counter Markets,” *Econometrica* 73，1815－1847.

[59] Duffie，D.，N. Gârleanu and L. H. Pedersen (2007)，“Valuation

in Over-the-Counter Markets," *The Review of Financial Studies* 20, 1865－1900.

[60] Edwards, W. (1968), "Conservatism in Human Information Processing," *Formal Representation of Human Judgment*, Kleinmutz, B. (Ed.), John Wiley and Sons, New York, 17－52.

[61] Engle, Robert, Robert Ferstenberg and Jeffrey Russell (2012), "Measuring and Modeling Execution Cost and Risk," *The Journal of Portfolio Management* 38 (2), 14－28.

[62] Fama, E. and K. French (1993), "Common Risk Factors in the Returns on Stocks and Bonds," *Journal of Financial Economics* 33, 3－56.

[63] Fama, E. and K. French (2010), "Luck versus Skill in the Cross-Section of Mutual Fund Returns," *The Journal of Finance* 65, 1915－1947.

[64] Fama, E. F. and MacBeth, J. D. (1973), "Risk, Return and Equilibrium: Empirical Tests," *Journal of Political Economy* 81 (3), 607－636.

[65] Frazzini, A. (2006), "The Disposition Effect and Underreaction to News," *Journal of Finance* 61, 2017－2046.

[66] Frazzini, A. and L. H. Pedersen (2013), "Embedded Leverage," working paper, AQR Capital Management and New York University.

[67] Frazzini, A. and L. H. Pedersen (2014), "Betting Against Beta," *Journal of Financial Economics* 111 (1), 1－25.

[68] Frazzini, Andrea, Ronen Israel and Tobias Moskowitz (2012), "Trading Costs of Asset Pricing Anomalies," working paper, AQR Capital Management and University of Chicago.

[69] Frazzini, Andrea, David Kabiller and Lasse Heje Pedersen

(2013), "Buffett's Alpha," working paper, AQR Capital Management.

[70] Fung, W. and D. A. Hsieh (1999), "A Primer on Hedge Fund," *Journal of Empirical Finance* 6, 309-331.

[71] Fung, W. and D. A. Hsieh (2001), "The Risk in Hedge Fund Strategies: Theory and Evidence from Trend Followers," *Review of Financial Studies* 14, 313-341.

[72] Gabaix, X., A. Krishnamurthy and O. Vigneron (2007), "Limits of Arbitrage: Theory and Evidence from the Mortgage-Backed Securities Market," *Journal of Finance* 62, 557-595.

[73] Gârleanu, N. and L. H. Pedersen (2007), "Liquidity and Risk Management," *American Economic Review* 97, 193-197.

[74] Gârleanu, N. and L. H. Pedersen (2011), "Margin-Based Asset Pricing and Deviations from the Law of One Price," *The Review of Financial Studies* 24, 1980-2022.

[75] Gârleanu, N. and L. H. Pedersen (2013), "Dynamic Trading with Predictable Returns and Transaction Costs," *Journal of Finance* 68, 2309-2340.

[76] Gârleanu, N. and L. H. Pedersen (2014), "Dynamic Portfolio Choice with Frictions," working paper, University of California, Berkeley.

[77] Gârleanu, N., L. H. Pedersen and A. Poteshman (2009), "Demand-Based Option Pricing," *The Review of Financial Studies* 22, 4259-4299.

[78] Gatev, Evan, William N. Goetzmann and K. Geert Rouwenhorst (2006), "Pairs Trading: Performance of a Relative-Value Arbitrage Rule," *The Review of Financial Studies* 19 (3), 797-827.

[79] Geanakoplos, John (2010), "The Leverage Cycle," *NBER Macroeconomics Annual* 24, 1-65.

[80] Geczy, Christopher C., David K. Musto and Adam V. Reed (2002), "Stocks Are Special Too: An Analysis of the Equity Lending Market," *Journal of Financial Economics* 66, 241-269.

[81] Goetzmann, William N., Jr., Jonathan E. Ingersoll and Stephen A. Ross (2003), "High-Water Marks and Hedge Fund Management Contracts," *Journal of Finance* 58, 1685-1717.

[82] Graham, J. R. (1999), "Herding among Investment Newsletters: Theory and Evidence," *Journal of Finance* 54 (1), 237-268.

[83] Graham, B. (1973), *The Intelligent Investor*, HarperCollins, New York.

[84] Graham, B. and D. Dodd (1934), *Security Analysis*, McGraw-Hill, New York.

[85] Grant, J. (1838), *The Great Metropolis*, vol. II, E. L. Carey & A. Hart, Philadelphia.

[86] Greenwood, Robin and Dimitri Vayanos (2014), "Bond Supply and Excess Bond Returns," *Review of Financial Studies* 27, 663-713.

[87] Griffin, John M. and Jin Xu (2009), "How Smart Are the Smart Guys? A Unique View from Hedge Fund Stock Holdings," *Review of Financial Studies* 22, 2531-2570.

[88] Griffin, Paul A. (2003), "A League of Their Own? Financial Analysts' Responses to Restatements and Corrective Disclosures," *Journal of Accounting, Auditing & Finance* 18, 479-517.

[89] Grossman, S. J. and J. E. Stiglitz (1980), "On the Impossibility of Informationally Efficient Markets," *American Economic Review* 70(3), 393-408.

[90] Grossman, S. J. and Z. Zhou (1993), "Optimal Investment

Strategies for Controlling Drawdowns," *Mathematical Finance* 3, 241-276.

[91] Gürkaynak, Refet S. and Jonathan H. Wright (2012), "Macroeconomics and the Term Structure," *Journal of Economic Literature* 50(2), 331-367.

[92] Harrison, J. Michael and David M. Kreps (1978), "Speculative Investor Behavior in a Stock Market with Heterogeneous Expectations," *The Quarterly Journal of Economics* 92, 323-336.

[93] Harvey, Campbell R. and Yan Liu (2013), "Backtesting," working paper, Duke University, Durham, NC.

[94] Harvey, Campbell R., Yan Liu and Heqing Zhu (2013), "... and the Cross-Section of Expected Returns," working paper, Duke University, Durham, NC.

[95] Hong, H. and J. Stein (1999), "A Unified Theory of Underreaction, Momentum Trading and Overreaction in Asset Markets," *Journal of Finance* 54(6), 2143-2184.

[96] Hou, Kewei, Mathijs A. van Dijk and Yinglei Zhang (2012), "The Implied Cost of Capital: A New Approach," *Journal of Accounting and Economics* 53, 504-526.

[97] Huggins, D. and C. Schaller (2013), *Fixed Income Relative Value Analysis: A Practitioners Guide to the Theory, Tools and Trades*, John Wiley & Sons, West Sussex, U. K.

[98] Hurst, Brian, Yao Hua Ooi and Lasse Heje Pedersen (2013), "Demystifying Managed Futures," *Journal of Investment Management* 11(3), 42-58.

[99] Hurst, Brian, Yao Hua Ooi and Lasse Heje Pedersen (2014), "A Century of Evidence on Trend-Following Investing," working paper,

AQR Capital Management, Greenwich, CT.

[100] Ilmanen, Antti (1995), "Time-Varying Expected Returns in International Bond Markets," *Journal of Finance* 50, 481–506.

[101] Ilmanen, Antti (2011), *Expected Returns: An Investor's Guide to Harvesting Market Rewards*, John Wiley & Sons, Chichester, U. K.

[102] Ingersoll, J. E. (1977), "A Contingent-Claims Valuation of Convertible Securities," *Journal of Financial Economics* 4, 289–321.

[103] Jagannathan, Ravi, Alexey Malakhov and Dmitry Novikov (2010), "Do Hot Hands Exist among Hedge Fund Managers? An Empirical Evaluation," *The Journal of Finance* 65, 217–255.

[104] Jegadeesh, Narasimhan and Sheridan Titman (1993), "Returns to Buying Winners and Selling Losers: Implications for Stock Market Efficiency," *The Journal of Finance* 48(1), 65–91.

[105] Jensen, Mads Vestergaard and Lasse Heje Pedersen (2012), "Early Option Exercise: Never Say Never," working paper, Copenhagen Business School, Copenhagen.

[106] Jones, Charles M. (2013), "What Do We Know about High-Frequency Trading?" working paper, Columbia Business School, New York.

[107] Jones, Charles M. and Owen A. Lamont (2002), "Short-Sale Constraints and Stock Returns," *Journal of Financial Economics* 66, 207–239.

[108] Ketchum, Richard G. and John H. Sturc (1989), Prepared Statement from Division of Enforcement, Securities and Exchange Commission, before the House Committee on Government Affairs, Subcommittee on Commerce, Consumer and Monetary Affairs, Washington,

DC, Dec. 6.

[109] Keynes, J. M. (1923), "Some Aspects of Commodity Markets," *Manchester Guardian Commercial*, European Reconstruction Series, Sec. 13, 784–786.

[110] Keynes, John Maynard (1936), *The General Theory of Employment, Interest and Money*, Harcourt, Brace and World, New York.

[111] Khandani, Amir E. and Andrew W. Lo (2011), "What Happened to the Quants in August 2007? Evidence from Factors and Transactions Data," *Journal of Financial Markets* 14, 1–46.

[112] Kiyotaki, N. and J. Moore (1997), "Credit Cycles," *Journal of Political Economy* 105, 211–248.

[113] Koijen, Ralph, Tobias Moskowitz, Lasse Heje Pedersen and Evert Vrugt (2012), "Carry," working paper, London Business School, London and AQR Capital Management, Greenwich, CT.

[114] Kosowski, R., A. Timmermann, R. Wermers and H. White (2006), "Can Mutual Fund 'Stars' Really Pick Stocks? New Evidence from a Bootstrap Analysis," *Journal of Finance* 61, 2551–2595.

[115] Kosowski, Robert, Narayan Y. Naik and Melvyn Teo (2007), "Do Hedge Funds Deliver Alpha? A Bayesian and Bootstrap Analysis," *Journal of Financial Economics* 84, 229–264.

[116] Krishnamurthy, Arvind and Annette Vissing-Jorgensen (2012), "The Aggregate Demand for Treasury Debt," *Journal of Political Economy* 120, 233–267.

[117] Lakonishok, Josef, Andrei Shleifer and Robert W. Vishny (1994), "Contrarian Investment, Extrapolation and Risk," *The Journal*

of Finance 49(5)，1541－1578.

[118] Lamont，Owen (2012)，"Go Down Fighting：Short Sellers vs. Firms，" *Review of Asset Pricing Studies* 2，1－30.

[119] Lamont，Owen and Richard H. Thaler (2003)，"Can the Stock Market Add and Subtract? Mispricing in Tech Stock Carve-Outs，" *Journal of Political Economy* 111(2)，227－268.

[120] Lefèvre，E. (1923)，*Reminiscences of a Stock Operator*，John Wiley & Sons，New York.

[121] Lin，Hai，Junbo Wang and Chunchi Wu (2011)，"Liquidity Risk and Expected Corporate Bond Returns，" *Journal of Financial Economics* 99，628－650.

[122] Liu，H. (2004)，"Optimal Consumption and Investment with Transaction Costs and Multiple Assets，" *Journal of Finance* 59，289－338.

[123] McLean，R. David and Jeffrey Pontiff (2013)，"Does Academic Research Destroy Stock Return Predictability?" working paper，University of Alberta，Edmonton.

[124] Malkiel，B. G. and A. Saha (2005)，"Hedge Funds：Risk and Return，" *Financial Analysts Journal* 61，80－88.

[125] Mallaby，S. (2010)，*More Money than God*，Penguin Press，New York.

[126] Merton，R. C. (1973)，"Theory of Rational Option Pricing，" *The Bell Journal of Economics and Management Science* 4，141－183.

[127] Merton，R. C. (1974)，"On the Pricing of Corporate Debt：The Risk Structure of Interest Rates，" *Journal of Finance* 29，449－470.

[128] Miller，Edward M. (1977)，"Risk，Uncertainty and Divergence of Opinion，" *The Journal of Finance* 32(4)，1151－1168.

[129] Mitchell, M., L. H. Pedersen and T. Pulvino (2007), "Slow Moving Capital," *American Economic Review* 97, 215-220.

[130] Mitchell, Mark and Todd Pulvino (2001), "Characteristics of Risk and Return in Risk Arbitrage," *The Journal of Finance* 56(6), 2135-2175.

[131] Mitchell, Mark and Todd Pulvino (2012), "Arbitrage Crashes and the Speed of Capital," *Journal of Financial Economics* 104 (3), 469-490.

[132] Mitchell, Mark, Todd Pulvino and Erik Stafford (2002), "Limited Arbitrage in Equity Markets," *Journal of Finance* 57(2), 551-584.

[133] Moskowitz, T., Y. H. Ooi and L. H. Pedersen (2012), "Time Series Momentum," *Journal of Financial Economics* 104(2), 228-250.

[134] Munk, C. (2011), *Fixed Income Modelling*, Oxford University Press, Oxford, U. K.

[135] Nagel, Stefan (2012), "Evaporating Liquidity," *Review of Financial Studies* 25, 2005-2039.

[136] Novy-Marx, R. (2013), "The Other Side of Value: The Gross Profitability Premium," *Journal of Financial Economics* 108(1), 1-28.

[137] Pastor, Lubos and Robert F. Stambaugh (2003), "Liquidity Risk and Expected Stock Returns," *Journal of Political Economy* 111, 642-685.

[138] Pastor, Lubos and Robert F. Stambaugh (2012), "On the Size of the Active Management Industry," *Journal of Political Economy* 120, 740-781.

[139] Pastor, Lubos, Robert F. Stambaugh and Lucian A. Taylor (2014), "Scale and Skill in Active Management," working paper, University of Chicago.

[140] Pedersen, L. H. (2009), "When Everyone Runs for the Exit," *International Journal of Central Banking* 5, 177-199.

[141] Perold, A. (1988), "The Implementation Shortfall: Paper Versus Reality," *Journal of Portfolio Management* 14, Spring, 4-9.

[142] Preinreich, Gabriel A. D. (1938), "Annual Survey of Economic Theory: The Theory of Depreciation," *Econometrica* 6, 219-241.

[143] Sadka, Ronnie (2010), "Liquidity Risk and the Cross-Section of Hedge-Fund Returns," *Journal of Financial Economics* 98, 54-71.

[144] Scholes, M. and J. Williams (1977), "Estimating Betas from Nonsynchronous Data," *Journal of Financial Economics* 5, 309-327.

[145] Schwager, Jack D. (2008), *The New Market Wizards: Conversations with America's Top Traders*, John Wiley & Sons, Hoboken, NJ.

[146] Shefrin, H. and M. Statman (1985), "The Disposition to Sell Winners Too Early and Ride Losers Too Long: Theory and Evidence," *Journal of Finance* 40, 777-790.

[147] Shiller, R. J. (1981), "Do Stock Prices Move Too Much to Be Justified by Subsequent Changes in Dividends?" *American Economic Review* 71, 421-436.

[148] Shleifer, A. (1986), "Do Demand Curves for Stocks Slope Down?" *Journal of Finance* 41, 579-590.

[149] Shleifer, Andrei (2000), *Inefficient Markets: An Introduction to Behavioral Finance*, Oxford University Press, Oxford.

[150] Shleifer, A. and R. Vishny (1997), "The Limits of Arbitrage," *Journal of Finance* 52(1), 35–55.

[151] Silber, W. L. (1994), "Technical Trading: When It Works and When It Doesn't," *Journal of Derivatives* 1(3), 39–44.

[152] Soros, George (2010), *The Soros Lectures at the Central European University*, PublicAffairs, New York.

[153] Staley, K. F. (1997), "The Art of Short Selling," John Wiley & Sons, New York.

[154] Stambaugh, R. (1999), "Predictive Regressions," *Journal of Financial Economics* 54, 375–421.

[155] Stattman, Dennis (1980), "Book Values and Stock Returns," *Chicago MBA: A Journal of Selected Papers*, 5, 25–45.

[156] Swensen, D. (2000), *Pioneering Portfolio Management: An Unconventional Approach to Institutional Investment*, Free Press, New York.

[157] Taylor, J. B. (1993), "Discretion versus Policy Rules in Practice," *Carnegie-Rochester Conference Series on Public Policy* 39, 195–214.

[158] Thorp, Edward O. and Sheen T. Kassouf (1967), *Beat the Market*, Random House, New York.

[159] Tversky, A. and D. Kahneman (1974), "Judgment under Uncertainty: Heuristics and Biases," *Science* 185, 1124–1131.

[160] U. S. Commodities and Futures Trading Commission and Securities and Exchange Commission. (2010). "Findings Regarding the Market Events of May 6, 2010," Report of the Staffs of the CFTC and SEC to the Joint Advisory Committee on Emerging Regulatory Issues, Washington, DC.

[161] U. S. Securities and Exchange Commission (1963), "The Market Break of May 1962," Chapter XIII in "Report of the Special Study of Securities Markets," Washington, DC.

[162] Vayanos, Dimitri and Paul Woolley (2013), "An Institutional Theory of Momentum and Reversal," *Review of Financial Studies* 26, 1087-1145.

[163] Wason, P. C. (1960), "On the Failure to Eliminate Hypotheses in a Conceptual Task," *The Quarterly Journal of Experimental Psychology*, 12, 129-140.

[164] Weinstein, Meyer H. (1931), *Arbitrage in Securities*, Harper & Brothers, New York.

[165] Welch, I. (2000), "Herding among Security Analysts," *Journal of Financial Economics* 58, 369-396.

[166] Welch, I. and A. Goyal (2008), "A Comprehensive Look at the Empirical Performance of Equity Premium Prediction," *Review of Financial Studies* 21(4), 1455-1508.

[167] Wurgler, J. and E. V. Zhuravskaya (2002), "Does Arbitrage Flatten Demand Curves for Stocks?" *Journal of Business* 75, 583-608.

Efficiently Inefficient: How Smart Money Invests and Market Prices Are Determined by Lasse Heje Pedersen